Doreen Densky
Literarische Fürsprache bei Franz Kafka

Deutsche Literatur
Studien und Quellen

Herausgegeben von
Beate Kellner und Claudia Stockinger

Band 33

Doreen Densky

Literarische Fürsprache bei Franz Kafka

Rhetorik und Poetik

DE GRUYTER

ISBN 978-3-11-077819-9
e-ISBN (PDF) 978-3-11-065848-4
e-ISBN (EPUB) 978-3-11-065686-2
ISSN 2198-932X

Library of Congress Control Number: 2019946350

Bibliografische Information der Deutschen Nationalbibliothek
Die Deutsche Nationalbibliothek verzeichnet diese Publikation in der Deutschen
Nationalbibliografie; detaillierte bibliografische Daten sind im Internet über
http://dnb.dnb.de abrufbar.

© 2021 Walter de Gruyter GmbH, Berlin/Boston
Dieser Band ist text- und seitenidentisch mit der 2020 erschienenen
gebundenen Ausgabe.
Titelabbildung: Johann Wolfgang Goethe an Johann Gottfried Herder,
wahrscheinlich zwischen Mitte Januar und Mitte Februar 1786.
Satz: Integra Software Services Pvt. Ltd.
Druck und Bindung: CPI books GmbH, Leck

www.degruyter.com

Dank

Die vorliegende Studie ist die überarbeitete Fassung meiner Dissertation, die ich am Department of German and Romance Languages and Literatures der Johns Hopkins University in Baltimore eingereicht und verteidigt habe. Sie ist das Resultat inspirierender Dialoge mit zahlreichen Akademikern und Freunden sowie der praktischen Unterstützung mehrerer Institutionen und Organisationen.

Besonderer Dank gilt meinen Professorinnen und Professoren, allen voran Rüdiger Campe und Elisabeth Strowick, die diese Arbeit mit Interesse, Geduld und konstruktiver Kritik begleitet haben. Zudem haben Marc Caplan, Andrea Krauß, Gerhard Neumann, Mark Thompson, Rochelle Tobias und Joseph Vogl mit ihrer großzügigen Bereitschaft zur Diskussion die Studie entscheidend vorangetrieben. Meinen Kolleginnen und Kollegen an der Tufts University und an der New York University bin ich für ihre Einsichten und das Vertrauen in der Überarbeitungsphase dankbar.

Ohne finanzielle Hilfe der Johns Hopkins University, der Max Kade Foundation, des American Council of Learned Societies und der Mellon Foundation wäre die Arbeit nicht möglich gewesen. An der Bodleian Library in Oxford stand mir Margaret Czepiel bei der Arbeit mit Kafkas Manuskripten hilfreich zur Seite.

Für die Unterstützung meiner Freundinnen, Freunde und Gesprächspartner, vor allem Kata Gellen, Arne Höcker, Bryan Klausmeyer, Malte Kleinwort, Jeanette Patterson, Alexander Rasin und Dominik Zechner, bin ich unendlich dankbar. Schließlich danke ich auch meiner Familie – Norbert, Marita und Ina Densky – für ihre bedingungslose Befürwortung.

Inhaltsverzeichnis

Dank — V

1 **Einleitung — 1**

2 **Repräsentationsweisen des Fürsprechens — 8**
    2.1   Fürsprache und Erzähltheorie: Der „Fürsprecher"-Text als Paradigma — 9
        2.1.1   Ich und man: Suche nach Fürsprechern — 15
        2.1.2   Du: Fürsprache finden? — 23
    2.2   Diskursfelder des Fürsprechens — 25
        2.2.1   Gerichtsrhetorischer Kontext und „Der neue Advokat" — 26
        2.2.1.1   Agonale Grundkonstellationen — 28
        2.2.1.2   Zur Diskursgeschichte der Gerichtsrhetorik — 30
        2.2.1.3   Der neue Advokat — 35
        2.2.2   Soziopolitischer Kontext und „Beim Bau der chinesischen Mauer" — 38
        2.2.2.1   Sprechen für eine Gemeinschaft im China-Komplex — 39
        2.2.2.2   Zur Fürsprache als Repräsentation und Stellvertretung — 43
        2.2.2.3   Zum *Speaking-for* im postkolonialen und philosophischen Kontext — 46
        2.2.3   Exkurs: Religiöser Kontext und „Auf der Freitreppe des Tempels ..." — 51
    2.3   Zusammenfassung: Fürsprache und Treppen — 53

3 **Der offizielle und öffentliche Franz Kafka — 56**
    3.1   Als Schriftführer: Koncipist FK — 57
        3.1.1   Jahresbericht 1907 — 58
        3.1.2   Schriftstellersein — 62
        3.1.3   Für eine Volksnervenheilanstalt in Rumburg-Frankenstein (1916) — 64
    3.2   Im eigenen Namen: Nachruf auf den *Hyperion* — 68
        3.2.1   Trauer um eine Zeitschrift — 70
        3.2.2   Zum Schreiben für, im Namen von und in einer Zeitschrift — 74
        3.2.3   Vom Großen und Kleinen, vom Leben und Tod — 78
    3.3   Mit eigener Stimme: Vorrede für Jiddisch — 81
        3.3.1   Vor dem Publikum: Die Geste des Vortrags — 82
        3.3.2   Jiddisch erfassen, vor Jiddisch — 85

　　　　3.3.3　Mit dem Jargon konfrontiert —— 88
　3.4　Zusammenfassung: Fürsprache und Repräsentationsfragen —— 91

4　Recht, Disziplin, Kontrolle: Institutionelle Fürsprachen in den Romanfragmenten —— 93
　4.1　Karl Roßmann: Fürsprache für den Heizer und Intervention des Onkels —— 96
　　　　4.1.1　Für den Heizer: Zwischen Fürsprache und Rhetoriklehre —— 100
　　　　4.1.2　Für Karl: Fürsprache und Disziplin —— 103
　　　　4.1.3　Fürsprache in Amerika —— 107
　4.2　Josef K.: Auftreten und Eintreten im *Proceß* —— 109
　　　　4.2.1　Mündliche Vertretung in der „Ersten Untersuchung" —— 113
　　　　4.2.2　Externe Fürsprecher —— 117
　　　　4.2.3　Plan zur eigenen Verteidigungsschrift —— 119
　4.3　K.: Suspendierte Fürsprache im *Schloß* —— 121
　　　　4.3.1　Erhebungen überall —— 125
　　　　4.3.2　Panoptische Strukturen, Rauschen und Kontrolle —— 128
　　　　4.3.3　Schloßgeschichten: Spiegelungen und Hörensagen —— 137
　4.4　Zusammenfassung: Fürsprache als Analysekategorie —— 140

5　Intervenierende Erzähler und Fürsprecher in den Tiergeschichten —— 142
　5.1　Für den Riesenmaulwurf: „Der Dorfschullehrer" und der Erzähler —— 143
　　　　5.1.1　Vergraben im Diskurs: Der Riesenmaulwurf —— 144
　　　　5.1.2　Fürsprachen für Riesenmaulwurf und Dorfschullehrer —— 147
　　　　5.1.3　Von Wunderpferden zu Riesenmaulwurf —— 152
　5.2　Der Schreibprozess um „Ein Bericht für eine Akademie" —— 156
　　　　5.2.1　Vor dem Bericht: Impresario, Reporter, Rotpeter (Erzählansätze I und II) —— 158
　　　　5.2.2　Für die Akademie: Rotpeters Bericht (Erzählansätze III und IV) —— 163
　　　　5.2.3　Nach dem Bericht: „Sehr geehrter Herr Rotpeter" (Erzählansatz V) —— 166
　5.3　Präsentieren und Repräsentieren: „Josefine" und ihr Erzähler —— 168
　　　　5.3.1　„Josefine, die Sängerin ...": Präsentation und Geste —— 170
　　　　5.3.2　Fürsorge: „... oder Das Volk der Mäuse" —— 173
　　　　5.3.3　Fürsprache: Der Erzähler als Repräsentant von Menge und Opposition —— 175
　5.4　Zusammenfassung: Fürsprache und (Nicht-)Wissen —— 177

6 „Weitertragen": Aphoristische Fürsprachen und Ansprachen zwischen Friedrich Nietzsche, Franz Kafka und Elias Canetti —— 179
    6.1 Der Aphorismus als Form von Fürsprache —— 184
        6.1.1 Nietzsches „Fürsprache einlegen" als Paradigma —— 185
        6.1.2 Über Groß und Klein, Hoch und Niedrig —— 188
    6.2 Fürwörter und Widersprüche —— 195
        6.2.1 (W)er: Pronomina als Konstellationen —— 195
        6.2.2 Für, Wider und Dialog in Kafkas *Er*-Reihe —— 198
    6.3 Zimmer, Stimmen und Verwandlungen —— 203
        6.3.1 Zimmer und Stimmen in Konstellationen —— 204
        6.3.2 Das Gewissen der Worte und die Hüter der Verwandlungen —— 206

7 Schlussbemerkung: „Übersetzung in Germanistik" —— 212

Siglen —— 217

Literaturverzeichnis —— 219

Register —— 229

1 Einleitung

In einem späten Fragment Franz Kafkas, das Max Brod unter dem Titel „Fürsprecher" veröffentlicht hat, stellt sich der Erzähler eine Frage, die er gleich selbst beantwortet:

> Wenn es aber kein Gericht war, warum forschte ich dann hier nach einem Fürsprecher? Weil ich überall einen Fürsprecher suchte, überall ist er nötig, ja man braucht ihn weniger bei Gericht als anderswo [...].[1] (NII, S. 378)

Vieles bleibt in diesem Prosastück offen: ob der Erzähler bereits einen oder mehrere Fürsprecher hat, ob er sich auf den Gängen eines Gerichtsgebäudes, eines Museums oder einer Bibliothek befindet und was genau die Rolle der notwendigen Fürsprecher wäre. Fest steht, dass er auf der Suche nach Fürsprechern ist, die er glaubt „überall" zu brauchen, nicht nur im gerichtlichen Umfeld, mit dem er sie zunächst und intuitiv verbindet. Der Text endet, ohne dass ein offensichtlicher Fürsprecher gefunden wird, aber mit einer im Erzählen selbst angelegten Facette des Fürsprechens: Der Erzähler beginnt, in einer naheliegenden Lesart, für sich selbst zu sprechen.

Mit dem Adverb „überall" benennt der Erzähler zudem präzise den Wirkungsbereich dieser Figur und den damit verbundenen Akt der Fürsprache in institutionellen Zusammenhängen. Fürsprache ist ein Feld von Rede-Situationen in der rhetorischen Tradition, in der nicht zwei, sondern drei Kommunikationspartner interagieren: Eine Person spricht *für* eine andere Person oder Personengruppe *vor* einer anderen Person, Personengruppe oder Instanz. Ein Fürsprecher ist die dritte Figur in dieser dreipoligen Grundkonstellation. Er steht als Advokat für seinen Klienten vor dem Richter; er führt das Wort für eine Gemeinschaft vor einer Instanz; oder er setzt sich als gönnender Redner für einen Freund, einen Bittenden oder einen Betenden ein.[2] Gleichzeitig kündigt sich mit dem Terminus Fürsprache das Medium der eigenen Verfasstheit an. Das Wort ist nicht nur der explizite Verweis darauf, mit Sprache für jemanden oder eine Sache einzustehen, sondern es steht auch für das Potential von Sprache *für Sprache* selbst, ihren Einsatz und ihre Stellvertretung. Die Affinität

---

[1] Zitate aus den Texten Franz Kafkas werden direkt im Haupttext nachgewiesen. Wenn nicht anders kenntlich gemacht, liegt die Kritische Kafka-Ausgabe (KKA) zugrunde. Die Franz Kafka-Ausgabe (FKA) sowie die Manuskriptseiten, die in der Oxforder Bodleian Library elektronisch eingesehen wurden, sind vergleichend berücksichtigt. Ein Siglenverzeichnis findet sich vor dem Literaturverzeichnis.
[2] Ein „Fürsprecher" bezeichnet nach Grimm zunächst jemanden, „der als rechtskundiger vor gericht stellvertretend eine rechtssache führt, ein anwalt, ein sachwalter, ein advocat". Jacob und Wilhelm Grimm: Deutsches Wörterbuch, Bd. 4, Sp. 837. Leipzig 1854–1962. In einer zweiten Bedeutung benennt es jemanden, „der für eine gesammtheit oder eine genossenschaft und in ihrem namen spricht, ein wortführer, ein worthalter". Grimm: Deutsches Wörterbuch, Bd. 4, Sp. 839. In einer dritten Bedeutung ist ein „Fürsprecher" jemand, „der für jemand oder etwas ein gutes wort einlegt, der zu gunsten von jemand oder etwas bittend spricht oder sich verwendet". Grimm: Deutsches Wörterbuch, Bd. 4, Sp. 839.

zwischen juristisch-soziopolitisch-religiösen und literarisch-narrativen Formen der Repräsentation wird augenfällig.

Der „Fürsprecher"-Text ist Ausgangs- und Bezugspunkt für die vorliegende Arbeit zur Rhetorik und Poetik von Fürsprache, welche sich paradigmatisch anhand einer Reihe von Kafkas Schriften nachweisen lässt. Die These, die im Verlauf der Untersuchung evident gemacht werden soll, ist, dass das Spektrum von Fürsprache, die im *Deutschen Wörterbuch* als rechtliche, soziopolitische und religiöse Tatsache definiert wird, auf die literarische und narrative Sphäre auszuweiten ist und dass Fürsprache auch als rhetorische Methode in und um Kafkas Werk konstitutiv wird. Es gilt zu zeigen, dass diese Praxis ihre Wurzeln sowohl im literarischen als auch im nichtliterarischen Raum hat, wie sie sich in Kafkas fiktionaler Prosa thematisch niederschlägt und narratologisch nachzeichnen lässt und wie sie selbst wiederum zur Institutionalisierung von Literatur beiträgt. Mit anderen Worten zieht sich Fürsprache wie ein roter Faden thematisch durch zahlreiche Texte Kafkas, webt den einzelnen Text in einer strukturellen, narrativen Funktion oder über eine spezifische Autorposition, löst ihn an manchen Stellen selbstreflexiv oder resignierend auf und kann als Medium der produktiven Wandlung beobachteter Situationen und gelesener Texte zu einem anderen textuellen Gewebe weiterverarbeitet werden. Darüber hinaus dient Fürsprache selbst als ein methodologisches Instrument, das die verschiedenen Schreibbereiche Kafkas sowie die Aspekte der Produktion, Darstellung und Rezeption miteinander verschaltet. Als Gegenstand und Analysekategorie ist sie nicht nur in Kafkas Werk, sondern auch in der literarischen Rezeption und in den wissenschaftlichen Diskussionen seiner Schriften maßgeblich.

Eine umfassende Theorie der Fürsprache und eine detaillierte Studie des Phänomens in der Literatur allgemein und in Kafkas Werk im Besonderen stehen in der Forschung noch aus. Nach Rüdiger Campe, der sich am ausführlichsten mit der Thematik beschäftigt, müsste eine kritische Geschichte der Fürsprache aus mindestens zwei separaten Studien bestehen, um einerseits die historische Dominanz der triangulären Kommunikationsstruktur bis zur Ablösung durch dyadische Kommunikationsstrukturen (speziell im Empathie-Diskurs am Anfang des 20. Jahrhunderts) zu erfassen und um andererseits die anthropologische Relevanz von Fürsprache aufzuspüren, die „konstitutiv ist für Sprache, Rede und ihre Gleichursprünglichkeit mit der sozialen Beziehung".[3] Die vorliegende Studie speist sich aus einigen historischen Momenten und anthropologischen Beobachtungen, aber das Hauptaugenmerk wird auf die aufgeworfene Frage nach der Verzahnung von Sprache, Rede und sozialer Beziehung in institutionellen Rahmen in Kafkas moderner Literatur gelegt. Campe selbst hat sich diesem Untersuchungskomplex in einem Aufsatz über

---

[3] Rüdiger Campe: *Synegoria* und Advokatur. Entwurf einer kritischen Geschichte der Fürsprache. In: Claudia Breger/Fritz Breithaupt (Hg.): Empathie und Erzählung. Freiburg 2010, S. 53–84, hier S. 83 (Fußnote 43). Ein grundlegender Entwurf liegt mit Rüdiger Campes Artikel selbst vor.

die Suche nach Fürsprache im „Fürsprecher"-Text sowie in Ausweitung über den *Proceß* und das *Schloß* genähert, um das „instituierte[] Leben[] als Modellentwurf des Erzählens"[4] zu erschließen. Aufbauend auf seiner Analyse, die u. a. Fragen nach dem Status eines solchen Textes, „der von der Suche nach Fürsprache berichtet und sie am Ende selbst ist", sowie nach dem Verhältnis „zwischen literarischem Verfasser und Verleger" und dem literarischen Text als einer „Rhetorik, die ohne eigene institutionelle Bindung trotzdem wie vor und von der Institution spricht",[5] zunächst nur stellt, ist es Ziel dieser Studie, ein differenziertes Bild des Phänomens der Fürsprache in Kafkas Werk zu zeigen.

Elias Canettis viel zitiertes und oft bestätigtes Diktum „Unter allen Dichtern ist Kafka der größte Experte der Macht. Er hat sie in jedem ihrer Aspekte erlebt und gestaltet",[6] so zeigt die Arbeit, trifft auch auf Kafkas Expertise der Fürsprache als einer spezifischen verbalen Machtformation zu. Kafka hat sie erfahren, praktiziert und dargestellt – sowohl als stellvertretende Unterstützung als auch als inhärente Beschränkung. Entsprechend ist die Untersuchung an der Schnittstelle zweier Ansätze in der Kafka-Forschung anzusiedeln, die v. a. in den letzten zwanzig Jahren innovative Studien hervorgebracht haben: Mit Fokus auf Kafka als den Analytiker moderner Machtformationen und ihrer Umstrukturierungen nähern sich die Arbeiten von Benno Wagner,[7] Kerstin Stüssel[8] und Wolf Kittler[9] administrativen und juridischen Diskursen. Mit dem Hauptaugenmerk auf das Erzählen als rhetorische Kommunikation eruieren einige Studien Kafkas komplexe Erzählweise als spezifische sprachliche Vertretung: im Sinne einer „vierten Person" (Joseph Vogl),[10] welche direkte und indirekte Rede verknüpft oder im Sinne eines dekonstruktiven Ansatzes mit der rhetorischen Figur der *Prosopopoiia*, „durch die Toten und Abwesenden im Text in deren fiktiver Rede eine Stimme und ein

---

4 Rüdiger Campe: Kafkas Fürsprache. In: Arne Höcker/Oliver Simons (Hg.): Kafkas Institutionen. Bielefeld 2007, S. 189–212, hier S. 190.
5 Campe: Kafkas Fürsprache, S. 204.
6 Elias Canetti: Der andere Prozeß. Kafkas Briefe an Felice. In: ders.: Gesammelte Werke in 10 Bänden, Bd. 6: Die Stimmen von Marrakesch/Das Gewissen der Worte. München/Wien 1995, S. 165–253, hier S. 223.
7 Siehe Benno Wagners umfangreiche Recherchen und Analysen in Bezug auf Kafkas amtliche Schriften, die Eingang in die Erläuterungen der AS gefunden haben, sowie zahlreiche einschlägige Artikel, welche die diskursiven Vernetzungen von Kafkas amtlichem und literarischem Schreiben eruieren, z. B. Benno Wagner: Kafkas phantastisches Büro. In: Klaus R. Scherpe/Elisabeth Wagner (Hg.): Kontinent Kafka. Mosse-Lectures an der Humboldt-Universität zu Berlin. Berlin 2006, S. 104–118.
8 Kerstin Stüssel: In Vertretung. Literarische Mitschriften von Bürokratie zwischen früher Neuzeit und Gegenwart. Tübingen 2004.
9 Wolf Kittler: Heimlichkeit und Schriftlichkeit. Das österreichische Strafprozeßrecht in Franz Kafkas Roman *Der Proceß*. In: The Germanic Review 78.3 (2003), S. 194–222.
10 Joseph Vogl: Vierte Person. Kafkas Erzählstimme. In: DVjs 68 (1994), S. 745–756.

sprechendes Gesicht verliehen wird" (Bettine Menke).[11] Mit Ausnahme von Campes Arbeiten und einem Artikel Benno Wagners[12] ist die zentrale Frage der Fürsprache in diesen Zusammenhängen allerdings noch nicht dezidiert untersucht worden. Trotz produktiver Arbeiten zur gerichtlich-politischen und administrativen Repräsentation sowie fruchtbarer Ansätze zur literarisch-ästhetischen und narratologischen Repräsentation bleibt die Wechselbeziehung beider Diskurse mit der Fürsprache als zugrunde liegender Struktur ein neues Forschungsfeld. Die Adressierung der Problematik von Fürsprache als Rhetorik und Poetik des *Sprechens für* betont dabei Aspekte der Vertretung und Darstellung im Akt der Fürsprache. In diesem Sinne werden die beiden Begriffe – Fürsprache und *Sprechen für* – synonym verwendet.

Auf der einen Seite ist die Studie von traditionellen, strukturellen Praktiken der Interpretation einschließlich rhetorischer Analysen und Strategien des *Close Reading* beeinflusst. Auf der anderen Seite nutzt sie die Erkenntnisse diskursanalytischer Ansätze, etwa um den Schreibkomplex aus Kafkas administrativer Tätigkeit einzubeziehen. Daher ist die Figuration der Fürsprache nicht nur Thema und strukturell-narratologisches Mittel, sondern auch eine Methode, die den Machtdiskurs gestaltet, indem sie reguliert, wer für wen spricht und was artikuliert wird.[13]

Vor diesem skizzierten theoretischen und methodischen Hintergrund liegt der Fokus auf einer Reihe von Fürspracheakten bei Kafka: von strukturellen Eigenschaften delegierten Redens über öffentliche Interventionen bis hin zu fiktionalen Szenen von intendierten, durchgeführten und fehlgeschlagenen Fürsprachen. Ziel ist es, Kafkas komplexe und paradoxe Kommunikationsarrangements zu erhellen, die sein Schreiben und Erzählen sowohl antreiben als auch erschweren. Gleichzeitig will das Projekt zu allgemeineren Diskussionen um literarische Theorien der Autorschaft, den Nexus zwischen juristisch-politischer Repräsentation (Vertretung) und narrativ-ästhetischer Repräsentation (Darstellung) sowie deren Rezeption beitragen. Dem trägt eine Gliederung Rechnung, die Theorie, Methoden und Lektüren nicht strikt voneinander trennt, sondern in ihrem Wechselspiel beobachtbar macht. Die Organisation der Arbeit zu den Repräsentationsweisen des Fürsprechens lässt sich in drei Bereiche

---

[11] Bettine Menke: Prosopopoiia. Stimme und Text bei Brentano, Hoffmann, Kleist und Kafka. München 2000, S. 7.
[12] Benno Wagner: Fürsprache – Widerstreit – Dialog. Karl Kraus, Franz Kafka und das Schreiben gegen den Krieg. In: Manfred Engel/Ritchie Robertson (Hg.): Kafka, Prague, and the First World War. Würzburg 2012, S. 257–272.
[13] Insofern komplementiert ein solcher Ansatz die Arbeiten der postkolonialen Theorien und Studien zu *Subalternity* in Gayatri Chakravorty Spivaks und Linda Alcoffs Beiträgen (siehe hierzu Kapitel 2.2.2.3). Er zeigt aus anderer Perspektive die Möglichkeiten und Gefahren des *Speaking-for-others* in gesellschaftlichen Zusammenhängen. Siehe Gayatri Chakravorty Spivak: Can the Subaltern Speak? In: Cary Nelson/Lawrence Grossberg (Hg.): Marxism and the Interpretation of History. Urbana 1988, S. 271–313 und Linda Alcoff: The Problem of Speaking for Others. In: Cultural Critique 20 (1991), S. 5–32.

teilen: erstens Fürsprache in der Dimension der literarischen und im engeren Sinne nichtliterarischen Produktion, zweitens Fürsprache als Form von Repräsentation im doppelten Sinne der politischen und juristischen Vertretung sowie der ästhetischen und narrativen Darstellung und drittens Fürsprache als Modus der literarischen Rezeption.

Im zweiten Kapitel werden der Terminus und das Konzept des *Fürsprechers* für Kafka auf zwei methodisch unterschiedliche Weisen situiert. Zunächst werden die bestehenden Diskussionen um den Erzähler, die Mittelbarkeit und die Stimme in der Erzähltheorie mit einem narratologischen *Close Reading* des „Fürsprecher"-Textes, in dem Kafka das Wort neunfach selbst gebraucht, kombiniert.[14] Die im Text gestaltete Suche nach Fürsprache spielt sich nicht nur im erzählten Vorgang, sondern im Erzählvorgang selbst ab und enthüllt ein fundamentales Moment, in dem das literarische, narratologische Vorgehen selbst ein Stück juridisches, machtanalytisches Geschehen ist. Darauf folgt die kurze Lektüre einiger Texte im Rahmen einer exkursartigen Typologie der Bedeutungskontexte des *Fürsprechers* nach Grimms *Deutschem Wörterbuch*: erstens in der Gerichtsrhetorik mit ihrer agonalen Grundkonstellation und in ihrer geschichtlichen Wandlung in Verbindung mit „Der neue Advokat", zweitens in der soziopolitischen Sphäre als Repräsentationsproblematik (mit „Beim Bau der chinesischen Mauer" und „Ein altes Blatt") und drittens im religiösen Bereich (mit dem kurzen Fragment „Auf der Freitreppe des Tempels ... "). Neben den thematischen Bezügen zur rechtlichen, politischen und religiösen Fürsprache finden sich in den gewählten literarischen Texten durch die Erzählrede bzw. narrative Inszenierung selbst konkrete Hinweise auf die immer schon implizierte Fürsprache.

Das dritte Kapitel beschäftigt sich mit ausgewählten, im engeren Sinne nichtliterarischen[15] Texten Kafkas (den amtlichen Schriften, einer journalistischen Rezension und einem gesprochenen Vortrag), anhand derer sich Fürsprache als Repräsentationsform eruieren lässt und neue Einsichten in den Zusammenhang von Autorschaft und Anonymität sowie in das von Kafka entwickelte Schema zur Charakterisierung der „kleine[n] Litteraturen" (T, S. 326) ermöglicht. Kafkas Agieren in verschiedenen Autorpositionen – als Koncipist, Schriftführer oder anonym in seinem Büro wie auch als journalistischer Schreiber im eigenen Namen und als Sprecher mit eigener Stimme für jeweils periphere Literaturen (im Nachruf auf die Avantgarde-Zeitschrift *Hyperion* bzw. in der Vorrede für die jiddische Sprache und Vortragskunst) – lotet grundsätzliche Fragen nach den Möglichkeiten und Grenzen der Repräsentation aus.

---

14 Neben der neunmaligen Verwendung des Wortes „Fürsprecher" (und der einmaligen Verwendung des Wortes „Fürspruch") verwendet Kafka den Begriff nur noch einmal im fiktionen Werk: im „Dorfschullehrer"-Text (NI, S. 200).
15 Kafka hat seine Existenz mit Literatur im weiteren Sinne allerdings eng verwoben: „Da ich nichts anderes bin als Litteratur und nichts anderes sein kann und will", so schreibt er in einem Briefentwurf vom 21. August 1913 (T, S. 579).

Dabei setzt sich Kafka nicht nur für soziopolitische Angelegenheiten und periphere künstlerische Darstellungsformen ein, sondern spricht gleichzeitig für sonst ungehörte Stimmen und das Ideal eines unvermittelten, lebendigen *Für-sich-selbst-Sprechens* – qua eigener Fürsprache.

Es folgt im vierten Kapitel die thematisch orientierte Lektüre einiger Schlüsselszenen der Romanfragmente, anhand derer sich Fürsprache als eine symptomatische und modellierende Kategorie erweist, welche die jeweilige Ausgangssituation für die K.-Protagonisten beispielhaft widerspiegelt. Der von Kafka eigenständig publizierte Teil des ersten Romanprojekts, „Der Heizer", zentriert sich um zwei beinahe klassische Fürsprachen, an denen sich der Übergang zwischen Gerechtigkeit und Disziplin genealogisch nachvollziehen lässt. Fortan, das heißt sowohl im Amerika des *Verschollenen* als auch in den Institutionenromanen *Der Proceß* und *Das Schloß*, ist die klare Unterscheidung verschwunden: Die K.s betreten hier jeweils einen Raum, in dem Recht und Disziplin bzw. Kontrolle bereits unauflösbar verbunden sind. Ihre Suche nach Fürsprache und ihr Versuch, selbst als Fürsprecher aufzutreten, scheitern.

Das fünfte Kapitel stellt die grundlegende Frage, wie Tiere, die nicht für sich sprechen können, doch zur Sprache kommen. Es untersucht drei Kurzprosatexte Kafkas, in denen Tiere als Gegenstände oder Subjekte des Sprechens in Erscheinung treten, für welche jeweils anders figurierte intervenierende Erzählerfiguren und Fürsprecherfiguren das Wort ergreifen. Im „Dorfschullehrer" überlagert ein Exzess an Repräsentationen den ursprünglichen Fürsprache-Gegenstand „Riesenmaulwurf" und nimmt dabei die zeitgenössische sozialwissenschaftliche Forschung auf. Im Schreibkomplex um „Ein Bericht für eine Akademie" erprobt Kafka sowohl mit wechselnden Sprecherpositionen als Abfolge von Recherchen um den Affen Rotpeter, dessen bekannter Selbstdarstellung sowie einer entfernten Reaktion auf dessen Bericht vor der Akademie Fürsprache als produktions-, repräsentations- und rezeptionsästhetisches Phänomen. In Kafkas letzter Geschichte spitzt sich das performative Paradox der Fürsprache für eine Gemeinschaft zu, indem die singend präsentierende Maus Josefine neben den sprechend repräsentierenden Erzähler aus dem Mäusevolk gestellt wird. Es sind jeweils Laien-Forscher, deren Berichtsbemühungen für Wissenschaft, Gesellschaft und Kunst im Vordergrund stehen.

Schließlich erweitert das sechste Kapitel, mit Fokus auf Aphorismen und Ansprachen, die Thematik der Fürsprache auf den Bereich der Rezeption und bringt Lektüren von Friedrich Nietzsche, Franz Kafka und Elias Canetti in verschiedene Konstellationen. Nietzsches Aphorismus mit dem bezeichnenden Titel „Fürsprache einlegen" steht paradigmatisch für die Form des Aphorismus sowohl als Fürsprache als auch als Konstellation. Dessen *Close Reading* ebnet den Weg für konstellative Lektüren des Dreiecks Nietzsche – Kafka – Canetti zu den Komplexen „Groß und Klein", „Pronomina", „Für und Wider" sowie „Zimmer und Stimmen".

Abschließend bleibt anzumerken, dass die Fürsprache-Thematik bereits die methodische Entscheidung betrifft, mit welcher Kafka-Ausgabe gearbeitet wird. Wie erwähnt betitelte den zu Kafkas Lebzeiten unveröffentlichten Text über die Suche nach Fürsprechern erst Brod – Kafkas erster eigener Fürsprecher, Impresario und Testamentsvollstrecker[16] – als „Fürsprecher". Aus pragmatischen Gründen soll der Titel übernommen werden, auch wenn die hier hauptsächlich zitierte wissenschaftliche *Kritische Kafka-Ausgabe* (KKA) des Fischer Verlags zu Recht auf diese (und alle anderen nachträglich eingesetzten) Überschriften des Erstherausgebers zugunsten von exakteren Manuskripttranskriptionen verschiedener Hefte, Konvolute und Einzelblätter des Autors verzichtet. Die 1995 begonnene *Frankfurter Kafka-Ausgabe* bzw. *Franz Kafka-Ausgabe* (FKA) des Stroemfeld Verlags entzieht sich mit ihren Faksimile-Veröffentlichungen und diplomatischen Umschriften einem solch gravierenden Eingriff natürlich ebenfalls, wenn sie bis zu den erhaltenen Seiten des Schriftträgers, einem rötlich-braunen Wachstuchheft, vorgestoßen ist. Sie will den Autor Kafka im Rahmen einer wissenschaftlichen Edition und im Druck, soweit eben möglich, selbst zur Sprache kommen lassen.

---

16 Zu „Max Brod als Testamentsvollstrecker: die Konstitution eines Autors" siehe folgende zusammenfassende Darstellung: Annette Schütterle: Franz Kafkas Oktavhefte. Ein Schreibprozeß als „System des Teilbaues". Freiburg 2002, S. 268–283. Kafka selbst bezeichnet Brod als einen Fürsprecher in einem Brief an Elsa Brod vom 19. Dezember 1917: „Sie suchen einen Fürsprecher und haben gerade im unbeirrbaren Max den stärksten." (B 1914–1917, S. 387).

2 Repräsentationsweisen des Fürsprechens

> Kafkas Konditionalsätze sind Treppenstufen, die immer tiefer und tiefer führen, bis das Denken zuletzt in die Schicht gesunken ist, in der seine Figuren leben.[1]

> Eine durch Schritte nicht tief ausgehöhlte Treppenstufe ist, von sich selbst aus gesehn, nur etwas besonders zusammengefügtes Hölzernes. (NII, S. 60)

Fürsprache ist eine Erscheinung, die sich zunächst problemlos beschreiben lässt: Es ist das Sprechen *für* eine Sache, eine Person oder Gemeinschaft *vor* einer Person oder Instanz. Im *Deutschen Wörterbuch* sind diese trianguläre Szene des Sprechens und ihr Agent, der Fürsprecher, begrifflich in der rechtlichen,[2] politischen und sozialen[3] sowie generell unterstützenden und religiösen[4] Sphäre erfasst. Entsprechend sind die Fürsprache und der Fürsprecher nicht ohne rechtliche, soziopolitische oder religiöse Verhältnisse zu erklären und nicht ohne Kontexte im gerichtlichen Sprechen, institutionellen und gemeinschaftlichen Vertreten oder religiösen Vermitteln zu denken. Im Zuge der produktiven Überlegungen zu den Verschränkungen von Literaturwissenschaften mit anderen Wissensfeldern und Diskursen in den letzten drei Jahrzehnten erweist sich das Fürsprechen, so die These, entsprechend als eine Kategorie, die auf mehreren Ebenen fruchtbar ist. Wenn der Erzähler aus dem „Fürsprecher"-Text glaubt, sich bei seiner Fürsprecher-Suche auf den „Gänge[n] eines Museums oder einer Bibliothek" (NII, S. 378) zu befinden, dann mag der Zusammenhang zwischen dem diskursiven und dem narrativen Wissen angedeutet sein, der auch in den folgenden Analysen angenommen wird. Neben der *thematischen* Gestaltung von Fürsprache-Konstellationen in Kafkas modernen Erzählformen, die nicht zuletzt von juristischen, politischen sowie theologischen Praktiken und Diskursen geprägt sind, werfen auch die spezifischen *narrativen* Darstellungsformen Fragen nach der sprachlichen Vertretung und deren gleichzeitiger Performanz auf.

Aufgrund der Mehrdimensionalität und Komplexitätsdichte des Phänomens Fürsprechen in der Literatur wird zunächst das begriffliche Bedeutungsspektrum auf

---

[1] Walter Benjamin: Aufzeichnungen 7. In: Hermann Schweppenhäuser (Hg.): Benjamin über Kafka. Texte, Briefzeugnisse, Aufzeichnungen. Frankfurt a. M. 1981, S. 127–129, hier S. 128.
[2] Als neuere Variante des „fürsprechs" bezeichnet „Fürsprecher" zunächst jemanden, „der als rechtskundiger vor gericht stellvertretend eine rechtssache führt, ein anwalt, ein sachwalter, ein advocat". Grimm: Deutsches Wörterbuch, Bd. 4, Sp. 837.
[3] In einer zweiten Bedeutung benennt „Fürsprecher" jemanden, „der für eine gesammtheit oder eine genossenschaft und in ihrem namen spricht, ein wortführer, ein worthalter". Grimm: Deutsches Wörterbuch, Bd. 4, Sp. 839.
[4] Schließlich ist als dritte Bedeutung, die von der ersten nicht immer klar zu unterscheiden und aus ihr entstanden ist, ein „Fürsprecher" auch jemand, „der für jemand oder etwas ein gutes wort einlegt, der zu gunsten von jemand oder etwas bittend spricht oder sich verwendet". Grimm: Deutsches Wörterbuch, Bd. 4, Sp. 839.

zwei methodisch unterschiedliche Weisen hergeleitet. Ausgangspunkt ist jeweils der Begriff „Fürsprecher", wie Kafka ihn einerseits selbst verwendet und narrativ gestaltet und wie er andererseits als Lemma im *Deutschen Wörterbuch* verzeichnet ist. Das vorliegende Kapitel trägt den drei in Grimms Belegwörterbuch erfassten Begriffsebenen insofern Rechnung, als ihnen je ein Diskursfeld zugeordnet wird, das von jeher auch den Rahmen und Kontext für zahlreiche Kafka-Lektüren bildet: die Gerichtsrhetorik, die Soziopolitik und Machttheorie sowie – hier nur in Andeutung – die Religion. Diesen groben Zuordnungen wird ein bedeutender Kontext vorgeschaltet: die Narratologie, die sich auf einer anderen Ebene als die außerliterarischen Diskursfelder, aber mit struktureller Ähnlichkeit, auch Fragen nach dem stellt, was sich als Fürsprechen bezeichnen lässt, nämlich Fragen nach der Mittelbarkeit und der Stimme. Im Folgenden geht es somit weder um eine ausführliche Begriffsgeschichte noch um einen historischen Abriss des Terminus „Fürsprecher", sondern um zwei verschiedene Arten, den Begriff für Aspekte einer Rhetorik und Poetik des Fürsprechens in Kafkas Schriften zu etablieren.

Entsprechend wird in einem ersten grundsätzlichen Schritt ein Blick auf bestehende Überlegungen in der Erzähltheorie geworfen, indem Franz K. Stanzels, Gérard Genettes und Käte Hamburgers Positionen zum Erzähler nachgezeichnet und mit einer Lektüre des „Fürsprecher"-Textes Kafkas zusammengeführt werden. Kafkas Text bringt emblematisch zum Ausdruck – und benennt explizit –, was Fürsprecher innerhalb eines narrativen Raumes sein können und welches einige diskursive Einsatzfelder sind (2.1). An diese fundamentale Analyse schließt sich in einem zweiten Schritt eine exkursartige Typologie der Kontexte an, in denen nach Grimm Fürsprecher vorkommen und die Kafka in seinen Texten gestaltet (2.2). Diese Typologie des Fürsprechens erhebt nicht den Anspruch, konkrete Nachweisforschung zu betreiben, sondern die zahlreichen Berührungspunkte zwischen außerliterarischen Fürsprachen und kurzen literarischen Texten aufzuzeigen, die in loser thematischer Verknüpfung mit den Bedeutungen des Lemmas „Fürsprecher" stehen und dies in ihrer Gestaltung widerspiegeln: das rechtliche Agieren in „Der neue Advokat" (2.2.1), die mit der Macht- und Institutionstheorie verwobene Soziopolitik in *Beim Bau der chinesischen Mauer* (2.2.2) und das religiöse Vermitteln im Fragment „Auf der Freitreppe des Tempels..." (2.2.3).

2.1 Fürsprache und Erzähltheorie: Der „Fürsprecher"-Text als Paradigma

Die Ausgangssituation im „Fürsprecher"-Text ist schnell erfasst: Ein *Ich* ist auf der Suche nach Fürsprechern, die Gänge eines Gebäudes auf- und ablaufend, das ihm dafür nicht geeignet scheint. Dass es sich nur möglicherweise um ein Gerichtsgebäude handelt, ist eine Einsicht, die Überlegungen darüber auslöst, wo und warum man einen oder mehrere Fürsprecher brauche und wo man sie wohl am besten finden könne.⁵ Im Verlauf des Textes wird es zunehmend unklarer, wer hier eigentlich spricht, und für bzw. zu wem gesprochen wird. Am Ende bleibt offen, ob es sich um ein Selbstgespräch, um eine externe, an das *Ich* gerichtete Stimme oder um eine Anrede an den Leser handelt, die dazu aufruft, immer weiter, Treppen aufsteigend, zu suchen.

Dieser kurze Abriss deutet bereits an, dass sich im „Fürsprecher"-Text Kernfragen der Narratologie selbst zuspitzen. Die Suche nach Fürsprache, die der Text selbst ist, erfasst das Wesen aller Erzähltexte. Stellt man sich nämlich die Frage nach dem Gegenstand der Erzähltheorie, trifft man unter anderem auf die leitenden Kategorien des Erzählers, der Mittelbarkeit und der Stimme – und damit auf Phänomene, die eine ähnliche Struktur wie das Fürsprechen aufweisen: „jemand" „spricht" *für* „jemanden" oder „eine Sache" *vor* „jemandem". Die Anführungszeichen deuten bereits an, dass hier keine einfache Deckungsgleichheit zwischen dem System des Erzählens und der rechtlichen, politischen und sozialen Fürsprache behauptet wird, sondern vielmehr eine Strukturanalogie besteht, die sich in der Erzähltheorie selbst mit anthropomorphen, metaphorischen Ausdrücken niederschlägt. Jochen Vogt etwa beschreibt die Fragen zu Mittelbarkeit und Stimme prägnant im Vokabular des repräsentativen Sprechens:

> Das Erzählte ist von seiner Erzählstimme nicht abzutrennen, ohne selbst zu verschwinden. Aber ist es wirklich *seine* [sc. des Autors] Stimme? Hören wir im Bericht, aber auch in Einmischungen, Kommentaren und Anrede an den Leser den Autor selbst – oder schiebt er nicht vielmehr eine Art Stellvertreter, einen Agenten oder *stuntman* vor? Das ist die Frage, die viele alte und neue Texte dem Leser geradezu aufdrängen, die aber nicht immer und überall als erzähltheoretisches Problem erkannt wurde.⁶

Mit den folgenden skizzierten Ausführungen zu Stanzels formalistischen, Genettes strukturalistischen und Hamburgers sprachlogischen Überlegungen werden drei Erzähltheorien zusammengetragen – zwei klassische und eine theoretisch-philosophische –, die das von Vogt als „erzähltheoretisches Problem" benannte Phänomen als konstitutiv erkennen und auf unterschiedliche Weise beschreiben. In Kafkas „Fürsprecher"-Text, so wird die anschließende Lektüre zeigen, ist das grundlegende Problem dessen, wovon die Erzähltheorie spricht, auf besondere Weise angelegt und in ganz eigener Logik ausgeführt, die in der Kafka-Forschung selbst zu ausführlichen und suggestiven erzähltheoretischen Fragestellungen geführt hat.

Stanzel eröffnet den Hauptteil seiner *Theorie des Erzählens* mit der bekannten Diagnose: „Wo eine Nachricht übermittelt, wo berichtet oder erzählt wird, begegnen wir einem Mittler, wird die Stimme eines Erzählers hörbar."⁷ In seiner formalistisch

---

5 Zunächst hatte Kafka den Singular verwendet: „Es war sehr unsicher, ob ich einen Fürsprecher hatte [...]." (Vgl. NII', S. 314).
6 Jochen Vogt: Aspekte erzählender Prosa. Eine Einführung in Erzähltechnik und Romantheorie, 7. Aufl. Opladen 1990, S. 42.
7 Franz K. Stanzel: Theorie des Erzählens, 4. Aufl. Göttingen 1989, S. 15. Stanzels Monographie ist die überarbeitete und revidierte Analyse seiner Bücher *Die typischen Erzählsituationen im Roman* von 1955 und *Typische Formen des Romans* von 1964.

orientieren Studie stellt Stanzel also das Auftreten eines Erzählers *als Medium* in den Vordergrund – als Mittler zwischen Autor und erzählter Welt sowie erzählter Welt und Leser. Zudem spricht er ausdrücklich von der „Stimme" dieses Erzählers. Stanzel grenzt die Mittelbarkeit als Merkmal der Erzählung von der Unmittelbarkeit als Merkmal des Dramas ab. „[G]estaltete Mittelbarkeit", schreibt er, „ist der wichtigste Ansatzpunkt für die Durchformung eines Stoffes durch den Autor einer erzählenden Dichtung".[8] Aus dieser wesentlichen Beobachtung leitet er die drei idealtypischen Erzählsituationen ab (*auktoriale, personale* und *Ich-Erzählsituation*), nämlich „als grobe Beschreibung der drei grundsätzlichen Möglichkeiten, die Mittelbarkeit des Erzählens zu gestalten, zu verstehen".[9] Die Konstituierung der Erzählsituationen basiert auf Unterscheidungen ihrer Gegenstücke hinsichtlich von Merkmalsbündeln in der Trias *Perspektive* (Innenperspektive versus Außenperspektive), *Modus* (Erzähler versus Nichterzähler bzw. Reflektor) und *Person* (Identität versus Nichtidentität der Seinsbereiche des Erzählers und der Charaktere). Für die drei idealtypischen Erzählsituationen ist je „ein anderes Element des Komplexes Mittelbarkeit als dominant anzusetzen"[10]: für die *auktoriale Erzählsituation* die Außenperspektive, für die *personale Erzählsituation* der Reflektormodus und für die *Ich-Erzählsituation* die Identität der ersten Person als Erzähler und Romanfigur. Der Begriff Stimme, den Stanzel erwähnt und der auch in Genettes Analyse eine wichtige Rolle spielt, ist dabei metaphorisch aufzufassen, als Mittel, ein hochabstraktes narratologisches Phänomen zu begreifen. Es handelt sich um kein mündliches, phonetisches Produkt und sollte entsprechend nicht dazu verleiten, einer menschlichen Präsenz im Text nachzuspüren. Es gibt keine tatsächlich „sprechende" Instanz zwischen dem Autor und den Textfiguren bzw. zwischen den Textfiguren und dem Leser. Im schriftlichen, speichernden Text „spricht" eine Instanz nur im übertragenen Sinne, was sich mit dem von Roland Barthes provokativ formulierten Schlagwort vom „Tod des Autors"[11] zusammenbringen lässt.

---

8 Stanzel: Theorie des Erzählens, S. 17.
9 Stanzel: Theorie des Erzählens, S. 15.
10 Stanzel: Theorie des Erzählens, S. 16. *Der Proceß* und *Das Schloß* gehören für Stanzel idealtypisch zur personalen Erzählsituation, wobei Josef K. und K. als Reflektorfiguren einstehen (siehe die diagrammatische Darstellung des Typenkreises im Anhang von Stanzels Buch).
11 Roland Barthes: La mort de l'auteur [1968]. In: Le bruissement de la langue. Paris 1984, S. 61–67. Siehe auch Andreas Blödorn und Daniela Langer, die genauer auf die sprachphilosophische Kritik des Begriffs Stimme von Jacques Derrida eingehen und auf Bachtins Dialogizitäts- und Polyphonie-Konzeption verweisen. Andreas Blödorn/Daniela Langer: Implikationen eines metaphorischen Stimmenbegriffs. Derrida – Bachtin – Genette. In: dies./Michael Scheffel (Hg.): Stimme(n) im Text. Narratologische Positionsbestimmungen. Berlin/New York 2006, S. 53–82. „Während Derrida in der Stimme die (scheinbare) Idealität der Bedeutung verwirklicht sieht und ihr die Schrift als Träger der Spur, als Ort einer unablässigen Verschiebung des Sinns (der *différance*) entgegensetzt, wird gerade die Stimme, genauer: werden die Stim*men* bei Bachtin zum Ort der Pluralisierung des Sinns." (S. 70).

Die Existenz des Erzählers als Vermittlungsinstanz in der Fiktion bestreitet auch Genette – im Gegensatz zu Hamburger, wie nachfolgend gezeigt wird – in seinen Abhandlungen *Discours du récit* (1972) und *Nouveau discours du récit* (1983) in keiner Weise. Genettes Kritik an Stanzel betrifft vielmehr eine fehlende, aber entscheidende Differenzierung innerhalb eines tragenden Pfeilers aus der Kategorientriade. Zwischen dem *Modus* (*mode*), der oft auch auf die *Fokalisierung* (*focalisation*) hin verkürzt wird, und der *Stimme* (*voix*) unterscheide Stanzel nicht fein genug.[12] Unter der Kategorie der Stimme subsumiert Genette drei Kategorien, welche „eine Beziehung zum Subjekt (oder allgemeiner zur Instanz) des Aussagevorgangs"[13] erfassen: die *Zeit der Narration*, die *narrative Ebene* und *Person*. Dieses *wann, wo* und *wer* sind die „Spuren"[14], welche die narrative Instanz hinterlassen hat, und denen es zu folgen gilt, um die narrative Instanz innerhalb der Geschichte zu positionieren. Der *Modus*, den Genette in seinem auf der Grammatik des Verbs basierenden Kategoriensystem entwickelt (Zeit, Modus,

---

[12] Genette schreibt: „[D]ie Frage *Welche Figur liefert den Blickwinkel, der für die narrative Perspektive maßgebend ist?* wird mit der ganz, anderen *Wer ist der Erzähler?* vermengt [...]." In: Gérard Genette: Die Erzählung, übers. v. Andreas Knop, 3. Aufl. Paderborn 2010, S. 119. Dorrit Cohn relativiert diesen Befund in ihrer Auseinandersetzung mit Stanzels Typenkreis: „When understood correctly, the nuclear typology of 1955 turns out to anticipate some basic ideas on narrative discourse developed by the *Poétique* group over a decade later, including the essential differentiation (universally credited to Genette) between vision and voice (,who sees?' versus ,who speaks?')." Dorrit Cohn: The Encirclement of Narrative. On Franz Stanzel's Theorie des Erzählens. In: Poetics Today 2.2 (1981), S. 157–182, hier S. 158. Albrecht Koschorke hat neben „Wer sieht?"/„Wer nimmt wahr?" und „Wer spricht?" die dritte Kardinalfrage „Wer weiß?" hinzugefügt, um die Positionierung der Erzählinstanz präziser zu beschreiben. Albrecht Koschorke: Wahrheit und Erfindung. Grundzüge einer allgemeinen Erzähltheorie. Frankfurt a. M. 2012, S. 84–90.
[13] Genette: Die Erzählung, S. 15.
[14] Genette: Die Erzählung, S. 138. Die narrative Ebene umfasst die geschichteten, diegetischen Ebenen zwischen Ereignis und narrativem Akt in einem Stufenmodell von *extradiegetisch* (Erzählen), über *intradiegetisch* (erzähltes Erzählen) bis zu *metadiegetisch* (erzähltes erzähltes Erzählen) und so fort. Die Person und ihre Beziehung zur Geschichte teilt Genette schematisch in zwei Typen, „solche, in denen der Erzähler in der Geschichte, die er erzählt, nicht vorkommt, abwesend ist [...], und solche, in denen der Erzähler als Figur in der Geschichte, die er erzählt, anwesend ist". (Genette: Die Erzählung, S. 159). Diese Typen sind im ersten Fall *heterodiegetisch* und im zweiten Fall *homodiegetisch*. Betrachtet man die narrative Ebene und die Person, ergeben sich vier Erzählertypen, die den Grad der Beteiligung eines Erzählers beschreiben. Stimme als Kategorie und narrative Instanz in Genettes methodologischem Versuch bzw. seiner Abhandlung (*essai de methode*) – so der Untertitel seines *Discours du récit* – meint *eine* Stimme, die – oft in der Kritik – an *ein* Subjekt gebunden wird, aber gleichzeitig nur durch „Spuren" zurückverfolgt werden kann (Gérard Genette: Discours du récit. Essai de méthode. Paris 1997). Bringt man diese komplexe, anthropomorphe Kategorie in den Plural, ist man bei einer dialogistischen Konzeption der Stimme, bei der Polyphonie des Romans angelangt, die gemeinhin Michael Bachtin zugeschrieben wird (Michael Bachtin: Das Wort im Roman (1934/35). In: ders.: Die Ästhetik des Wortes, übers. v. Rainer Grübel und Sabine Reese. Frankfurt a. M. 1975, S. 254–300). Einige Beiträge des Sammelbandes *Stimme(n) im Text. Narratologische Positionsbestimmungen* widmen sich diesem Phänomen und präzisieren, was in der vorliegenden Arbeit weitgehend ausgespart bleibt.

Stimme), ist entsprechend nicht deckungsgleich mit dem *Modus* in Stanzels System (Erzähler versus Reflektor), sondern umfasst zwei Weisen der Informationsregulierung: die *Perspektive* (als Fokalisierung des Erzählten) und die *Distanz* (als Grad der Vermittlung des Erzählten).[15] Letztere Kategorie, die Platon mit seiner Unterscheidung zwischen *diêgêsis* und *mimêsis* umgangen hat, lautet für Genette: „[W]ie soll man es fertig bringen, dass der narrative Gegenstand ‚sich selbst erzählt', ohne dass jemand für ihn das Wort ergreift?"[16] Im *discours immédiat*, der Rede, welche man, so Genette im Rahmen seiner Überlegungen zur Distanz und mit Bezug auf James Joyce, „recht ungeschickt den ‚inneren Monolog' getauft hat", ist es weniger wesentlich, „dass sie eine innere ist", als dass sie sich „von jeder narrativen Vormundschaft befreit und sich sofort in den Vordergrund der ‚Szene' schiebt".[17] Der Grad der Mittelbarkeit zwischen unmittelbarer und berichtender Rede ist hier höchstmöglich minimiert. Dass er dennoch nicht komplett aufgehoben werden kann – es „übernimmt der Erzähler die Figurenrede, d. h. die Figur spricht mit der Stimme des Erzählers" – unterscheidet die „erlebte Rede" (*style indirect libre*) vom „unmittelbaren Monolog", denn dort „tritt der Erzähler völlig zurück und wird durch die Figur *ersetzt*".[18] Genettes Formulierungen zur Distanz im Modus bringen eine interessante Facette des vertretenden Sprechens ins Spiel: Es handelt sich um ein wechselseitiges Vertreten. Wer für wen spricht oder wer wem die Stimme leiht, ist potentiell offen: Der Erzähler spricht für die Figur, wie auch die Figur für den Erzähler spricht.

Neben Genette kritisiert auch Hamburger die systematische und in einem umfassenden, aber geschlossenen Typenkreis kulminierende Klassifikation Stanzels. Hamburger wendet sich in ihrer literaturtheoretisch-philosophischen Analyse von 1968, der Umarbeitung ihrer Arbeit von 1957, gegen jegliche Verwendung von personifizierenden Termini zur Darstellung der Erzählfunktion: gegen den „Erzähler", den „fiktiven Erzähler" oder das, was Stanzel als „eine vom Autor geschaffene Gestalt"[19] bezeichnet. Ihre Gegenthese lautet: *„Es gibt nur den erzählenden Dichter und sein Erzählen."*[20] Die titelgebende *Logik der Dichtung* extrahiert Hamburger aus dem

---

15 In der Nachfolge von Platons *diêgêsis* und *mimêsis* sowie in Abgrenzung zum neoaristotelischen *telling* und *showing* verfeinert Genette zwischen der (narrativen) „Erzählung von Ereignissen" und der (dialogischen) „Erzählung von Worten". (Genette: Die Erzählung, S. 198). Zu dieser an sich komplexen Distinktion siehe auch sein Vorschlag, den Terminus *mimêsis* in diesem Zusammenhang mit *rhêsis* („Personentext") auszutauschen und der *diêgêsis* („Erzählertext" ohne Dialoge) gegenüberzustellen. Genette: Die Erzählung, S. 197–198.
16 Genette: Die Erzählung, S. 105.
17 Genette: Die Erzählung, S. 111.
18 Genette: Die Erzählung, S. 112.
19 Zitat nach: Käte Hamburger: Die Logik der Dichtung, 3. Aufl. Stuttgart 1980, S. 126 (ohne präzise bibliographische Angabe dort).
20 Hamburger: Die Logik der Dichtung, S. 126 (und vgl. Stanzels Antwort darauf in: Stanzel: Theorie des Erzählens, S. 30–31).

Verhältnis der dichterischen (hier epischen) Fiktion zum pragmatischen Sprachsystem, also aus den kategorialen Unterschieden zwischen dem epischen Erzählen und der Wirklichkeitsaussage. Sie argumentiert pointiert: „*Zwischen dem Erzählten und dem Erzählen besteht kein Relations- und das heißt Aussageverhältnis, sondern ein Funktionszusammenhang.* Dies ist die logische Struktur der epischen Fiktion [...]."[21] Das bedeutet, dass alles Erzählte durch das Erzählen als Funktion – also durch die Erzählfunktion – hervorgebracht wird; der Autor *berichtet* nicht von realen Personen und Dingen, sondern *erschafft* sie funktional. Im Unterschied zur realen Welt ist die epische Fiktion oder Er-Erzählung für Hamburger

> der einzige sowohl sprach- wie erkenntnistheoretische Ort, wo von dritten Personen nicht oder nicht nur als Objekten, sondern auch als Subjekten gesprochen, d. h. die Subjektivität einer dritten Person *als* einer dritten dargestellt werden kann.[22]

Diese sprachphilosophische, epistemologische These legt eine Verbindung mit dem Fürsprechen als dem wörtlichen *Sprechen für* einen Dritten nahe. Auch wenn dieser Dritte fiktiv ist, wird seine Existenz – sowie seine Sprache – hier auf eine besondere Weise sprachlich verwirklicht und ausgedrückt. Alle inneren Vorgänge, wie Wahrnehmungen, Empfindungen und Gedanken, werden in der Logik Hamburgers nicht über einen Erzähler projiziert, sondern über die abstrakte Erzählfunktion erzeugt, wobei dritte Personen – er, sie oder es – als Subjekte, nicht als Objekte, dargestellt werden. Einzig in der Ich-Erzählung gibt es Hamburger zufolge einen fiktiven Erzähler. Der Beginn des „Fürsprecher"-Textes wäre ein solcher Fall.

Wo also sind die erzählende Instanz oder der Erzähler als Vermittler zu konstatieren? Gibt es überhaupt einen Erzähler in verschiedenen Erzählsituationen oder lediglich die Erzählfunktion in der Er-Erzählung? Dass diese Fragen mit Stanzel und Hamburger zunächst unterschiedlich zu beantworten sind, hat seinen Grund in der Fokussierung auf verschiedene Strukturschichten des narrativen Vermittlungsvorgangs. Stanzel selbst geht auf die divergierenden methodischen Prämissen ein, indem er Hamburgers Erzählfunktion der Tiefenstruktur einer Erzählung zuordnet, also der Stelle „wo u. a. die Frage zu klären ist, wie Fiktion ganz allgemein entsteht, wie sich die Genese eines literarischen Erzähltextes von der eines nichtfiktionalen Berichts unterscheidet".[23] Indessen gehören zu der für den Leser direkt nachvollziehbaren Oberflächenstruktur des Erzählens die von Stanzel beschriebenen Erzählsituationen – oder genauer: „alle Benennungen der konkreten Mittlerfigur, sei es Ich-Erzähler, persönlicher oder allwissender Erzähler, auktorialer Erzähler, personales Medium oder Reflektor."[24] Es sind entsprechend die unterschiedlichen Herangehensweisen beider Erzähltheoretiker – sprachlogisch-produktionsorientiert im Dichtungssystem bei

---

21 Hamburger: Die Logik der Dichtung, S. 123.
22 Hamburger: Die Logik der Dichtung, S. 126.
23 Stanzel: Theorie des Erzählens, S. 33.
24 Stanzel: Theorie des Erzählens, S. 31.

Hamburger und formalistisch-deskriptiv im Typenkreis bei Stanzel –, die zu unterschiedlichen Bescheiden über die Existenz eines Erzählers als Vermittler führen. Während Hamburgers Überlegungen die Frage (zumindest in der Er-Erzählung) verneinen, bejahen Analysemodelle in der Tradition Stanzels die Frage, blenden aber erkenntnistheoretische, tiefenstrukturelle Fragen um den Erzähler als Vermittler notwendigerweise aus.

Die Unterscheidung von Tiefen- und Oberflächenstruktur der Erzählung lässt sich mit der Fürsprache als grundsätzlichem strukturellen Element in Verbindung bringen. Stanzel schreibt:

> Sowohl Ich-Erzähler als auch auktorialer Erzähler sind Elemente der „Oberflächenstruktur" eines Erzählwerkes, sie entspringen gleichsam sekundär in der Genese des Werkes aus jener Ur-Motivation allen Erzählens, das Erfundene, das Nichtwirkliche, die Fiktion unter dem Aspekt des Wirklichen, Erfahrenen, Mitgeteilten erscheinen zu lassen.[25]

Seine Ausführungen zum Übergang von der Tiefen- in die Oberflächenstruktur mit ihrer Typologie von sprechenden Figuren – Erzählern – setzen entsprechend das Phänomen Fürsprache in jeder Erzählung voraus. Mit Hamburgers Modell zum Ich-Erzähler bzw. der „Ich-Originität" (oder Subjektivität) „einer dritten Person *als* einer dritten"[26] ist letztlich ebenfalls ausgeführt, dass im Text Figuren notwendig sind, die temporär die Erzählfunktion darstellen: hier auf der tiefenstrukturellen Ebene selbst. Stanzels lektüreorientierte und Hamburgers dichtungslogische Positionen konvergieren, insofern als beide annehmen, dass es im Wesen des Erzählens selbst liege, den Übergang aus der Erzählfunktion in Vertretungsverhältnisse zu übersetzen, wobei ein Sprechender identifiziert werden müsse. Anders ausgedrückt: Im Erzählen ist Fürsprache als ein strukturelles Element immer schon angelegt.

2.1.1 Ich und man: Suche nach Fürsprechern

Die Positionen zu Fragen der Gestaltung von Mittelbarkeit und Stimme bei Stanzel, Genette und Hamburger sowie ihr Verhältnis zu einer Rhetorik des *Sprechens für* treffen ins Zentrum jedes fiktionalen Textes. In Kafkas „Fürsprecher"-Text, so wird die mikroskopische, narratologische Analyse zeigen, sind sie in doppelter Hinsicht relevant: auf der Ebene der Erzählrede selbst und – Max Brods Titel deutet es an – als Erzählgegenstand. Die etwas mehr als zwei Manuskriptseiten umfassende, späte Textskizze über den und von dem Fürsprecher-Suchenden, so die These, *thematisiert* nicht nur die Suche nach Fürsprechern, sondern *inszeniert* sie narrativ, indem sie das vertretende Sprechen auf unterschiedliche und subtile Weise performiert. In dieser Inszenierung modelliert der Text genau die Fragestellungen, die sich narratologisch

---
[25] Stanzel: Theorie des Erzählens, S. 33.
[26] Hamburger: Die Logik der Dichtung, S. 126.

und phänomenologisch ergeben. Dass sich das Thema der Fürsprache nicht nur narratologisch behandeln lässt, sondern bereits selbst Narratologie ist, wird mit Kafkas paradigmatischem Text deutlich. Er beginnt:

> Es war sehr unsicher, ob ich Fürsprecher hatte, ich konnte nichts Genaues darüber erfahren, alle Gesichter waren abweisend, die meisten Leute die mir entgegen kamen und die ich wieder und wieder auf den Gängen traf, sahen wie alte dicke Frauen aus, sie hatten große, den ganzen Körper bedeckende, dunkelblau und weiß gestreifte Schürzen, strichen sich den Bauch und drehten sich schwerfällig hin und her. Ich konnte nicht einmal erfahren, ob wir in einem Gerichtsgebäude waren. Manches sprach dafür, vieles dagegen. (NII, S. 377)

Zunächst spricht das *Ich* über seine ungenaue Lage: darüber, ob es Fürsprecher hat, über die sich von ihm distanzierenden Gesichter und über die Unklarheit seines Aufenthaltsortes. Die merkwürdigen, dem Erzähler entgegen kommenden Personen („sie hatten große, den ganzen Körper bedeckende, dunkelblau und weiß gestreifte Schürzen, strichen sich den Bauch und drehten sich schwerfällig hin und her") lesen sich als eine Allegorie auf die Schrift mit schwerfälligen Schreibbewegungen auf blau-weißem Papier.

In dieser Anfangspassage handelt es sich, Stanzels Terminologie folgend, um eine *Ich-Erzählsituation* oder, Genettes Terminologie folgend, um extradiegetisch-homodiegetisches Erzählen. Bereits im langen ersten Satz findet sich dreimal das Personalpronomen der ersten Person Singular „ich" und einmal dessen Dativform „mir". Der zweite Satz addiert zu einem weiteren „ich" den Plural „wir", indem er die mysteriösen Gestalten auf den Gängen einbezieht. Beide Sätze stehen im Präteritum, berichten also von einer (zeitlichen) Retrospektive über eine (räumliche) Lage. Hamburgers tiefenstrukturelle Untersuchung gesteht, wie ausgeführt, solchen Formen des Erzählens den Status einer Sonderform zu, denn nur hier könne man terminologisch korrekt den Begriff Erzähler verwenden.[27] Anders als bei der epischen Fiktion bzw. Er-Erzählung, der nur eine Erzählfunktion zugeschrieben werden könne, handele es sich bei der Ich-Erzählung um eine Form der Subjektaussage, die dichtungslogisch eine fingierte Wirklichkeitsaussage sei und entsprechend „sich selbst als Nicht-Fiktion, nämlich als historisches Dokument"[28] entfalte. Um den erkenntnistheoretischen Anspruch zu verschärfen, verwendet Hamburger den Begriff der Ich-Origo synonym mit dem sprachlogischen Begriff des Aussagesubjekts.[29] Die Ich-Origo steht als Kürzel für die Origo des „Jetzt-Hier-Ich-Systems", das der Sprachwissenschaftler Karl Brugmann und der Sprachtheoretiker Karl Bühler „zur

---

[27] Siehe Hamburger: Die Logik der Dichtung, S. 276.
[28] Hamburger: Die Logik der Dichtung, S. 272.
[29] „Dieser Begriff bezeichnet den durch das Ich (das Erlebnis- oder Aussage-Ich) besetzten Nullpunkt, die Origo des raumzeitlichen Koordinatensystems, der zusammenfällt oder identisch ist mit Jetzt und Hier." Hamburger: Die Logik der Dichtung, S. 66.

2.1 Fürsprache und Erzähltheorie: Der „Fürsprecher"-Text als Paradigma — 17

Beschreibung der Funktionen der deiktischen Pronomina in der Rede"[30] nutzen. Dieser Verweis auf die situationsbedingten, zeitlich-räumlich-personengebundenen Gegebenheiten im Rahmen der Erzähltheorie lässt sich mit dem langen vierten Satz des „Fürsprecher"-Textes koppeln, in dem das *Ich* über seine unbestimmte Lage sinniert, die in Relation zu einem eigentümlichen Dröhnen steht:

> Über alle Einzelnheiten hinweg erinnerte mich am meisten an ein Gericht ein Dröhnen, das unaufhörlich aus der Ferne zu hören war, man konnte nicht sagen aus welcher Richtung es kam, es erfüllte so sehr alle Räume, daß man annehmen konnte, es komme von überall oder, was noch richtiger schien, gerade der Ort, wo man zufällig stand, sei der eigentliche Ort dieses Dröhnens, aber gewiß war das eine Täuschung, denn es kam aus der Ferne.   (NII, S. 377–378)

Das andauernde Dröhnen ist nicht nur ein – unbegründeter – Indikator für ein Gerichtsgebäude, sondern auch eine Quelle der Irritation. Nichts außer seiner Präsenz ist klar. Es ist nirgends konkret lokalisierbar, aber allgegenwärtig, im Sinne einer ganz eigenen Jetzt-Hier-Ich-Systematik: Es ist zwar ein „Jetzt", aber „unaufhörlich", also zeitlos; es ist zwar ein „Hier", entspringt also wohl dem „Ort, wo man zufällig stand", aber dieser unmittelbare Ort verbirgt den Ursprung „aus der Ferne"; und es ist zwar ein *Ich*, das über das Dröhnen spricht, sich aber hinter dem stellvertretenden, in der Allgemeinheit aufgehenden *Man* – dazu später mehr – verbirgt. Es lässt sich also nur mutmaßen, warum das Dröhnen trotz seiner Unaufhörlichkeit noch kein reines Hintergrundgeräusch ist, woher es stammt und wer konkret davon erzählt.[31]

Kafka verwendet das Substantiv „Dröhnen" übrigens nur in dieser Prosaskizze,[32] was weitere Spekulationen zulässt. Im *Deutschen Wörterbuch* wird der Zusammenhang zwischen hallendem Dröhnen und schwer klassifizierbaren, unartikulierten menschlichen Lauten deutlich. Unter dem Stichwort *drönen*, als Verb, findet sich in erster Bedeutung: „ertönen, nachklingen, gellen, einen schreienden, durchdringenden,

---

[30] Hamburger: Die Logik der Dichtung, S. 66–67.
[31] Elisabeth Strowick liest aus performanztheoretischer Perspektive das Erzählen in Kafkas „Hochzeitsvorbereitungen auf dem Lande" anregend als Akt des sprechenden Körpers, wobei die wechselnden Erzählperspektiven über ein Störgeräusch überkreuzt werden. Der angekleidete Körper (*er*) gibt dem Käfer-Leib (*ich*) lispelnde Anordnungen. Elisabeth Strowick: Sprechende Körper – Poetik der Ansteckung. Performativa in Literatur und Rhetorik. München 2009, S. 160–164. Sylvelie Adamzik verbindet das Dröhnen in Kafka, ohne auf den „Fürsprecher"-Text selbst genauer einzugehen, mit der Foucault'schen Vorstellung der allgegenwärtigen Macht, die hier „dem Protagonisten halluzinatorisch-sinnlich erfahrbar" wird. Sylvelie Adamzik: Kafka. Topographie der Macht. Basel/Frankfurt a. M. 1992, S. 17.
[32] In der Adjektivform steht das Wort einmal im Romanfragment *Der Verschollene*: Das „Schauspiel" vor Bruneldas Haus wird in seiner akustischen Eindringlichkeit über Karl Roßmann folgendermaßen beschrieben: „Voll eigener Sorgen, mit zerstreuten Blicken sah er die Leute unten an, [...], die Gläser leerten und sie, jedenfalls dröhnend, in dieser Höhe aber unhörbar, auf das Brett wieder niedersetzten, um einer neuen vor Ungeduld lärmenden Gruppe Platz zu machen." (V, S. 331) Ein weiteres Mal tritt es in *Das Schloß* auf, nämlich als K. aus Klamms Schlitten springt, „was einen dröhnenden Lärm gab". (S, S. 165).

zitternden laut von sich geben, der leicht eine ängstliche empfindung erregt. *seine drönende stimme erschreckte jedermann*".³³ Einmal für diesen Zusammenhang sensibilisiert, zeigen sich die Möglichkeiten und Grenzen des erzählenden Vertretens, die bei Kafka so eng verzahnte Relation von Erzählvorgang und erzähltem Vorgang, im „Fürsprecher"-Text besonders deutlich. In diesem Sinne lässt sich das Dröhnen wie die Erzählfunktion im Sinne Hamburgers verstehen: als eine Art unartikulierte, vorindividuelle Quelle, die sich erst in der Repräsentation von Erzählstimmen manifestieren muss. Indem das Dröhnen selbst als Geräusch in den „Fürsprecher"-Text eingebracht ist, deutet sich die permanente Verunsicherung der Sprechpositionen an, die der Text dann weiter ausführt.

In seiner Eigenschaft, schwer fassbar zu sein, ist das Dröhnen aus dem „Fürsprecher"-Text gleichzeitig mit einem anderen Geräusch aus dem reichhaltigen akustischen Repertoire in Kafkas Werk vergleichbar: dem berühmten Zischen im ebenfalls spät entstandenen Text „Der Bau".³⁴ Die Ich-Perspektivgestalt, ein maulwurfähnliches Tier, referiert, kalkuliert und reflektiert über die Bau-Einrichtung in ähnlicher Weise wie der Fürsprecher-Suchende über seine prekäre Lage. Das Bau-Tier und der Fürsprecher-Suchende beschreiben die sie umgebenden Gänge und ihre eigenen Gedankengänge in vermeintlichen Soliloquien, wobei beide Fragmente von einer Handlung oder Handlungsabfolge weit entfernt sind. Michael Niehaus, der den „Bau" aus der Logik des Textes heraus analysiert, erkennt sogar im einsetzenden Zischen das „einzige Ereignis des Textes", das aber gleichzeitig keines ist, „da es nicht wahrgenommen wird".³⁵ Neben Niehaus' Analyse zur Sprechfunktion³⁶ zieht auch Bettine Menke den Text zu einer innovativen Analyse zum Zusammenspiel von Text und Stimme bzw. Disartikulation als Geräusch heran. In ihrer Studie zur rhetorischen Figur der Prosopopoiia fragt sie, „welche Funktion das Argument des Geräusches,

---

33 Grimm: Deutsches Wörterbuch, Bd. 2, Sp. 1433. „Drönen" als Nomen ist allerdings weniger aussagekräftig, denn gemeint ist: „das ertönen, erschallen, erzittern, wie *drönung*"; und die „drönung" ist eine „zitternde bewegung, empfindung von einer erschütterung". (Grimm: Deutsches Wörterbuch, Bd. 2, Sp. 1434).
34 Vom gelegentlichen „Rascheln irgendeines Kleintiers" (NII, S. 579) abgesehen, das die Stille durchbricht, ist das Geräusch im Bau, welches das Tier ebenfalls nicht konkret zu verorten vermag, ein „an sich kaum hörbares Zischen" (NII, S. 606), das „einmal wie Zischen, einmal eher wie Pfeifen" (NII, S. 607) klingt und „in langen Pausen nur hörbar" (NII, S. 615) ist.
35 Michael Niehaus: „Ich, die Literatur, ich spreche…". Der Monolog der Literatur im 20. Jahrhundert. Würzburg 1995, S. 249–250.
36 Siehe Niehaus: „Ich, die Literatur, ich spreche…", S. 256. Niehaus' Eingangsthese lautet: „In Kafkas spätem Text *Der Bau* kann der Stimme weder innerhalb noch außerhalb des Textes ein Ort zugewiesen werden: sie ist nicht *bestimmbar*. Gleichwohl wird durch zahlreiche performative Wendungen und durch die erste grammatische Person evoziert, daß hier jemand spricht. Die Aufhebung des Ortes, von dem aus gesprochen wird, macht es unmöglich, dem Text einen kohärenten fiktionalen Raum zu unterstellen." S. 247.

des Klanges auch der Musik in Texten der Romantik einerseits und den diese rezipierenden Texten Kafkas andererseits hat".[37] Probleme der Lesbarkeit (Romantik) und der Intertextualität (Kafka) erörtert sie paradigmatisch an „Der Bau", wo sich unweigerlich die folgende Frage ergibt: „[W]essen ‚Stimme' ist hier eigentlich zu lesen gegeben worden? oder: wer spricht?"[38] In ihrer Analyse des Textes als Allegorie und Inszenierung der Unlesbarkeit sowie im Titel eines Unterkapitels deutet Menke ihre Antwort an: „Wie sich die Stimme im Geräusch verliert."[39]

Gleich nachdem das Dröhnen als Irritation – und die Irritation über das Dröhnen – in den „Fürsprecher"-Text gelangt, wechselt das Pronomen. Das *Ich* des Erzählanfangs verwandelt sich im Verlauf des vierten Satzes in ein *Man*. Zunächst heißt es: „Über alle Einzelheiten hinweg erinnerte mich am meisten an ein Gericht ein Dröhnen"; daraufhin aber: „man konnte nicht sagen aus welcher Richtung es kam", und „daß man annehmen konnte, es komme von überall" sowie „wo man zufällig stand, sei der eigentliche Ort dieses Dröhnens". (NII, S. 377–378) Indem im zweiten Teil des Satzes „man" statt „ich" verwendet wird, erzielt die Passage eine generische, überindividuelle Wirkung, so als stünde das *Ich* als *Man* im Dienste eines Exempels; als spräche es unpersönlich für eine Gemeinschaft.

Was hier explizit mit der Verwendung des Pronomens *man* ausgedrückt wird, erkennt Joseph Vogl in seiner Kafka-Lektüre als unterschwelliges Phänomen von dessen Erzählstimme.[40] Vogl beobachtet eine eigentümliche Kongruenz der Pronomina *ich* und *er* und argumentiert für zahlreiche Texte Kafkas, dass Ich-Form und erlebte Rede ununterscheidbar werden, nur eine Frage der pronominalen Gestaltung und keine der konzeptuellen Entscheidung sind. Das Pendeln zwischen *ich* und *er* sowie Erzähler und Figur, sei es tatsächlich im Manuskript nachweisbar wie im *Schloß*[41] oder latent in der Struktur des Erzählens angelegt, bewirke „keine einheitliche Stimme", sondern „einen oszillierenden Fokus".[42] Vogl richtet sich ausdrücklich gegen die Einsinnigkeitsthese Friedrich Beißners aus den frühen fünfziger Jahren,[43] die lange

---

37 Menke: Prosopopoiia, S. 13.
38 Menke: Prosopopoiia, S. 30. „Was für den Bau gilt, betrifft ebenso die Erzählung des *Baus*: Als der geschlossene Monolog eines personalen Erzählers ohne Außenperspektive, die referentielle Stabilisierung beitragen könnte, entspricht die Konstruktion der Erzählung der Verfaßtheit des Baus." (S. 30–31).
39 Menke: Prosopopoiia, S. 98.
40 Siehe Vogl: Vierte Person.
41 Zum berühmten Wechsel von der ersten zur dritten Person auf den ersten 42 Manuskriptseiten des *Schloß*-Romans siehe Dorrit Cohn: K. enters *The Castle*. On the Change of Person in Kafka's Manuscript. In: Euphorion 62 (1968), S. 28–45.
42 Vogl: Vierte Person, S. 756.
43 Friedrich Beißner: Der Erzähler Franz Kafka und andere Vorträge. Frankfurt a. M. 1983. „Kafka erzählt, was anscheinend bisher nicht bemerkt worden ist, stets einsinnig, nicht nur in der Ich-Form, sondern auch in der dritten Person." (S. 37) und „Kafka läßt dem Erzähler keinen Raum neben oder über den Gestalten, keinen Abstand von dem Vorgang." (S. 42).

Zeit Dreh- und Angelpunkt zahlreicher narratologischer Untersuchungen zu Kafka war, freilich differenzierter und nuancierter, etwa mit dem präzisierenden Vokabular der Genette'schen Theorie, die Modus und Stimme entzerrt. In Anlehnung an Maurice Blanchots Ausführungen zu Kafka und Gilles Deleuzes *quatrième personne du singulier*,[44] der es auch mit Dröhnen in Verbindung bringt,[45] spricht Vogl von der „vierten Person" als „mannigfaltige, neutrale und unpersönliche Stimme, die in jenem Übergang zwischen ‚ich' und ‚er' das Wort ergreift".[46] In Kafkas Texten, die „[z]wischen Erzähltem und Erzählung [...] keine Instanz der Vermittlung"[47] haben, sieht er sowohl eine „Vielheit von Stimmen" verwirklicht sowie „eine mimetische Annäherung an die Rede des Anderen, der dritten, vierten Person, an die Rede des Man".[48] In Abgrenzung zu Vogls Lesart des *Man* als unpersönliches, *kollektives* Gefüge ist das *Man* im „Fürsprecher"-Text auch als unpersönliches, *stellvertretendes* Pronomen, als irgendjemand oder die Öffentlichkeit zu verstehen. Das bewusste Aufgehen in der Allgemeinheit, die Markierung der Distanz gibt dem *Man* Vorrang vor dem *Ich, Er, Sie* oder *Wir*, wenn es darum geht, zu versuchen, den eigenen Ort zu bestimmen.[49]

Der physische Ort scheint kein Gericht zu sein: „Diese Gänge, schmal, einfach überwölbt, in langsamen Wendungen geführt, mit sparsam geschmückten hohen Türen, schienen sogar für tiefe Stille geschaffen, es waren die Gänge eines Museums

---

44 Siehe hierzu Deleuzes' Ausführungen zur „quatrième personne du singulier": „A la question: qui parle?, nous répondons tantôt par l'individu, tantôt par la personne, tantôt par le fond qui dissout l'un comme l'autre." Gilles Deleuze: Logique du sens. Paris 1969, S. 166.
45 Die suggestive, tiefenstrukturelle Lesart des „Man" als „neutrale, aphonische und un-menschliche Stimme" (Vogl: Vierte Person, S. 755) bringt Deleuze mit anderer Pointierung und auf anderer diskursiver Ebene ebenfalls mit der Metaphorik des Dröhnens in Anschlag, um die Tiefen- und Oberflächenstruktur in klassischen und romantischen Diskursen aufeinander zu beziehen: „Das Individuum hielt den klassischen Diskurs, die Person den romantischen Diskurs. Doch unterhalb dieser beiden Diskurse und sie auf verschiedene Weise umkehrend, spricht durch sein Dröhnen nun der gesichtslose Grund [c'est maintenant le Fond sans visage qui parle en grondant]. Wir sahen, daß diese Sprache des Grundes, die mit der Tiefe der Körper verwobene Sprache eine doppelte Potenz besaß, die der zersprungenen phonetischen Elemente, die der unartikulierten tonischen Valeurs. Die erste bedroht eher den klassischen Diskurs von innen her und kehrt in um, die zweite den romantischen Diskurs." Deleuze: Logique du sens, S. 165 bzw. Gilles Deleuze: Logik des Sinns. Frankfurt a. M. 1993, S. 176.
46 Vogl: Vierte Person, S. 754.
47 Vogl: Vierte Person, S. 751.
48 Vogl: Vierte Person, S. 755. In diesem Zusammenhang verweist Vogl auf folgende Stelle aus den „Hochzeitsvorbereitungen auf dem Lande": „Und solange Du ‚man' sagst an Stelle von ‚ich', ist es nichts und man kann diese Geschichte aufsagen, sobald Du aber Dir eingestehst daß Du selbst es bist, dann wirst Du förmlich durchbohrt und bist entsetzt. [...]. Wenn ich aber selbst unterscheide zwischen ‚man' und ‚ich', wie darf ich mich dann über die andern beklagen." (NI, S. 14).
49 Zur Verallgemeinerung der Situation im Fürsprecher-Text siehe auch Helmuth Madeheim: Die Rolle des Fürsprechers bei Kafka. In: Der Deutschunterricht 15.3 (1963), S. 44–47. „Der Wechsel vom ich zum wir, vom Singular in den Plural, zeigt deutlich die Allgemeingültigkeit der Situation." (S. 45).

oder einer Bibliotek." (NII, S. 378) In einer Rückwandlung vom *Man* zur ersten Person schließt sich im „Fürsprecher"-Text die Eigenfrage des *Ich* nach dem Grund der Suche an: „Wenn es aber kein Gericht war, warum forschte ich dann hier nach einem Fürsprecher?" (NII, S. 378) Im ersten, langen Antwortsatz tritt das unpersönliche, relativierende, vertretende *Man* wieder dreifach auf: Das *Ich* spezifiziert und verallgemeinert gleichzeitig die Notwendigkeit von Fürsprechern („ja man braucht ihn weniger bei Gericht als anderswo") und führt aus:

> [...] denn das Gericht spricht sein Urteil nach dem Gesetz, sollte man annehmen, daß es hiebei ungerecht oder leichtfertig vorgehe, wäre ja kein Leben möglich, man muß zum Gericht das Zutrauen haben, daß es der Majestät des Gesetzes freien Raum gibt, denn das ist seine einzige Aufgabe, im Gesetz selbst aber ist alles Anklage, Fürspruch und Urteil, das selbständige Sicheinmischen eines Menschen hier wäre Frevel. (NII, S. 378)

Die Folgesätze zum „Tatbestand des Urteils" und der Dringlichkeit von Fürsprechern „überall" vermeiden Konstruktionen mit Personalpronomina vollständig, indem sie die Notwendigkeit von Fürsprechern in Form von *Es*-Konstruktionen beschreiben: „Anders aber.verhält es sich mit dem Tatbestand eines Urteils [...]. Hier ist es dringendst nötig Fürsprecher zu haben [...]." (NII, S. 378) Bereits an dieser Stelle deuten sich Auflösungsmechanismen des *Ich* an, die das Ende des fragmentarischen Prosastücks vorwegnehmen.

Mit welchen inhaltlichen Punkten aber beantwortet das *Ich* sich die Eigenfrage nach dem Grund der Fürsprecher-Suche auf den Gängen, die wie ein Museum oder eine Bibliothek scheinen, eine Frage, die gleichzeitig auf das *Man* übertragen wird? So wie in den erzähltechnischen Überlegungen die strukturelle Notwendigkeit von Fürsprechern in Form von Erzählstimmen oder Erzählern angenommen wird, stellt die thematische Analyse ebenfalls die Notwendigkeit von Fürsprechern heraus – hier in gerichtlichen und sozialen Zusammenhängen. Zunächst unterscheidet der Sprechende klar zwischen dem Gericht und dem Gesetz. Auf der einen Seite steht das Gericht als bestimmter Ort, der den institutionalisierten Rahmen dafür schafft, dass das Gesetz Anerkennung und „freien Raum" hat. Auf der anderen Seite steht die Illusion des Gesetzes, das majestätisch und ortlos ist. Das Gericht gewährt die Illusion des Gesetzes, das an keinen bestimmten Ort gebunden ist – vor allem nicht an den Ort des Gerichts –, sondern überall sein muss.[50] Statt Agenten gibt es im Gesetz nur „Anklage, Fürspruch und Urteil", wobei jegliche Einmischung eines Fürsprechers als natürliche Person ausgeschlossen ist. Fürsprecher, Ankläger oder Richter, argumentiert Rüdiger Campe, „stören die Identität von Statut und Operation, das Gericht als Stätte und Organ des sich selbst ausübenden Gesetzes".[51] Die Fürsprecher-Suchenden

---

[50] Eine ähnliche Vorstellung wie diese – vom institutionellen Ort des Gerichts und der notwendigen Illusion einer majestätischen Souveränität – findet sich in der Parabel von der kaiserlichen Botschaft (siehe hierzu Kapitel 2.2.2.1).
[51] Campe: Kafkas Fürsprache, S. 196.

hingegen, als Anklagende oder Angeklagte, sind „auf eine genaue Weise vom Gericht und Gesetz gemeint und doch aus ihrer Sphäre ausgeschlossen",[52] wenn es um ihr Leben geht.

In Opposition zum Gesetz und damit zum Urteil als Bestandteil des Gesetzes steht der eigentliche „Tatbestand eines Urteils", der sich aus Erhebungen „überall" (NII, S. 378) begründet. Es ist eine dauernde Verhandlung der verschiedensten Instanzen nötig: personell („bei Verwandten und Fremden, bei Freunden und Feinden, in der Familie und in der Öffentlichkeit") und räumlich („hier und dort", „in Stadt und Dorf" (NII, S. 378)). Sämtliche Erhebungen verlangen nach Fürsprechern „in Mengen"; ja ein gesamtes Bollwerk soll mit ihnen erbaut werden, „eine lebende Mauer", welche aufgrund ihrer Schwerbeweglichkeit die wendigen und mit Tiervergleichen erwähnten Ankläger („schlaue Füchse", „flinke Wiesel", „unsichtbare Mäuschen" (NII, S. 379)) abblocken kann. Das „Vexierbildhafte im Doppel von Gericht und Überall",[53] die singuläre Fürsprache vor Gericht und die plurale Fürsprache im sozialen Überall, entfalten sich spannungsvoll im Gedankengang und Textverlauf. Eine ähnliche Grundspannung zwischen Institution und Leben sowie zwischen Gesetz und Gesellschaft findet sich in den publizierten *Amtlichen Schriften* aus Kafkas beruflichem Tätigkeitsfeld.[54]

Nach dem zweiten Wechsel von *ich* zu *man* ändert sich fast ebenso unmerklich das Tempus. Das allgemeine Nachdenken über Fürsprecher, über Gericht versus Gesetz sowie über den Tatbestand eines Urteils ist quasi zeitlos im Präsens verfasst. Nach diesen abwägenden Sätzen aber gibt es kein Zurück – wörtlich oder metaphorisch – in das Präteritum, mit dem die Erzählung beginnt. Selbst wenn sich das Pronomen nach einem kurzen, appellierenden Satz – „Also Achtung!" – wieder in die erste Person Singular zurückverwandelt, steht die folgende Passage weiterhin im Präsens: „Deshalb bin ich ja hier, ich sammle Fürsprecher." (NII, S. 379) Weiteres Abwägen über die Suchstrategie folgt, die auf einem Jahrmarkt weitaus angemessener sei als auf den dröhnenden Gängen, die zuvor als „für tiefe Stille geschaffen" (NII, S. 378) beschrieben wurden. Warum aber scheint ein Jahrmarkt geeigneter zu sein? Er komme den Prämissen für eine erfolgreiche Suche entgegen, da sich dort „vielerlei Menschen" treffen, „aus verschiedenen Gegenden, aus allen Ständen, aus allen Berufen, verschiedenen Alters". (NII, S. 379) Ein Jahrmarkt repräsentiert entsprechend ein verdichtetes räumliches, personelles und soziales Szenarium: Es ist ein Ort, der gleichzeitig „überall" ist und an dem sich lebende Menschen als Kreuzungen aus Person und Funktion – Fürsprecher – finden.

Die nächste, lange Eigenfrage („Warum eile ich denn blindlings in ein Haus, lese nicht die Aufschrift über dem Tor, bin gleich auf den Gängen, setze mich hier

---

[52] Campe: Kafkas Fürsprache, S. 196.
[53] Campe: Kafkas Fürsprache, S. 195.
[54] Siehe hierzu Kapitel 3.1.

mit solcher Verbohrtheit fest, daß ich mich gar nicht erinnern kann, jemals vor dem Haus gewesen, jemals die Treppen hinaufgelaufen zu sein." (NII, S. 379–380)) findet keine Eigenantwort oder Antwort überhaupt, sondern reflektiert genau die Fragen der Zeitlichkeit, die thematisch und strukturell aufgeworfen werden: „Zurück aber darf ich nicht, diese Zeitversäumnis, dieses Eingestehn eines Irrwegs wäre mir unerträglich." (NII, S. 380) Das Sinnieren über den andauernden Lauf von der Vergangenheit in die Gegenwart[55] zieht sich auch durch die Schlusspassage, welche die narratologische Positionsbestimmung darüber hinaus mit einem weiteren Wechsel des Rede- oder Anredemodus irritiert: vom *Ich* zum *Du*.

2.1.2 Du: Fürsprache finden?

Die schon in der mittleren, dialogischen Passage im Text nicht eindeutig zu beantwortenden Fragen *Wer spricht hier eigentlich? Für wen oder zu wem wird gesprochen?* lassen sich in der Schlusspassage noch weniger einhellig beantworten und mit Stanzels, Genettes oder Hamburgers Begrifflichkeiten nicht präzise beschreiben. Es wäre sicher nicht richtig, diese letzten drei langen Sätze des Fragments isoliert zu betrachten und somit der Du-Form zuzuordnen. Von einer solchen typologischen Reinform ist der „Fürsprecher"-Text weit entfernt. Mit seinem komplexen Einsatz von Pronomina zählt er eher zum Typus einer Kombinationserzählung. Wie schon beim Tempuswechsel vom Präteritum ins Präsens und wie schon beim Fürwortwechsel vom *Ich* zum *Man* ist dieser Übergang vom *Ich* zum *Du* gleitend. Drei kurze Sätze – zwei Fragen und eine Aussage – stehen voran, die keinen Erzähler oder keine Erzählinstanz lokalisieren lassen. Kein Pronomen wird verwendet: „Wie? In diesem kurzen, eiligen, von einem ungeduldigen Dröhnen begleiteten Leben eine Treppe hinunterlaufen? Das ist unmöglich." (NII, S. 380) Die folgenden Antworten, die den Sachverhalt nicht aufklären, sondern – zumindest in einer möglichen Lesart – Handlungsanweisungen geben, sind mit dicht aneinandergereihten *Du*-Pronomina (einschließlich ihrer Dativ- und Akkusativformen) besetzt. Mit dieser Häufung erreicht der Abschnitt einen eindringlichen, nahezu beschwörenden Effekt, der mit dem Indefinitpronomen *man* nicht erreicht werden könnte.

---

[55] Für konkretere Ausführungen zur komplexen Temporalität und den auffälligen Tempuswechseln vom Präteritum und Präsens in diesem und anderen Texten siehe Dorrit Cohn: Kafka's Eternal Present. Narrative Tense in „Ein Landarzt" and Other First-Person Stories. In: PMLA 81.1 (1968), S. 144–150. In Bezug auf den „Fürsprecher"-Text konstatiert Cohn: „The past has, in a literal sense, *become present*: the speaker is no longer telling a story, but talking to himself" und: „it [sc. the present tense] does not refer to past time, but to the speaker's present moment, and it is a direct grammatical signal for the story's open ending. It signifies that the speaker's past experience is his present plight, that it ends in infinite regress." (S. 145).

> Die Dir zugemessene Zeit ist so kurz, daß Du, wenn Du eine Sekunde verlierst, schon Dein ganzes Leben verloren hast, denn es ist nicht länger; es ist immer nur so lang wie die Zeit, die Du verlierst. Hast Du also einen Weg begonnen, setze ihn fort, unter allen Umständen, Du kannst nur gewinnen, Du läufst keine Gefahr, vielleicht wirst Du am Ende abstürzen, hättest Du aber schon nach den ersten Schritten Dich zurückgewendet und wärest die Treppe hinuntergelaufen, wärest Du gleich am Anfang abgestützt und nicht vielleicht sondern ganz gewiß. Findest Du also nichts hier auf den Gängen, öffne die Türen, findest Du nichts hinter diesen Türen, gibt es neue Stockwerke, findest Du oben nichts, es ist keine Not, schwinge Dich neue Treppen hinauf, solange Du nicht zu steigen aufhörst, hören die Stufen nicht auf, unter Deinen steigenden Füßen wachsen sie aufwärts. (NII, S. 380)

Es liegt nahe, diese drei langen Schlusssätze wie Campe so zu verstehen, dass der Erzähler „die für sein Erzählen bereits notwendige Fürsprache" findet, indem er „für sich zu sprechen"[56] beginnt. Das lässt sich mit dem „*dialogismus*, einer Figur der Selbstbesinnung und parabelhaften Selbstexemplifizierung" in Verbindung bringen oder als „Verlust aller Selbstbeherrschung"[57] lesen. Darüber hinaus bieten sich noch zwei weitere sprecherbezogene Lesarten an, so dass mindestens drei narrative Szenarien möglich sind. Es ist zweitens denkbar, dass eine externe Stimme, also eine Stimme außerhalb der Ich-Origo, spricht und das *Ich* adressiert. Solch ein eingreifendes Sprechen wäre das Sprechen eines außen stehenden Fürsprechers oder, negativ gewendet, eines Entmündigenden. Gleichzeitig wäre es eine Intervention, die nicht nur eine Verschiebung von *Personen*, nicht nur eine pronominale Änderung ist, sondern auch eine Verschiebung von *Positionen*. So kommt es erst in der Schlusssequenz zum dynamischen Fortschreiten auf den Gängen und Treppen, welches das permanente Hin- und Herlaufen des *Ich* ablöst. Als dritte Möglichkeit lassen sich die Schlusssätze als Anruf an den Leser deuten – ein Effekt, der sich oft in Du-Erzählungen einstellt und dem, obwohl in der Forschung oft überbewertet, eine „appelative Kraft, die erzählte Welt [...] zu überschreiten",[58] anhaften kann.

Ob Selbstgespräch, in dem sich das *Ich* mit *Du* anredet, ob externe Stimme, die für und zu dem *Ich* spricht, oder ob Beschwörungsrede an den Leser – die Appelle beziehen sich in allen drei Lesarten auf die vorher aufgeworfene Frage nach der Zeit und Zeitlichkeit: „Wer hier spricht", argumentiert Campe, „hat keine Zeit außer der, in der er spricht".[59] Und worüber gesprochen wird, ist die lineare Fortschreitung der Zeit. Insofern inszeniert sich am Ende dieses Textstücks ein raffiniertes Spiel mit einer weiteren Grundkategorie der Erzählanalyse: dem Verhältnis von Erzählzeit und erzählter

---

56 Campe: Kafkas Fürsprache, S. 190.
57 Campe: Kafkas Fürsprache, S. 205.
58 Erika Greber: Wer erzählt die Du-Erzählung? Latenter Erzähler und implizites *gendering* (am Beispiel einer Kurzgeschichte von Tschechow). In: Sigrid Nieberle/Elisabeth Strowick (Hg.): Narration und Geschlecht. Köln/Weimar/Wien 2006, S. 45–72, hier S. 47. Grebers Analyse bietet einen Überblick über die oft vernachlässigte Du-Erzählung sowie eine herausragende Analyse von Tschechows früher Humoreske „Neujahrstortur. Skizze der neuesten Inquisition" (1887).
59 Campe: Kafkas Fürsprache, S. 205.

Zeit als einer Komponente, um die narrative Instanz zu positionieren. Indem Aspekte der Zeitlichkeit nun im Vordergrund stehen, sind Fragen nach Fürsprechern bereits beantwortet worden – in der plausibelsten Möglichkeit, das Ende des „Fürsprecher"-Textes als das Finden der im Erzählen narratologisch und phänomenologisch selbst immer schon angelegten Fürsprache zu verstehen.

Die zusammengetragenen narratologischen und phänomenologischen Bestimmungen von Mittelbarkeit und Stimme bei Stanzel, Genette und Hamburger zusammen mit der Rhetorik des Fürsprechens sind mit Kafkas „Fürsprecher-Text" im Erzählkern selbst inszeniert. Die Suche nach Fürsprache ist die Basis des Textes, in dem der Erzähler zunächst allgemeine Überlegungen zur Notwendigkeit von Fürsprechern überall artikuliert und am Ende möglicherweise seine eigene narratologische Fürsprache findet, indem er für sich selbst spricht, eine externe Stimme das Wort für ihn (im Sinne von anstatt seiner) ergreift oder für (im Sinne eines Appels an) den Leser gesprochen wird.

2.2 Diskursfelder des Fürsprechens

Mit der skizzenhaften Darstellung von Mittelbarkeit und Stimme als grundsätzlichen Gegenständen der Erzähltheorie und mit der parallel geführten, analytischen Lektüre von Kafkas „Fürsprecher"-Text ist ermittelt worden, dass ein enger Zusammenhang in Form eines strukturellen Verhältnisses besteht. Es ist die Notwendigkeit der Annahme von Fürsprechern. Der „Fürsprecher"-Text inszeniert nicht nur die Rhetorik der Fürsprache im Erzählen selbst, sondern stellt zudem den Bezug zu rechtlichen und sozialen Fürsprachen explizit her. Wie eingangs angedeutet, ist das Phänomen des Fürsprechens nicht außerhalb seiner institutionellen rechtlichen, soziopolitischen oder religiösen Kontexte zu erfassen. Daher folgt nun der Versuch, einige weitere Texte heranzuziehen, die sich sinnvoll mit diesen Kontexten verbinden lassen, um eine kleine Typologie des Fürsprechens bei Kafka vorzuschlagen. Eine solche Typologie, die sich einerseits aus Kafkas Werk speist und sich andererseits aus dem Bedeutungsspektrum des Wortes Fürsprecher im *Deutschen Wörterbuch* herleiten lässt, liefert in diesem Rahmen keine abschließenden Begründungen für den Zusammenhang, sondern ist überblicksartig und informierend. Es wird weder behauptet, dass Kafkas Schreibprojekt bewusst und systematisch Fürsprache-Situationen auslotet,[60] noch wird ein logisches Ableitungsverhältnis zwischen dem, was als literarisches

---

60 Das konvergiert mit einer These Waldemar Fromms, der zu Recht auf Kafkas „konventionelle Sprachbilder [...] mit hohem Wiedererkennungswert" aufmerksam macht und zwar aus der griechischen Antike (Alexander der Große) und aus der Geschichte (die Chinesische Mauer). Fromm argumentiert weiter, dass Kafka „sich unbelastet von theoretischen Debatten und Diskursregeln aneignet, was ihn literarisch produktiv beflügelt. So kann er unvermutet Alexander oder Abraham zur Beschreibung seiner Lage heranziehen, ohne sich auf die Inhalte eines zitierten Textes im Detail

Fürsprechen bezeichnet werden kann, und den außerliterarischen Formen des Fürsprechens in den folgenden Lektüren angenommen. Vielmehr zeigt sich exemplarisch an den ausgewählten kurzen Texten, dass es zahlreiche thematische Berührungspunkte und Strukturanalogien zwischen den verschiedenen Feldern des Fürsprechens gibt, die sich nicht zuletzt in spezifischen Erzählbewegungen spiegeln.

Ziel ist es also, in den nächsten Abschnitten einige Bezüge darzustellen und mit Exkursen anzureichern, die speziell in Bezug auf die gerichtsrhetorischen und soziopolitischen Kontexte des Fürsprechens für die Textanalysen in den Folgekapiteln wichtig sind. Zunächst soll der in Kafkas Werk so wichtige gerichtsrhetorische Kontext mit dem Text „Der neue Advokat" und einer rechtsgeschichtlichen Perspektive zusammengeführt werden, um das Fürsprechen vor Gericht zu eruieren. Dann soll auf den soziopolitischen Kontext mit dem Textkomplex um „Beim Bau der chinesischen Mauer" in Hinblick auf das Sprechen für eine Gemeinschaft eingegangen werden, das Fragen nach Repräsentation generell und im Rahmen institutioneller Kommunikation sowie in Bezug auf das *Speaking-for* im Postkolonialismus herausstellt. Schließlich folgt ein knapper Exkurs zum religiösen Kontext mit dem Fragment „Auf der Freitreppe des Tempels ... ", anhand dessen sich – ebenso wie in den vorangehenden Analysen – zeigt, dass Fürsprache poetologisch verhandelt und gleichzeitig unterlaufen wird.

2.2.1 Gerichtsrhetorischer Kontext und „Der neue Advokat"

Der einzige titelgebende Advokat Kafkas, Dr. Bucephalus, aus der 1917 im zweiten Oktavheft (B) niedergeschriebenen und zuerst in der Zeitschrift *Marsyas* veröffentlichten Erzählung „Der neue Advokat",[61] kann in ganz besonderer Weise die erste im *Deutschen Wörterbuch* angegebene Bedeutung des Lemmas „Fürsprecher" exponieren: als „einer der als rechtskundiger vor gericht stellvertretend eine rechtssache führt, ein anwalt, ein sachwalter, ein advocat".[62] In der Figur des vormaligen Streitrosses Alexander des Großen, der jetzt ein promovierter Advokat ist, überblendet Kafka die Antike mit der modernen Welt. Die Alexanderthematik war ihm durch die

---

zu berufen. Kafka schreibt aus dem Sprachgedächtnis, hier schreibt er sich ein, dieses schreibt er um. Mit dieser Feststellung ist der Nachweisforschung nicht widersprochen, lediglich die Bewertung der Einflüsse anders moduliert." Waldemar Fromm: Artistisches Schreiben. Franz Kafkas Poetik zwischen *Proceß* und *Schloß*. München 1998, S. 13.

61 „Der neue Advokat" wurde noch im Jahr seiner Entstehung, 1917, in der Zeitschrift *Marsyas* zusammen mit den Texten „Ein altes Blatt" und „Ein Brudermord" veröffentlicht. 1920 erschien er im *Landarzt*-Band, der auf 1919 rückdatiert wurde. Weitere bekannte, wenn auch keine titelgebenden, Advokaten sind der kranke Advokat Huld im *Proceß*, der Verteidiger im „Fragment vom Unterstaatsanwalt" sowie der reale Advokat aus den abwertenden Tagebucheintragungen zur „Geschwätzigkeit des Dr. Kafka" (siehe T, S. 76–79).

62 Grimm: Deutsches Wörterbuch, Bd. 4, Sp. 837.

Lektüre der Übersetzung von Michail A. Kusmins *Taten des Großen Alexander*[63] sowie anderer zeitgenössischer Quellen und der Reproduktion des Alexandermosaiks im Altstädter Gymnasium, das er besucht hatte, wohl vertraut. Kafka bringt sie hier mit seiner ausbildungs- und berufsweltlichen Erfahrung als Jurist in einen symbiotischen, anachronistischen und phantastischen Zusammenhang.[64]

Der zwölf Sätze umfassende Text hat eine der zahlreichen Metamorphosen in Kafkas Werk zum Thema, die sich hier als weitgehend vollzogene Transformation vom Tiersein zum Menschsein darstellt und damit an den ebenfalls während der produktiven ersten Hälfte des Jahres 1917 entstandenen Text „Ein Bericht für eine Akademie" erinnert. Beide Geschichten bilden als erste und letzte Erzählung den Rahmen in der späteren Sammlung *Ein Landarzt*, vor und nach zwölf weiteren Erzählungen.[65] Vor allem die Wahl der Erzählung „Der neue Advokat" in der Auftaktposition, unmittelbar vor der Erzählung „Ein Landarzt", die dem Band den Titel leiht, lässt Spekulationen über den besonderen rhetorischen Charakter dieser Geschichte zu. So ist es suggestiv, sie als bewusst gewählte Vorrede oder Einleitung zu deuten, wofür Kafkas wiederholte Insistenz auf die erste Position im Band spricht.[66] An einen Vorschlag von Ralf-Henning Steinmetz anschließend kann die Erzählung zudem mit dem „Exordium und seine[n] charakteristischen Inhalte[n], die zumeist in Vorreden oder Prologen gestalteten Exordialtopoi",[67] in Verbindung gebracht werden. Das *exordium* oder

---

63 Michail A. Kusmin: Taten des Großen Alexander, übers. v. Ludwig Rubiner. München 1910.
64 Kafka hat an der Carl-Ferdinands-Universität in Prag zwischen 1901 und 1905 u. a. folgende Lehrveranstaltungen besucht: Institut des römischen Rechtes, Römische Rechtsgeschiche, Deutsche Rechtsgeschichte, Interpretation von Ciceros Rede pro Archia poeta, Pandekten I. Römischer Zivilprozeß, Österreichische Rechtsgeschichte, Geschichte der Rechtsphilosophie. Siehe Chris Bezzel: Kafka-Chronik. Daten zu Leben und Werk. München/Wien 1975, S. 243–244.
65 Der auf 1919 datierte und im Frühjahr 1920 erschienene Sammelband *Ein Landarzt. Kleine Erzählungen* druckt 14 Stücke in folgender Reihenfolge: „Der neue Advokat", „Ein Landarzt", „Auf der Galerie", „Ein altes Blatt", „Vor dem Gesetz", „Schakale und Araber", „Ein Besuch im Bergwerk", „Das nächste Dorf", „Eine kaiserliche Botschaft", „Die Sorge des Hausvaters", „Elf Söhne", „Ein Brudermord", „Ein Traum", „Ein Bericht für eine Akademie".
66 Die provisorische Anordnung der Geschichten, wie Kafka sie an zwei Stellen in den Oktavheften auflistet, sah für die Advokatenerzählung zunächst die letzte Stelle, dann die drittletzte Stelle vor. Auf seine Revisionen beharrte Kafka dann allerdings. Am 20. August 1917 schickte er seinem Verleger Kurt Wolff ein Inhaltsverzeichnis für das Buch, das mit „Der neue Advokat" beginnt (siehe B 1914–1917, S. 306–307). Er insistierte auch später in Briefen an den Verlag auf diese Anordnung und schreibt am 25. oder 26. Januar 1918: „Wie diese Reihenfolge war, weiß ich augenblicklich nicht auswendig, jedenfalls war aber ‚Landarzt' nicht das erste Stück, sondern das zweite; das erste aber war ‚Der neue Advokat'. Ich bitte jedenfalls nach der damals angegebenen Reihenfolge das Buch einzurichten." (B 1918–1920, S. 23–24) Am 1. Oktober 1918 wendet er sich wieder per Brief an den Kurt Wolff Verlag: „Die von Ihnen angegebene Reihenfolge der Stücke im Buch ist richtig, bis auf einen unmöglich zu belassenden Fehler: das Buch soll mit ‚Ein neuer Advokat' anfangen [...]." (B 1918–1920, S. 55).
67 Ralf-Henning Steinmetz: Kafkas neuer Advokat. In: Wirkendes Wort 41.1 (1991), S. 72–80, hier S. 72.

prooemium steht vor den anderen drei klassischen Teilen einer Rede: der *narratio* (Erzählung), *argumentatio* (Beweisführung) und *peroratio* (Redeschluss). Es war vom antiken Griechenland bis in das 18. Jahrhundert verbreitet und sollte – wie auch die *peroratio* – dem Publikumskontakt dienen sowie „Aufmerksamkeit, Aufnahmewilligkeit und Wohlwollen des Richters auf die in der Rede vertretende Parteisache lenken".[68] Bezogen auf den Band Kafkas heißt es bei Steinmetz, dass „Grundbedingungen und Konstituenten menschlichen Daseins thematisiert werden", die Bucephalus als Übergangswesen verschiedener Zeitalter besonders bewusst sein müssen, woraufhin er „welt- und zeitabgewandt" liest: in den alten Büchern, deren Blätter auch „die folgenden Erzählungen"[69] sein könnten. Auch wenn Steinmetz' Vorschlag durch seine weit gefassten thematischen Motivverknüpfungen zwischen den Texten des Bandes eher andeutend bleibt – es handele sich fast durchgängig „um Mißverständnisse, um falsche oder enttäuschte Hoffnungen, um Vergeblichkeit und Aussichtslosigkeit"[70] –, ist seine Analyse über den besonderen rhetorischen Stellenwert von Kafkas neuem Advokaten überzeugend.[71]

2.2.1.1 Agonale Grundkonstellationen

Indem Kafka in diesem Eröffnungstext ein Streitross zum Advokaten macht, verbindet er das Juridische mit der ihm inhärenten Komponente des Agons (Kampfes, Wettstreits oder Streitgesprächs) auf das Genaueste. Gerhard Neumann formuliert die Umgestaltung vom Faustrecht zum modernen Recht im Text wortspielerisch-präzise als „Übergang vom Streit-Roß Alexanders zum Rechts-Streit eines Advokaten".[72] Einmal auf diesen Übergang aufmerksam geworden, fällt auf, dass sich in Kafkas literarischem Werk selbst ein ähnlicher Übergang erkennen lässt, denn das Kampfmotiv im frühen Erzählkomplex „Beschreibung eines Kampfes" kann als Vorläufer des strukturbestimmenden Verhörmotivs gelten, etwa im Durchbruchstext „Das Urteil" und in den Romanversuchen. Ein „gegenseitiges Belauern" wird, so Ulf Abraham, von der durch „Autoritäts- oder Machtgefälle"[73] gezeichneten Verhörsituation abgelöst.

---

68 Heinrich Lausberg: Elemente der literarischen Rhetorik. München 1963, S. 25.
69 Steinmetz: Kafkas neuer Advokat, S. 78–79.
70 Steinmetz: Kafkas neuer Advokat, S. 76–77.
71 In diesem Zusammenhang ist es auch interessant, dass Kafka kurzzeitig den Titel *Verantwortung* für den Band in Erwägung zog. An Martin Buber schrieb er am 22. April 1917: „Ich schicke ihnen 12 Stücke. [...] Alle diese Stücke und noch andere sollen später einmal als Buch erscheinen unter dem gemeinsamen Titel ‚Verantwortung'[...]." (B 1914–1917, S. 297).
72 Gerhard Neumann: Die Arbeit im Alchimistengäßchen (1916–1917). In: Hartmut Binder (Hg.): Kafka-Handbuch, Bd. 2 (Das Werk und seine Wirkung). Stuttgart 1979, S. 313–350, hier S. 330.
73 Ulf Abraham: Der verhörte Held. Recht und Schuld im Werk Franz Kafkas. München 1985, S. 17.

Die konkrete Bezeichnung von Bucephalus als „Advokat" spielt zudem auf die expertenhafte römische Rechtskultur der Advokatur an; der adjektivische Zusatz macht den „neuen" Advokaten zweifelsfrei zu einem modernen Vertreter des Barreaus, des Advokatenstandes. Gleichzeitig tritt der Erzähler im Text als subtiler Gegenspieler des Bucephalus auf und damit als eine Art Gegenpartei an. In verschachtelter Weise und an prominenter Stelle im *Landarzt*-Band verhandelt „Der neue Advokat" demnach zwei ineinander verflochtene Fürsprecher-Narrative. Zum einen sind es der Rückgriff auf einen Stoff aus der mythischen Vorzeit und dessen moderne Umgestaltung,[74] die sich mit real-geschichtlichen Aspekten der Advokatur (zum Zweck eines Überblicks) verbinden lassen. Zum anderen spielt sich ein raffinierter narrativer Wettbewerb ab, den die Ich-Instanz als möglicher „Gegensprecher" des Bucephalus innerhalb seines Standes führt. Wie im „Fürsprecher"-Text begegnen sich hier Reflexionen über die gerichtliche Vertretung mit feinsinnigen, teils ambigen, narratologischen Bewegungen.

Mit dem zunächst nüchtern anmutenden ersten Satz – „Wir haben einen neuen Advokaten, den Dr. Bucephalus." – wird sogleich die narrative Fürsprecher-Konstellation über das Pluralpronomen „wir", das stellvertretend für ein Kollektiv steht, in den Text gebracht, wie auch Roland Reuß analysiert.[75] Im Vokabular Genette'scher Theorie handelt es sich um einen intradiegetisch-homodiegetischen Erzähler, der als Kollege von Bucephalus aus der Gemeinschaft des Anwaltstandes heraus über einen anderen spricht, zu dessen Innenleben er keinen Zugang hat. Der zweite Satz markiert, eher lapidar, dass der neue Advokat tatsächlich eine Transformation des berühmten Pferdes aus der Antike ist, auch wenn „[i]n seinem Äußeren" (D, S. 251) kaum etwas daran erinnert. Der dritte und der vierte Satz spielen berechnend mit einem Wissen, das der Erzähler zu haben glaubt, aber nicht weitergibt, wenn er sagt: „Wer allerdings mit den Umständen vertraut ist, bemerkt einiges." (D, S. 251) Wem aber sind die Umstände bekannt? Und was genau ist „einiges", das bemerkt werden kann? Hier irritiert weniger die Erzählsituation, wie etwa im „Fürsprecher"-Text, als dass der Erzählgegenstand irritiert. Nur der Eingeweihte hat Informationen zum andeutungsweise reichhaltigen Inneren. Der Erzähler gibt keine weiteren Aufschlüsse über die „Umstände", sondern beschreibt eine Szene des Beobachtens und Analysierens, in der er sich das einzige Mal singulär-pronominal als „ich" einbringt:

---

[74] Siehe Günter Schomaker: Deformation eines klassischen Motivs. Anmerkungen zu einem Text von Franz Kafka „Der neue Advokat". In: Germanistische Mitteilungen 31 (1990), S. 23–29, hier S. 25.

[75] Siehe Roland Reuß: Franz Kafka: „Der neue Advokat". In: Elmar Locher/Isolde Schiffermüller (Hg.): Franz Kafka. *Ein Landarzt*. Interpretationen. Bozen 2004, S. 9–20. „Indem der Redende hier in der Gestalt des ‚Wir' gleich mit dem ersten Wort auf den Plan tritt, setzt er sich von Anfang an in eine Idealkonkurrenz zum Gegenstand seiner Äußerung. Er spricht ebenfalls im Namen anderer, macht sich zu deren Für-Sprecher – ein Ausdruck, der spätestens seit Luther als alternative Übersetzung (zu ‚Anwalt') für ‚advocatus' dient. [...] Der Text nimmt seinen Ausgang von einem Vorgang innerhalb des Anwaltkollektivs." (S. 10–11) Reuß sieht den Erzähler auch als „advocatus diaboli". (S. 13)

> Doch sah ich letzthin auf der Freitreppe selbst einen ganz einfältigen Gerichtsdiener mit dem Fachblick des kleinen Stammgastes der Wettrennen den Advokaten bestaunen, als dieser, hoch die Schenkel hebend, mit auf dem Marmor aufklingenden Schritt von Stufe zu Stufe stieg. (D, S. 251)

Über den „Fachblick" des „einfältigen Gerichtsdieners" inszeniert der Erzähler seinen eigenen Blickwinkel, wobei es sich nicht um eine Szene der Empathie handelt, sondern, Roland Reuß folgend, eher um eine „zwiefältig-zwiespältige Selbstcharakterisierung" über unfreiwillige „Eigenkommentare".[76] Was beobachtet wird, enthüllt den Erzähler als von einem ganz eigenen Wettrennen getrieben: dem des konkurrierenden Karriereaufstiegs. Er muss zusehen, wie Bucephalus die Stufen wohl zum Gerichtsgebäude erklettert oder, symbolisch gesprochen, wie der neue Advokat die Karriereleiter im Justizwesen mit „aufklingende[m] Schritt"[77] erklimmt. Ein direkter Konflikt, wie ein erzählter Kampf oder ein dialogisches Streitgespräch, findet zwar nicht statt, aber es wird auf die beiden ritualisierten Konflikte des Wettbewerbs und der Gerichtsverhandlung gleichzeitig angespielt. „[A]ls werde die Grundmetapher von Thomas Hobbes' Schrift *The Elements of Law, Natural and Politics* zur Allegorie ausgeführt",[78] schreibt Reuß und bezieht sich auf Hobbes' Formel vom Leben als Wettrennen, nach der gilt: „The comparison of the life of man to a race, though it holdeth not in every point [...]. But this race we must suppose to have no other goal, nor other garland, but being foremost [...]."[79]

2.2.1.2 Zur Diskursgeschichte der Gerichtsrhetorik
Neben dieser grundlegenden Formel vom Leben als Wettrennen gibt es einen subtilen Subtext, der sich mit dem rätselhaften Satz „Wer allerdings mit den Umständen vertraut ist, bemerkt einiges." (D, S. 251) ebenfalls spielerisch verbinden lässt, wenn man den historischen Spuren in Titel und Text folgt. Ein kleiner Exkurs zur Diskursgeschichte der Gerichtsrhetorik von der griechischen Antike („Bucephalus'" Zeit) über die römische Rechtsvertretung (des „Advokaten") hin zur modernen („neuen") Advokatur bringt die Konturen der modernen gerichtlichen Fürsprache hervor.

---

[76] Reuß: Franz Kafka: „Der neue Advokat", S. 14. Die Beobachtungsszene ist nicht nur sekundär vermittelt, sondern auch zweideutig: Der Ort der Freitreppe kann „der Ort der Beobachtung oder der des Beobachteten" (S. 14) sein.
[77] Unterstützt wird das durch den Rhythmus, genauer, durch „ein angemessenes ‚aufklingendes' Versmaß, den Hexameter". Gerhard Kurz: Der neue Advokat. Kulturkritik und literarischer Anspruch bei Kafka. In: Wendelin Schmidt-Dengler (Hg.): Was bleibt von Franz Kafka? Positionsbestimmung. Kafka-Symposium Wien 1983, Wien 1985, S. 115–127, hier S. 120.
[78] Reuß: Franz Kafka: „Der neue Advokat", S. 15.
[79] Thomas Hobbes: The Elements of Law, Natural and Politic, hg. v. Ferdinand Tönnies. London 1969, S. 47.

2.2 Diskursfelder des Fürsprechens — 31

Das Modell der antiken rhetorischen Fürsprache in der Institution des Gerichtsverfahrens ist eine dreipolige Grundkonstellation,[80] die Campe mit Betonung auf die Rhetorik und ihrer Affektenlehre analyiert: *Synegoria* (*Sprechen mit*) bei Aristoteles und Advokatur (*Sprechen für*) bei Marcus Fabius Quintilianus.[81] Obgleich griechische Rhetorik und Philosophie wesentliche Rollen in der römischen Ausbildung gespielt hatten, bildeten die Römer ihr eigenes System der Fürsprache, welches das griechische System eines nebengestellten „Mit-Sprechens" ablöste. Der wohl größte Unterschied zwischen dem griechischen und dem römischen System der gerichtlichen Stellvertretung bestand nämlich darin, dass die prozessführende Partei in allen Fällen griechischer gerichtlicher Verteidigung selbst anwesend war,[82] während in den römischen

---

80 In seiner Rhetorik entfaltet Aristoteles, der Lehrer Alexanders war, bekanntlich die Gattungstrias der Gerichtsrede (gr. γένος δικανικόν/*génos dikanikón*, lat. *genus iudiciale*), der öffentlichen bzw. beratenden Rede oder politischen Entscheidungsrede (gr. γένος συμβουλευτικόν/*génos symbouleutikón*, lat. *genus deliberativum*) und der vorführenden Rede (gr. γένος ἐπιδεικτικόν/*génos epideiktikón*, lat. *genus demonstrativum*). Der Hörer ist dann derjenige, der urteilt – über Vergangenes (so der Richter bei der gerichtlichen Rede), über Zukünftiges (etwa ein Mitglied einer Volksversammlung bei der öffentlichen bzw. beratenden Rede) oder über bestimmte Fähigkeiten (wie der Betrachtende in der vorführenden Rede). In der Spätantike treten zudem die Sachreden und Predigten als weitere Textsorten hinzu. Gleich anfangs, im Abschnitt über die Redegattungen, deutet Aristoteles die Modellkomponenten an, die Karl Bühler später in seinem Kommunikationsdreieck genau bestimmt (Karl Bühler: Sprachtheorie. Die Darstellungsfunktion der Sprache. Stuttgart 1965). Aristoteles schreibt: „Aus dreierlei nämlich ist die Rede zusammengesetzt: aus einem Redner, dem Gegenstand, über den er redet, und jemandem, zu dem er redet; und das Ziel (des Redens) bezieht sich auf diesen letzteren, ich meine den Hörer." Aristoteles: Rhetorik, übers. und erläutert v. Christof Rapp. In: Aristoteles. Werke in deutscher Übersetzung, begründet v. Ernst Grumach/hg. v. Hellmut Flashar, Bd. 4. Berlin 2002, S. 28.
81 Campe: *Synegoria* und Advokatur, S. 54. Campe argumentiert aus genealogischer Perspektive und stellt die Vernachlässigung dieser dreipoligen Konstellation in der modernen Empathie-Forschung (und in Extension der Rhetorik und Poetik in Moderne und Gegenwart) heraus, die auf einer zweipoligen Konstellation beruhe.
82 Man kann die antike forensische Redekunst in Griechenland grob in drei Kategorien einteilen. Siehe dazu Jonathan Powell/Jeremy Paterson (Hg.): Cicero the Advocate. Oxford/New York 2004, S. 10. Erstens konnte die beteiligte Partei als ihr eigener Redner vor der Jury auftreten, ohne eine dritte Partei zu beauftragen. Solche Fälle von „self-advocacy" waren wohl allerdings eine Ausnahme, denn der enorme Druck, der während der Verhandlung auf einer Person lastete, die vor einer Versammlung von Richtern für sich sprechen musste, machte in den meisten Fällen externe Hilfe notwendig oder mindestens ratsam. Solche externe Hilfe konnte zweitens in der Form von *synegoria* erfolgen: des wörtlichen „Sprechens-mit" einer Partei, wobei ein *synegoros* oder mehrere *synegoroi* ihre unterstützende Rede (*synegoriai*) für die Partei vorbrachten. Es handelte sich oft um einen Freund oder einen Verwandten, manchmal auch um eine Gruppe von Befürwortern, die in der Regel einen Freundschaftsdienst leisteten, der nicht entlohnt wurde; Zahlungen waren sogar verboten und wurden mit Bestechungen gleichgesetzt. Die dritte Form der forensischen Mit-Sprache in der griechisch-antiken Rechtspraxis konnte über Logographie, eine Art *ghostwriting*, erfolgen. Wörtlich ein „Redenschreiber", komponierte ein *logograph(os)* die Reden, die der Klient dann selbst – in seiner eigenen Person und mit seiner eigenen Stimme – vortrug, um die Richter zu überzeugen. Es war kein freundschaftlicher Gefallen, sondern entlohnte Arbeit, die ein rhetorisch geschulter Außenstehender, in manchen Fällen sogar ein Metöke, also ein ohne Bürgerrechte in Athen lebender Schreiber,

Gerichten die externen, zumeist sach- und fachkundigeren Vertreter als Wortführende agierten.[83] Anders formuliert: Statt eines oft gleichgewichtigen Mit-Sprechers trat ein sozial übergeordneter Schutzherr auf; statt eines *synegoros* ein *patronus*; statt einer Form des Mit-Sprechens erfolgte eine Form des Für-Sprechens für einen *cliens*.[84] Ob es sich immer um ein schon vorher bestehendes Abhängigkeitsverhältnis zwischen dem römischen *patronus* und dem *cliens* handelte, wird in der Sekundärliteratur bestritten.[85] Wie Wolfgang Kunkel ausführt, gab es aufgrund der uneinheitlichen Voraussetzungen für den Berufsstand ein breites Spektrum an Advokaten: „Neben den reinen Rhetoren und den ausgesprochenen Juristen hat es sicherlich Männer gegeben, die mehr oder weniger in beiden Sätteln gerecht waren."[86] John Anthony Crook fasst die Facettenhaftigkeit der Repräsentantenrollen im römischen Recht zusammen, wonach parallel zu direkten Repräsentanten – wie dem *iudex* – auch indirekte Repräsentanten – wie der *cognitor* oder *procurator* – existierten:

> In the case of „direct" representation the representative, by his intervention, creates rights and duties not in himself but directly in his principal, whereas in the case of „indirect" representation he creates by his intervention rights and duties only in himself, and there must then be other mechanisms for casting the rights and duties so created on to the principal he represents.[87]

Anders formuliert: der „indirekte" Repräsentant sprach für den *cliens*, aber in seinem eigenen Namen und mit dem Einsatz seiner eigenen Persönlichkeit, die dann vor Gericht stand. Somit ging es um seinen Namen und seine Person, wenn er für den Fall eines anderen sprach. Der Ausgang des Verfahrens war entscheidend für den vollen Repräsentanten – *cognitor* oder *procurator* – selbst, während der „direkte" Repräsentant – *advocatus* oder *orator* – als Prozesshelfer unterstützend für den Klienten sprach, der ebenfalls vor Gericht anwesend und für seine Taten verantwortlich war. In beiden Fällen aber wurde die Rede selbst nicht vom Angeklagten gehalten, sondern von dessen direktem oder indirektem Repräsentanten als Fürsprecher.

---

verfasst hatte. Mischformen zwischen den drei genannten Formen gab es ebenfalls. So konnte etwa ein *logographos* auch gleichzeitig *syngoros* sein. Siehe auch John Anthony Crook: Legal Advocacy in the Roman World. Ithaca 1995.

83 Auf eine kurze Formel bringt es Crook: „The Athenians, with their populist ideal of law, did not permit the rise of legal experts; Roman society had such specialists from its earliest stage." Crook: Legal Advocacy in the Roman World, S. 39. An späterer Stelle nuanciert Crook: „There was no Bench with a capital ‚B' and no Bar with a capital ‚B', and no professional relationship between them: the Voice spoke for only one master, the ‚representative' represented only one entity." (S. 163).

84 Siehe Campe: *Synegoria* und Advokatur, S. 72.

85 Jonathan Powell und Jeremy Paterson schreiben: „A *patronus* such as Cicero made his services generally available to those who asked for them [...]." Jonathan Powell/Jeremy Paterson: Cicero the Advocate, S. 14.

86 Wolfgang Kunkel: Die römischen Juristen. Herkunft und soziale Stellung. Köln 2001, S. 328.

87 Crook: Legal Advocacy in the Roman World, S. 158.

In seiner Begriffsgeschichte *Patronus und Orator* untersucht Walter Neuhauser die beiden titelgebenden Typen als Gerichtsredner erst getrennt voneinander, dann ihre Annäherung aneinander.[88] Der *patronus*, abgeleitet aus *pater*, drücke „nicht einen Beruf, sondern einen Stand, ein Hineingewachsensein in eine Aufgabe"[89] aus. Der Orator, ein *nomen agentis* zu *oratore* mit der „Grundbedeutung ‚artikuliert sprechen, reden, rufen, bitten'",[90] ist demnach etymologisch ein Sprecher, der zielgerichtet seine Äußerungen artikuliert. Es gebe drei Hauptverwendungen des Wortes: als „Redner in eigener Sache, für sich selbst", als „Redner in fremder Sache im Auftrag eines anderen, als dessen Sprecher" sowie als „Redner in fremder Sache für einen anderen, in dessen Interesse, zu dessen Schutz."[91] Es liegt in der Natur der Sache, dass es innerhalb dieser Bedeutungsmöglichkeiten zu Überschneidungen und Verwischungen kam. Die zweite und dritte Bedeutung kann mit einer Bittfunktion in Zusammenhang gebracht werden.[92] Der Orator erschien in der Spätantike auch mit der Bedeutung Fürsprecher und Beter, wobei der Beter erst in der christlichen Literatur, so Neuhauser, belegbar sei.[93] Entsprechend musste der Orator alle drei Redegattungen bewältigen, von denen die „Praxis des *genus iudicale*"[94] am meisten benötigt wurde. Die reine Rhetorikkunst des Orators wurde später zunehmend von der Gerichtskenntnis des ausgebildeten *advocatus* verdrängt.[95]

---

88 Siehe Walter Neuhauser: Patronus und Orator. Eine Geschichte der Begriffe von ihren Anfängen bis in die augusteische Zeit. Innsbruck 1958. „Dieser semasiologische Zusammenschluß erfolgte relativ spät und ist in dieser Form nicht zuletzt auf den Einfluß der griechischen Rhetorik in Rom zurückzuführen, indem sich die ‚inhaltliche' Seite, verkörpert im Anwalt der Prozeßpartei, mit der ‚formalen', dem geschulten Redner, *orator*, zu einer Einheit verband. Als jedoch zu Beginn der Kaiserzeit die Rhetorik, auch die Gerichtsberedsamkeit, an praktischer Bedeutung verlor und der inhaltliche Begriff (*patronus*) durch andere Ausdrücke ersetzt zu werden begann, fiel der Zusammenhang von *orator* und *patronus* wieder weg." (S. 12–13).
89 Neuhauser: Patronus und Orator, S. 19.
90 Neuhauser: Patronus und Orator, S. 120.
91 Neuhauser: Patronus und Orator, S. 124.
92 Siehe Neuhauser: Patronus und Orator, S. 140.
93 Siehe Neuhauser: Patronus und Orator, S. 152. Neuhauser konstatiert, „daß es zwei christlich-antike Bedeutungen von *orator* gab. *Beter* ist dabei auf die Gleichsetzung mit *rogator*, das ja nicht nur *bitten*, sondern auch *beten* bedeuten konnte, zurückzuführen, die ermöglicht wurde: 1. infolge der Bedeutung von *rogare*, 2. infolge des Einflusses dieses Wortes auf *orare*, das erst spät *beten* bedeutet. Orator als Beter ist überhaupt erst in der christlichen Literatur belegbar. Neben diesen Bedeutungen kommt noch die von *deprecator*, *Fürbitter*, vor, die auf die alte Verwendung von orator als ‚Sprecher für einen anderen' zurückzuführen ist." (S. 152).
94 Siehe Neuhauser: Patronus und Orator, S. 157.
95 Siehe Neuhauser: Patronus und Orator, S. 163. Es heißt zudem: „Zu den zwei wichtigsten Wörtern für *Gerichtsredner*, nämlich *orator* und *patronus* tritt in der Kaiserzeit ein drittes gleichbedeutendes hinzu, *advocatus*, das die zwei genannten allmählich zu verdrängen beginnt. [...] Infolge ihrer Rechtskenntnis wurden die *advocati* immer mehr bei Gericht zugezogen, je mehr die Rechtskenntnis der *oratores* = *patroni* abnahm." (S. 203).

Im Jahr 1905, einem Jahr bevor Kafka zum Doktor der Rechte promoviert wurde, erschien Adolf Weißlers voluminöse *Geschichte der Rechtsanwaltschaft*. Weißler beginnt seine Studie, welche die zeitgenössische Forschung und Reflexion über die Profession aus historischer (wenngleich stark germanistisch-idealisierender) Perspektive umfasst, mit der Untersuchung der Ämter des *Wortführers* und des *Rechtweisers*, zwischen denen er eine natürliche Relation erkennt: „Der Rechtweiser ist ein juristischer Gutachter. Gelang es der Partei, einen solchen für ihre Sache zu gewinnen, so hatte sie damit ihren natürlichen Wortführer gewonnen [...]."[96] Das *Vorsprechertum* entwickelte sich aus dem *Rechtweiseramt* und diese Entwicklung kann, zusammen mit dem Auftauchen des Namens *Vorsprecher*, bis in das 8. Jahrhundert verfolgt werden, genauer „in einer althochdeutschen Glosse des achten Jahrhunderts, wo Furisprecho mit orator übersetzt wird".[97] Dieser *Vorsprecher*, so unterstreicht Weißler, ist kein Fürsprecher im Sinne eines Sprechers zu Gunsten oder zum Vorteile seiner Partei, sondern ein Kundiger im Sinne von „Vorarbeiter, Vorturner, Vorsänger, Vorbeter. Vorsprecher ist, wer hervortritt zu sprechen und seiner Partei vorspricht, was sie nachsprechen soll."[98] Sein Reden stand im öffentlichen Interesse und er war „blosse[r] Fragesteller", der viel nüchterner „als die römischen Advokaten" war, „die in schwungvollen Reden die Sache ihrer Parteien führten."[99] Mit der Teilung des Berufs in die Advokatur einerseits und die Prokuratur andererseits ging die Teilung der Beschäftigungsbereiche einher:

---

96 Weißler: Geschichte der Rechtsanwaltschaft. Leipzig 1905, S. 22.
97 Weißler: Geschichte der Rechtsanwaltschaft, S. 25.
98 Weißler: Geschichte der Rechtsanwaltschaft, S. 26.
99 Weißler: Geschichte der Rechtsanwaltschaft, S. 45. Siehe auch den deskriptiven *Sachsenspiegel*, als das älteste Rechtsbuch des deutschen Mittelalters, in dem an mehreren Stellen ein Vorsprecher abgebildet und von dessen Dienst die Rede ist (einzusehen z. B. im *Wolfenbüttler Sachenspiegel* auf 23v („Wenn ihm (dem Richter) das bestätigt wird, so kann jeder über das, was ihn in Zwietracht bringt, mit einem Vorsprecher klagen, damit er nicht durch irgendein Versäumnis einen Nachteil erleide."), 24r („Jeder Mann darf wohl im Land Sachsen Vorsprecher sein nach Landrecht, der in seinem Recht unbescholten ist, ausgenommen der Geistliche."), 24v („Der Richter soll immer den (vor Gericht stehenden) Mann fragen, ob er seines Vorsprechers Wort gutheiße und zwischen zweier Männer Rede (Rede der beiden Parteien) das Urteil erfragen. [...] Öffentlich soll der Mann vor Gericht nicht sprechen, solange er einen Vorsprecher hat. Fragt ihn aber der Richter, ob er seines Vorsprechers Wort bejaht, so darf er ja oder nein sagen oder um eine Beratung bitten."), 54v, 65r, 76r („Darauf beschuldige ihn der Herr einzeln wegen jeder Sache und fordere ihn zu rechter Antwort auf; dann bitte der Mann um einen Vorsprecher und um Beratung. Einen Vorsprecher versagt man aber demjenigen, der auf die Anschuldigung des Herrn (schon) antwortet, bevor er einen Vorsprecher nimmt. Der Mann hat aber seinem Herrn noch nicht geantwortet, auch wenn er ohne Vorsprecher spricht, solange er sich dagegen wehrt, daß er ihm Rede und Antwort stehen müsse. Bei jeder Rede frage man den Mann, ob er dem Wort seines Vorsprechers zustimme; verspricht sich der Vorsprecher und heißt der Mann dessen Rede nicht gut, so schadet dies dem Mann nicht."), 76v („Der Mann darf im Lehensgericht nicht öffentlich sprechen, sondern nur leise mit seinem Vorsprecher flüstern; fragt ihn aber der Herr, ob er das Wort seines Vorsprechers gutheiße, dann darf er öffentlich ja oder nein sagen oder um eine Beratung bitten oder das Urteil schelten. [...] Der Mann nimmt als Vorsprecher und als Berater, wen er will, wenn er nur seinem Herrn drei Leute, wer immer sie sind, zurückläßt,

„[D]ie schriftliche Arbeit macht der Advokat, die mündliche der Prokurator",[100] so resümiert Weißler und fügt hinzu, dass das Gericht selbst nur mit den Prokuratoren in Kontakt gestanden habe, während die Advokaten die Schriftsätze für die Prokuratoren im Hintergrund gefertigt hätten. Nur der Prokurator, als eine Art Nachfolger des Vorsprechers, gilt als legitimierter Prozessbevollmächtigter; der Advokat hat zwar die höhere Bildung, bleibt aber außerhalb des Gerichts.

Ob Kafka Weißlers über 600 Seiten langes Werk direkt oder indirekt kannte, ist nicht erwiesen, aber vielleicht war dessen ausführliche Darstellung der Teilung in Advokatur und Prokuratur Teil des zeitgenössischen Diskurses und ein Grund für eine intrikate Figuration im *Proceß*-Roman. Der rechtliche Vertreter Josef K.s, Advokat Huld, agiert nur im Hintergrund und ist wenig hilfreich im Prozessgeschehen. K. sieht sich gezwungen, selbst die Position des eigenen Verteidigers, des eigenen Fürsprechers, anzunehmen und sowohl vor Gericht zu sprechen und später darüber hinaus seine eigene Verteidigungsschrift zu verfassen.[101]

2.2.1.3 Der neue Advokat

Selbst zu Wort kommt Bucephalus in dem von Kafka zur Veröffentlichung bestimmten Text „Der neue Advokat" nicht. In dieser Figur selbst allerdings finden sich rechtshistorische Anspielungen. Hat der mit ihm verbundene Alexander der Große noch das Recht selbst verkörpert, denn sein Name legt eine Verbindung mit *lex*, dem Begriff des Gesetzes im Römischen Reich, zumindest spielerisch nahe, gibt es in der „heutigen Gesellschaftsordnung" (D, S. 251) keine solche Einzelgestalt. Deshalb ist Bucephalus in einer „schwierigen Lage" und verdient „Entgegenkommen", was sich für den Erzähler in Form der Aufnahme in den offiziellen Advokatenstand, in das Barreau, manifestiert. In einer Reihe von Negationen beschreibt der Erzähler den *Status quo*: „Heute – das kann niemand leugnen – gibt es keinen großen Alexander." (D, S. 251) Und auch wenn bereits „damals", also zu Alexanders Zeiten, „Indiens Tore unerreichbar" waren, „ihre Richtung war durch das Königsschwert bezeichnet". (D, S. 252) Dem steht wieder die Situation „heute" entgegen, denn „niemand zeigt die Richtung; viele halten Schwerter, aber nur, um mit ihnen zu fuchteln, und der Blick, der ihnen folgen will, verwirrt sich". (D, S. 252) Wenn auch Alexanders Taten nicht einseitig heldenhaft geschildert werden (er verstand es „zu morden" und selbst „mit der Lanze [...] den Freund zu treffen" (D, S. 251)), ist es *eine* richtungsweisende Figur mit *einem* klaren Ziel.

> Vielleicht ist es deshalb wirklich das Beste, sich, wie es Bucephalus getan hat, in die Gesetzbücher zu versenken. Frei, unbedrückt die Seiten von den Lenden des Reiters, bei stiller

---

dazu auch den, der des Herrn Wort (als Vorsprecher) spricht.") http://www.sachsenspiegel-online. de/cms/meteor/phrases/phrase.jsp?id=10999&phrase=Vorsprecher (Stand: 8. August 2019).
100 Weißler: Geschichte der Rechtsanwaltschaft, S. 117.
101 Siehe Kapitel 4.2.

Lampe, fern dem Getöse der Alexanderschlacht, liest und wendet er die Blätter unserer alten Bücher. (D, S. 252)

Die beiden zitierten Schlusssätze legen Facetten eines Verständnisses zur Rechtsvertretung dar, die konträr zu den modernen Verwirrungen stehen, aber auch konträr zum antiken „Getöse der Alexanderschlacht" mit einem klaren Ziel. Zunächst einmal wird Bucephalus' Entscheidung vorsichtig gepriesen, sich in ganz menschlicher Manier kontemplativ lesend zurückzuziehen, wobei sich der Erzähler zurücknimmt, gar seine Position vom narrativen Wettkampf hin zur Zustimmung ändert. Der Bucephalus aus den letzten beiden Sätzen hat die Wandlung zum modernen Advokaten beendet. Es gilt: „Versenken"[102] in „Gesetzbücher[n]" anstatt aufsteigender, „aufklingende[r] Schritt", wie er noch auf der Freitreppe erklang, avanciertes Menschsein anstelle von wettrennendem „Schenkel hebend[em]" Schaulaufen und kodifiziertes Recht ohne tosende Gewalt. Der Übergang von der lauten, grellen Öffentlichkeit unter Alexander hin ins ruhige, dunkle Private ist vollzogen, was der synästhetische Ausdruck „bei stiller Lampe" andeutet.[103]

Es ist auch ein Übertritt, welcher der Entwicklung der gerichtlichen Advokatur vor dem Hintergrund der jüngeren Rechtsgeschichte in loser, assoziativer Verknüpfung nicht unähnlich ist. Wie Wolf Kittler herausstellt, tritt die unheimliche Relevanz des alten Inquisitionsprinzips für das kontinentaleuropäische Untersuchungsverfahren in Kafkas einige Jahre zuvor entstandenem *Proceß* klar hervor.[104] Während das Hauptverfahren durch „Öffentlichkeit und Mündlichkeit" geprägt sei, unterliege das Untersuchungsverfahren den Prinzipien der „Heimlichkeit und Schriftlichkeit".[105]

Betrachtet man den Text über den neuen Advokaten nicht als Produkt im gedruckten *Landarzt*-Band, sondern als Segment eines größeren Komplexes innerhalb des Schreibstroms im Oktavheft, dann lassen sich interessante textgenetische Verbindungen insgesamt und hier zur Analyse advokatorischer Strukturen im Besonderen herstellen.[106] Das Textsegment vor dem von Kafka zur Drucküberarbeitung bestimmten Teil beginnt: „Der Advokat Dr. Bucephalas ließ eines Morgens seine Wirtschafterin zu

---

102 Reuß führt eine spannende, wörtliche Lesart des „Sich-Versenkens" vor, bei der das Streitross „wie ein Wasserzeichen gewissermaßen in die Seiten der ‚Gesetzbücher' diffundiert". (Reuß: Franz Kafka: „Der neue Advokat", S. 19). Dies lässt sich auch mit dem Ochsenkopf – „„Bucephalus' ist zudem ein sprechendes Kompositum und heißt [...] ‚Ochsenkopf'" (S. 12) – als frühem Wasserzeichen in Verbindung bringen. Dem kann hinzugefügt werden, dass Michail Kusmins *Taten des Großen Alexander* das Pferd in einer Prophezeiung als Ross mit Stierkopf beschreibt.
103 „Der Tod ist vor uns etwa wie im Schulzimmer an der Wand das Bild der Alexanderschlacht. Es kommt darauf an durch unsere Taten dieses Bild zu verdunkeln oder gar auszulöschen." (NII, S. 76).
104 Kittler: Heimlichkeit und Schriftlichkeit, S. 184–222.
105 Kittler: Heimlichkeit und Schriftlichkeit, S. 195.
106 In größerem Umfang untersucht dies Schütterle: Franz Kafkas Oktavhefte, S. 126–131.

seinem Bett kommen und sagte ihr: ‚Heute beginnt die große Verhandlung im Proceß meines Bruders Bucephalas gegen die Firma Trollhätta. Ich führe die Klage […].'" (NI, S. 324)[107] In direkter Rede spricht der Advokat also zu seiner Wirtschafterin, wobei nichts auf eine physische Pferdehaftigkeit des Advokaten mit dem Doktortitel deutet. Einzig der Zuname „Bucephalas" verweist auf das Lieblingspferd Alexanders. Ein paar Oktavheftseiten weiter wird der Name als „Bucephalos" überschrieben. Diese Änderung des letzten Vokals für das später veröffentlichte Segment sei möglicherweise motiviert, „um Klangähnlichkeit mit ‚Streitroß' zu erzeugen",[108] spekuliert Annette Schütterle. Das entspricht tatsächlich der eindeutigeren Pferdehaftigkeit im späteren Segment, wo Bucephalos'/Bucephalus' frühere Identität als Streitross explizit gemacht wird. Dort lässt ihn der Erzähler auch nicht selbst sprechen, obwohl er offensichtlich lesekundig und beredt ist: Sein gelehrtes Leseverhalten wird in der Schlusspartie geschildert; seine Tätigkeit als Advokat setzt Wortgewandtheit voraus.

Im Gegensatz zum veröffentlichten Teil werden die Wortfelder des Sprechens und der Stimme, die für einen Advokaten so wichtig sind, im unveröffentlichten Teil vom Er-Erzähler mehrfach gestreift. Bucephalas gibt bekannt, dass er erst am Ende der Verhandlung oder bei Aussicht auf dessen Ende mit der Wirtschafterin telefonieren werde. Er wolle im Moment mehr „nicht sagen" sowie „auch nicht die geringste Frage beantworten", da er auf die „Erhaltung [s]einer vollen Stimmkraft" (NI, S. 324) achten müsse. Der Erzähler schaltet sich wieder ein und markiert, dass hier der Advokat „verstummte", während die sonst „plappermäulige" Wirtschafterin „sehr betroffen" (NI, S. 324) reagierte. In einer Art innerer Monolog formuliert sie ihre Gedanken und fünf offenstehende Fragen zu der so ungewöhnlich anmutenden Verhandlung. Sie bereitet das Essen vor und erblickt aus dem Küchenfenster heraus eine Streitszene, da „zwei Kinder halbnackt im Spiel mit einander kämpften" (NI, S. 325).[109] Diese Szene

---

107 Siehe FKA/O2, S. 96–107, hier S. 96–99.
108 Schütterle: Franz Kafkas Oktavhefte, S. 128. In der Druckfassung des *Landarzt*-Bandes im Kurt Wolff Verlag (1919) wird daraus „Dr. Bucephalus".
109 Ihr nächster Blick aus dem Fenster erfolgt, nachdem sie das Schlafzimmer des Advokaten und auch das Vorzimmer leer vorfindet. Das Segment endet mit den folgenden Worten: „Beim Leibhaftigen, eben tritt der Herr aus dem Tor, den Hut im Nacken, den Mantel offen, die Aktenmappe an sich gedrückt, den Stock an seine Manteltasche gehängt." (NI, S. 326) Während Bucephalas hier aus dem Haus geht, eventuell eine Treppe hinunter, steigt Bucephalus – „Der neue Advokat" – die Stufen zum Gerichtsgebäude auf. Dieses immer wiederkehrende Treppenmotiv, das Szenen delegierten Sprechens auffallend oft bei Kafka begleitet, lässt sich in ähnlicher Konfiguration in Kusmins *Taten des Großen Alexander* finden, einer assoziativen Vorlage. Im Abschnitt „Bukephalos" endet Alexanders berühmter Zähmungsritt zunächst „an der Treppe des Palastes", die Phillip, der König „im Hausgewande hinabeilte," um seinen Sohn als „Beherrscher der Welt" auszurufen, während die Königin „an dem Fenster des oberen Stockwerkes den Vorfall beobachtet hatte". Kusmin: Taten des Großen Alexander, S. 25.

bringt den Agon, die Welt als Wettkampf, ins Spiel, der in „Der neue Advokat" in Form des inszenierten *narrativen* Wettbewerbes und des Aufschreitens des Bucephalus' auf der Freitreppe zum Gerichtsgebäude angedeutet wird.

Auf den veröffentlichten Text zurückkommend, der mit seiner Eingangsposition im *Landarzt*-Band das Potential hat, als Prolog oder *exordium* zu fungieren, ergibt sich ein spielerischer Verweis auf zwei Folgetexte. An vierter Stelle platziert Kafka die Erzählung „Ein altes Blatt" und an neunter Stelle die Erzählung „Eine kaiserliche Botschaft". Beide Texte können auf die gleiche Weise gelesen werden, wie der schweigende Bucephalus vorgibt: die Blätter aufmerksam wendend, um Bedeutungen des sprachlichen Vertretens zu finden.

2.2.2 Soziopolitischer Kontext und „Beim Bau der chinesischen Mauer"

Die beiden veröffentlichten Texte „Eine kaiserliche Botschaft" und „Ein altes Blatt" sowie das Fragment „Beim Bau der chinesischen Mauer" aus dem dritten Oktavheft (C)[110] erlauben aufgrund ihrer thematischen und narrativen Struktur sowie ihrer Rezeption eine vielfältige Auseinandersetzung mit der Figur des Fürsprechers und dem Problemfeld um die Fürsprache in soziopolitischen Kontexten in Form von kurzen Exkursen. Im Vordergrund steht hier die zweite Bedeutung des Fürsprechers nach Grimm, nach welcher statt der sprachlichen Vertretung des Einzelnen vor Gericht die sprachliche Vertretung einer Gemeinschaft gemeint ist. Ein Fürsprecher ist hier jemand, „der für eine gesammtheit oder eine genossenschaft und in ihrem namen spricht", also „ein wortführer, ein worthalter".[111] Der Schreibkomplex um „Beim Bau der chinesischen Mauer" deutet auf die Nuancen des Fürsprechens im sozialen und politischen Raum, indem er narrative Strukturen und diskursive Elemente des vertretenden Sprechens kombiniert. Um die derart entfaltete Problematik des Sprechens für eine Gemeinschaft zu skizzieren, werden zunächst die publizierten Texte und das Fragment als unterschiedliche Konstellationen des Sprechens für eine Gemeinschaft kurz analysiert. In einem zweiten Schritt soll an die Fürsprache als Repräsentation und Stellvertretung im Rahmen institutioneller Kommunikation und sozialer Figuration erinnert werden. Abschließend wird ein zu Lebzeiten unveröffentlichter Nachsatz zu Kafkas Textkomplex mit dem Phänomen *Speaking-for* im postkolonialen und philosophischen Kontext in Verbindung gebracht.

---

[110] Das Fragment erstreckt sich einschließlich gestrichener Passagen über fünfzig handschriftliche Seiten im dritten überlieferten Oktavheft (C), dem Folgeheft um den Erzählkomplex „Der Neue Advokat". Siehe Faksimile-Druck in: FKA/O3. Die Erzählkomplexe um „Der neue Advokat" und „Beim Bau der chinesischen Mauer" sind im produktiven Frühjahr 1917 in der Alchimistengasse entstanden.
[111] Grimm: Deutsches Wörterbuch, Bd. 4, Sp. 839.

2.2.2.1 Sprechen für eine Gemeinschaft im China-Komplex

Im Fragment gebliebenen Haupttext „Beim Bau der chinesischen Mauer", der gleichzeitig Rahmentext um die Sage von der kaiserlichen Botschaft ist, spricht ein zunächst um Objektivität bemühter, berichterstattender Erzähler aus zeitlichem Abstand über die Triebfedern und Methoden des Baus eines Schutzwalls gegen die Nomadenvölker des Nordens. Im Laufe des fiktiven Berichtes changiert der Grad seiner Teilnahme am Erzählgeschehen zwischen heterodiegetischem und homodiegetischem Standpunkt, also zwischen angestrebter objektiver Zurücknahme aus dem Bericht und wiederholter subjektiver Einfügung in das Geschehen.[112] Letztere rechtfertigt er, indem er seinen Status entweder exemplarisch oder als Wortführer verschiedener Gemeinschaften unterstreicht. Im ersten Teil gibt er sich als einer von vielen unteren Bauführern zu erkennen („Wir – ich rede hier wohl im Namen vieler – haben eigentlich erst im Nachbuchstabieren der Anordnungen der obersten Führerschaft uns selbst kennengelernt [...]." (NI, S. 344)); im zweiten Teil spricht er in der ersten Person Plural als ein Dorfbewohner aus dem südöstlichen China („Kein Nordvolk kann uns dort bedrohn." (NI, S. 347)); an anderer Stelle spricht er für alle Chinesen („[...] und ich habe dabei gefunden, daß wir Chinesen gewisse volkliche und staatliche Einrichtungen in einzigartiger Klarheit, andere wieder in einzigartiger Unklarheit besitzen." (NI, S. 348)). Es ist hier jeweils eine bestimmte Facette der soziokulturellen Voraussetzungen, die der berichtend-erzählende Repräsentant hervorhebt, um als Sprecher für eine Gruppe das Wort zu halten: Er spricht im Namen seiner Arbeitskollegen, seiner Nachbarn und seiner Landsleute. So wie sein Lebensweg mit dem Fortschreiten des Baus koinzidiert, sind seine persönlichen Erinnerungen und Beobachtungen mit dem angestrebten unpersönlichen Bericht über den Bau verflochten. Und so wie sein vertretendes Sprechen das Sprechen verschiedener Gruppen repräsentiert, denen er angehört, ist der Text eine fragmentarische Vertretung verschiedener Reden, Erinnerungen und Quellen.[113] Der Text

---

[112] Richard Heinemann argumentiert ähnlich und bezieht sich zudem auf Genettes Terminologie, um die textuellen Besonderheiten und den narrativen Prozess zu beschreiben, die den eigentlichen Erzählgegenstand überschatten: „[T]he report is thus chiefly distinguished from other forms of narrative by its ‚mood,' that is, by how it manages the information it conveys in terms of distance and perspective. In particular, the report can be said to reverse the hierarchy of diegetic and mimetic tendencies in conventional fictional narrative: on one level, because of the narrator's prominence, the moment of ‚telling' is emphasized at the expense of ‚showing'; on another level, the prominence of the narrator's own observational and synthetic activities transfers the mimetic moment to a different narrative level, namely the extradiegetic level." Richard Heinemann: The Bureaucrat as Nomad. The Search for Community in Kafka's „Beim Bau der chinesischen Mauer". In: Journal of the Kafka Society of America 18.1 (1994), S. 21–29, hier S. 21.
[113] Siehe dazu Kittlers maßgebliche und detaillierte Untersuchung zu den medialen und kommunikativen Verschränkungen sowie zur Wechselbeziehung zwischen Bauen und Sprechen: Wolf Kittler: Der Turmbau zu Babel und das Schweigen der Sirenen. Über das Reden, das Schweigen, die Stimme und die Schrift in vier Texten von Franz Kafka. Erlangen 1985, S. 11–110. Aus textgenetischer

markiert seine eigene Konstruktion, die wie die zu bauende Chinesische Mauer selbst ein „System des Teilbaues" (NI, S. 337/341/342) darstellt und dabei – so sagt und zeigt der Text ausdrücklich – voller „Lücken" (NI, S. 338) ist.[114]

Vom Tatbestand des Mauerbaus, dessen Strukturen für die Bevölkerung zumindest in Teilen fassbar und berührbar sind, gleitet der Bericht vom „Bau der chinesischen Mauer" über zu den politischen und institutionellen Strukturen, die gänzlich unfassbar sind und unantastbar bleiben.[115] Dazu gehören die staatliche Einrichtung des Kaisertums und die Konstitutionen der für den Bau verantwortlichen Führerschaft, bei deren Beschreibung Kafkas Erzähler nach Benno Wagner „zwei durchaus ungleichzeitige Macht-Modelle aufeinanderstoßen bzw. sich überlagern [lässt]: zum einen das ‚traditionelle' Modell der transzendent begründeten Macht des Souveräns, zum anderen das ‚moderne' Modell einer wissensbasierten Für- und Vorsorge-Macht".[116] Die Führerschaft des hierarchisch organisierten Verwaltungsapparats ist dennoch eine beinahe göttliche Instanz – aber eben nur beinahe, denn auch sie lebt in einer „Stube" und empfängt ihrerseits den „Abglanz der göttlichen Welten" (NI, S. 345) bei ihren Planungen. Wolf Kittler erkennt diese Passage im Text als „ins Universale projizierte Paradoxie der modernen Demokratien, nämlich die Annahme, daß das Ganze auf kleinem Raum exemplarisch repräsentiert werden könnte".[117] Diese Art Mikrokosmos der Gesellschaft wird nicht im Vokabular eines (wie auch immer ernannten) Führers beschrieben, sondern an einer Stelle als Füh*rung* und mehrfach als Führer*schaft*. Das ist nicht unerheblich, denn die nominalisierenden Endungen indizieren, dass es sich nicht um eine Person als Einzelgestalt, sondern um abstrakte Entitäten handelt, von denen der Erzähler nichts Konkretes berichten kann: „wo sie war und wer dort [sc. in der Stube] saß, weiß und wußte niemand den ich fragte". (NI, S. 345) Alle Anordnungen kommen Wort für Wort von dieser für den Erzähler unnahbaren Führerschaft:

> Wir – ich rede hier wohl im Namen vieler – haben eigentlich erst im Nachbuchstabieren der Anordnungen der obersten Führerschaft uns selbst kennengelernt und gefunden, daß ohne

---

Perspektive liest Schütterle „den Mauerbau als Metapher des Schreibprozesses" – und das nicht nur in dieser Textgruppe, sondern im Schreibstrom durch die Oktavhefte hindurch (Schütterle: Franz Kafkas Oktavhefte, S. 142). Ihre Untersuchung der Oktavhefte erhält in Anlehnung daran den Untertitel: Ein Schreibprozeß als „System des Teilbaues".

114 Selbst auf grammatischer Ebene lässt sich die Lückenhaftigkeit nachvollziehen, wie Heinemann demonstriert. Heinemann: The Bureaucrat as Nomad, S. 22.

115 Zu Kafkas Institutionen in dieser Erzählung speziell und im Werk allgemein siehe folgendes luzide Vorwort: Arne Höcker/Oliver Simons: Kafkas Institutionen. Einleitung. In: dies. (Hg.): Kafkas Institutionen. Bielefeld 2007, S. 7–14.

116 Benno Wagner: *Beim Bau der chinesischen Mauer*. In: Manfred Engel/Bernd Auerochs (Hg.): Kafka-Handbuch. Leben – Werk – Wirkung. Stuttgart 2010, S. 250–260, hier S. 256.

117 Kittler: Der Turmbau zu Babel und das Schweigen der Sirenen, S. 26. Die Führerschaft fasst Kittler in folgenden Worten zusammen: „Sie ist eine wissende, eine richtende und eine herrschende Instanz. Sie kennt den Einzelnen, beurteilt ihn und bestimmt sein Handeln auf eine freilich undefinierbare Weise." (S. 36).

die Führerschaft weder unsere Schulweisheit noch unser Menschenverstand auch nur für das kleine Amt, das wir innerhalb des großen Ganzen hatten, ausgereicht hätte.   (NI, S. 344–345)

Die „Institution des Kaisertums" (NI, S. 355), die in den Worten des Erzählers „zu unsern allerundeutlichsten Einrichtungen" (NI, S. 349) zählt, ist vom realen Kaiser zu unterscheiden. Zwar gilt die Aufmerksamkeit des Volkes dem realen Kaiser, aber – so wird hinzugesetzt – „nicht dem gegenwärtigen". (NI, S. 349) Anstelle des *präsenten* Kaisers, also des in Peking lebenden, sterblichen Individuums, gilt „aller Denken" (NI, S. 349) einem Kaiser, den sich das Volk quasi *re-präsentiert*, sich also selbst vergegenwärtigt. Natürlich interessiert auch der gegenwärtige Kaiser mit dem sterblichen Körper, ja ihm gilt „die einzige Neugierde". (NI, S. 349) Aber über ihn bleiben alle Informationen buchstäblich auf der Strecke; weder Pilger noch Schiffer vermögen es, mehr als nur Worte zu vermitteln, denen nichts Eigentliches entnommen werden kann. Auf eine Formel gebracht: „Das Kaisertum ist unsterblich, aber der einzelne Kaiser fällt und stürzt ab, selbst ganze Dynastien sinken endlich nieder und veratmen durch ein einziges Röcheln." (NI, S. 350) So zieht sich der Kaiser „als solcher" mächtig durch „alle Stockwerke" (NI, S. 350), das heißt: als Vorstellung dringt er durch alle Hierarchien im Reich. Konträr dazu steht der kleine gegenwärtige Kaiser. Als endliche Gestalt haust er in einer Residenz in der „Mitte der Welt" (NI, S. 352), im Zentrum des Reichs: „Und Peking ist nur ein Punkt, und das kaiserliche Schloß nur ein Pünktchen." (NI, S. 350)[118]

Es sind eben die Beziehung zwischen dem real präsenten und dem imaginär repräsentierten Kaiser sowie die Unmöglichkeit einer Kommunikation zwischen dem real präsenten Kaiser und dem Volk, die Kafka unter dem Titel „Eine kaiserliche Botschaft" veröffentlichte, zunächst in der Prager jüdischen Wochenschrift *Selbstwehr* und dann in seinem *Landarzt*-Band. Ohne Titel, aber mit einem überleitenden Satz – „Es gibt eine Sage, die dieses Verhältnis gut ausdrückt." (NI, S. 351) –, steht die Geschichte so mitten im fiktionalen Bericht. Hier wie dort beginnt sie:

> Der Kaiser, so heißt es, hat gerade Dir, dem einzelnen, dem jämmerlichen Untertanen, dem winzig vor der kaiserlichen Sonne in die fernste Ferne geflüchteten Schatten, gerade Dir hat der Kaiser von seinem Sterbebett aus eine Botschaft gesendet. Den Boten hat er beim Bett niederknien lassen und ihm die Botschaft zugeflüstert; so sehr war ihm an ihr gelegen, daß er sich sie noch ins Ohr wiedersagen ließ.   (NI, S. 351)

---

118 Kafkas China-Komplex indiziert die Unterscheidung, die der Mediävist Ernst H. Kantorowicz 1957 in seiner Abhandlung *The King's Two Bodies* entfaltet. (Ernst H. Kantorowicz: The King's Two Bodies. A Study in Mediaeval Political Theology. Princeton 1981.) Aus der spätmittelalterlichen juristischen Fiktion des natürlichen, sterblichen Leibes und des übernatürlichen, unsterblichen Körpers rekonstruiert Kantorowitz die Unterscheidung zwischen Privatperson und öffentlichem Amt im modernen Staat. Diesen beiden Erscheinungen des Souveräns wird im Text, so argumentiert Wagner, „ein vielgestaltiger dritter Körper hinzugefügt, der aus dem Geflecht der mannigfaltigen lokalen Vorstellungen besteht". Wagner: *Beim Bau der chinesischen Mauer*, S. 251.

Das Sterben des gegenwärtigen Kaisers wird durch eine eigentümliche Fürsprache begleitet. Es ist keine Fürsprache für Klienten oder eine Menge vor der Macht, sondern hier liegt die Fürsprache in der Übermittlung einer Botschaft per Boten an den Untertan. Die Botschaft wäre keine, wenn sie nicht vom Kaiser stammte, aber die Verbindung zu den Untertanen ist nicht mehr eigentlich und materiell explizierbar, sondern lebt nur im Gedanken. Insofern handelt es sich um die Verselbständigung der Botschaft als einer Fürsprache für die Macht und im Namen der Macht.

In offizieller, ritueller Manier diktiert der Kaiser flüsternd seine Botschaft dem Boten „*vor* [meine Hervorhebung, D.D.] der ganzen Zuschauerschaft seines Todes" und *vor* den „Großen des Reichs" (NI, S. 351) *für* ein Du. Diese „Botschaft eines Toten an einen Nichtigen" (NI, S. 352), wie es gegen Ende der Sage heißt, kann nie beim Adressaten ankommen. Vom einzelnen Kaiser zum einzelnen Untertan bestehen unüberwindbare räumliche und zeitliche Hindernisse, die mittels des Überbringers und seines Weges versinnbildlicht werden. Der Bote muss die „weit und hoch sich schwingenden Freitreppen" entlang, auf denen „im Ring die Großen des Reichs" (NI, S. 351) stehen – möglicherweise hierarchisch organisiert. Er muss versuchen, durch die Menge zu schwimmen; und obwohl er „ein Schwimmer sondergleichen" ist, der „sich Bahn durch die Menge" (NI, S. 351) schafft, hindert ihn die unendliche Größe und Weite des inneren Palastes und aller ihn umschließenden Paläste „durch Jahrtausende" (NI, S. 352) am schnellen Vorwärtskommen. Sein Weg führt über Treppen hinunter und durch Höfe. Das „äußerste Tor" hinaus zur Residenzstadt, „die hochgeschüttet voll ihres Bodensatzes" liegt, bleibt selbst unerreichbar: „niemals niemals kann es geschehen". (NI, S. 352) So dringt die Botschaft des leibhaftigen Kaisers nicht nach außerhalb des physischen Herrschaftssitzes. In den Städten und Dörfern um den geographischen und politischen Mittelpunkt des Reiches muss sie sich erdacht, eingebildet werden: „Du aber sitzt an Deinem Fenster und erträumst sie Dir wenn der Abend kommt." (NI, S. 352) Während also die physische kaiserliche Botschaft den Adressaten nicht erreicht, erreicht die *Sage* als „Kaiserliche Botschaft" jeden Adressaten direkt. Sie ist in der Du-Form verfasst, was dem Ausgesagten einen unmittelbaren Ansprech- und Appellcharakter verleiht, obwohl sie als Genre „das anonyme Sprechen aller"[119] ist. Im ersten Satz steht zweifach und eindringlich, dass „gerade Dir" (NI, S. 351) die Botschaft gesendet wurde.

In der Geschichte „Ein altes Blatt" verengt sich die Erzählerhaltung von den wandernden, theoretisierenden Ausführungen des fiktiven Berichterstatters, der bautechnologisch geschult und politisch-ethnologisch interessiert ist, hin zum physisch involvierten und lebensweltlich-praktischen Standpunkt eines einfachen Schusters.

---

119 Kittler: Der Turmbau zu Babel und das Schweigen der Sirenen, S. 49. Kittler analysiert weiter: „Die Sage setzt sich selber an die Stelle der Rede, indem sie diese als das immer Abwesende bestimmt. Solange die Rede des toten Kaisers nicht angekommen ist, ist alles Sage, nämlich Rede, in der der Einzelne nicht in seinem, sondern immer schon im Namen der namenlosen anderen spricht." (S. 52).

In einer Art Augenzeugenbericht wird aus vorwiegend homodiegetischer Erzählposition vom andauernden Einzug der tierhaften Nomaden aus dem Norden in die Hauptstadt erzählt. Der Schuster beobachtet und kommentiert in Ansätzen das Geschehen aus seiner Werkstatt heraus, die sich auf dem Platz vor dem kaiserlichen Palast befindet. Damit liegt ein möglicher zeitlicher Wechsel oder einfach der Vorsprung von Erfahrungswissen gegenüber dem Erzähler aus dem fiktiven Bericht vor, dessen Gemeinde die Gefahr der Nomaden nur durch Bücher und Bilder kennt. Trotz seiner unmittelbaren Verwicklung in das Geschehen versucht der Schuster, den Nomaden nicht in die Quere zu kommen, aus vermeintlicher Abwesenheit über andere zu berichten und seinen Beschreibungen einen überindividuellen Geltungsanspruch zu verleihen.[120] Er verwendet die erste Person Plural mehrfach, um als Sprecher für seine Landsleute generell und für die anderen Gewerbetreibenden im Besonderen zu gelten: „Uns Handwerkern und Geschäftsleuten ist die Rettung des Vaterlandes anvertraut; wir sind aber einer solchen Aufgabe nicht gewachsen; haben uns doch auch nie gerühmt dessen fähig zu sein." (NI, S. 361)

Die Textgruppe um den Bau der Chinesischen Mauer bündelt entsprechend vielfältige Darstellungsformen des *Sprechens für eine Gemeinschaft*. Der Berichterstatter als Wortführer der unteren Bauführer, der Dorfbewohner im Südosten und aller Chinesen spricht auch über die politischen und institutionellen Strukturen: den transzendenten Souverän und die Führerschaft; der Schuster direkt vor dem kaiserlichen Palast wiederum spricht ebenfalls für seine Gemeinschaft der Handwerker und Geschäftsleute. Es verbinden sich damit – wie im „Fürsprecher"-Text und im Komplex um „Der neue Advokat" – die narratologischen und diskursiven Elemente der sprachlichen Vertretung, des Fürsprechens, über die Erzählerhaltung und den Einsatz von Pronomina.

2.2.2.2 Zur Fürsprache als Repräsentation und Stellvertretung

Was Kafka mit seiner schwer deutbaren soziopolitischen Thematik in dem Komplex um „Beim Bau der chinesischen Mauer" diffus in Spiel bringt, soll nun in einem kurzen Exkurs zur Fürsprache als Repräsentation und Stellvertretung im Rahmen institutioneller Kommunikation und sozialer Figurationen ins Gedächtnis gerufen werden. In ihren Bedeutungsfacetten nach Grimm ist Fürsprache schließlich eine Form der Repräsentation und der Stellvertretung. Das aus Präposition und Substantiv bestehende Kompositum Fürsprache hebt in dieser Zusammensetzung zwei besondere Momente der Stellvertretung heraus: das Einsetzen *zugunsten* eines Anderen oder mehrerer Anderer (*für*, nicht gegen) und das *Verbale* dieses

---

120 Wagner analysiert das Streben zum heterodiegetischen Erzählstandpunkt aus dem homodiegetischen Erzählstandpunkt heraus: „[D]er Erzähler, obwohl tief in die Handlung verstrickt, strebt danach, sich eine Position außerhalb ihrer zu verschaffen." Wagner: *Beim Bau der chinesischen Mauer*, S. 250.

Aktes (*Sprache*, nicht Handlung; *Sprechen für*, nicht Stehen für und Handeln für, sondern immer im Sinne einer Sprachhandlung für eine Person oder Gruppe). Darüber hinaus ist der Fürsprecher ein Vertreter oder Repräsentant, dessen sprachliches Einsetzen zumeist seine persönliche Existenz betrifft, seinen Namen, seinen Status oder seine Kenntnis.

Die Forschung zum Konzept der Repräsentation und zur Genese des Repräsentationsbegriffs von der römischen Antike bis zur Moderne kann hier selbst in notwendiger Verkürzung nicht erfolgen; verwiesen sei auf die Arbeiten von Hanna Fenichel Pitkin[121] und Hasso Hofmann.[122] Die ebenfalls komplexe Relation zum Stellvertreterbegriff, die zum Teil ein schlichtes Übersetzungsproblem ist, bleibt hier auch nur angedeutet, wobei Hofmanns Untersuchung in diesem Zusammenhang die vorläufige These liefert, „daß dem Wort Repräsentation die Bedeutung der Stellvertretung, wie sie die moderne Jurisprudenz versteht, aus der Verknüpfung mit dem Personenbegriff zugewachsen ist".[123]

Dieser Personenbegriff, für den Repräsentierbarkeit bzw. Vertretbarkeit das entscheidende Kriterium ist, geht auf Thomas Hobbes' *Leviathan* zurück. In Kapitel XVI „Of Persons, Authors and Things Personated", am Ende des Teiles „On Man" und direkt vor dem Teil „Of Commonwealth", heißt es konkret:

> A Person, is he, *whose words or actions are considered, either as his own, or as representing the words or actions of an other man, or of any other thing to whom they are attributed, whether Truly or by Fiction.*

---

121 Siehe Hanna Fenichel Pitkin: The Concept of Representation. In: dies. (Hg.): Representation. New York 1969, S. 1–23. Zur Begriffsvielfalt konstatiert Pitkin: „Basically, as the word's etymology suggests, ‚representation' means ‚re-presentation,' a making present of something absent – but not making it literally present. It must be made present indirectly, through an intermediary; it must be made present in some sense, while nevertheless remaining literally absent. But this basic idea can take very different forms, depending on what kind of thing is being made present, by what sort of intermediary, in what sense, under what circumstances." (S. 16) Die Rolle des Repräsentanten ist entsprechend ebenso vielfältig und komplex: „Theorists invoke a large selection of analogies and adverbial expressions, but do not really succeed in illuminating the representative's role. He acts, they say, on behalf of others, in their place, in their stead, in their name, for their sake, in their interest, in accord with their wishes or wants or will or desires, in pursuit of their welfare or needs, so as to please or satisfy them, as they would have acted themselves. He is like, they say, an actor, an agent, an ambassador, an attorney, a commissioner, a delegate, a deputy, an emissary, an envoy, a factor, a guardian, a lieutenant, a proctor, a procurator, a proxy, a steward, a substitute, a trustee, a tutor, and a vicar. It is an embarrassment of riches. Each term has different implications, and there seems no clear basis for choice among them." (S. 17).
122 Zum Bedeutungsfeld der Repräsentation siehe Hasso Hofmann: Repräsentation. Studien zur Wort- und Begriffsgeschichte von der Antike bis ins 19. Jahrhundert. Berlin 1974.
123 Hofmann: Repräsentation, S. 165. Siehe dazu Hofmanns gesamtes 4. Kapitel „Repräsentation und Stellvertretung", S. 116–190.

> When they are considered as his owne, then he is called a *Naturall Person*: And when they are considered as representing the words and actions of an other, then is he a *Feigned* or *Artificiall person*.[124]

In dieser neuzeitlichen Definition sind Worte und Handlungen in der sozialen Sphäre immer an eine grundlegende Vertretungsstruktur gebunden, wobei ein Subjekt eine Person ist, wenn sie sich selbst vertritt (als natürliche Person) oder durch einen anderen vertreten wird (als künstliche Person).[125] Eine Person steht demnach immer in einer Vertretungsstruktur in Beziehung zu anderen Personen, die wiederum selbst in Wort und Tat durch eine Vertretungsinstanz repräsentiert werden, wobei diese Instanz sie selbst oder andere sein können. Die verschiedenen Stellvertretungen bedingen sich gegenseitig: Einerseits ermöglicht eine Person Stellvertreterverhältnisse überhaupt und anderseits ist sie von ihnen abhängig. Wem in diesem Komplex an immanenten und grundsätzlich übertragbaren Stellvertretungen die Handlungsmacht zugerechnet wird, ist nur relational zu verstehen. Der Leviathan, so das Bild Hobbes' für den Staat, vertritt als eine Art künstliche Person eine Vielzahl an Personen, als repräsenative Person[126]: „The difference of Commonwealth, consisteth in the difference of the Soveraign, or the Person representative of all and every one of the Multitude."[127]

Hobbes' berühmter Verweis auf die Wurzeln des Wortes Person bringt zudem die Momente des Rechtlichen und des Theatralen ins Spiel, die selbst je eine Dreiecksstruktur beanspruchen:

> The word Person is latine: instead whereof the Greeks have πρόσωπον [Prosopon], which signifies the *Face*, as *Persona* in latine signifies the *disguise*, or *outward appearance* of a man, counterfeited on the Stage; and sometimes more particularly that part of it, which disguiseth the face, as a Mask or Visard: And from the Stage, hath been translated to any Representer of speech and action, as well in Tribunalls, as Theaters. So that a *Person*, is the same that an *Actor* is, both on the Stage and in common Conversation; and to *Personate*, is to Act, or *Represent* himselfe, or an other; and he that acteth another, is said to beare his Person, or act in his name; (in which sence *Cicero* useth it where he saies, *Unus sustineo tres Personas; Mei, Adversarii, & Judicis*, I beare three Persons; my own, my Adversaries, and the Judges;) and is called in diverse occasions, diversly; as a *Representer*, or *Representative*, a *Lieutenant*, a *Vicar*, an *Attorney*, a *Deputy*, a *Procurator*, an *Actor*, and the like.[128]

---

124 Hobbes, Thomas: Leviathan, hg. v. Richard Tuck. Cambridge 1996, S. 111.
125 Zu diesem Komplex in Hobbes' Leviathan in Verbindung mit der Logik der Stellvertretung in Kafkas *Proceß* siehe Katrin Trüstedt: Execution Without Verdict. Kafka's (Non-)Person. In: Law Critique 26 (2015), S. 135–154.
126 „For by Art is created that great *Leviathan* called a *Common-Wealth*, or *State* (in latine *Civitas*) which is but an Artificiall Man; though of greater stature and strength than the Naturall, for whose protection and defence it was intended; and in which, the *Soveraignty* is an Artificiall *Soul*, as giving life and motion to the whole body [...]." Hobbes: Leviathan, S. 9.
127 Hobbes: Leviathan, S. 129.
128 Hobbes: Leviathan, S. 112.

Die Person in sozialen Handlungen und Gesprächen entspricht dem Darsteller („Actor") auf der Bühne; eine Person vor Richtern zu sein entspricht schauspielerischem Handeln und Sprechen vor Publikum. Vor Gericht, im Theater und als Person hat man es jeweils mit einer dreipoligen Szene des Sprechens und Handelns zu tun: Ein Fürsprecher, ein Schauspieler, oder eine Person sprechen bzw. handeln jeweils in der Rolle eines Anderen, für einen Klienten oder als „Actor" für sich selbst bzw. einen Anderen vor dritten.[129]

Was Hobbes in grundlegender Weise für den Personenbegriff und für das soziale Handeln und Sprechen überhaupt angelegt hat, ist ein grundlegendes Element in soziologischen Theorien. Für Wolfgang Sofsky und Rainer Paris sind die drei „Bausteine der sozialen Welt" bzw. „Grundmuster für die Ordnung sozialer Beziehungen und für den Aufbau mancher formaler Organisationen" die Komponenten „Autorität, Stellvertretung und Koalition".[130] Diese Grundfigurationen der sozialen Macht und Organisationsformen der Vergesellschaftung – „Übereinander, Füreinander und Gegeneinander" – sind sowohl zwischen Individuen als auch zwischen Gruppen konstitutiv; die Stellvertretung ist hier „offenkundig eine triadische Figur: Eine Gruppe entsendet ihren Repräsentanten, der sie gegenüber Dritten und Vierten zu vertreten hat."[131] Das Prinzip der Stellvertretung basiert auf „einer komplexen *Struktur der Anerkennung*",[132] die gleichzeitig mit einer Art *Aberkennung* der eigenen Stimme zugunsten der Stimme des Fürsprechers und der *Aberkennung* der eigenen Handlungsfreiheit zugunsten der des Delegierten einer Gruppe einhergeht.

Gerade die damit verbundenen Einschränkungen um die fehlende Anerkennung eines Repräsentanten haben sich im postkolonialen, feministischen und philosophischen Diskurs als Problem des *Sprechens für Andere* manifestiert. Wer spricht unter welcher Autorität für andere Individuen oder Gruppen, gerade über deren Leben und Geschichte? Aus welcher Machtposition heraus?

2.2.2.3 Zum *Speaking-for* im postkolonialen und philosophischen Kontext

Ein Nachsatz aus Kafkas Textkomplex um den Mauerbau, im dritten Oktavheft (C) direkt auf den als „Ein altes Blatt" veröffentlichten Augenzeugenbericht eines nordchinesischen Schusters folgend, vermerkt die Bruchstückhaftigkeit der überlieferten materialen Quelle aus China:

---

129 Hobbes spezifiziert, dass derjenige, der Wörter und Taten selbst ausführe, ihr „Author" ist und derjenige, für den diese ausgeführt werden, ihr „Actor": „Of persons Artificiall, some have their words and actions *Owned* by those whom they represent. And then the Person is the *Actor*; and he that owneth his words and actions, is the *Author*. In which case the Actor acteth by Authority." Hobbes: Leviathan, S. 112.
130 Wolfgang Sofsky/Rainer Paris (Hg.): Figurationen sozialer Macht. Autorität, Stellvertretung, Koalition. Opladen 1991, S. 11. Siehe auch folgenden Sammelband: Gerhard Göhler (Hg.): Institution, Macht, Repräsentation. Wofür politische Institutionen stehen und wie sie wirken. Baden-Baden 1997.
131 Sofsky/Paris: Figurationen sozialer Macht, S. 12. Zur Stellvertretung siehe S. 111–185.
132 Sofsky/Paris: Figurationen sozialer Macht, S. 113.

2.2 Diskursfelder des Fürsprechens — 47

> Diese (vielleicht allzusehr europäisierende) Übersetzung einiger alter chinesischer Manuscriptblätter stellt uns ein Freund der Aktion zur Verfügung. Es ist ein Bruchstück. Hoffnung, daß die Fortsetzung gefunden werden könnte besteht nicht.
>
> < >
>
> Hier folgen noch einige Seiten, die aber allzu beschädigt sind, als daß ihnen etwas bestimmtes entnommen werden könnte. (NI, S. 361)

Die vier Sätze lesen sich wie eine editorische Notiz, in welcher der Herausgeber aus einer Gemeinschaft heraus (stellvertretend) in der ersten Person Plural spricht und den Übersetzer als „Freund der Aktion" bezeichnet. Den eingeklammerten Einschub, der die Übersetzung als „vielleicht allzusehr europäisierende"[133] spezifiziert, hat Kafka nachträglich in das Oktavheft gefügt, wie im Faksimile-Druck deutlich wird. Dieses vermeintliche Detail erinnert nicht zuletzt an einen Kontext, in dem die oft erwähnte, aber selten systematisierte Problematik des Fürsprechens vielleicht am prominentesten diskutiert wurde: als *Speaking-for* in Debatten um den Postkolonialismus und den grundlegenden Aufsatz von Gayatri Chakravorty Spivak von 1988: „Can the Subaltern Speak?".[134] Spivak interveniert durch das kritische Hinterfragen diskursiver Machtkonstellationen auch in feministische und philosophische Debatten. Ohne die Rahmenbezüge des – überwiegend anglophonen – Postkolonialismus oder generell der Studien zu *Subalternity* auf den deutschen postkolonialen Kontext oder gar auf Kafka als deutschsprachigen Autor ausdehnen zu wollen,[135] bleibt doch festzuhalten, dass die entsprechenden Auseinandersetzungen wegweisend für alle Analysen des sprachlichen Vertretens bzw. der Fürsprache in *Subaltern*-Studien ist und die Politik der Repräsentation kritisch hinterfragt. Das Konzept der *Subalternity* bezieht sich dabei auf eine Position von sozialer, sprachlicher und kultureller Subordination, meist unter einer Kolonial- oder Postkolonialmacht.

Als einen Ausgangspunkt für ihre Analyse darüber, wie westliche Kulturen andere Kulturen untersuchen und der akademische Diskurs westliche ökonomische

---

[133] FKA/O3, S. 126–127.
[134] Alle Zitate hier stammen aus der folgenden, leicht überarbeiteten Fassung: Gayatri Chakravorty Spivak: Can the Subaltern Speak? revised edition, from the „History" chapter of Critique of Postcolonial Reason. In: Rosalind C. Morris (Hg.): Can the Subaltern Speak? Reflections on the History of an Idea. New York 2010, S. 21–78.
[135] Rolf J. Goebel liest die folgenden Texte vor dem Hintergrund postkolonialer Theorien: *Der Verschollene*, „In der Strafkolonie" und „Beim Bau der chinesischen Mauer". Dabei werde die eurozentrische Perspektive immer deutlicher von der peripheren, „non Western difference" abgelöst. Rolf J. Goebel: Kafka and Postcolonial Critique. In: James Rolleston (Hg.): A Companion to the Works of Franz Kafka. Rochester 2002, S. 187–212. Goebel argumentiert: „[T]ransnationality and crosscultural translation as inescapable impasses are the unifying tropes of Kafka's imaginative exploration of non-European and colonial spaces." (S. 189).

Interessen wahrt, wählt Spivak die Rhetorik eines Gesprächs zwischen den Philosophen Gilles Deleuze und Michel Foucault – einer Rhetorik, an der sich zeigt: „The much-publicized critique of the sovereign subject thus actually inaugurated a Subject."[136] Das (auf Englisch kleingeschriebene) „subject" als „sovereign subject", dessen Position unter der Autorität anderer liegt, wird nach Spivaks Untersuchung des Gesprächs mit dem (auf Englisch großgeschriebenen) „Subject" als ethischem oder philosophischem Gegenstand vermengt. Damit seien Subjekt-Formation und *subjectification* nicht klar begrifflich voneinander getrennt – wie auch die doppelte Bedeutung von „representation" als *Vertretung* und *Darstellung* – wenn Deleuze etwa sagt:

> Pour nous, l'intellectuel théoricien a cessé d'être un sujet, une conscience représentante ou représentative. Ceux qui agissent et qui luttent ont cessé d'être représentés, fût-ce par un parti, un syndicat qui s'arrogeraient à leur tour le droit d'être leur conscience. Qui parle et qui agit? C'est toujours une multiplicité, même dans la personne qui parle ou qui agit. Nous sommes tous des groupuscules. Il n'y a plus de représentation, il n'y a que de l'action, de l'action de théorie, de l'action de pratique dans des rapports de relais ou de réseaux.[137]

Foucaults Ausführungen in Reaktion darauf verwirren den Gegenstand weiter:

> [...] l'intellectuel était rejeté, persécuté au moment même où les „choses" apparaissaient dans leur „vérité", au moment où il ne fallait pas dire que le roi était nu. L'intellectuel disait le vrai à ceux qui ne le voyaient pas encore et au nom de ceux qui ne pouvaient pas le dire: conscience et eloquence.
>
> Or ce que les intellectuels ont découvert depuis la poussée récente, c'est que les masses n'ont pas besoin d'eux pour savoir [...].[138]

Deleuze drückt zudem Foucault seine Hochachtung dafür aus, dass dieser in seinen Abhandlungen und Handlungen („dans vos livres et dans un domaine pratique") die wichtige Lektion lehre, dass *Sprechen für* Andere Erniedrigung sei („l'indignité de parler pour les autres").[139] Nur dies, erwidert Foucault, mache einen Diskurs möglich, der sich gegen die Macht richte, einen „contre-discours".[140] Es zeigt sich an den Äußerungen beider, dass die doppeldeutigen Begriffe des „S/subjects" und der „representation" ungenügend auseinandergehalten werden und somit Sphären des Politischen („subject" und *Vertreten*) mit Sphären des Philosophischen und Künstlerischen („Subject" und *Darstellung*) vermischen. Spivak unterstellt dem Gespräch einen weiteren, auf Doppeldeutigkeiten basierenden, disziplinären Fehler: „telling life stories in the

---

136 Spivak: Can the Subaltern Speak?, S. 23.
137 Gilles Deleuze: Les intellectuels et le pouvoir. Entretien Michel Foucault – Gilles Deleuze. In: L'Arc. 49 (1972), S. 3–10, hier S. 4.
138 Michel Foucault: Les intellectuels et le pouvoir, S. 4.
139 Deleuze: Les intellectuels et le pouvoir, S. 5.
140 Foucault: Les intellectuels et le pouvoir, S. 5.

name of history".[141] Zusammengenommen indiziert das ein defizitäres *eigenes* Auseinandersetzen mit dem Problem des *Sprechens für*, denn während die beiden französischen Philosophen und die Intellektuellen, auf die sie sich beziehen, selbst mit Namen genannt werden, bleiben die Personen, für die sie exemplarisch sprechen, namenlos. Es sind, so Spivak, „two monolithic and anonymous subjects-in-revolution: ‚A Maoist' [...] and ‚the workers' struggle'".[142] Foucaults Behauptung, dass die Intellektuellen nunmehr (in Bezug auf die Revolten im Mai 1968) erkannt hätten, dass ihre Fürsprache nicht nötig sei („que les masses n'ont pas besoin d'eux pour savoir; elles savent parfaitement, clairement, beaucoup mieux qu'eux; et elles le disent fort bien"[143]), erkennt Spivak als einseitig. Sie argumentiert, dass die Intellektuellen mit ihren Behauptungen, weiterhin für die Masse der Unterdrückten zu sprechen, sich aus der Verantwortung zögen[144] und ihre eigene (historische) Rolle verkennten: „The ventriloquism of the speaking subaltern is the left intellectual's stock-in-trade."[145] Zudem seien die Unterdrückten, die selbst sprechen, im Grunde nicht mehr *subaltern*. Die erstaunliche Behauptung von Deleuze, dass Repräsentation (und damit Theorie) nicht mehr existiere, sondern Praxis sei, ist für Spivak ein subtiler Akt, sich von der repräsentativen Last intellektueller Arbeit zu befreien.

Den diskursiv komplexen und durch sprachspezifische Besonderheiten noch verstärkten Bedeutungsnuancen des Terminus Repräsentation räumt Spivak viel Platz in ihrer Kritik ein. Deleuzes Aussage verschmelze die Unterscheidung von *Vertreten* („‚speaking-for,' as in politics") und *Darstellen* („‚re-presentation,' as in art or philosophy")[146] – Bedeutungen, die zwar verwandt, aber keineswegs deckungsgleich sind. Spivak extrahiert den Unterschied aus einem Abschnitt von Karl Marx' geschichts- und gesellschaftsphilosophischer Abhandlung „Der achtzehnte Brumaire des Louis Bonaparte" (1852)[147] und geht auf das alte Problem ein: „In the guise of a post-Marxist description of the scene of power, we thus encounter a much older debate: between representation or rhetoric as tropology [sc. *Darstellen*] and as persuasion [sc. *Vertreten* – „with stronger suggestions of substitution"]."[148]

---

141 Spivak: Can the Subaltern Speak?, S. 23.
142 Spivak: Can the Subaltern Speak?, S. 23.
143 Foucault: Les intellectuels et le pouvoir, S. 4.
144 Siehe Spivak: Can the Subaltern Speak?, S. 28. Der Irrtum liege u. a. wieder in der Doppelbedeutung eines Wortes: „consciousness and conscience (both *conscience* in French)". (S. 28) Zudem fasst Spivak zusammen: „The banality of leftist intellectuals' lists of self-knowing, politically canny subalterns stands revealed; representing them, the intellectuals represent themselves as transparent." (S. 28–29).
145 Spivak: Can the Subaltern Speak?, S. 27.
146 Spivak: Can the Subaltern Speak?, S. 28.
147 Karl Marx/Friedrich Engels: Der achtzehnte Brumaire des Louis Bonaparte. In: Werke, Bd. 8. Berlin/DDR 1972, S. 115–123.
148 Spivak: Can the Subaltern Speak?, S. 30. Zum *Close Reading* der Marx'schen Passage siehe S. 29–34.

Insgesamt hält sie fest, dass sämtliche ideologischen Theorien diese doppelte Bedeutung erkennen müssen: „They must note how the staging of the world in representation – its scene of writing, its *Darstellung* – dissimulates the choice of and need for ‚heroes', paternal proxies, agents of power – *Vertretung*."[149]

Die diskursive Praxis des fremdvertretenden Sprechens behandelt auch die Philosophin und Feministin Linda Alcoff in ihrem Aufsatz mit dem bezeichnenden Titel „The Problem of Speaking for Others".[150] Die Rituale diskursiven Sprechens hängen nach Alcoff von zwei Faktoren ab: der Position des Sprechenden und dem diskursiven Kontext, wobei gilt: „Who is speaking, who is spoken of, and who listens is a result, as well as an act, of political struggle. Simply put, the discursive context is a political arena."[151] Alcoff fügt das *Speaking-for* mit dem *Speaking-about* zusammen, denn „when one is speaking for others one may be describing their situation and thus also speaking about them"[152] und *vice versa*. Diese Engführung ist sinnvoll, vernachlässigt aber den Sachverhalt, dass das *Sprechen für* Andere ein Sprechen ist, das Andere nicht selbst vollbringen können, wollen, sollen oder dürfen; das *Sprechen über* Andere muss hingegen keine solche Beschränkung haben und ist weder notwendig mit aktivistischen Zielen verknüpft noch mit den (vermeintlichen) Interessen anderer verbunden. Alcoff erkennt aber zu Recht, dass *Speaking-for* und *Speaking-about* mit der Repräsentationskrise verbunden sind und damit auch mit der Unterscheidung von *Speaking-for-others* und *Speaking-for-myself* sowie mit der Erschaffung von Subjektpositionen.[153] Als Alternative, die schon bei Spivak vorliegt, kann der Akt des *Speaking-to* und ergänzend der Akt des *Speaking-with* gelten. Mit beiden diskursiven Praktiken eröffnen sich die Möglichkeiten des Dialogs, bei dem jeder Sprechende seine Rolle wahrnimmt und keine Verantwortung zurückweist: „If the dangers of speaking for others result from the possibiliy of misrespresentation, expanding one's own authority and privilege, and a generally imperialist speaking ritual, then speaking with and to can lessen these dangers."[154] Beim *Sprechen zu* und *Sprechen mit* sind die Anderen präsent und können sich – ja müssen sich im zweiten Fall – selbst äußern.

Diese Unterscheidung zwischen *Sprechen mit* anderen und *Sprechen für* andere ist schematisch mit den beiden Arten antiker juridischer Praxis und rhetorischer Tradition verwandt: der unterstützenden *Synegoria* im griechischen Prozess und der vertretenden Advokatur im römischen Gerichtsverfahren. Es handelt sich jeweils um die dreipolige Szene institutionellen Agierens und Reagierens, bei der ein

---

149 Spivak: Can the Subaltern Speak?, S. 33.
150 Alcoff: The Problem of Speaking for Others, S. 5–32.
151 Alcoff: The Problem of Speaking for Others, S. 15.
152 Alcoff: The Problem of Speaking for Others, S. 9.
153 Siehe Alcoff: The Problem of Speaking for Others, S. 9–10.
154 Alcoff: The Problem of Speaking for Others, S. 23.

Dritter interveniert. Was *Synegoria* und Advokatur für Einzelne im Gerichtswesen mit *Sprechen mit* einem oder vielen und *Sprechen für* einen oder viele im postkolonialen und feministischen Kontext (nach Spivak und Alcoff) trennt, ist die Art der Berufung – eine Frage, die sich auch in Formen der religiösen Fürsprache stellt.

2.2.3 Exkurs: Religiöser Kontext und „Auf der Freitreppe des Tempels … "

Die dritte Bedeutung des Lemmas Fürsprecher im *Deutschen Wörterbuch* gilt demjenigen, „der für jemand oder etwas ein gutes wort einlegt, der zu gunsten von jemand oder etwas bittend spricht oder sich verwendet".[155] Indem hier die externe, bittende Hilfe betont wird, ist man an den Fürbitter erinnert, der mit seiner Fürbitte interveniert.[156] Im Kontext des priesterlichen Amtes hat Kafka eine Fürbitte in diesen Worten geschildert:

> Auf der Freitreppe des Tempels kniet ein Priester und verwandelt alle Bitten und Klagen der Gläubigen die zu ihm kommen in Gebete, oder vielmehr er verwandelt nichts sondern wiederholt nur das ihm Gesagte laut und vielmals. Es kommt z. B. ein Kaufmann und klagt, daß er heute einen großen Verlust gehabt hat und daß infolgedessen sein Geschäft zugrundegeht. Darauf der Priester – er kniet auf einer Stufe, hat auf eine höhere Stufe die Hände flach hingelegt und schaukelt beim Beten auf und ab –: A. hat heute einen großen Verlust gehabt, sein Geschäft geht zugrunde. A. hat heute einen großen Verlust gehabt, sein Geschäft geht zugrunde u. s. f.
> (NII, S. 312–313)

Der im *Konvolut 1920* hinterlassene Text inszeniert die Fürsprache-Konstellation in sonderbarer Weise. Gläubige tragen ihre Anliegen – „Bitten und Klagen" – vor, die erst über den Priester in „Gebete" transformiert werden. Aber statt die Gesuche aufzunehmen und zu verwandeln, was der zugeschriebenen Rolle des Priesters als Kultvorsteher und als Mittler zwischen Gottheit und der menschlichen Gemeinde entspräche, „wiederholt" er die Gesuche nur Wort für Wort. Diese Wiederholung, die wohl einzig pronominale und damit verbundene grammatische Änderungen mit sich zieht, wiederholt er wiederum „vielmals". Fürbitte, als eigene Facette der Fürsprache, verbindet sich hier grundsätzlich mit dem narratologischen Topos der ersten und dritten Person. Denn der Priester verkörpert die Funktion eines Erzählers, der als Medium zwischen der vom Kaufmann erzählten Realität und dem – nicht

---

155 Grimm: Deutsches Wörterbuch, Bd. 4, Sp. 839.
156 Nach Grimm meint Fürbitte: „1) eine bitte zu gunsten oder zum vortheile jemandes oder andrer, selbst eines gegenstandes" oder „2) abbitte. *fürbitt einer miszhandlung*, deprecatio". Grimm: Deutsches Wörterbuch, Bd. 4, Sp. 667–668. Von der „Fürbitte" spricht Kafka an einer Stelle im ganz allgemeinen (nicht religiösen) Sinne im „Brief an den Vater" (November 1919), als er die Mutter beschreibt. Siehe NII, S. 167.

sichtbaren, höheren – Rezipienten spricht. Die Rolle des Priesters als Amtsperson im Tempel ist deutlich als *Pro-forma*-Rolle dargestellt, die er automatisiert und einzig mit seinem Körper wahrnimmt (er kniet auf der Freitreppe und hat „die Hände flach hingelegt" – nicht gefaltet) und mit seiner materialen Stimme ausfüllt (er wiederholt die Gesuche „laut"). Das Prinzip des „Nachbuchstabierens", das der Erzähler aus China, den Anordnungen der Führerschaft folgend, beschreibt, ist hier hierarchisch und strukturell umgekehrt.[157]

Als Kommunikation mit einer Gottheit ist Fürsprache oder die Fürbitte die Interaktion zugunsten einer oder mehrerer anderer Personen, wobei zu den „Formen des Eintretens [...] im Bereich der alttestamentlich-jüdischen Religion primär das Opfer und das Gebet, im Urchristentum allein das Gebet" gehören, die „öffentlich, gemeinschaftlich oder privat erfolgen und dabei mehr oder weniger formell ausfallen".[158] Der Fürbitter im christlichen Gebrauch ist ein Bittredner und als solcher – wie der antike, rhetorisch geschulte Redner vor Gericht und vor dem Volk – Orator.[159] Im Judentum gibt es den Glauben an einen Mittler zwischen Gott und dem Menschen nicht; statt Priestern existieren theologisch geschulte Vorbeter, deren Funktion nur dann nötig ist, wenn sich mehrere Gemeindemitglieder zum Gebet versammeln.[160]

Aufgrund der terminologisch-definitorischen Offenheit sind die religiösen Fürsprecher und Fürbitter in vielerlei Gestalt beschrieben. Die Figur und der Titel des Paraklets (gr. παράκλητος) entstammt, so Otto Betz, „der forensischen Sphäre: er meint den ‚herbeigerufenen' Mann, der vor dem Richter für den Angeklagten spricht".[161] Während die Fürbitte des Parakleten schon ganz im Bereich des Göttlichen

---

157 Vgl. auch den Beginn einer Aufzeichnung von Elias Canetti: „*Über das Beten.* – Das Beten als die wirksamste und gefährlichste Form der Wiederholung. Der einzige Schutz dagegen ist, daß es mechanisch wird, wie bei Priestern und Gebetsmühlen." Elias Canetti: Die Provinz des Menschen. In: ders.: Gesammelte Werke in 10 Bänden, Bd. 4: Aufzeichnungen 1942–1985/Die Provinz des Menschen/Das Geheimherz der Uhr. München/Wien 1993, S. 14.
158 Markus Georg Steinhilber: Die Fürbitte für die Herrschenden im Alten Testament, Frühjudentum und Urchristentum. Eine traditionsgeschichtliche Studie. Neukirchen-Vluyn 2010, hier S. 13–14.
159 Abgeleitet vom lateinischen *ore* bezeichnet es reden, sprechen, bitten, ersuchen, verhandeln und beten. Siehe auch Neuhauser: Patronus und Orator (dazu und in Erweiterung): „Der Begriff *orator* ist so zum Beruf, aber daneben auch zum literarischen Begriff, zum Träger des rhetorischen Schrifttums und der Reden, geworden." (S. 165).
160 Siehe auch folgende Aufzeichnung Kafkas: „Der Messias wird kommen, bis der zügelloseste Individualismus des Glaubens möglich ist, niemand diese Möglichkeit vernichtet, niemand die Vernichtung duldet, also die Gräber sich öffnen. Das ist vielleicht auch die christliche Lehre, sowohl in der tatsächlichen Aufzeigung des Beispieles dem nachgefolgt werden soll, eines individualistischen Beispieles, als auch in der symbolischen Aufzeigung der Auferstehung des Mittlers im einzelnen Menschen." (NII, S. 55).
161 Otto Betz: Der Paraklet. Fürsprecher im häretischen Spätjudentum, im Johannes-Evangelium und in neu gefundenen gnostischen Schriften. Leiden 1963, S. 1. Zu Mose als Fürbitter siehe Erik Aurelius: Der Fürbitter Israels. Eine Studie zum Mosebild im Alten Testament. Stockholm 1988.

angesiedelt ist, hat sich Kafka mit seinem kleinen Text über den Priester der Fürbitte als gleitende Wiederholung der Worte zugewandt, welche die einfachen „Gläubigen" hervorbringen.

2.3 Zusammenfassung: Fürsprache und Treppen

Trotz ihrer unterschiedlichen Themen, Bilder und Verfahrensweisen verbindet die besprochenen Texte Kafkas, die je paradigmatisch für eine Facette des Fürsprechens stehen können, ein konkretes Motiv: die Treppe. Die in den Texten „Fürsprecher", „Der neue Advokat", „Beim Bau der chinesischen Mauer" (in der Sage von der kaiserlichen Botschaft) und „Auf der Freitreppe des Tempels..." erwähnten Stufen und Freitreppen und ihre symbolische, ja allegorische Funktion dienen abschließend einem ersten Fazit zu den Figurationen des Fürsprechens – narratologisch, gerichtsrhetorisch, soziopolitisch und religiös – bei Kafka.

Wenn nach Neumann Kafkas gesamtes Werk „durchzogen [ist] von Vorstellungen und Argumenten der Architektur",[162] und Architektur ein Mittel ist, das Leben als kulturelle Konstruktion zu ordnen, dann kommt der Treppe eine besondere Funktion zu. Neumann entwirft eine kleine Klassifikation der Kafka'schen Architekturen, die entweder transgressiv (Brücken und Fenster), horizontal orientiert (Mauern, Ein- und Ausgänge) oder vertikal orientiert (Türme und Schächte) sind. Diese Einteilung der topographischen Räume, die Kafkas Figuren als Fremde, als Einzelgänger, als Mitglieder einer Gesellschaft oder als Laien-Ethnologen durchschreiten, vernachlässigt die Treppen, die als *diagonal orientiert* hinzugefügt werden können. Ähnlich wie die Brücken, die für Neumann das Transgressive und das Horizontale kombinieren, vereinigen die Treppen, so ist hier angedeutet worden, das Transgressive und Vertikale; sie verbinden hierarchisch angeordnete Strukturen von „oben" und „unten", und – das ist hier zentral – sie markieren und überbrücken einen Raum *dazwischen*. Mehr noch: Treppen schaffen Kommunikation innerhalb eines konstruierten Settings, indem sie die Position der Protagonisten, weiterer Instanzen und Figuren *dazwischen* strukturieren. Schematisch verbildlichen sie damit die dreipolige Kommunikationsszene, indem sich die Fürsprache in den ausgewählten Texten jeweils auf diesen Treppen abspielt.

Im „Fürsprecher"-Text kann sich das *Ich* nicht daran erinnern, „jemals die Treppen hinaufgelaufen zu sein". (NII, S. 380) Es weiß aber, dass es unmöglich ist, wieder hinunterzulaufen, und dass die einzige Möglichkeit im kontinuierlichen Aufsteigen liegt. Die Gänge, Stockwerke und Treppen sind ähnlich labyrinthartig wie die Gänge

---

[162] Gerhard Neumann: Chinesische Mauer und Schacht von Babel. Franz Kafkas Architekturen. In: DVjs 83.3 (2009), S. 452–471, hier S. 453.

und Gedankengänge im „Bau"-Text und hier wie dort konstituieren sie den Gang oder Verlauf der Narration. Aber erst nachdem der Erzähler des „Fürsprecher"-Textes seine komplizierten Überlegungen zur Notwendigkeit von Fürsprechern und der verfehlten Suche auf den horizontalen Gängen (unbewusst) auf die vertikalen Treppen verlagert, findet ein gradueller Wechsel zum Dialogismus und zur Anrede als einer Form der eigenen Fürsprache statt. In „Der neue Advokat" wird über eine Beobachtungsszene auf einer Freitreppe, die Bucephalus schenkelhebend aufsteigt, auf einen ritualisierten Wettkampf und eine Gerichtsverhandlung angespielt.[163] Die Sage von der „Kaiserlichen Botschaft" berichtet von den „weit und hoch sich schwingenden Freitreppen", auf denen „im Ring die Großen des Reichs" stehen, während der Bote – hypothetisch und gleichzeitig unmöglich – sich „die Treppen hinab [...] kämpfen" (NI, S. 352) müsste, um die geflüsterte Nachricht ins Volk zu bringen. Das Fragment über den Priester beginnt mit dem Ort der mechanischen Fürbitte: „Auf der Freitreppe des Tempels", die hier die Aufwärtslehnung des Fürsprechers hin zu einer höherliegenden Instanz symbolisiert.

Während die außerliterarischen, diskursiven Kontexte des Fürsprechens – die juristischen, soziopolitischen und religiösen Praktiken – jeweils anhand von Szenen auf eigenstehenden und *äußeren* Treppen – *Freitreppen* – analysiert werden können, ist der inhärent narratologische und poetologische Kontext des Fürsprechens beispielhaft auf den *inneren* Treppen des „Fürsprecher"-Textes arrangiert. Obwohl die anderen Texte ebenfalls durch ihre poetologischen, narrativen Verfahren Fürsprache verhandeln, ist hier Fürsprache für sich selbst und für andere subtil innerhalb der Beschränkung eines literarischen Textes ausgelotet und ausgeführt, zunächst auf den Gängen einer Art Bibliothek oder eines Museums und danach auf den Treppen, die ihre innere Beschränkung verlieren, sich öffnen zu scheinen und potentiell weiterwachsen. Der letzte Satz im „Fürsprecher"-Text lautet:

> Findest Du also nichts hier auf den Gängen, öffne die Türen, findest Du nichts hinter diesen Türen, gibt es neue Stockwerke, findest Du oben nichts, es ist keine Not, schwinge Dich neue Treppen hinauf, solang Du nicht zu steigen aufhörst, hören die Stufen nicht auf, unter Deinen steigenden Füßen, wachsen sie aufwärts. (NII, S. 380)

Die Treppe als Verbildlichung des Fürspracheaktes, als dem rechtlichen, sozialen Strukturieren von Leben und der Positionierung des Subjektes im gesellschaftlichen Raum, ist allgegenwärtig, aber kaum in aller Komplexität analysiert worden. Kafka selbst hat einen kurzen Text in seinem dritten Oktavheft (C) hinterlassen, der einen Ich-Erzähler über eine zur Analyse vernachlässigte Treppe nachdenken lässt, was auch als kleine, spielerische Allegorie auf die Suche nach Fürsprache lesbar ist:

---

163 Hartmut Binder zieht einen Vergleich zur Architektur des Gebäudes, in dem Kafka zunächst als Aushilfskraft tätig war: „Das Palais der Versicherungsanstalt Assicurazioni Generali am Prager Wenzelsplatz [...] hatte eine derartige Treppe, die auch dreimal im Prozeß erwähnt wird." Hartmut Binder: Kafka Kommentar zu sämtlichen Erzählungen. München 1975, S. 207.

> Ich hätte mich doch wohl früher darum kümmern sollen, wie es sich mit dieser Treppe verhielt, was für Zusammenhänge hier bestanden, was man hier zu erwarten hatte und wie man es aufnehmen sollte. Du hast ja niemals von dieser Treppe gehört, sagte ich mir zur Entschuldigung, und in den Zeitungen und Büchern wird doch immerfort alles durchgehechelt was es nur irgendwie gibt. Von dieser Treppe aber war nichts zu lesen. Das mag sein, antwortete ich mir selbst, Du wirst eben ungenau gelesen haben. Oft warst Du zerstreut, hast Absätze ausgelassen, hast Dich sogar mit Überschriften begnügt, vielleicht war dort die Treppe erwähnt und es entging Dir so. Und jetzt benötigst Du gerade das, was Dir entgangen ist. Und ich blieb einen Augenblick stehn und dachte über diesen Einwand nach. Da glaubte ich mich erinnern zu können, einmal in einem Kinderbuch möglicherweise von einer ähnlichen Treppe etwas gelesen zu haben. Es war nicht viel gewesen, wahrscheinlich nur die Erwähnung ihres Vorhandenseins, das konnte mir gar nichts nützen. (NI, S. 335)

Alle Implikationen, Verbindungen oder Beziehungen – „Zusammenhänge" – mit der Treppe entziehen sich dem Erzähler zunächst. Eine knappe Theorie der Leserezeption wird hier entfaltet, „was man hier zu erwarten hatte und wie man es aufnehmen sollte", bleibt unklar, denn die proliferierenden Schriften „in den Zeitungen und Büchern" umgehen ebenfalls den Gegenstand. Mit dem bei Kafka oft mit der Fürsprache verbundenen Pronomenwechsel, hier von *ich* zu *du,* der ähnlich wie in einer Lesart des „Fürsprecher"-Textes als Selbstgespräch ausgewiesen ist, ändert sich auch die Sicht auf die eigene Rezeption. „Oft warst Du zerstreut, hast Absätze ausgelassen" legt offen den Zusammenhang von Zwischenpodest einer materiellen Treppe und Textabschnitt im literarischen Sinne nahe, den der Erzähler im doppelten Sinne übersprungen haben könnte.

3 Der offizielle und öffentliche Franz Kafka

Die ursprüngliche Bedeutung von Fürsprache als dem „sprechen für jemanden in vertretung desselben vor gericht, besonders wenn diese vertretung durch einen rechtskundigen geschieht", wurde, so lässt sich im *Deutschen Wörterbuch* nachlesen, schrittweise von der neueren, allgemeineren Bedeutung verdrängt, nach der die Fürsprache „das sprechen zu gunsten jemandes oder zu seinem vortheile, seinem besten, das sprechen zu jemandes empfehlung"[1] ist. Dieser semantische Wandel von der engeren gerichtsrhetorischen zur weiteren sozialen Bedeutung, den der „Fürsprecher"-Text mit seinem komplexen Wechselspiel zwischen „Gericht" und „Überall" thematisiert, entspricht auch einem Wandel in Kafkas eigener Vita.

Nach dem Studium an der rechtswissenschaftlichen Fakultät der deutschen Karl-Ferdinand-Universität zu Prag, das Kafka nach fünf Jahren im Juni 1906 mit dem Doktorat abschloss, absolvierte er von Oktober 1906 für ein Jahr den rechtspraktischen Teil seiner Ausbildung zunächst beim Landgericht, dann beim Strafgericht. Nach Abschluss dieses rechtspraktischen Jahres schrieb er im knappen Lebenslauf für seine Bewerbung als Aushilfskraft bei der privaten Versicherungsanstalt Assicurazioni Generali:

> Ich war, wie ich es mit dem Herrn Advokaten auch gleich vereinbart hatte, in die Kanzlei nur eingetreten, um die Zeit auszunützen, denn schon am Anfang hatte ich die Absicht, nicht bei der Advokatur zu bleiben. Am 1. Oktober 1906 trat ich in die Rechtspraxis ein und blieb dort bis zum 1. Oktober 1907. (B 1900–1912, S. 70)

Es folgte die Arbeitsaufnahme in der Prager Niederlassung der internationalen Versicherungsanstalt, bis Kafka Ende Juli 1908 seine Arbeit bei der *Arbeiter-Unfall-Versicherungs-Anstalt für das Königreich Böhmen in Prag* (fortan AUVA) begann. Als promovierter Jurist entschied er sich also gegen eine Karriere „bei der Advokatur" in einer Kanzlei oder bei Gericht und für die Laufbahn als Fürsprecher im sich reformierenden Sozialversicherungswesen an seinem Büroschreibtisch sowie als literarischer Schriftsteller an seinem Heimschreibtisch. Aus dieser Perspektive betrachtet enthalten Kafkas berufliche Entscheidungen ähnliche Extensionen – und Komplikationen – der Möglichkeit, als Fürsprecher zu agieren.[2]

Das vorliegende Kapitel beschäftigt sich mit einigen dieser Erweiterungen, Komplikationen und Möglichkeiten des nichtliterarischen Fürsprechens Kafkas,

---

[1] Grimm: Deutsches Wörterbuch, Bd. 4, Sp. 832.
[2] Inwiefern die zeitgenössischen rechtstheoretischen Schriften von Eugen Ehrlich, Anton Menger, Hans Gross und Hans Kelsen Einfluss auf Kafkas Rechtsdenken haben, bedürfte einer genaueren Analyse, die hier nicht erfolgen kann. Einen Überblick über die genannten Rechtstheoretiker bietet William M. Johnston: The Austrian Mind. An Intellectual and Social History 1848–1938. Berkeley/Los Angeles/London 1972, S. 88–98.

wobei nicht die biographische Person Franz Kafka an seinem Arbeitsplatz oder innerhalb der zeitgenössischen literarischen Szene im Vordergrund steht, sondern verschiedene Autorpositionen im wörtlichen Sinne. Die offiziellen und öffentlichen Fürspracheakte, die enge diskursive Grenzen überschreiten, reichen vom Agieren als Schriftführer bis zum Schreiben im eigenen Namen und dem Sprechen mit der eigenen Stimme und bilden drei verschiedene Autorschafts-Modelle, die im Folgenden nachgezeichnet werden. Im ersten Schritt werden ausgewählte Dokumente aus der Arbeit in der AUVA analysiert, Dokumente, die Kafka als Verfasser und Schriftführer gefertigt hat (3.1.). Im zweiten und dritten Schritt werden ein journalistischer Text und eine Rede untersucht, die Kafka als Privatmann in seinem eigenen Namen geschrieben bzw. mit seiner eigenen Stimme gehalten hat. Der Nachruf auf den bibliophilen *Hyperion*, „Eine entschlafene Zeitschrift" (3.2.), und die Vorrede zur jiddischen Sprache (3.3.) sind programmatische Texte, anhand derer sich Kafkas bekanntes „Schema zur Charakteristik kleiner Litteraturen" (T, S. 326) in neuem – nichtliterarischem oder vorliterarischem – Sinn verstehen lässt. Trotz ihres je spezifischen institutionellen Rahmens und mit ihrem je unterschiedlichen Einsatz des eigenen Namens und der eigenen Person befassen sich alle zu untersuchenden Texte aus der Bürowelt und über verschiedene Kunstfora mit grundlegenden Fragen nach der Fürsprache als einer Repräsentationsform.

Unter dem Dach der Fürsprache, so also das Argument, werden zwei inhärente Momente in Kafkas Werk miteinander verbunden: das Schwanken zwischen moderner Autorschaft und Anonymität auf der einen Seite und die Vorstellung einer kleinen Literatur bzw. verschiedener peripherer Formen künstlerischen Ausdrucks auf der anderen Seite. Diese beiden für Kafka zentralen Aspekte lassen sich über den Blickwinkel der Fürsprache nicht nur neu betrachten, sondern auch eng miteinander verflechten, denn Kafka hat mit seinen öffentlichen Sprechakten sowohl Fürsprache performiert als auch kritisch reflektiert. Er hat sich für wichtige soziopolitische Angelegenheiten und periphere künstlerische Strömungen vertretend eingesetzt und sie darstellend eruiert. Die Autorschaftspositionen und rhetorischen Strategien in den Texten legen die Bedingungen, Grenzen und Unmöglichkeiten einer adäquaten Repräsentation frei, wobei *Repräsentation* in der doppelten Bedeutung zu verstehen ist: als *Vertreten* in der juristisch-politischen Sphäre und als *Darstellen* im literarisch-ästhetischen Bereich.

3.1 Als Schriftführer: Koncipist FK

Im Büro der Prager halbstaatlichen AUVA erhielt Kafka Einblick in die Abläufe der modernen Sozialverwaltungen, welche nach Benno Wagner „Bevölkerungsdaten in Schriftsätzen und Akten zirkulieren" ließen und dabei „nicht mehr auf

Erzählungen, sondern Zählungen"³ basierten. Kurze Zeit bevor Kafka seine Arbeitsstelle antrat, entwickelte sich die Sozialversicherung in Österreich als neues Prinzip, um Risiko im Rahmen eines gemeinwirtschaftlichen Versicherungswesens zu organisieren, zu regulieren und zu verwalten.⁴ Über fünfzehn Jahre, von 1908 bis 1922 (v. a. bis zum Ausbruch seiner Lungenkrankheit 1917), verfasste Kafka Berichte, Protokolle, Korrespondenzen, Reden und Zeitungsartikel im Dienst der AUVA und im Namen seiner Vorgesetzten. Die Berufsbezeichnung *Koncipist* erhielt er erst im April 1910, nach einer Zeit als *Aushilfsbeamter* und als *Anstaltspraktikant*. Im März 1913 wurde er in den Rang eines Vize-Sekretärs erhoben. Die offizielle Verleihung des Titels *Koncipist* (oder *Konzipist*) – und damit Beamter – fand sogar in einer AUVA-Mitteilung in der Prager jüdischen Wochenschrift *Selbstwehr* Erwähnung,⁵ in der Kafka später seine Texte „Vor dem Gesetz", „Ein Traum", „Eine kaiserliche Botschaft", „Die Sorge des Hausvaters" und „Ein altes Blatt" veröffentlichte. In der Praxis umfasste sein Verantwortlichkeitsspektrum, einschließlich des Verfassens von *Konzepten*, das eines vollen Koncipisten sofort nach Antritt seiner Arbeit im Sommer 1908.⁶

3.1.1 Jahresbericht 1907

Kafkas Begabung als Schriftsteller und sein Hintergrund als promovierter Jurist gaben wohl den Ausschlag dafür, dass ihn der Direktor Dr. Robert Marschner bereits wenige Monate nach der Einstellung mit einer komplizierten Angelegenheit beauftragte: Er sollte einen Teil des Jahresberichts 1907 verfassen.⁷ „Der Umfang der Versicherungspflicht der Baugewerbe und der baulichen Nebengewerbe" (AS 107-138) ist der Titel und das Programm dieser ersten großen amtlichen Schrift Kafkas. Inhaltlich informiert sie über neuere Entwicklungen bezüglich des Unfallversicherungsgesetzes, indem sie die fortlaufenden Veränderungen zum „Hauptgesetz" von 1887 beschreibt. Strukturell bietet sie sich als herausragendes Beispiel für die Untersuchung von Kafkas spezifischem, administrativem Schreiben an, denn sie konstruiert ein Netz an

---

3 Wagner: Kafkas phantastisches Büro, S. 106.
4 Siehe François Ewald: L'Etat Providence. Paris 1986.
5 *Selbstwehr. Unabhängige jüdische Wochenschrift*, 13. Mai 1910, Nr. 19, S. 6.
6 Zu den administrativen Aufgaben des Koncipisten siehe Klaus Hermsdorf/Benno Wagner: „Schreibanlässe und Textformen der amtlichen Schriften Franz Kafkas. Eine Einführung". In: AS, S. 11–104, besonders S. 15–18.
7 Dass Robert Marschner (1865–1934) und Kafka ein freundschaftliches und von ähnlichen Interessen geprägtes Verhältnis pflegten, wird anhand eines Briefes Kafkas an Felice Bauer vom 17./18. November 1912 deutlich: „[M]an ist sogar ganz unverdient liebenswürdig zu mir. Gar mein oberster Direktor. Letzthin lasen wir in seinem Bureau Kopf an Kopf aus einem Buch Gedichte von Heine, während im Vorzimmer Diener, Bureauchefs, Parteien, vielleicht mit den dringendsten Angelegenheiten, ungeduldig darauf warteten vorgelassen zu werden." (B 1900–1912, S. 242).

Stimmen und webt vorsichtig die Stimme der Anstalt ein. „Stimme" im Sinne von *Wer spricht?* und hier auch *Wer wird zitiert?* erinnert an die narratologische Funktion des Erzählers. Auf verschiedenen Ebenen stellt der komplexe Artikel somit auch die strukturellen Mechanismen der autorisierten Repräsentation sowie des bevollmächtigten Schreibens dar.

Eines der beschriebenen Hauptprobleme basiert auf widersprüchlichen Formulierungen. Das „Hauptgesetz" hat offengelassen, wo genau die Arbeiter versichert waren – ob nur im Bauhof und am Bau draußen oder auch in der Werkstatt oder am Werkplatz innen. Teilweise hielt sich ein und derselbe Arbeiter fortlaufend an beiden Orten und damit in zwei verschiedenen Risikogruppen auf; er arbeitete demnach sowohl in versicherten als auch in nicht versicherten Zonen. Besonders aufschlussreich ist die Art und Weise, in der Kafka versucht, als eloquenter Platzhalter sowohl für seine Vorgesetzten als auch für die Anstalt die sachlich verworrene Problematik auf rechtlich intrikatem Terrain zu erklären und zu lösen. Mit gut durchdachter Rhetorik rekonstruiert er auf den achtzehn Druckseiten des Berichts die Stimmen aller involvierten Parteien so, als stünden sie miteinander im Gespräch und zeigt sogleich, dass die Problematik aus mehreren Perspektiven und als Produkt auseinandergehender Meinungen verstanden werden muss.[8] Der Argumentationsverlauf beginnt mit mehreren direkten Zitaten, die miteinander verbunden werden und weitgehend chronologisch aufgeführt sind: die relevanten Passagen des Unfallversicherungsgesetzes von 1887, die Erläuterungen des Ministeriums des Inneren ein Jahr später und zahlreiche Reaktionen von offizieller Seite. Als direkte Reproduktionen der Originalformulierungen zeigen die Zitate nicht nur, wie der Konflikt und die resultierenden Missstände weitgehend auf sprachlichen Nuancen basieren, sondern auch, wie sich Kafka als Bürokrat um klare und objektive Aussagen bemüht. Er arrangiert die offiziellen Positionen als Antworten aufeinander und beschreibt dann, wie der Verwaltungsgerichtshof im Jahre 1906 die Unklarheiten zunächst beseitigte und sie dann doch zwei Jahre später wieder aufhob, kurz bevor der Artikel verfasst wurde.

Als Vertreter der Anstalt erklärt Kafka, wie diese in das resultierende Durcheinander eingreifen musste, woraufhin sich der Ton des Artikels ändert. Die unmittelbare Antwort der Anstalt war nämlich ein Zirkular, das an alle Bau- und baulichen Nebengewerbe verschickt wurde, um die direkte Kommunikation mit den Unternehmern zu gewährleisten. Kafka zitiert den offenen Brief, der die Unternehmer über das neue mehrdeutige Gesetz informiert und die Möglichkeit aufzeigt, die Werkstattversicherung je nach eigenem Ermessen abzuschließen. Mit dieser Geste nimmt er bzw. die Anstalt sowohl im wörtlichen als auch im übertragenen Sinne eine Mittelstellung ein. Knapp nach der ersten Hälfte führt Kafka aus, dass die Anstalt

---

8 Zum Einsatz rhetorischer Mittel siehe Richard Heinemann: The Rhetoric of Kafka's *Amtliche Schriften*. In: Journal of the Kafka Society of America 15.1–2 (1991), S. 29–36.

Zweifel an den neuen Handhabungen habe und daher ihre eigenen Ressourcen mobilisiere, was mehr Autonomie der AUVA von der zentralistischen Staatsverwaltung indiziert. Gleichzeitig aber bringt die Meinungsumfrage weitere Stimmen in den Diskurs: nämlich die der Unternehmer, die vorher nicht befragt und gehört wurden. Die daraus resultierende Spannung zwischen einer übermächtigen „Top-down"- und einer „Bottom-up"-Bürokratie, so die Herausgeber der englischen Übersetzung ausgewählter amtlicher Schriften, war sowohl für zahlreiche bürokratische als auch literarische Schriften Kafkas prägend.[9] Eine solche Spannung inszeniert er beispiellos in der „Ersten Untersuchung" im *Proceß*-Romanfragment, als sich Josef K. als vermeintlicher Platzhalter für diejenigen hinstellt, die seiner Meinung nach von den Gerichtsbehörden nicht gehört werden.[10] Er steigt ganz wörtlich auf, nämlich auf ein Podium, um zu den Autoritäten zu sprechen.

In einem ähnlichen Sinne widmet sich Kafka im verbleibenden Teil des Jahresberichts zum „Umfang der Versicherungspflicht der Baugewerbe und der baulichen Nebengewerbe" den versicherten Unternehmern und ihren Antworten, betreibt also statistische Erhebungen im „Überall". Von den 4169 verschickten Zirkularanfragen lehnten nur 963 die zusätzliche Versicherung ab und – überraschenderweise – stimmten 186 der Zusatzversicherung ausdrücklich zu, obwohl in diesen Fällen keine Antwort notwendig gewesen wäre (siehe AS, S. 127). Während das Zirkular „die Wirkung einer persönlichen, von fremdem Einflusse bewahrten Verhandlung mit dem Unternehmer über dessen konkreten Betrieb" (AS, S. 128) anstrebte – und im Allgemeinen auch erreichte –, kam in manchen Fällen nicht der Unternehmer selbst zu Wort, sondern seine Lobby. Oft konnte man, so Kafka, „nur gewisse Vereinigungen durch den Unternehmer reden hören und leider manchmal nur die Vereinigung, selbst ohne Vermittlung des Unternehmers". (AS, S. 129) Mit anderen Worten: Es stellte sich heraus, dass ein unklares System repräsentativer Vereinigungen oft störte; die direkte Kommunikation zwischen den Unternehmern und dem Institut verkomplizierte sich durch die Einmischung von dritten Parteien.

Das Beispiel eines Zimmermeisters, für den sich gleich zwei Vereinigungen gegensätzlich einsetzten, illustriert diesen oft absurden Vorgang. Der „Landesverband der Zimmermeister für das Königreich Böhmen" vermerkte, dass der Unternehmer die Zusatzversicherung nicht mehr zu halten wünsche, da er zu hoch eingestuft sei, während die „Vereinigung von Baugewerbetreibenden im Handelskammerbezirke Reichenberg" (AS, S. 131) erklärte, dass volle Versicherung für ihr Mitglied aufrechterhalten bleiben solle. Kafka fügt weitere Beispiele an – ohne Anführungszeichen –, um weitere, halb-anonyme Stimmen einzubinden. Obwohl dieser erste Schreibauftrag für die AUVA zunächst recht nüchtern anmuten mag, gestaltet er sich zunehmend als

---

9 Stanley Corngold/Jack Greenberg/Benno Wagner (Hg.): Franz Kafka. The Office Writings. Princeton 2009, S. 71.
10 Siehe Doreen Densky: Proxies in Kafka. *Konzipist* FK and *Prokurist* Josef K. In: Stanley Corngold/Ruth V. Gross (Hg.): Kafka for the Twenty-First Century. Rochester 2011, S. 120–135.

ausgeklügeltes, vielschichtiges Netzwerk aus Vertretungen innerhalb der Anstalt und im Versicherungswesen. Kafka schreibt nicht nur als ein Schriftführer für die Interessen der Anstalt und derer, die sie repräsentiert, sondern auch als ein sich einmischender Stellvertreter, der die verworrenen bürokratischen Kommunikationsvorgänge analytisch betrachtet – was die Protagonisten in seiner fiktionalen Prosa so erfolglos versuchen.

Zum Schluss, als Kafka die Argumente für die Werkstattversicherung zusammenträgt, hebt er hervor, was sich latent durch den gesamten Artikel zieht. Neben der Präferenz der meisten Unternehmer sowie aus „theoretische[n] und praktischen[n] Zweckmäßigkeitsgründe[n]" spreche „das Gesetz" selbst für die Versicherung in „seiner Absicht, seiner Geschichte, seinem Text und seinem Zusammenhang". (AS, S. 137) Das Gesetz ist die grundlegende Kraft der AUVA und das *Sprechen im Namen des Gesetzes* die ultimative Vertretungsstruktur. Kafka fügt dem hinzu, dass die „möglichste Verallgemeinerung der Versicherung" gleichrangig im Interesse der Arbeiter, der Unternehmer und der Anstalt liege sowie „den Intentionen des Gesetzgebers" (AS, S. 138) entgegenkomme. Allerdings ergänzt er: „Wobei aber die Einschränkung nicht vergessen werden darf, daß hier eigentlich nur zwei Interessen, die der Arbeiter und die der Unternehmer, gelten, denn die Anstalt hat keine anderen, als diese." (AS, S. 138) Einige Zeilen darunter verteidigt er die Anstalt gegen die Anschuldigung, „als Urheberin aller Mißstände des Unfall-Versicherungswesens" einstehen zu müssen, da sie selbst nur „schuldlose Repräsentantin eines vielleicht unzureichenden, in diesem Falle überdies unzureichend interpretierten Gesetzes ist". (AS 138) Die komplexe Passage zeichnet die Konturen der Anstalt als moderne Institution, die zwischen den natürlichen Personen der Arbeiter und Unternehmer steht, deren Stimmen durch einen Exzess an Interessenvertretungen blockiert sind. Gleichzeitig agiert sie als Verbindungsglied zwischen der staatlichen Administration und der privaten Industrie. Die Rolle des Koncipisten als Sprecher der Anstalt fügt dem eine weitere Abstraktion hinzu: Er ist ein Stellvertreter für die stellvertretende Anstalt.

In der Abschlusspassage des Abschnitts zum „Umfang der Versicherungspflicht der Baugewerbe und der baulichen Nebengewerbe" zeigt sich, dass die AUVA kein eigenes Interesse und damit keine eigenständige Identität hat, sondern wie eine Funktion zwischen dem Gesetz und den beteiligten Parteien steht. Die AUVA erbt ihre Funktion, *im Namen von etwas zu sprechen*, von dem Gesetz und ihre Funktion, *für jemanden zu sprechen*, von den Parteien. Daher ist es einseitig, die Anstalt und ihren schreibenden Vertreter, den angehenden Koncipisten Kafka, als reinen Fürsprecher für die Rechte und den Schutz der Arbeiter einzustufen. Die konkurrierenden Stellvertreterrelationen *im Namen des Gesetzes*, *für die Unternehmer* und *für die Arbeiter* verkomplizieren den Sachverhalt, wobei Kafkas Artikel die Interessen aller Beteiligten nebeneinanderstellt.

3.1.2 Schriftstellersein

Was im Jahresbericht zwangsläufig fehlt, ist der Name Franz Kafka. Dass in diesem Fall die Frage nach der Verfasserschaft aufgrund anderer Quellen gesichert ist,[11] stellt eher die Ausnahme als den Regelfall dar, denn häufig bleibt unklar, welche publizierten Texte und Schriftsätze Kafka selbst, aber unter dem Namen eines Vorgesetzten – als wörtlich rechte Hand – geschrieben hat. Gleichermaßen bleibt spekulativ, welche Schriftstücke Kafka nur unterschrieben hat, ohne sie selbst handschriftlich oder maschinenschriftlich zu verfassen, speziell gegen Ende seiner Laufbahn in der AUVA in seiner Funktion als einer von drei Stellvertretern seines Chefs. Die amtlichen Schriften sind naturgemäß nicht das Produkt eines Einzelnen, sondern hierarchisch organisierter Arbeitsschritte verschiedentlich spezialisierter Angestellter. Jede administrative Schrift ist selbst bereits das Resultat aus delegierten Verantwortlichkeiten innerhalb eines Verwaltungsregimes, wobei, wie Klaus Hermsdorf ausführt, folgender Ablauf vorgeschrieben war: „[V]ersicherungstechnisch ausgebildete ‚Manipulationsbeamte' bereiteten das Aktenmaterial zur Erledigung eines amtlichen Vorgangs vor, der Konzeptsbeamte formulierte entsprechend der Rechtslage und der Anstaltsinteressen, der Direktor als leitender Beamter unterschrieb."[12]

Dieses Merkmal verwaltungstechnischen Schreibens und Verfassens hat sich als große Herausforderung für die editorische Zusammenstellung der *Amtlichen Schriften* als Teil der *Kritischen Kafka-Ausgabe* (KKA) erwiesen. Der Mitherausgeber Wagner adressiert diese grundlegenden Bedenken zwischen Werk und Autor, indem er die *Amtlichen Schriften* – und speziell den Artikel zum Baugesetz – als exemplarisch für Michel Foucaults Autorschaftskonzeption behandelt: als eine Schreibform, die sich vom Subjekt hin auf den Diskurs orientiert.[13] Dabei seien die „Beglaubigungssorgen" der Verfasserschaft gerade Chance und Grundlage, um „eine Revision der Autor-Funktion ‚Kafka'" vorzunehmen, denn Kafkas Schreiben für die AUVA sei „als integraler Bestandteil eines komplexen, durch keinerlei ‚Persönlichkeit' totalisierenden Netzwerks von Schreibtechniken und -praktiken"[14] anzusehen. In seinem bahnbrechenden Vortrag-Aufsatz „Qu'est-ce qu'un auteur?" hat Foucault den Übergang vom Autor-Subjekt

---

[11] Aus mindestens drei Quellen ist bekannt, dass Kafka den Aufsatz geschrieben hat: Seine Qualifikationsliste weist ihn direkt als Verfasser aus, in einem Brief an Felice Bauer erwähnt er den „Aufsatz über Werkstattversicherung" (B 1900–1912, S. 294) und in einem Brief an Franz Blei schickt er den Jahresbericht mit (B 1900–1912, S. 97). Siehe AS, S. 814.
[12] Siehe Hermsdorf: Schreibanlässe. In: AS, S. 18.
[13] Benno Wagner: „Beglaubigungssorgen". Zur Problematik von Verfasserschaft, Autorschaft und Werkintegration im Rahmen der *Amtlichen Schriften* Franz Kafkas. In: Editio. Internationales Jahrbuch für Editionswissenschaft 17 (2003), S. 155–169. Die Schwierigkeiten bei der Zusammenstellung der *Amtlichen Schriften* ergeben sich nach Wagner 1.) aus dem „*Problem der Zuschreibung* bzw. *der Selektion*" und 2.) aus dem „nicht weniger brisante[n] *Problem der Integration* der ausgewählten Texte in Kafkas Werk". (S. 161).
[14] Wagner: „Beglaubigungssorgen", S. 162.

zur Autor-Funktion angekündigt.[15] Wagner überträgt Foucaults Termini auf die Jahresberichte und schlägt vor, dass das „institutionelle Subjekt der Prager Anstalt" an die Stelle des „individuellen Autor-Subjekts"[16] trete. Die Anstalt sei dabei sowohl das Subjekt als auch das Objekt des Berichts an das Ministerium des Inneren, wobei aber im Kern des Textes gelte: „[D]as Autor-Subjekt AUVA [tritt] in der Regel vollständig hinter die Stimme der anonymen Bericht-Instanz zurück, die die Subjekt-Funktion der Anstalt von ihrer Objekt-Funktion trennt und so einen Raum amtlicher Objektivität eröffnet."[17]

Im vollen Bewusstsein über diesen Raum für Objektivität und die Tatsache, dass die Anstalt selbst eine Funktion *im Namen des Gesetzes* ausführte, versucht Kafka die Verantwortung für das Unterzeichnen von Schriftstücken in der Anstalt mit seinem vollständigen Namen zu umgehen oder wenigstens zu minimieren. Ein Brief an Felice Bauer vom 20./21. Dezember 1912 beschreibt diese Rücknahme von amtlicher Autorschaft *in nuce*:

> So selbstständig wie Du wohl arbeitest könnte ich gar nicht arbeiten, Verantwortungen weiche ich aus wie eine Schlange, ich habe vielerlei zu unterschreiben, aber jede vermiedene Unterschrift scheint mir ein Gewinn, ich unterschreibe auch alles (trotzdem es eigentlich nicht sein darf) nur mit FK als könne mich das entlasten [...]. Ergänzt und aufgehoben wird allerdings diese sonst lobenswerte Vorsicht dadurch, daß ich mit jedem FK auch die wichtigsten Sachen, ohne sie durchzulesen, unterschreibe [...]. (B 1900–1912, S. 348)

Das Unterschreiben wird beliebig, denn Verfasser und Unterzeichner sind nicht notwendig kongruent. Der amtliche, „offizielle" Schreiber Kafka, der es vorzieht, mit seinen Initialen statt mit seinem vollständigen Namen zu unterschreiben, handelt als *Schriftsteller* und nicht als *Autor*. Stanley Corngold stellt heraus, dass Kafka der Bezeichnung *Schriftstellersein* den Vorzug gegeben habe, weil sie ihm gegenüber den Worten *Dichtersein* oder *Autorsein* passender erschienen sei.[18] Mit Kafkas Rückzug aus dem autoritären, subjektiven *Autorsein* ist zudem die Öffnung hinsichtlich der Vermittlung verschiedener Stimmen verbunden. Dass sich die mehrteilige Textproduktion und Textverantwortung nicht immer decken, ermöglicht entsprechend kollektives Verfassen der amtlichen Schriften – und es ermöglicht auch eine Verbindung zur Komposition von Kafkas literarischen Schriften. In einem weiteren

---

15 Michel Foucault: „Was ist ein Autor?" In: Fortis Jannidis/Gerhard Lauer/Mathias Martinez/Simone Winko (Hg.): Texte zur Theorie der Autorschaft. Stuttgart 2000, S. 198–229. Foucaults fundamentale Rekonstruktion des Autors als Lokus innerhalb des Diskurses ist eine kritische Antwort auf Roland Barthes' zwei Jahre zuvor erschienenen, provokativen Aufsatz zum „Tod des Autors". Siehe Roland Barthes: La mort de l'auteur.
16 Wagner: „Beglaubigungssorgen", S. 164.
17 Wagner: „Beglaubigungssorgen", S. 164.
18 Siehe Stanley Corngold: Kafka and the Ministry of Writing. In: Franz Kafka. The Office Writings, S. 1–18, hier S. 3. In einem Brief an Max Brod vom 5. Juli 1922 hat Kafka das „Schriftstellersein" (BR 1902–1924, S. 384) erwähnt.

Brief an Felice Bauer, den Kafka nur fünf Nächte nach seinem kleinen Geständnis über die Aversion des amtlichen Unterzeichnens geschrieben hat, illustriert er die Mühen beim Verfassen einer unbekannten Geschichte mit folgenden Worten:

> Ich habe jene Geschichte auch unter zu großen Ansprüchen an mich angefangen; gleich im Anfang sollen vier Personen reden und sich kräftig an allem beteiligen. So viele Menschen kann ich aber nur dann vollständig sehn, wenn sie sich im Laufe, aus dem Strome der Geschichte erheben und sich entwickeln. Gleich am Anfang habe ich leider nur zwei beherrscht und wenn nun vier Personen drängen und auftreten wollen, man aber nur den Blick für zwei hat, entsteht eine traurige, förmlich gesellschaftliche Verlegenheit. Die zwei wollen und wollen sich nicht demaskieren. Dadurch aber, daß mein Blick herumirrt, erhascht er vielleicht auch Schatten von diesen zweien, dafür fangen aber die zwei festen Gestalten in ihrer zeitweiligen Verlassenheit unsicher zu werden an und schließlich schlägt alles zusammen. Schade! (B 1900–1912, S. 361)

Mit viel Humor zeigt diese Briefpassage, wie wenig Autorität Kafka sich selbst und wie viel Emanzipation er seinen fiktionalen „Personen" zugesteht. Diese reden und beteiligen sich am Geschehen, sie „drängen" sich und wollen „auftreten", während der Verfasser zurückweicht. So wie der Koncipist FK koordiniert der literarische Schriftsteller Franz Kafka verschiedene Stimmen. Aber erst beim Verfassen einer solchen Geschichte wird die zu hohe Ambition deutlich, zu viele Stimmen miteinander zu verweben, was in eine „traurige, förmlich gesellschaftliche Verlegenheit" umschlagen kann.

3.1.3 Für eine Volksnervenheilanstalt in Rumburg-Frankenstein (1916)

Verschiedene Stimmen kombiniert Kafka auch in einigen kriegspublizistischen Schriften aus den Jahren 1916 und 1917, die zu seinen letzten großen soziopolitischen Fürsprachen während der aktiven AUVA-Zeit zählen. Die rhetorischen Fähigkeiten und das Engagement des mittlerweile zum Vize-Sekretär ernannten Kafka sind wohl der Grund gewesen, weshalb er damit beauftragt wurde. Fast ein Jahr nach dem Ausbruch des Großen Krieges, im Mai 1915, wurde die *Staatliche Landeszentrale für das Königreich Böhmen zur Fürsorge für heimkehrende Krieger* in Prag unter der Aufsicht der AUVA (und durch einen Erlass des Innenministeriums) eingerichtet, um der stetig wachsenden Anzahl der verwundeten Heimkehrer zu helfen.[19] Der in der Anstalt unentbehrliche und daher vom Kriegsdienst freigestellte Kafka arbeitete im *Ausschuß für Heilbehandlung* und verfasste im Rahmen der Öffentlichkeitsarbeit einen Zeitungsartikel und einen öffentlichen Aufruf für die Errichtung einer Volksnervenheilanstalt für Kriegsveteranen in Nordböhmen.

In der *Rumburger Zeitung* erschien am 8. Oktober 1916 der Text „Ein großer Plan der Kriegsfürsorge verlangt Verwirklichung. Gründung einer Nervenheilanstalt

---

[19] Zum historischen Hintergrund siehe Schreibanlässe. In: AS, S. 78–81.

in Deutschböhmen" *alternym*: Statt Kafkas eigenem Namen steht der Titel und Name seines unmittelbaren Vorgesetzten „Oberinspektor Eugen Pfohl" unter dem Artikel.[20] In dem Text wird zunächst ein anonymer Einzelfall geschildert. Es handelt sich um die Gestalt eines „von der Front gekommene[n] Soldat[en]" (AS, S. 494), der nur an Krücken selbst laufen kann: „Sein Körper wurde nämlich ununterbrochen geschüttelt wie von maßlosen Frostanfällen oder als stehe er mitten in der friedlichen Straße unter dem unmittelbaren Eindruck seiner Erlebnisse in der Front." (AS, S. 494) Körper und Gebaren, so heißt es gleich am Anfang, seien „eine sonderbare Schrecken und Mitleid erregende Erscheinung". (AS 494) Der exemplarische Status des Soldaten wird auf zwei Arten weiter hervorgehoben: Zunächst gibt es viele ähnliche Gestalten („auch andere, welche sich nur springend vorwärts bewegen können"), die als *Kollektiv* durch expressive Adjektive mehr als nur skizziert werden (als „arme, bleiche, ausgemergelte Menschen"); zweitens häufen sich solche Erscheinungen und werden „fast ein Bestandteil des Straßenlebens". (AS, S. 494)

Die deskriptive Einleitungspassage wird durch den folgenden, rhetorisch geschickten Schlüsselsatz unterbrochen, der eine neue Perspektive – über den Kommentator-Fürsprecher – in den Text und in den Diskurs bringt: „Es fehlte eben jemand, der hier die notwendige Belehrung gab und etwa folgendes sagte: [...]." (AS, S. 494)[21] Dieser „jemand" – eine zuvor fehlende und nicht genau definierte Stimme – belehrt hier allerdings weniger, als dass er die beobachteten Phänomene lediglich sachlich beschreibt: „Es handelt sich hier um Neurosen, in der Regel um traumatische, aber auch um solche anderer Art." (AS, S. 494) Zusammen mit dem Perspektivenwechsel von der Augenhöhe auf der Straße hin zu einem distanzierteren Standpunkt wechselt auch die Zeitform. Der Anfang ist im Präteritum verfasst, was narrative Kohärenz impliziert, hier eben der völligen Verzweiflung; nach dem Übergangssatz wird das Präsens für den objektiveren Berichtstil verwendet, in dem die stetig wachsende Liste an Nervenerkrankungen aufgezählt wird.

Der Artikel spricht sich dann für die Heilungsmöglichkeiten dieser Krankheiten aus, die mit der Errichtung einer Heilanstalt verbessert werden würden – wobei noch Fürsprecher notwendig sind: „Und diese Möglichkeit [...] ist vorhanden, sie bietet sich geradezu an, wartet auf hilfsbereite Hände." (AS, S. 496) In einem weiteren eleganten Übergang und Tempuswechsel nutzt der Verfasser die verheerenden gegenwärtigen Umstände, sich auch für zukünftige Zeiten einzusetzen: „Was jetzt als patriotische Tat gelten muß, eine Nervenheilanstalt für nervenkranke Krieger zu errichten, wird nach Friedensschluß immer mehr eine große soziale Wohltat werden

---

20 Für Kafkas Verfasserschaft spricht dessen „Zuständigkeit für das Projekt der Nervenheilanstalt" sowie „das stilistische Niveau und die Homogenität des Artikels in Aufbau, Stil und Argumentationsweise". (AS, S. 894–895).
21 Genau diese narrative Bewegung legen Klaus Hermsdorf und Benno Wagner als „ein denkbar deutliches stilistisches Indiz für Kafkas Verfasserschaft" (AS, S. 896) aus.

[…]." (AS, S. 497) Kafka nutzt hier geschickt die prekäre Lage der Kriegsheimkehrer und die, in Wagners Worten, „durch den Krieg freigesetzten patriotischen Energien" (AS, S. 897), um die bereits vor dem Krieg notwendige Volksnervenheilanstalt Realität werden zu lassen. Die Fürsprache für diese Einrichtung überschreibt damit die strategische Kriegsökonomie zur Verwaltung des Lebens zugunsten des sozialen und individuellen Wohlergehens.[22]

Kafka legt die finanzielle Situation dar, nach der u. a. die Regierung und die sozialen Versicherungsinstitute Mittel beisteuern, aber er betont gleichzeitig, dass es zunächst „einer oder mehrere[r] großgesinnte[r] Persönlichkeiten" bedürfe, um den „finanzielle[n] Grundstein" (AS, S. 498) zu legen. „Persönlichkeiten", so deuten Text und Wortlaut an, sind diejenigen, die einen Namen und Einfluss haben – vielmehr als die genannten Institutionen oder der Verfasser eines solchen Artikels, dessen Name selbst nicht auftaucht. Letztere können in diesem Fall nur eine Verbindung zwischen den einflussreichen öffentlichen Personen und den nötigen fachlichen Informationen sein. Im Artikel findet diese wichtige, aufrufende, aber letztlich machtlose Rolle über die wiederholte Wahl des Indefinitpronomens *man* ihren Ausdruck. Während „Persönlichkeiten" gerade unvermittelt für sich sprechen können, indiziert *man* auf der Mikroebene des Textes den eingeschränkten Einfluss der Institution oder ihres Sprechers. Mit dem *Man* kann es sich um die Öffentlichkeit handeln oder um gedachte Personen, die in einer bestimmten Weise handeln sollen. Was Joseph Vogl für Kafkas fiktionale Texte aufdeckt, nämlich den Gebrauch einer „vierten Person",[23] lässt sich mit der Auslotung der Autorposition in Kafkas *Amtlichen Schriften* zusammenführen. Insofern Vogl das *Man* als unpersönliches *kollektives* Gefüge versteht und insofern der „Fürsprecher"-Text das *Man* auch als unpersönliches *stellvertretendes* Pronomen zu erkennen gibt, nähert es sich der Funktion des Schriftführers, des Konzipisten oder des unter anderem Namen schreibenden Franz Kafka. Zwischen Entpersonalisierung und Kollektivierung kann das *Man* sowohl Distanz als auch Involviertsein ausdrücken und sowohl innerhalb als auch außerhalb des Textes stehen.

In einem weiteren Propagandatext, den Kafka für die *Staatliche Landeszentrale für das Königreich Böhmen zur Fürsorge für heimkehrende Krieger* verfasst hat, wandelt sich das *Man* in ein *Wir*. Der mit der direkten Adressierung „Volksgenossen!" überschriebene Aufruf vom November 1916 nutzt die erste Person Plural, um klarzustellen, dass der – namentlich nicht hervorgehobene – Verfasser *für* ein Kollektiv *vor* einem Kollektiv schreibt. Stilistisch kombiniert der Aufruf gekonnt das formell Soziopolitische mit dem persönlich Aufrüttelnden, um Spenden zu erbitten und um zur Beteiligung im Sinne des Beitritts in den *Deutschen Verein zur Errichtung und Erhaltung einer Volksnervenheilanstalt in Deutschböhmen* mit Sitz in Prag aufzurufen.

---

[22] Siehe dazu den Kommentar zu den *Amtlichen Schriften*: „Nicht mehr die staatliche Verwertbarkeit, sondern der individuelle Wert des Lebens ist das Leitkriterium der hier propagierten Kriegsheimkehrerfürsorge." (AS, S. 898).
[23] Vogl: Vierte Person (siehe Kapitel 2.1.1).

Kafkas Verfasserschaft ist auch hier unbestritten, da er den Aufruf in einem Brief an Felice Bauer vom 30. Oktober 1916 mitgeschickt und direkt erwähnt hat:

> Du findest mich unter den Unterzeichnern, ursprünglich hätte ich oben im vorbereitenden Ausschuß sein sollen, bin dann aber, allerdings ohne allzugroße Mühe, in die große Gruppe hineingeschlüpft. Auch der Text (wie so vieler anderer) ist von mir. (B 1914–1917, S. 270)

Der Aufruf enthält in seiner Komposition die Elemente einer klassischen *peroratio*, des Schlussteils einer Rede nach Marcus Fabius Quintilianus.[24] Ohne diesen Vergleich zu weit zu führen, lässt sich der Text doch mit dem kurz zuvor erschienenen Artikel in der *Rumburger Zeitung* verbinden, der mit einer Art *narratio* und *argumentatio* das Fundament gelegt hat. Der Text „Volksgenossen!" ist, so wie Marcus Fabius Quintilianus fordert, auf der einen Seite eine Art Zusammenfassung und auf der anderen Seite ein Mittel zur Stimulierung der Affekte. In diesem Sinne verweisen die ersten beiden Sätze wortspielerisch auf das Verhältnis des Sachlichen und des Emotionalen des Gegenstandes. Sie sprechen von dem Weltkrieg, der „auch ein Krieg der Nerven" bzw. ein „Nervenkrieg" (AS, S. 498) sei. Im Folgenden vermischt der Aufruf die beiden Seiten weiter. Er zählt zunächst kurz die Fakten auf, übrigens in dem einzigen Satz, in dem das Pronomen *man* auftaucht: „Schon im Juni 1916 konnte man in Böhmen auf Grund vorsichtiger statistischer Daten über 4000 nervenkranke Kriegsbeschädigte allein aus Deutschböhmen zählen." (AS, S. 498) Dann fährt er mit einer Reihe brennender Fragen auf persönliche Weise fort: „Und was steht uns noch bevor?" (AS, S. 498)

Natürlich sind die institutionellen Rahmen und Rollen in Marcus Fabius Quintilianus' forensischer Redeanweisung und dem Aufruf, der die Kriegspropaganda geschickt subvertiert, nicht identisch. Die hier stimmenlosen Kläger sind die zahlreichen „Nervenkranken", die Richter sind die „Volksgenossen", die nicht eigentlich entscheiden, sondern selbst zum Handeln aufgerufen werden, und der Redner ist der anonyme Verfasser. Als Fürsprecher für eine Sache webt er sich mit dem Satz „Was sollen wir tun?" ein und antwortet: „Wir haben die Wahl: [...]." (AS, S. 499) Eine Möglichkeit wäre, nicht einzugreifen, sondern „alles seinen bisherigen Weg gehen [zu] lassen" (AS, S. 499) – was schnell verworfen wird. Die Alternative wird mit einem Ausrufesatz und im Sperrdruck hervorgehoben – „Aber es gibt noch eine andere Möglichkeit!" (AS, S. 499) – und verweist konkret auf die Hilfe durch die Investition in eine Langzeiterfolge versprechende öffentliche Heilanstalt. Kafka wählt das gleiche Wort für die hilfsbedürftigen Nervenkranken wie für die im Aufruf Angesprochenen – „Volksgenossen" – und verbindet damit subtil diejenigen *für* die er spricht bzw. schreibt mit denjenigen *vor* denen er spricht bzw. schreibt, ohne sich selbst als Verfasser aus dieser Gemeinschaft auszunehmen.

---

24 Siehe Marcus Fabius Quintilianus: Ausbildung des Redners/Institutionis Oratoriae, 1. Teil, Buch I–VI, übers. und hg. v. Helmut Rahn. Darmstadt 1988, S. 675–697.

Als wäre der zirkulierte Aufruf tatsächlich eine emotionale Zusammenfassung des Zeitungsartikels, bedient dieser sich des gleichen, bildhaft dargestellten Einzelfalls und Repräsentanten für das Nervenleiden, der für zahllose andere einsteht: „Der nervöse Zitterer und Springer in den Straßen unserer Städte ist nur ein verhältnismäßig harmloser Abgesandter der ungeheuren Leidensschar." (AS, S. 499) Mit der Wortwahl „Abgesandter" und „Leidensschar" wird die exemplarische Natur unterstrichen. Auf anderer Ebene ist auch der Schreiber des Aufrufs ein „Abgesandter" aus einer ganzen Gruppe von Helfenden, dem „vorbereitende[n] Ausschuß" (AS, S. 501) und der „gründende[n] Versammlung". (AS, S. 502) Sein Name und Titel findet sich unter den zahlreichen, am Ende aufgelisteten Namen, die mit der Unterzeichnung ihre Befürwortung ausdrücken: „Dr. Franz Kafka, Vizesekretär der Arbeiter-Unfallversicherungsanstalt für Böhmen in Prag." (AS, S. 503) Darüber hinaus ist der Aufruf selbst nur Mittel und gedruckte Grundlage, um einerseits weitere finanzielle Hilfe einzuholen und um andererseits eine Kette weiterer Fürsprachen zu initiieren:

> Die erste Arbeit ist die Beschaffung der Mittel. Zu diesem Zweck ergeht an Sie die ergebene Bitte, sich an diesem großen deutschböhmischen Werk [...] soweit nur möglich, zu beteiligen und in ihren Kreisen dafür einzutreten. (AS, S. 500)

Die Rhetorik des administrativen Schreibens in den gewählten Dokumenten aus Kafkas Bürotätigkeit zeichnet sich, wie gezeigt, durch ein kompliziertes Netzwerk an Stimmen und Repräsentationssystemen aus. Während gemeinhin diejenigen, *vor* denen gesprochen wird, klar bezeichnet sind, ist es oft schwierig zu bestimmen, wer genau *für* sie spricht und in wessen Namen gesprochen wird. Kafka nutzt diese Mechanismen gekonnt aus, um nicht nur für eine spezifische Gruppe (etwa die Arbeiter, Arbeitgeber und Kriegsveteranen) zu sprechen, sondern um umfassendere Fragen nach Repräsentationsmöglichkeiten selbst zu erproben. Dieses Verfahren teilen die amtlichen Schriften, der Jahresbericht 1907 und die Fürsprachen für eine Volksnervenheilanstalt in Rumburg-Frankenstein, mit zwei Texten, die Kafka für literarisch-künstlerische Darstellungsweisen verfasst hat.

3.2 Im eigenen Namen: Nachruf auf den *Hyperion*

Kurz vor Kafkas literarischem Durchbruch 1912, dem Jahr, in dem er „Das Urteil" in einer Nacht und „Der Heizer" sowie „Die Verwandlung" innerhalb weniger Wochen verfasste und seinen ersten Band „Betrachtung" als Buch veröffentlichte, schrieb und sprach Kafka auch für zwei Arten marginalisierter Literatur. In der Periode, die Judith Ryan einmal „Kafka before Kafka"[25] genannt hat, im März 1911, erschien die

---

[25] Judith Ryan: Kafka before Kafka. The Early Stories. In: James Rolleston (Hg.): A Companion to the Works of Franz Kafka. Rochester 2002, S. 61–83.

in einen Nachruf gekleidete kurze Rezension Kafkas für die luxuriöse Literatur- und Kunstzeitschrift *Hyperion* (1908–1910), in der er die Möglichkeiten und Grenzen der Avantgarde-Zeitschrift als Forum für verschiedene Autoren skizziert – einschließlich sich selbst.[26] Ein knappes Jahr später, im Februar 1912, hielt Kafka eine Vorrede zu den Rezitationen des jiddischen Schauspielers Jizchak Löwy, die als „Einleitungsvortrag über Jargon" bekannt wurde und das Jiddische als Ausdruckform für Lebendigkeit preist.

Was hat Kafka dazu veranlasst, sich so zeitnah mit zwei Ausdrucksarten an beiden Enden eines Spektrums zwischen bibliophilem Ästhetizismus und osteuropäischem Jiddisch zu beschäftigen? Warum hat sich der Schriftsteller, der berühmt dafür ist, sich aus der Öffentlichkeit zurückzuziehen, dazu entschlossen, seine Gedanken über diese unterschiedlichen Medien in der Prager Zeitung *Bohemia* und vor einem zuhörenden Publikum zu teilen? Und in welcher Verbindung stehen diese beiden Rezensionen – ein geschriebenes Epitaph oder ein Nachruf und eine gesprochene Einleitung oder Vorrede – zu einander und zu Kafkas komplexen Gedanken über kleine Literaturen?[27] Um diese Fragen zu beantworten, werden im folgenden beide Texte hinsichtlich ihrer rhetorischen Strategien durch *Close Readings* analysiert. Sie bringen zwei wichtige Momente in Kafkas Schreiben deutlich zum Vorschein.

Erstens ist es die Vorstellung von Lebendigkeit im Zusammenhang mit der und in Abgrenzung zur zeitgenössischen Literaturszene. Obwohl Kafkas Rezension über den*Hyperion* zu seinen deutlichsten literaturkritischen Auseinandersetzungen gehört, erläutert sie keine Details über den Inhalt der Zeitschrift oder ihre eigentümliche Zwischenstellung zwischen dem, was man aus literaturgeschichtlicher Perspektive Fin-de-Siècle-Ästhetizismus nennen kann und der politischeren Expressionismus-Bewegung. Stattdessen kombiniert der Text Bewunderung für die Vision von Franz Blei, einem wichtigen Herausgeber und Bekannten von Max Brod, mit einer komplexen

---

26 Franz Kafka: „Eine entschlafene Zeitschrift". In: Bohemia, 19. März 1911, S. 33. Wiederabdruck in: D, S. 416–418.
27 Hartmut Binder gruppiert beide Texte zusammen mit Kafkas Besprechung „Das ist ein Anblick" (über Kleists Anekdoten) unter die Rubrik „Rezensionen". Hartmut Binder: Kafka-Kommentar zu den Romanen, Rezensionen, Aphorismen und zum Brief an den Vater. München 1976. Jutta Heinz stellt hingegen (unter der Rubrik „Rezensionen") die beiden Texte Kafkas neben dessen Publikation zu Franz Bleis *Die Puderquaste. Ein Damenbrevier. Aus den Papieren des Prinzen Hippolyt* (mit dem Titel „Ein Damenbrevier") und dessen Veröffentlichung zu Felix Sternheims *Die Geschichte des jungen Oswald. Ein Roman in Briefen* (Franz Kafka: „Roman der Jugend". In: Bohemia, 16. Januar 1910, S. 33. Wiederabdruck in: D, S. 413–415). Als „Literatur- und sprachtheoretische Beträge" betrachtet Heinz den Text „Über ästhetische Apperception" und die Tagebuchnotizen „Über kleine Litteraturen" sowie den Einleitungsvortrag über Jargon. Jutta Heinz: Literaturkritische und literaturtheoretische Schriften. In: Manfred Engel/Bernd Auerochs (Hg.): Kafka-Handbuch. Leben – Werk – Wirkung. Stuttgart 2010, S. 134–142. Nach seinem literarischen Durchbruch vermied Kafka das Genre der Rezension ganz.

Erklärung dessen, warum der Versuch Bleis und seines Mitherausgebers Carl Sternheim eine große, lebendige Repräsentation denen zu geben, die an den Grenzen der Literatur zu situieren sind, schnell scheitern musste. Damit wirft der Text weitreichende Fragen zur literarischen Repräsentation für eine lesende Öffentlichkeit auf. Der Einleitungsvortrag über Jiddisch erwähnt auch den Inhalt des Abendprograms nur beiläufig und fokussiert v. a. auf die angenommene Möglichkeit der Sprache, ein unvermitteltes Verstehen im Publikum hervorzurufen. Beide öffentlichen Fürsprachen reflektieren Kafkas privates Nachdenken über die Dynamik von großen und kleinen Literaturen, die ebenfalls Lebendigkeit als eine Schlüsselkomponente von kleinen Literaturen unterstreichen.

Zweites ist es die Fürsprache selbst, die sich hier textextrinsisch anhand von Fragen nach Autorschaft und der Relation zwischen literarischem Künstler und Editor zeigt. Fürsprache im Sinne von Werbung und Förderung erweist sich als ein umstrittenes Unterfangen, besonders wenn es sich um periphere Literatur handelt. Während Kafka die Notwendigkeit für literarische Promotion anerkennt – und selbst mit seinem gedruckten Nekrolog und der mündlichen Einleitung darauf antwortet – spricht er sich gleichzeitig für das Gegenteil aus: das Ideal eines unvermittelten *Für-sich-selbst-Sprechens*.

3.2.1 Trauer um eine Zeitschrift

Der 71-zeilige Artikel über den *Hyperion* wurde als erster und längster Beitrag der Literatursektion in der Sonntags-Beilage der Prager Wochenzeitschrift *Bohemia* am 19. März 1911 gedruckt. In Anspielung auf das Genre des Nachrufs, welches an das Leben eines kürzlich Verstorbenen erinnert, deutlich dessen Stärken verehrt, freundlich dessen Schwächen andeutet und grundsätzlich für dessen Vermächtnis spricht, heißt es am Anfang:

> Die Zeitschrift „Hyperion" hat ihre Arbeit halb gezwungen, halb freiwillig beendet und ihre zwölf wie Steinplatten großen, weißen Hefte sollen jetzt abgeschlossen sein. Unmittelbar erinnern an sie nur noch die Hyperionalmanache 1910 und 1911, um die sich das Publikum wie um die unterhaltenden Reliquien eines unbequemen Toten reißt. (D, S. 416)

Kafka beginnt die fast rituelle Verabschiedung der Zeitschrift mit deren Materialität. Die insgesamt zwölf Ausgaben ähneln in Farbe (weiß) und Größe (wie Steinplatten) unweigerlich Monumenten, Grabsteinen oder Tafeln. Dieser erste Vergleich bringt damit mindestens zwei Dinge gleichzeitig ins Spiel: das physische Gewicht und die gewichtigen Beiträge der Zweimonatsschrift. Zudem mag die erwähnte Anzahl der Hefte auf die Zwölftafelgesetze (*leges duodecim tabularum*) verweisen. Die zwölf hölzernen Tafeln fixierten die lange mündliche Überlieferungstradition schriftlich und wurden auf der Rednerbühne des Forum Romanum aufgestellt.

Die äußerlich hochwertige Qualität mit den luxuriösen Einbänden, die separat an die Abonnenten geschickt wurden, und dem sorgfältig ausgewählten Papier rückte den *Hyperion* in die Nähe von Büchern und ähnlichen belletristisch-ästhetischen Zeitschriften, die begehrte Sammelobjekte für Bibliophile waren.[28] Der literarische Inhalt des *Hyperion* hingegen, der aus Kurzprosa, Poesie, Dramen, Essays, Briefen und Memoiren besteht, zeigt subversive und selbstzerstörerische Tendenzen in Hinblick auf den Publikationsmarkt. Kafka eruiert, dass die wie robuste Steinplatten oder Grabsteine anmutenden, dekadenten Ausgaben ihr Ableben bereits in sich eingeschrieben haben – wörtlich und metaphorisch. Seit der Einstellung der Zeitschrift blieben nur noch die beiden Almanache auf das Jahr 1910 und 1911 in sichtbarer Zirkulation und als Fora für eingesandte, aber noch nicht veröffentlichte Beiträge. Die Materialität dieser Almanache ist nach Kafka nicht nur unmittelbare äußere Erinnerung an den entschlafenen *Hyperion*, sondern wird auch in die Sphäre des Heiligtums über einen weiteren Vergleich erhoben: Das Publikum reißt sich um sie „wie um die unterhaltenden Reliquien eines unbequemen Toten". (D, S. 416) Die den Toten näher bestimmenden Adjektive legen die Spannung zwischen Oberfläche und Untergrund des *Hyperion* frei: Zwischen dem Status als *unterhaltendem* Andenken auf der einen Seite und als *unbequemem* Forum für inopportune Literatur auf der anderen Seite steht die Zeitschrift in einer sonderbaren Mitte, die wichtige poetologische Überlegungen herausfordert – so wichtig, dass Kafka sie in einer seiner seltenen Veröffentlichungen zur Sprache bringt.

Bevor er zu diesen grundlegenden poetologischen Fragen kommt, erwähnt er mit dem Herausgeber Blei und dem Verleger Hans von Weber die Gründer oder, um bei der Personifizierung zu bleiben, die Frage der Elternschaft.[29] Deren Intention sei es gewesen, so Kafka, mit dem *Hyperion* „in jene Lücke des literarischen Zeitschriftenwesens zu treten, die zuerst der ‚Pan' erkannt, nach ihm die ‚Insel' auszufüllen versucht hatte, und die seitdem scheinbar offenstand". (D, S. 416–417) Doch diese Gründervision konnte sich nicht entfalten, denn es war nicht leicht, den Markt der Kunst- und

---

28 Die Informationen im zweiten Band des *Hyperion* lassen die Exklusivität erkennen, denn es heißt: „Hyperion erscheint in sechs zweimonatlichen Heften Gross-Quart [...] mit jeweils 10–14 Bildbeigaben in Originaldruckverfahren oder Lichtdruck, farbigem Kreidedruck u. Strichätzung. 900 Exemplare werden auf Velin gedruckt. Das Jahresabonnement für diese Ausgabe beträgt M 48,-. Fünfzig Exemplare werden auf Kaiserlich Japan gedruckt. Das Jahresabonnement für diese Ausgabe beträgt M 100,-. Zu dieser Ausgabe werden drei Einbanddecken in Ganzleder gegeben." In: Hyperion. Eine Zweimonatsschrift 1/2 (1908). Einen Überblick über Kafkas Beziehung zum *Hyperion* und den Herausgebern liefert Ludwig Dietz: Franz Kafka und die Zweimonatsschrift *Hyperion*. Ein Beitrag zur Biographie, Bibliographie und Datierung seiner frühen Prosa. In: DVjs 37 (1963), S. 463–473. Für weitere Informationen zum *Hyperion* siehe Hildegard Nabbe: Zwischen Fin de Siècle und Expressionismus: Die Zeitschrift *Hyperion* (1908-10) als Dokument elitärer Tendenzen. In: Seminar. A Journal of Germanic Studies 22.2 (1986), S. 126–143.
29 Den Mitherausgeber des *Hyperion* Carl Sternheim, der auch mit eigenen literarischen Schriften in der Zeitschrift debütierte, erwähnt Kafka nicht.

Literaturzeitschriften zu bedienen, der zwischen dem *Pan* (1895–1900), einer vom Jugendstil, Symbolismus und Naturalismus geprägten Avantgarde-Zeitschrift und der *Insel* (1899–1901/1902), einem breiten Forum für eine Reihe von künstlerischen Bewegungen, frei geworden war. Der nachfolgende Satz des Nachrufs nabelt den *Hyperion* von seinen Schöpfern ab und gewährt ihm seine eigene Stimme und das Potential, sich selbst zu irren: „Hier fängt schon der Irrtum des ‚Hyperion' an." (D, S. 417) Dieses Fehlurteil wird schnell in eine Tugend verwandelt: „Freilich hat kaum je eine literarische Zeitschrift edler geirrt." (D, S. 417)

Worin liegt aber für Kafka der Fehler des *Hyperion*, der sich zugleich moralisch anständig und ästhetisch hochwertig – „edel" – zeigt? Kafka erwähnt die fehlende kulturelle „Notwendigkeit" (D, S. 417), die der *Pan* und *Die Insel* in unterschiedlichen Graden hatten.[30] Zudem ist die literarische Sammlung insofern edel, als sie den Versuch wagt, diejenigen anzupreisen, die an der Peripherie der Literatur und nicht im Kern der populären künstlerischen und intellektuellen Strömungen angesiedelt sind. Mit diesem ambitionierten Vorhaben begibt sich der *Hyperion* aber auf schwer zugängliches Territorium, wie diese Schlüsselstelle ausführt:

> Er sollte denen, die an den Grenzen der Literatur wohnen, eine große lebendige Repräsentation geben; aber sie gebührte jenen nicht, und sie wollten sie im Grunde auch nicht haben. Diejenigen, die ihre Natur von der Gemeinschaft fernhält, können nicht ohne Verlust regelmäßig in einer Zeitschrift auftreten, wo sie sich zwischen den andern Arbeiten in eine Art bühnenmäßigen Lichts gestellt fühlen müssen und fremder aussehn, als sie sind; sie brauchen auch keine Verteidigung, denn das Unverständnis kann sie nicht treffen, und die Liebe findet sie überall. Sie brauchen auch keine Kräftigung, denn, wenn sie wahrhaft bleiben wollen, können sie nur von sich selbst zehren, so daß man ihnen nicht helfen kann, ohne ihnen vorher zu schaden.
> (D, S. 417)

In vier zusammenhängenden Punkten beschreibt Kafka die unumgänglichen Probleme der Zeitschrift. Seine scharfsinnigen Beobachtungen, die in der Forschung kaum als solche wahrgenommen werden, können als Vorläufer für die Überlegungen zu den „kleine[n] Litteraturen" (T, S. 326) und für den „Einleitungsvortrag über Jargon" verstanden werden. Sie entwickeln subtil eine Poetik, die sich selbst an den Grenzen und im Spannungsfeld zwischen wohlwollender Fürsprache und Präsentation, Vermittelbarkeit und Unmittelbarkeit ansiedelt. Dabei macht Kafka strukturell keinen Unterschied zwischen der Avantgarde und dem jiddischen Volksmund, so die hier zu verfolgende These, sondern interessiert sich für die in beiden Kunst- bzw. Ausdrucksformen gleichsam inhärenten Repräsentationsmechanismen.

Erstens wollte die Zeitschrift denen, „die an den Grenzen der Literatur wohnen", eine *lebendige* Repräsentation garantieren, was ihnen nach Kafka aber nicht zustand

---

30 Kafka schreibt: „Der ‚Pan' brachte zu seiner Zeit über Deutschland die Wohltat eines Schreckens, indem er die wesentlichen zeitgemäßen, aber noch unerkannten Kräfte einigte und durch einander stärkte. Die ‚Insel' erschmeichelte sich dort, wo ihr jene äußerste Notwendigkeit fehlte, eine andere, wenn auch niedrigere. Der ‚Hyperion' hatte keine." (D, S. 417).

und auch nicht verlangt wurde. An dieser Stelle kommt die Lebensmetapher wieder in den Text, aber sie wird vom repräsentierenden *Medium* der Zeitschrift auf die *Art* der Repräsentation verschoben, als zugleich vital und animierend. Der zweite Punkt ist eine Extension des ersten: Die Zeitschrift verzerrt die Erscheinung der Autoren und ihrer Literaturen, sobald sie diese in das Rampenlicht einer Art gedruckten Bühne rückt. Wenn sie dort regelmäßig „auftreten" und zwischen anderen Künstlern und Kunstwerken angeordnet werden, sehen sie fremder aus als sie sind. Drittens stellt Kafka die Notwendigkeit einer Verteidigung überhaupt in Frage, denn das (immer schon vermittelte) „Unverständnis kann sie nicht treffen" und die (unmittelbare) „Liebe findet sie überall". Das ist an den vierten Punkt geknüpft: Das inhärente, selbststärkende Potential dieser peripheren Literatur macht jegliche Art der externen Hilfe überflüssig und gar schädlich.

Was Kafka in diesen vier Punkten verhandelt, ist also der großzügige Versuch des *Hyperion*, als eine Art Impresario für „die an den Grenzen der Literatur" angesiedelten Texte zu agieren. Als solcher versucht er, was anderen Zeitschriften erlaubt war, hier aber unweigerlich scheitern musste: diese Literaturen kollektiv vor dem lesenden Publikum „zu repräsentieren, zu zeigen, zu verteidigen, zu kräftigen". (D, S. 417) Der damit angedeutete tiefe Graben zwischen öffentlichem Vertrieb und Kunst hat Kafka in vielfacher Hinsicht und sein ganzes Leben lang beschäftigt. Immer wieder thematisiert und performiert er diesen Riss in seinen persönlichen Notizen und in seinen literarischen Texten, wo die Figur des Impresarios speziell im Spätwerk eine prominente Rolle einnimmt.[31] Dabei versuchen der *Hyperion* sowie seine Gründungsväter, sorgende Impresarios und keine ausnutzenden Sponsoren zu sein. Kafka preist bereits am Anfang des Artikels den Verlag und Blei als Schriftsteller („den die Mannigfaltigkeit seiner Talente in die dichteste Literatur hineintreibt, wo er sich aber nicht befreien und halten kann"), aber stellt dessen Konzentration und Motivation in Frage, da er „mit verwandelter Energie zu Zeitschriftengründungen entläuft". (D, S. 416) Die frühe Einstellung (oder der frühe Tod) des *Hyperion* war also nicht das Resultat der Anstrengungen seiner Gründer, sondern der Zusammenstellung der Beiträge, die „Lügenhaftes" (D, S. 418) anzog und keine Harmonie oder Synchronie erzeugte.[32]

Dennoch wendet sich Kafka dem ästhetischen Vergnügen für Bibliophile zu. Alle ausgeführten Bedenken „konnten in den zwei Jahren den Genuß des ‚Hyperion' nicht stören, denn schon der Reiz des Versuches machte alles vergessen". (D, S. 418) Dieses Lob kündigt den poetischen Schluss des Nachrufes an, der die

---

31 Die literarischen Auftritte von Impresarios reichen vom väterlichen Fürsorger („Erstes Leid") bis zur notwenigen Liaison zwischen kommerzieller Verteilung und sensiblem Künstler („Ein Hungerkünstler"). Eine Impresariofigur taucht ebenfalls in „Ein Bericht für eine Akademie" auf. (Siehe Kapitel 5.2.1).
32 Ein weiterer Grund für die Einstellung des *Hyperion* waren Streitigkeiten zwischen Blei und von Weber im Zusammenhang mit der Zeitschrift *Zwiebelfisch*, an der sie gemeinsam arbeiteten. Siehe dazu Paul Raabe: Franz Kafka und Franz Blei. Samt einer wiederentdeckten Buchbesprechung Kafkas. In: Kafka-Symposium. Berlin 1965, S. 7–20.

Materialität der Zeitschrift zurückbringt und diese an ihr Vermächtnis knüpft. Wieder ist eine Körpermetapher gewählt: „[D]em ‚Hyperion' selbst allerdings gingen diese Bedenken wohl an den Leib." (D, S. 418) Sein Nachleben hängt an zwei Dingen. Das erste Erbe ist das einmalige Projekt selbst, das Kafka mit einem Bündel sehr starker Vokabeln zelebriert: „Willen", „Kraft", „Opfermut", aber auch „begeisterte Verblendung". (D, S. 418) Das zweite Erbe ist das volle Potential der Sammlung, das sich zu Lebzeiten nicht entfalten konnte, sondern erst aus einem nachträglichen Blick seine volle Wirkung erreicht. Die letzten Zeilen der Traueranzeige machen das unmissverständlich deutlich: „[Er] wird in zehn oder zwanzig Jahren einfach ein bibliographischer Schatz sein." (D, S. 418) Diese Einschätzung spiegelt die Bewertung des Herausgebers Blei wider, der im „Abschied an den Leser" in der letzten *Hyperion*-Ausgabe schreibt:

> Es steht uns nicht an, die Summe des Geleisteten zu ziehen, und wir sind so hochmütigen Glaubens, daß wie die Dinge heute liegen auch dem durchschnittlichen Zeitgenossen ein Urteil über unsere Arbeit nicht zusteht, denn nicht für ihn, sondern ganz gegen ihn wurden dies Blätter herausgegeben, die einer künftigen Zeit ein Dokument sein mögen – besten Willens zum mindesten –, daß sie beachten wird müssen, um nicht zu ungnädig von dieser unserer Zeit zu urteilen.[33]

3.2.2 Zum Schreiben für, im Namen von und in einer Zeitschrift

Ein Blick auf die Inhaltsverzeichnisse der zwölf *Hyperion*-Ausgaben bringt heute tatsächlich einen bibliographischen Schatz zutage, wie Kafka voraussagt. Blei und der Mitherausgeber Carl Sternheim förderten französische und junge deutschsprachige Autoren wie Robert Musil und Karel (Carl) Einstein, deren Beiträge sie neben denen von bereits namhaften Autoren druckten. Das Textgemisch in der ersten Ausgabe beginnt mit vier Gedichten von Rainer Maria Rilke – wobei sein „Totentanz" ironischerweise der erste Text ist –, gefolgt von Ausschnitten aus Hugo von Hofmannsthals Dramenwerk, Heinrich Manns „Gretchen, eine Novelle", einem Stück von Carl Süddekopf, das sich auf Johann Wolfgang von Goethe bezieht und ihn zitiert („Die Parodie auf den Woldemar"), Beiträgen von Franz Blei, Peter Heyden, Emile Verhaeren, Julius Meier-Gräfe und Hans von Günther. Zwischen diesen Autoren debütiert der unbekannte Franz Kafka als literarischer Schriftsteller mit acht nummerierten Prosa-Miniaturen unter dem Titel „Betrachtung", wobei einige Leser vermuteten, dass hier unter Pseudonym veröffentlicht wurde.[34] Brod, Kafkas persönlicher Impresario zu Lebzeiten und

---

[33] Franz Blei: Abschied an den Leser. In: Hyperion. Eine Zweimonatsschrift 11/12 (1910), S. 188–189, hier S. 188.
[34] Alfred Walter Heymel, einer der Herausgeber von *Die Insel* erkundigte sich bei Blei nach dem Autor der „Betrachtung", woraufhin Blei antwortete: „Kafka ist nicht Walser, sondern wirklich ein junger Mann in Prag, der so heißt." Zitiert nach Raabe: Franz Kafka und Franz Blei, S. 8. Kafkas acht titellose

nach dem Tod, hatte ihn dazu veranlasst, seine Arbeiten einzureichen. Für die sechste Ausgabe des *Hyperion*, die ein Jahr später erschien, rang Kafka sich selbst durch, zwei Prosastücke zu veröffentlichen, die er aus dem Manuskript A der „Beschreibung eines Kampfes" entnommen und teilweise überarbeitet hatte: das „Gespräch mit dem Beter" und das „Gespräch mit dem Betrunkenen". Später distanzierte er sich von diesen ersten Veröffentlichungen und erwähnte beiläufig in einem Brief an Brod aus dem Durchbruchsjahr 1912, dass ihn die beiden „Gespräche" im *Hyperion* „anwidern". (B 1900–1912, S. 165)

Vor diesem Hintergrund stellt sich die generelle Frage, was hinter Kafkas gedruckter Fürsprache für die Zeitschrift steht. Zu deren Beantwortung sollte man einen Schritt zurückgehen und die von Kafka implizierte Beziehung zwischen Autor und Herausgeber betrachten. Es ergeben sich drei Unterfragen, die verschiedene Dimensionen von Publikation, Herausgeberschaft und Fürsprache berühren. Zunächst: Inwiefern ist die *Bohemia*, als weiteres Druckmedium, in diesen Prozess involviert? Was steht auf dem Spiel, wenn sich Kafka öffentlich als (schreibender) Fürsprecher oder Nachrufender für den *Hyperion* positioniert? Und schließlich: Wie beurteilt er die Zeitschrift als Forum für Literatur generell und seine Literatur im Besonderen?

Erstens bringt der Titel „Eine entschlafene Zeitschrift" als Paratext die Verbindung zwischen Kafkas Schreibprozess und der *Bohemia* als Medium des gedruckten Resultats deutlich hervor. Die Sprache des Titels deckt sich mit der des Artikels, der mit Personifizierungen und Bildern von Verkörperung und Verfall spielt. Der abgeschlossene Prozess eines sanften Entschlafens dient als Einleitung für Kafkas öffentlichen Nekrolog. Dennoch ist heute nicht mehr nachzuweisen, ob die Herausgeber den Titel ausgewählt haben oder ob Kafka ihn selbst hinzugefügt hat. Die Überschrift im Druck deckt sich nicht mit der Überschrift im Manuskript, denn letztere lautet „Franz Kafka: Hyperion". (D', S. 525) Das ist keine triviale Beobachtung in Bezug auf Kafkas Rolle als Verfasser des Artikels und als Fürsprecher für den *Hyperion*, sondern ein wichtiger Hinweis auf die zugrunde liegenden Fragen der auktorialen Verteilung und restriktiven Vertretung, mit denen Kafka bei jeder seiner Veröffentlichungen rang – sowohl im Büro als Konzipist als auch als Fürsprecher für literarische Fora und als literarischer Schriftsteller. Während unklar ist, wer den Titel bestimmt hat, besteht kein Zweifel an der Autorschaft Kafkas. Sein Name erscheint unter dem Beitrag und mit ihm seine Persönlichkeit und seine Bekanntheit in kleinem Kreis. Zudem hat er den Artikel mit dem Ziel der Publikation verfasst, wahrscheinlich auf Vermittlung von Paul Wiegler, dem Redakteur der *Bohemia*.

Zweitens und in Bezug auf Kafkas öffentliche Position zeigt die mögliche Intervention bei der Titelwahl bereits die immer schon verzerrte Reichweite einer gedruckten

---

Prosastücke wurden später unter diesen Titeln bekannt: „Der Kaufmann", „Zerstreutes Hinschauen", „Der Nachhauseweg", „Die Vorüberlaufenden", „Kleider", „Der Fahrgast", „Die Abweisung" und „Die Bäume".

Fürsprache an und verweist auf die Krux der Wechselbeziehungen zwischen Fürsprache und Repräsentation. Im Kleinen spiegelt die Frage um die Titelwahl also die dem Artikel selbst zugrunde liegenden Bedenken wider. Denn trotz der edlen Absichten der Herausgeber ist jede Veröffentlichung ein Eingriff in die Beziehung zwischen Autor und Text. So wie in den amtlichen Schriften – am deutlichsten im „Baugewerbe"-Artikel von 1907 – ist ein Apparat an Repräsentationsschritten am Werk, der den ursprünglichen Ausdruck verändert und die Position des Fürsprechers verkompliziert. Der Autor ist zwar Urheber, aber gleichzeitig nur das erste Glied einer Kette von Repräsentanten, was unweigerlich an die anhaltende Verzögerung des Prozesses im *Proceß*-Romanfragment oder an die Reihe von Türen und Türhütern in der eingebetteten Parabel erinnert. So ergibt sich schematisch für den *Hyperion*-Nachruf die Aufeinanderfolge von Kafkas Manuskript mit dem Titel „Franz Kafka: Hyperion" bis zur Druckausgabe von „Eine entschlafene Zeitschrift" nach einigen nicht mehr nachprüfbaren editorischen Eingriffen auf Seite 33 der *Bohemia*-Ausgabe vom 19. März 1911 und damit in einem spezifischen kulturellen Setting. Der argumentative Gang des Nachrufs folgt einem ähnlichen Weg: von der Einführung des *Hyperion* als geistiges Produkt der Herausgeber über die Verkörperung der Zeitschrift als eigenständiges, lebendes Wesen bis zu dessen Relikten und Hinterlassenschaften. Diese anhaltenden Aufschiebungen, bei denen jeder Schritt eine Form der Repräsentation ist – und die sich in Kafkas Prosa weiter entfalten –, kehren hier allerdings zum Ausgangspunkt zurück, denn Kafka selbst ist sowohl der Verfasser des Nekrologs als auch einer der „an den Grenzen der Literatur" wohnenden Autoren, die im *Hyperion* veröffentlicht wurden. Demzufolge setzt er sich nicht nur für den *Hyperion* mit seinem Namen ein, sondern erwägt auch seine persönlichen Gedanken zur Publikation im exklusiven Druck – als eine Poetik der Restriktionen und Grenzen.

Drittens erscheinen Kafka somit *seine* ersten veröffentlichten, literarischen Schriften – die „Betrachtung" und die „Gespräche" – als metaphorisch in Stein gemeißelt und physisch in die „wie Steinplatten großen" Hefte in typographisch herausragendem Druck gesetzt. Das steht im Kontrast zu dem dynamischen Schreibstrom in den Manuskripten. Gerhard Neumann beschreibt Kafkas Schreibakt eloquent als den verzweifelten Versuch, das Selbst zu finden zwischen der namenlosen Selbstproduktion im Schreibstrom und der kulturellen Selbstzeugung mit dem Autornamen als Stempel oder dem Werkidol.[35] Aus der Differenz zwischen dem Schreiben für sich selbst und dem Scheiben für andere ergibt sich eine Spannung: Während das Schreiben für sich selbst den Schreibprozess unterstreicht, die Handschrift, die Materialität, das Durchstreichen und Hinzufügen, ist das Schreiben für die Veröffentlichung unweigerlich

---

[35] Siehe Gerhard Neumann: Der verschleppte Prozeß. Literarisches Schaffen zwischen Schreibstrom und Werkidol. In: Poetica. Zeitschrift für Sprach- und Literaturwissenschaft 14.1–2 (1982), S. 92–112, hier S. 98–99. Siehe auch Wolf Kittler/Gerhard Neumann: Kafkas *Drucke zu Lebzeiten*. Editorische Technik und hermeneutische Entscheidung. In: dies. (Hg.): Franz Kafka. Schriftverkehr. Freiburg 1990, S. 30–74.

ein Selektionsprozess aus dem Schreibstrom, ein Verfeinern hin zum Werk, das unendlich reproduzierbar sowie mit Titel und Autornamen versehen ist.[36] In diesem Sinne dringen der Herausgeber und das Publikationsorgan in die intime Beziehung zwischen dem Autor und seiner Kreation. Vor allem der Herausgeber nachgelassener literarischer Schriften wird so zum Vormund für die Worte des Autors, wobei die Volksetymologie des Vormunds dabei ein sehr treffendes Bild ist.[37] Doch auch der Herausgeber einer Zeitschrift tritt hinter den Kulissen als eingreifender Impresario auf.

Im Februar 1909, genau zwischen Kafkas Publikationen der „Betrachtung" und der „Gespräche" im *Hyperion*, erschien seine Rezension über Franz Bleis *Die Puderquaste. Ein Damenbrevier. Aus den Papieren des Prinzen Hippolyt* in der kurzlebigen Zeitschrift *Der neue Weg*.[38] Kafka sandte schnell ein Druckexemplar zusammen mit einem Brief an Blei, den er mit einer Entschuldigung beginnt: „[N]ehmen Sie es mir nicht übel, daß ich die ‚Puderquaste' in der Berliner Zeitschrift ‚Der Neue Weg' so angezeigt habe, wie es auf dem beiliegenden Papier steht." (B 1900–1913 97) Aber er wendet sich schnell den editorischen Eingriffen zu, die seinen eingereichten Beitrag – wenn auch nur in kleinen Punkten – veränderten:

> Dumm ist es, daß die eigentliche Anzeige am Schluß steht, während ich sie am Anfang haben wollte; „unabhängig" in der 15ten Zeile von oben wollte „unablässig" sein; warum man einen „Beichtspiegel" gesperrt gedruckt hat, weiß ich nicht; alles andere freilich ist meine Schuld. (B 1900–1912, S. 97)

Kafkas Brief ist nicht nur in Bezug auf den bereits besprochenen Riss zwischen Manuskript und Druck aufschlussreich, sondern er bringt auch die amtlichen Schriften dezidiert ins Spiel. Zusammen mit dem Ausschnitt aus *Der neue Weg* und seinen Kommentaren dazu legt Kafka seinen ersten Artikel für die AUVA in den Umschlag: den „Baugewerbe"-Artikel aus dem veröffentlichten Jahresbericht 1907. Er schreibt an Blei weiter:

> Da Ihnen, wie ich glaube, am Tschechischen so viel gelegen ist, schicke ich Ihnen unter Kreuzband einen eben erschienenen Jahresbericht meiner „Anstalt", der bis zur 22sten Seite von mir geschrieben ist. Nehmen Sie ihn freundlich an. (B 1900–1912, S. 97)

---

[36] Siehe Roland Reuß: ~~Lesen, was gestrichen wurde~~. Für eine historisch-kritische Kafka-Ausgabe. In: Einleitung zur FKA. Basel/Frankfurt a. M. 1995, S. 9–24.
[37] Zur Entstehung und Entwicklung der neugermanistischen Editionen, speziell zu Karl Lachmann, siehe Harald Weigel: „Nur was du nie gesehn wird ewig dauern". Carl Lachmann und die Entstehung der wissenschaftlichen Edition. Freiburg 1989. Weigel fragt darin: „Was aber autorisiert den Editor, sich als Vormund zu etablieren, die Rede des Autors einem Autorisierungsverfahren zu unterwerfen, das ihr allererst eine akzeptable Gestalt verleiht?" (S. 12).
[38] Franz Kafka: „Ein Damenbrevier". In: Der neue Weg, 6. Februar 1909, S. 62. Wiederabdruck in: D, S. 381–383.

Was bedeutet diese seltsame, wahrscheinlich ironische Geste gegenüber dem Herausgeber seiner ersten literarischen Stücke? Und warum wählt Kafka die tschechische Version des Jahresberichts, den er (zumindest „bis zur 22sten Seite") für die AUVA verfasst hat? Es wird in der Forschung darauf hingewiesen, dass Kafka auf diese Weise seine Karriere als Schriftsteller etablieren wollte. Es sei ein Zeichen dafür gewesen, dass er seine Kenntnisse über die sozialen Probleme genauso darstellen konnte wie die aristokratische Lebenskunst der rezensierten Literatur.[39] Darüber hinaus weist er sich als veröffentlichter Autor in zwei Sprachen aus.[40] Indem er unmissverständlich die Autorschaft des anonym veröffentlichen Schriftsatzes anerkennt – vor Blei, dem bedeutenden Herausgeber –, verschmilzt Kafka die beiden Schreibbereiche und verdeutlicht damit die enge Beziehung zwischen seinen frühen Schriften aus verschiedenen Diskursbereichen: die publizierten amtlichen Schriften, die journalistischen Arbeiten und die literarischen Texte. Gerade anhand seiner Rezensionen und des Gestus um die Rezensionen zeigt sich, wie kompliziert Fragen um Anonymität und Autorschaft für ihn sind und wie instabil er seine Rolle als Autor wahrnimmt.

3.2.3 Vom Großen und Kleinen, vom Leben und Tod

Die polarisierenden Tendenzen zwischen dem, was Kafka später als „große[] Litteraturen" (T, S. 322) und „kleine[] Litteraturen" (T, S. 326) bezeichnen wird – Momente von Stillstand und Dynamik sowie Vergleiche von Tod und Leben – sind im Artikel zum *Hyperion* latent vorhanden. Daher ist erstaunlich, dass dieser Text wenig in der Kafka-Forschung generell und im Zusammenhang mit Kafkas poetologischen Überlegungen speziell betrachtet wurde. Die folgende Analyse nimmt die letzten Teile der skizzierten Repräsentationskette nochmals auf, um die Schwierigkeiten des Unternehmens weiter zu unterstreichen, die „an den Grenzen der Literatur" (D 417) lebenden Autoren zu (re-)präsentieren. Teile aus dem *Hyperion*-Nekrolog werden daher mit der bekannten Serie von Tagebucheinträgen aus dem Jahresende 1911 gelesen, die im „Schema zur Charakteristik kleiner Litteraturen" (T, S. 326) kulminieren, das, grob verwandelt, einen Triumphzug speziell durch die postkoloniale Literaturkritik antritt, den Gilles Deleuzes und Félix Guattaris bekannte Interpretation antreibt.[41] Die diesbezüglichen Überlegungen leiten über auf Kafkas Rede für die jiddische Sprache, welche er einige Wochen nach dem Entwurf des Schemas hält.

Kafkas öffentliche Prognose über den im *Hyperion* aufbewahrten bibliographischen Schatz verweist auf zweierlei. Wie gezeigt, ist die Zeitschrift ein Forum

---

[39] Siehe Raabe: Franz Kafka und Franz Blei, S. 13–14.
[40] Siehe Wagner: „Beglaubigungssorgen", S. 165.
[41] Siehe Gilles Deleuze/Félix Guattari: Kafka. Für eine kleine Literatur, übers. v. Burkhart Kroeber. Frankfurt a. M. 1976.

für periphere Literatur oder zumindest ist der Versuch löblich, diese Literatur für die Nachwelt aufzubewahren. Der Prozess der Verwahrung birgt allerdings auch das Risiko, die literarischen Beiträge in eine fixierte, bibliographische Liste zu verwandeln. Die wenigen ausgewählten literarischen Stücke werden zwischen den luxuriösen Deckeln der Avantgarde-Zeitschrift *Hyperion* zu Repräsentanten ihrer Zeit, gewollt oder ungewollt. Wenn Kafka in seinem Tagebuch die Dynamiken zwischen großer und kleiner Literatur zu ergründen sucht, schreibt er: „Die Litteraturgeschichte bietet einen unveränderlichen vertrauenswürdigen Block dar, dem der Tagesgeschmack nur wenig schaden kann." (T, S. 315) Aus diesem Blickwinkel betrachtet, wird die Zeitschrift zu einem festen, statischen Stück „Litteraturgeschichte", die sich deutlich vom fließenden, dynamischen „Tagesgeschmack" unterscheidet.

Auf den folgenden Tagebuchseiten inszeniert Kafka eine Art Kampf, einen Agon, indem er Goethe auf die Seite der „große[n] Litteraturen" (T, S. 322) und Löwy auf die Seite der „kleine[n] Litteraturen" (T, S. 326) stellt.[42] Beide Künstler repräsentieren das jeweilige Ende eines Spektrums, das keinen Zwischenbereich erkennen lässt. „Goethe", so schreibt Kafka „hält durch die Macht seiner Werke die Entwicklung der deutschen Sprache wahrscheinlich zurück". (T, S. 318) Löwy, so verkündet er später, spreche im lebendigen, sich stets erneuernden „Jargon". Dennoch faszinierte der kanonisierte Autor Goethe aus Weimar Kafka genauso wie der reisende Darsteller aus der Lemberger Theatergruppe. Im entscheidenden Winter 1911/1912 las Kafka intensiv Goethe und plante auch einen Aufsatz zu „Goethes entsetzliche[m] Wesen" (T, S. 367), während er gleichzeitig und regelmäßig das jiddische Theater aufsuchte. Sowohl in den Schriften Goethes als auch auf der Bühne des Theaters versuchte Kafka, Momente der „Lebendigkeit" (T, S. 323) oder „Lebhaftigkeit" (T, S. 314) zu extrahieren, die er als entscheidende Träger für Repräsentation erkannte und die in Löwys Auftritten stets vorhanden sind, während sie in Goethes Schriften tiefer verborgen bleiben. Die „kleine[n] Litteraturen" (T, S. 326) bestimmt Kafka selbst mit lebhaftem Vokabular im Tagebuch:

> Litterarisch überlegte Schimpfworte rollen hin und wieder, im Umkreis der stärkeren Temperamente fliegen sie. Was innerhalb großer Litteraturen unten sich abspielt und einen nicht unentbehrlichen Keller des Gebäudes bildet, geschieht hier im vollen Licht, was dort einen augenblicksweisen Zusammenlauf entstehen läßt, führt hier nichts weniger als die Entscheidung über Leben und Tod aller herbei. (T, S. 322)

---

[42] Die Beziehung zwischen Löwy und Goethe, zwischen „Weltliteratur" und kleiner Literatur, hat Neumann am nachhaltigsten untersucht: Gerhard Neumann: Kafka und Goethe. In: Manfred Engel und Dieter Lamping (Hg.): Franz Kafka und die Weltliteratur. Göttingen 2006, S. 48–65. Neumann weist den Tagebuchaufzeichnungen in Kafkas Oeuvre eine gewichtige Rolle zu: „Kafkas Tagebuch steuert von Beginn an auf ein einziges Ziel zu: nämlich die Konstruktion einer Poetologie; die Erkundung der Bedingung der Möglichkeit für das Erzählen einer Lebensgeschichte, einer Bildungs- und Erziehungsgeschichte als Grundform von Literatur. Vorbild für dieses Vorhaben ist zweifellos Goethe und dessen Diktum über sein Lebenswerk [...]." (S. 50)

Wiederholt versucht Kafka, gleichzeitig diejenigen Passagen in Goethes „Dichtung und Wahrheit" zu verfolgen, welche einen „mit dem eigentlich Dargestellten nicht wesentlich zusammenhängenden Eindruck des Lebendigen machen". (T, S. 323) Nach einigen Fehlversuchen, sie zu finden und aufzulisten, erspäht er zwei satzlange Ausschnitte, die eine Szene und Szenerie der Transition beschreiben, des *Ziehens* von einem geordneten, festgeschriebenen Zustand hin zu einem Zustand, der sich jeglicher einfachen Repräsentation *entzieht*: „Goethe. S. 265 ‚Ich zog daher meinen Freund in die Wälder'" und „Goethe: 307 ‚Ich hörte nun in diesen Stunden gar kein ander Gespräch als von Medizin oder Naturhistorie und meine Einbildungskraft wurde in ein ganz ander Feld hinübergezogen'." (T, S. 328) Das aktive Ziehen (als Agens) oder das Gezogenwerden (als Patiens) in diesen aus dem Kontext gerissenen Ausschnitten initiiert Unmittelbarkeit und konnotiert Vitalität und Lebendigkeit.

So überrascht es nicht, dass „Lebhaftigkeit" die erstgenannte von drei Säulen im „Schema zur Charakteristik kleiner Litteraturen" ist, vor „Entlastung" und „Popularität". (T, S. 326) „Lebhaftigkeit" unterteilt sich dabei in „a Streit", „b. Schulen" und „c Zeitschriften" (T, S. 326) – Elemente, die Lowell Edmunds zu den extrinsischen, praktischen, oder atmosphärischen Bedingungen kleiner Literaturen für Kafka zählt.[43] Diese kahlen Punkte fassen Kafkas idiosynkratische Gedanken auf den vorhergehenden Tagebuchseiten zusammen, die selbst wiederum im atemlosen Schreibstrom verfasst sind, der mit einem sich über zwei Seiten erstreckenden ersten Satz beginnt (T, S. 312–314). Sie beziehen sich auf a) den lebendigen Dialog und Streit über Literatur, b) die Orte, Gesellschaften oder Institutionen für diesen Dialog und c) die schnell zirkulierenden Medien als Fora für Ideenaustausch. In diesem Modell von Dialog und Übertragung wird der gemeinschaftliche Aspekt der kleinen Literaturen hervorgehoben. Es handelt sich um eine Literatur als Marktplatz für den regen Austausch von Ideen im *Hier und Jetzt* und nicht um einen Nachlass für kommende Generationen. Entgegen einem Modell, für das der elitäre *Hyperion* und seine begrenzte Leserschaft stehen, ist hier „die durch das Getriebe der Zeitschriften sich bildende, immer auf das Ganze angewiesene Gliederung des Volkes" (T 313) im Vordergrund. Wenn man sich das noble, aber fehlgeschlagene Bemühen des *Hyperion* vergegenwärtigt, als Forum für periphere Literatur „eine große *lebendige* [meine Hervorhebung, D.D.] Repräsentation" (D, S. 417) zu bieten, dann wird das inhärente Paradox zwischen dem Großen und dem Kleinen, dem Vermittelten und der Unmittelbarkeit, offensichtlich.

Der zweite Teil des Schemas, „Entlastung", enthält die Punkte „Principienlosigkeit", „kleine Themen", „leichte Symbolbildung" und „Abfall der Unfähigen". (T, S. 326) Mit Ausnahme des letzten Punktes sind sie nach Lowell Edmunds intrinsisch für kleine Literaturen und sie stellen nach Patrick Fortmann eine Poetik des

---

[43] Siehe Lowell Edmunds: Kafka on Minor Literature. In: German Studies Review 33.2 (2010), S. 351–74, hier S. 361.

Diminutiven und der Vereinfachung dar.[44] Das fehlende Talent und das fehlende nationale Paradigma oder, anders ausgedrückt, fehlende Goethe'sche literarische Autorität und Geniekult heben den Vorhang für ein Ensemble an zeitgenössischen Schriftstellern und daher mehr „Lebhaftigkeit". (T, S. 314)[45] Die dritte Säule in Kafkas kleinem Modell, „Popularität", versammelt einige Stichpunkte für eine dezentralisierte – vielleicht dröhnende, also überall vernehmbare – politische Literatur: „Zusammenhang mit Politik", „Litteraturgeschichte", und „Glaube an die Litteratur, ihre Gesetzgebung wird ihr überlassen". (T, S. 326)

Unmittelbar nach dem berühmten Schema, auf der Verso-Seite im Tagebuch, verkleinert Kafka seine private Fürsprache für kleine Literaturen als einen Repräsentationsakt, der seinen eigenen Erwartungen nicht gerecht werden kann, wenn er schreibt: „Wie wenig kräftig ist das obere Bild. Zwischen tatsächliches Gefühl und vergleichende Beschreibung ist wie ein Brett eine zusammenhanglose Voraussetzung eingelegt". (T, S. 326/MS. Kafka 4 Fol. 34v)

3.3 Mit eigener Stimme: Vorrede für Jiddisch

Nicht mit einem gedruckten Text und unter fremdem oder eigenem Namen, sondern mit seinem physischen Körper tritt Kafka als passionierter Fürsprecher für Jiddisch auf, indem er dieser Sprache ganz wörtlich seine Stimme leiht. Sein Vortrag über den Jargon – wie er Jiddisch durchgängig bezeichnet – leitet einen Abend mit Soloauftritten des Rezitators Löwy ein, dem Goethe-Widersacher aus dem Tagebuch und Schauspieler der reisenden Theatertruppe, deren Darbietungen großen Einfluss auf Kafkas Schreiben ausübten.[46] Für seinen Freund Löwy setzte sich Kafka auf verschiedene Weise mit seinen Verbindungen und seinen administrativen Talenten ein, so dass der von Brod und unter dem Patronat der *Bar-Kochba* organisierte Abend reibungslos stattfinden konnte.[47] Der unbestrittene Höhepunkt dieser Fürsprachen war Kafkas

---

44 Siehe Patrick Fortmann: Kafka's Literary Communities. In: Modern Language Review 104 (2009), S. 1038–1062, hier S. 1054.
45 Zur dezentralisierten Autorschaft und der kleinen Literatur siehe Bernhard Siegert: Kartographien der Zerstreuung. Jargon und die Schrift der jüdischen Tradierungsbewegung bei Kafka. In: Wolf Kittler/ Gerhard Neumann (Hg.): Franz Kafka: Schriftverkehr. Freiburg 1990, S. 222–247, hier S. 233.
46 Zur Bedeutung des jiddischen Theaters bei Kafka, speziell zur Verbindung zwischen seiner Prosa und den Theaterstücken, die er besucht hat, siehe Evelyn Torton Beck: Kafka and the Yiddish Theater. Its Impact on his Work. Madison 1971 sowie Guido Massino: Franz Kafka, Jizchak Löwy und das Jiddische Theater. „Dieses nicht niederzudrückende Feuer des Löwy", übers. v. Norbert Bickert. Frankfurt a. M./Basel 2007.
47 Unter anderem schreibt Kafka einige Wochen von seinem Auftritt in sein Tagebuch: „[E]ndlich hatte ich mit den jüdischen Schauspielern viel zu tun, schrieb für sie Briefe, habe beim zionistischen Verein durchgesetzt, daß die z. Vereine Böhmens befragt werden, ob sie Gastspiele der Truppe haben wollen, das nötige Rundschreiben habe ich geschrieben und vervielfältigen lassen [...]." (T, S. 360).

kurzer Einleitungsvortrag, in dem er räumlich *vor* dem Publikum aus deutschsprachigen, zumeist jüdischen Gästen sprach, zeitlich *vor* dem Auftritt Löwys und mit dem vermeintlichen Ziel, alle vorgefassten Meinungen, selbst die „Angst *vor* [meine Hervorhebung, D.D.] dem Jargon" (NI, S. 188), zu zerstreuen. Die Rede inszeniert diese drei Bedeutungsdimensionen von *vor*, von denen Jacques Derrida die ersten beiden in seiner einflussreichen Lektüre zu „Vor dem Gesetz" ausführt,[48] und die Herausgeber der Übersetzung ausgewählter *Amtlicher Schriften* Kafkas die dritte hinzufügen.[49] Diese drei Bedeutungen strukturieren auch die Unterpunkte der folgenden Analyse von Fürsprache in der Rede, die sich hier entfaltet. Kafka positioniert sich erstens räumlich-physisch auf der Bühne als Impresario vor der Hauptveranstaltung, zweitens chronologisch in die vorbereitende Einleitung, die nicht zeitlich mit dem zusammenfällt, wofür gesprochen wird, und drittens in eine Dimension von *vor* im Sinne von „konfrontiert sein mit". Das Publikum soll seinen eigenen Vorurteilen begegnen und hingeführt werden zu grundsätzlichen Fragen zum Selbst und zur Repräsentation.

3.3.1 Vor dem Publikum: Die Geste des Vortrags

Da keine akustische Aufzeichnung von Kafkas Rede als stimmlichem Ereignis im Festsaal des Jüdischen Rathauses am 18. Februar 1912 existiert, kann es nur Spekulationen über die auditiven Elemente der Rede geben – von visuellen, also gestischen und mimischen Darstellungselementen ganz abgesehen. Ferner ist auch das Manuskript der Rede nicht überliefert, sodass nur Vermutungen über den materiellen Schreibprozess angestellt werden können. Der Vortrag existiert lediglich als titellose Abschrift von Brods späterer Ehefrau Elsa Taussig und muss daher als Basis für alle kritischen Überlegungen dienen.

Was hingegen in Kafkas Handschrift überlebt hat, sind die Tagebucheinträge um den Prozess des Redenschreibens, der weniger als zwei Wochen vor dem Auftritt begann. Wie in so vielen anderen Tagebucheinträgen und Prosastücken Kafkas häufen sich hier körperliche Beschreibungen. Allerdings stehen nicht die Darstellungen von beobachteten äußeren Gesten, Mimik und Körperhaltungen im Vordergrund, sondern die Reflexion der gefühlten eigenen Körperlichkeit in einem nach innen gerichteten Blick. Kafka selbst soll Handelnder auf der Bühne werden, ein

---

48 Siehe Jacques Derrida: Préjugés. Vor dem Gesetz, übers. v. Detef Otto/Axel Witte. Wien 1992.
49 Siehe Corngold/Greenberg/Wagner: Franz Kafka. The Office Writings. Während der fünfzehn Jahre in der AUVA war Kafka „confronted daily by the demands of an ever-changing, ever-adapting Austro-Hungarian Imperial insurance law". (S. xi) Thomas Schestag verweist auf die verschiedenen Implikation von *vor* im ersten Satz von Kafkas Rede. Thomas Schestag: „[...] und eigentlich noch viel jünger." Kafkas Jargon. In: Cornelia Epping-Jäger/Torsten Hahn/Erhard Schüttpelz (Hg.): Freund, Feind und Verrat. Das politische Feld der Medien. Köln 2004, S. 38–53.

Orator, der vor einem Publikum aus Richtern steht. Sein Gedanke daran, die „Conférance" zu halten, erregt zunächst eine physische Reaktion aus Nervosität („unbeherrschbaren Zuckungen"), Ereiferung („wie kleine Feuerchen sprang das Aufklopfen der Adern den Körper entlang") und Selbstbewusstsein („die Rede [wird] aus mir geradewegs kommen [...] wie aus einem Flintenlauf"). (T, S. 375) Einige Tage später, während der quälenden Schreibphase, empfindet Kafka das Ausmaß seiner Präsentation so: „Ich werde nicht mehr viel Zeit haben mich vorzubereiten und stimme doch hier ein Recitativ an wie in der Oper." (T, S. 375) Mit dem Anspruch, den Grundton des Abends über eine programmatische Rede anzugeben, ergibt sich ein intensiver physischer und stimmlicher Auftritt für den Schriftsteller, der sich sonst bewusst von autoritären Gesten fernhält und aus dem Rampenlicht zurückzieht. Die Rede positioniert ihn in die schematische Rolle eines Impresarios für periphere Literatur, die er am *Hyperion* selbst scheitern sah, da Kafka nun selbst zum Bühnen-Editor wird, zum *Vor*mund im volksetymologischen Sinn, der in Form eines Vorwortes sprachlich interveniert. Im gleichen Tagebucheintrag beschreibt Kafka seine unmittelbaren Vorbereitungen oder seine Einstimmung auf folgende Weise:

> Nur deshalb weil schon seit Tagen eine ununterbrochene Aufregung mich bedrängt und ich vor dem eigentlichen Beginn halbwegs zurückgezogen paar Worte nur für mich hinschreiben will, um dann erst ein wenig in Gang gebracht vor die Öffentlichkeit mich hinzustellen. Kälte und Hitze wechselt in mir mit dem wechselnden Wort innerhalb des Satzes, ich träume melodischen Aufschwung und Fall, ich lese Sätze Goethes, als liefe ich mit dem ganzen Körper die Betonungen ab. (T, S. 375–376)

Die Passage bringt Öffentliches und Privates, Schreibstrom und autoritäre Positionierung zusammen – in einem dem Jiddischen oft zugeschriebenen Modus von Musikalität und Körperlichkeit.[50] Vor seinem öffentlichen Auftritt plant Kafka eine Art persönliches Aufwärmen, ein In-Gang-Bringen, indem er Worte fließend aufschreibt, die seinem Auftritt als stille, sprachliche Übung vorausgehen. Das imaginierte stimmliche Training listet er mit dem Wechsel von Antonymen – Kälte und Hitze – und direktionalen Oppositionen – Aufschwung und Fall – als körperliches Empfinden auf. Er rezitiert Sätze Goethes, als ob er sich auf eine physische Wanderung entlang der Betonungen begäbe. Goethe als stimmliches Rollenmodel und erster Repräsentant der „große[n] Litteraturen" (T, S. 322) bildet das Gegengewicht zu Kafkas gleichzeitiger Lektüre von Meyer Isses Pinès' *Histoire de la Littérature Judéo-Allemande*, einer Studie zu den Kunstformen, die Kafka als „kleine[] Litteraturen" (T, S. 326) bezeichnet.[51] Pinès'

---

50 In diesem Zusammenhang wird oft vom abwertenden Stereotyp des *Mauschelns* gesprochen, das sowohl die Elemente der Ausdrucksstärke als auch der Gestikulation von Jiddisch unterstreicht.
51 Meyer Isses Pinès: Histoire de la littérature judéo-allemande. Thèse de doctorat d'Université. Paris 1910. Die Studie erschien zu einer Zeit, in der es fast keine akademischen Auseinandersetzungen mit der jiddischen Sprache und Kultur gab. Dass Kafka begeistert Pinès' Buch las, hat er am 24. Januar 1912 im Tagebuch verzeichnet: „[L]as Pinez ‚L'histoire de la literature judeo-allemande' 500 S. undzwar gierig, wie ich es mit solcher Gründlichkeit, Eile und Freude bei ähnlichen Büchern noch niemals getan

Dissertation, die 1911 als 582-seitige Studie über die jiddische Literatur veröffentlicht wurde und weniger an eine akademische als an eine allgemeine Leserschaft gerichtet war, diente mit großer Wahrscheinlichkeit als Quelle für Kafkas Vorbereitungen.[52] Daher ist es auch kein unerhebliches Detail, dass Kafka seine Rede rückblickend als *„kleinen* [meine Hervorhebung, D.D.] Einleitungsvortrag über Jargon" (T, S. 376) einstuft.

Wie er in seinem Tagebuch notiert, war der Auftritt selbst ein Erfolg. Nach einer langen Liste an „Vorbereitungen", die hauptsächlich die eigene Organisation und Fürsprache um die Veranstaltung herum erwähnt, folgt eine kürzere Liste an „Aufregungen", die dann mit dem „Nutzen" (T, S. 376-378) ausgeglichen wird:

> Freude an L. und Vertrauen zu ihm, stolzes, überirdisches Bewußtsein während meines Vortrages (Kälte gegen das Publikum, nur der Mangel an Übung hindert mich an der Freiheit der begeisterten Bewegung) starke Stimme, müheloses Gedächtnis, Anerkennung, vor allem aber die Macht mit der ich laut, bestimmt, entschlossen, fehlerfrei, unaufhaltsam, mit klaren Augen, fast nebenbei, die Frechheit der drei Rathausdiener unterdrücke und ihnen statt der verlangten 12K nur 6K gebe und diese noch wie ein großer Herr. Da zeigen sich Kräfte, denen ich mich gerne anvertrauen möchte, wenn sie bleiben wollten. (Meine Eltern waren nicht dort.) (T, S. 378–379)

Diese glühende Selbsteinschätzung steht ganz im Gegensatz zu der Zurückhaltung in den amtlichen Schriften und in der literarischen Prosa. Ferner sind die in Klammern gesetzte „Kälte gegen das Publikum" und die Aussparung jeglicher Reaktion dieses Publikums auffällig. Indem Kafka die stimmliche und physische Seite seiner eigenen Darbietung unterstreicht, spart er den Hörerkreis aus, *vor* dem er redet, wie auch Löwy, *für* den und *für* dessen Sprache er spricht. Vor der zitierten Passage erwähnt Kafka sogar „häufige Gleichgültigkeit gegen Löwy, fast Abscheu", als eine der „Aufregungen" des Abends. (T, S. 378) Kafkas wohl bekannteste Fürsprache erweist sich somit als hoch problematisch. Kann sie nur funktionieren, weil er die Richter ausblendet, die überzeugt werden sollen und weil er sich von Löwy zum Redezeitpunkt abwendet? Solche Fragen, Spannungen und Paradoxien durchziehen sowohl Kafkas Reflexionen als auch die Vorrede selbst.

---

habe [...]." (T 360) Im gleichen Tagebucheintrag erwähnt Kafka die Beschäftigung mit Jakob Fromers *Der Organismus des Judentums* (Jakob Fromer: Der Organismus des Judentums. Charlottenburg 1909.) sowie seine eigenen Fürsprachen für jiddische Schauspieler. (T, S. 360).
52 Zu Quellen und Referenzen siehe Binder: Kafka-Kommentar zu den Romanen, Rezensionen, Aphorismen und zum Brief an den Vater, S. 387–404.

3.3.2 Jiddisch erfassen, vor Jiddisch

Kafka beginnt seinen Vortrag mit einer direkten, beruhigenden Ansprache an die hauptsächlich assimilierten jüdischen Zuhörer. Sie seien problemlos in der Lage, Jiddisch zu verstehen, müssten aber Angst überwinden, damit sich das volle Potential dieser Sprache entfalten könne.

> Vor den ersten Versen der ostjüdischen Dichter möchte ich Ihnen, sehr geehrte Damen und Herren noch sagen, wie viel mehr Jargon Sie verstehen als Sie glauben. Ich habe nicht eigentlich Sorge um die Wirkung, die für jeden von Ihnen in dem heutigen Abend vorbereitet ist, aber ich will, daß sie gleich frei werde, wenn sie es verdient. Dies kann aber nicht geschehen, solange manche unter Ihnen eine solche Angst vor dem Jargon haben, daß man es fast auf Ihren Gesichtern sieht. (NI, S. 188)

Die Angst, so fügt er hinzu, sei fast verständlich, denn das Westjudentum habe sich eine harmonische Existenz aufgebaut: „[A]lles nimmt seinen ruhigen Lauf." (NI, S. 188) Wie auch in dem Artikel, den Kafka im Rahmen der Öffentlichkeitsarbeit für die Errichtung einer Volksnervenheilanstalt über vier Jahre später verfasst hat, beginnt er zunächst mit der Voreingenommenheit, Wahrnehmung und Erfahrung der Angesprochenen, um dann nach einem Übergangssatz einen mehr oder weniger sachbezogenen Vortrag zu geben. In seiner Rede fragt er: „[W]er könnte aus einer solchen Ordnung der Dinge heraus den verwirrten Jargon verstehen oder wer hätte auch nur die Lust dazu?" (NI, S. 188) Diese Frage bleibt rhetorisch; die Aufforderung nach einer ehrlichen Antwort wäre ohnehin eine scharfe Attacke auf die Anwesenden, die bereits an die Angst, die man „fast auf Ihren Gesichtern sieht", erinnert wurden und dennoch diesem Rezitationsabend beiwohnten. Darum fährt Kafka mit den komplexen Ausführungen zur jiddischen Sprache fort.

In ihrer Oberflächenrhetorik ist die Vorrede eine gut durchdachte Verteidigung der jiddischen Sprache. Da Löwy nur nebenbei Erwähnung findet, wird es zum Hauptanliegen, dass Jiddisch als lebendiger Sprache selbst eine – deutsche – Stimme geliehen wird. Tiefenstrukturell aber entpuppt sich Kafkas Verfahren als höchst widersprüchlich. Wie kann ein unbefangener und unmittelbarer Weg, Jiddisch wahrzunehmen, qua Vermittlung geschehen? Kafkas Bemerkungen zur Geschichte, zur Grammatik, zum Vokabular und zu den Dialekten des Jiddischen sind zudem keineswegs linguistische Tatsachenberichte, sondern rhetorische Kunstfertigkeit und Manipulation, die neben Fragen nach dem „Verhältnis zweier Ordnungen des Verstehens"[53] auch Fragen der Repräsentation selbst ins Spiel bringen. Wenn man Pinès' Einführung in die jiddische Sprache neben Kafkas Rede legt, wird deutlich, wie selektiv Kafka Teile von Pinès' relativ nüchternen Erklärungen

---
[53] Siegert: Kartographien der Zerstreuung, S. 225.

herausnimmt.⁵⁴ Er entfernt sich bewusst von jeglicher analytischen Schärfe, weshalb seine Erklärungen aus linguistischer und historischer Perspektive weitgehend widerlegt werden können.⁵⁵

„Jargon", so Kafka, verkörpere als „jüngste europäische Sprache" und mit schnellen Ausdrücken Vitalität, Stärke und Flüchtigkeit. Bezeichnend dafür sei, dass es keine Grammatikbücher gebe – oder geben könne: „Liebhaber versuchen Grammatiken zu schreiben aber der Jargon wird immerfort gesprochen; er kommt nicht zur Ruhe. Das Volk lässt ihn den Grammatikern nicht." (NI, S. 189) Jegliche äußere regulierende Kraft, die versuche, Jiddisch als System einzufangen, zu stabilisieren und in einem Druckmedium zu verewigen, werde vom Volk abgewiesen. Die Sprache sei lebendig, indem sie gesprochen und nicht geschrieben werde, indem sie mündlich zirkuliere und nicht im abgeschlossenen Werk zur Ruhe gebracht werde. Die hier beschriebene Unmöglichkeit einer adäquaten linguistischen Normierung gleicht der Spannung zwischen Schreibstrom und Werkidol, zwischen Autorschaft und Herausgeberschaft. Eine Grammatik auf eine der beiden herkömmlichen Weisen zu schreiben, so könnte man Kafkas Argumentationsgang erweitern, erscheint als vergebliches Unterfangen. Es kann weder *deskriptiv* verfahren werden, indem eine systematische Analyse von großen Textmengen vorgenommen wird, noch kann *präskriptiv* vorgegangen werden, indem identifizierte Regeln als Vorlagen für den geordneten Gebrauch verbindlich gemacht werden. Bernhard Siegert drückt es so aus: „Keine authentische Urschrift und kein Autorname verleihen der Rede ihre Geltung, sondern der Vermittlungsakt der Rede selber [...]."⁵⁶ Sprache im Sinne von *parole*, nicht im Sinne von *langue*, verkörpert die verehrte Leichtigkeit und Flüchtigkeit (als „kurz und rasch" (NI, S. 189)), denn sie materialisiert sich in der Diaspora. Jiddisch ist nach Siegert eine Kartographie der Zerstreuung, die Geographie eines nomadischen, kollektiven Volkes und nicht seiner Geschichte.⁵⁷ Die umherwandernde, gesprochene Dynamik zwischen den Einbänden eines Grammatikbuches zu repräsentieren – oder im Rahmen einiger einleitender Kommentare vor dem Prager deutschsprachig-jüdischen Publikum –, muss misslingen. Aus diesem Grund erwähnt Kafka das Fehlen von Grammatiken und gestaltet seine Rede über die linguistischen Komponenten der Sprache im Wesentlichen als eine Aufreihung von Übertragungen, Zwischenräumen und Übergängen.

---

54 Pinès hat im ersten Teil seiner Studie Abschnitte zu all diesen Punkten, in leicht anderer Anordnung: „I. Les commencements", „II. Les éléments de la langue", „III. Les dialects", „IV. La grammaire". In: Pinès: Histoire, S. 9–30. Zu den Übereinstimmungen und Unterschieden zwischen Pinès' Darstellung des Jiddischen und Kafkas Erklärungen siehe Binder: Kafka-Kommentar zu den Romanen, Rezensionen, Aphorismen und zum Brief an den Vater, S. 399–400.
55 Eine jüngere Studie zum Jiddischen bietet Barry Trachtenberg: The Revolutionary Roots of Modern Yiddish, 1903–1917. Syracuse 2008. Trachtenberg geht auch auf Pinès' Studie ein und konstatiert, dass diese kaum die damalige linguistische und historische Forschung einbezog (S. 150–154).
56 Siegert: Kartographien der Zerstreuung, S. 224.
57 Siehe Siegert: Kartographien der Zerstreuung, S. 226.

Kafka erklärt provokativ weiter, dass Jiddisch nur aus Fremdwörtern bestehe, die mit „Eile und Lebhaftigkeit" (NI, S. 189) in ständiger Bewegung und jugendlich blieben. Während Jiddisch weitgehend Wörter aus vielen Sprachen entlehne, entnehme nur die Gaunersprache Vokabular von ihm.[58] Aber Kafka setzt dem schnell hinzu, dass es auch „Bruchstücke bekannter Sprachgesetze" (NI, S. 189) für die deutschsprachigen Zuhörer gebe, denn Jiddisch habe sich parallel zum Übergang vom Mittelhochdeutschen ins Neuhochdeutsche entwickelt; in mancher Hinsicht sei es logischer als das Neuhochdeutsche. Seine Beispiele sind bedeutsam und wahrscheinlich nicht zufällig: „[S]o z. B. ist das Jargon'sche ‚mir seien' (neuhochdeutsch ‚wir sind') aus dem Mittelhochdeutschen ‚sîn' natürlicher entwickelt, als das neuhochdeutsche ‚wir sind'." (NI, S. 190) Dass Formen von „wir sind" als Vergleichswortgruppe zwischen Jiddisch und Deutsch ausgewählt werden, unterstreicht den bereits ausgeführten bewussten Einsatz von Pronomina für rhetorische Zwecke. Zudem deutet es geschickt auf eine natürliche Gemeinschaft und Gemeinschaftsbildung, für die sich Kafkas gesamte Rede stark macht, wie mehrfach in der Forschung herausgestellt wird.[59]

Zur Hälfte der Rede hören die Versammelten, dass Jiddisch ein Konstrukt aus „Willkür und Gesetz" sei und dass es nur aus Dialekten bestehe. Und nach der gleichen Logik, nach der es unerreichbar bleibe, Jiddisch in einer Grammatik zu erfassen, und nach der es unmöglich sei, sein Wesen in kurzen historischen, lexikalischen und grammatischen Erklärungen vor einem Rezitationsabend zu verstehen, sei es auch ausgeschlossen, Jiddisch ins Deutsche zu übersetzen. Die Nähe beider Sprachen sei zu stark und ihre Verbindungen „zu zart und bedeutend, als daß sie nicht sofort zerreißen müßten". (NI, S. 192) Jegliche Übersetzung sei demnach der Versuch, etwas bereits Übertragenes wieder zu transferieren. Das Deutsche könne die Fremdheit im Wort, die den Jargon überhaupt erst zum Jargon mache, nicht repräsentieren und das Ergebnis sei „etwas Wesenloses". (NI, S. 192)[60] Die von Kafka gewählten Beispiele

---

[58] Kafkas Kommentar muss dem Stigma, das dem Jiddischen anhaftete, zugespielt haben oder, wie Vivian Liska schreibt: „Kafka is again clearly not trying to make Yiddish palatable to his listeners as a kind of harmless folkloric tradition." Vivian Liska: When Kafka Says We: Uncommon Communities in German-Jewish Literature. Bloomington/Indianapolis 2009, S. 31. Liska argumentiert, dass Kafka mit seiner Rede ein „shooting at the audience" (so der Titel ihres Kapitels) anstrebte, als „instrument of disturbance, with which he would like to shake up the Jewish establishment around him". (S. 29).
[59] Siehe z. B. Noah Isenbergs Studie über „Jewish self-awareness and [...] communal 'belonging'". In: Noah Isenberg: Between Redemption and Doom. The Strains of German-Jewish Modernism. Lincoln 1999, S. 49, oder die Analyse von Fortmann: Kafka's Literary Communities. Obwohl Kafkas Beispielauswahl sowohl Isenbergs als auch Fortmanns Argumentationen unterstützen würden, gehen beide Kritiker nicht darauf ein.
[60] Siegert schreibt: „Jiddisch selber ist Übersetzung, die die Übersetzung strategisch mit übersetzt. Das deutsche Fremdwort im Jiddischen kann daher nicht wieder ins Deutsche rückübersetzt werden, da es den Index des Fremden dabei eben verlöre." Siegert: Kartographien der Zerstreuung, S. 228.

sind wieder vielsagend, denn sie stammen aus dem metaphorischen Feld des Ablebens und der Gemeinschaft, die in Kafkas offiziellen und öffentlichen Schriften allgegenwärtig ist: „‚Toit' z. B. ist eben nicht ‚tot' und ‚Blüt' ist keinesfalls ‚Blut'." (NI, S. 192)[61]

3.3.3 Mit dem Jargon konfrontiert

Den Schlussteil der Rede richtet Kafka darauf aus, das Publikum in eine unmittelbare Erfahrung zu locken, die ohne jegliche Form des Dazwischentretens stattfinden soll: ohne Erklärung, Übersetzung oder Voreingenommenheit. Er initiiert den Übergang in das Wesen des Jiddischen aus dem Deutschen heraus („aus dieser Ferne der deutschen Sprache" (NI, S. 192)) – zunächst langsam („Sie dürfen einen Schritt näher" (NI, S. 192)), dann immer schneller:

> Ganz nahe kommen Sie schon an den Jargon, wenn Sie bedenken, daß in Ihnen außer Kenntnissen auch noch Kräfte tätig sind und Anknüpfungen von Kräften, welche Sie befähigen, Jargon fühlend zu verstehen. Erst hier kann der Erklärer helfen, der Sie beruhigt, so daß Sie sich nicht mehr ausgeschlossen fühlen. [...] Bleiben Sie aber still, dann sind sie plötzlich mitten im Jargon. Wenn Sie aber einmal Jargon ergriffen hat – und Jargon ist alles, Wort, chassidische Melodie und das Wesen dieses ostjüdischen Schauspielers selbst, – dann werden Sie Ihre frühere Ruhe nicht mehr wiedererkennen. Dann werden Sie die wahre Einheit des Jargon zu spüren bekommen, so stark, daß Sie sich fürchten werden, aber nicht mehr vor dem Jargon, sondern vor sich. (NI, S. 193)

Mittels Raummetaphern werden die Besucher zum Jiddischen als *Performance* selbst geleitet: Wort, Melodie und Wesen Löwys. Dieser Eintritt hat nichts mit logischer Einsicht, sondern mit Verständnis qua Gefühl zu tun; es ist dabei nicht wichtig, was Jiddisch bezeichnet, sondern was es bewirkt. Ein solcher Prozess geht Hand in Hand mit einem radikalen Selbstwandel. Statt Angst vor Jiddisch hat der Zuhörer Angst vor sich selbst. Den Rahmen der Rede bilden entsprechend die Perzeption und die Konfrontation mit der Bedrohung. Am Anfang spricht Kafka wörtlich von der „Angst vor dem Jargon"; im Hauptteil beruhigt er das Publikum zunächst und wühlt es dann wieder auf; und gegen Ende führt er das Wort „Furcht" (NI, S. 193) mehrfach an. Wenn die „wahre Einheit des Jargon" den einzelnen Zuhörer ergreife, werde die Furcht auf ihn selbst, nach innen, geleitet. Gleichzeitig aber bringe Jiddisch ein größeres, gemeinschaftliches Selbstvertrauen, das die Furcht verdränge und den Vortragsabend genussvoll machen könne.

Auf sorgsame Weise verwendet Kafka auch Pronomina, um den beschriebenen Ablauf von außen nach innen und wieder nach außen zu unterstreichen. Der

---

61 Liska bietet eine ähnlich überzeugende Interpretation: „The umlauts in the Yiddish *Blüt* and *Toit* inevitably ‚twist' and soften the pathos-filled sound these words have in German." Vivian Liska: When Kafka Says We, S. 31.

Rahmen der „Angst" ist als Konfrontation zwischen einem *Ich* und einem *Du* bzw. *Ihr* (als formalem *Sie* und „sehr geehrte Damen und Herren") angelegt. Der erklärende Teil greift auf das gemeinschaftliche *Wir* zurück, das in Beziehung zu einem *Er/Es* – dem Jargon/dem Jiddischen – gesetzt wird. Im Beispiel „mir seien" („wir sind") vermischen sich all diese Elemente: der Sprechende, die Angesprochenen und das Besprochene oder genauer: der Fürsprecher, die Richter und das, wofür gesprochen wird: Jiddisch, die Gemeinschaft und die unmittelbare Repräsentation, das Sein selbst.

Vor dem Schlussteil seiner Rede begibt sich Kafka fast widerwillig zurück in die Rolle des Impresarios für das eigentliche Programm, indem er aus dem reichen Repertoire Löwys drei Gedichte auswählt und kurz beschreibt.[62] Dieser rhetorische Zug erscheint zunächst als Unterbrechung oder Umweg, so als sei die Programmvorstellung eine deplatzierte Komponente in der Vorrede. Kafka selbst verweist auf die Fragwürdigkeit solcher Einleitungen („Sie werden im besten Fall die Erklärung verstehen und merken, daß etwas Schwieriges kommen wird." (NI, S. 190)) und fügt nach der Synopse hinzu: „Nun ist, wie Sie sehen, mit solchen Erklärungen nichts getan. Eingenäht in diese Erklärungen werden Sie dann bei dem Vortrage das suchen, was Sie schon wissen und das, was wirklich da sein wird, werden Sie nicht sehen." (NI, S. 191–192)

Es lohnt sich aber, die Erklärungen Kafkas ernst zu nehmen und das letzte der drei angekündigten Gedichte genauer anzuschauen:

> Das dritte Gedicht ist von Frischmann und heißt „Die Nacht ist still". Ein Liebespaar begegnet in der Nacht einem frommen Gelehrten, der ins Bethaus geht. Sie erschrecken, fürchten verraten zu sein, später beruhigen sie einander. (NI, S. 191)

David Frischmanns ursprünglich hebräisches Gedicht wurde natürlich auf Jiddisch rezitiert, wovon es weder Tonaufnahmen noch Mitschriften gibt. Ob Löwy Frischmanns eigene Übersetzung ins Jiddische gekannt und verwendet oder eine andere (vielleicht seine eigene) Übersetzung genutzt hat, ist nicht bekannt. Zudem widerspräche jeder Versuch eines *Close Readings* des Gedichts, egal in welcher sprachlichen Fassung, methodologisch dem, was Kafka gerade erreichen wollte. Erstens könnte man Löwys Wort, chassidische Melodie und Wesen nicht hören und zweitens wäre die analytische Untersuchung eines geschriebenen visuellen Textes kein fühlend-auditives Verstehen und damit keine synästhetische Erfahrung.

Dennoch: Wenn man Frischmanns gedruckten, autorisierten hebräischen Text „Halajla lel kajits", eine spätere jiddische Version „Di nacht is schtil" oder selbst eine deutsche Übersetzung liest, wird deutlich, wie wenig Substantielles Kafka

---

62 Die *Bohemia* kündigt an: „Der Abend wird eingeleitet durch eine Conférence über die ostjüdische Literatur; Herr Löwy wird, u. a. Gedichte von Rosenfeld, Frischmann, Reisen, Bialik, Frug, Nomberg, eine dramatische Szene (im Kostüm), von Dranow, einen Monolog von Scholem Alechem außerdem chassidische Lieder vermitteln." Bohemia, 18. Februar 1912, S. 9.

tatsächlich in seinem kurzen Überblick erreichen wollte.[63] Kafkas kahle Einleitung erfasst nicht die reiche Textur, die facettenreichen Anspielungen, das bewusste Spiel mit Stimmen und Stille, zwischen der Angst, verraten zu werden, und vertraulicher Fürsprache, zwischen Profanem und Sakralem in diesem Folkloregedicht.[64] Im Gedicht spricht das lyrische Ich zu seiner Liebsten, die neben ihm geht, wobei sowohl der Einsatz von Sprache als auch von Schweigen genau kalkuliert scheinen. Der Sommernachtsabend selbst ist so geschildert (in einer deutschen Übersetzung von Frischmanns hebräischer Version, gefolgt von Frischmanns jiddischer Version und einer deutschen Übersetzung dieser jiddischen Version): „Die Sterne schauen und sprechen"/„Nor schtile schteren flamen"/„Nur stille Sterne flammen". (4) Das Liebespaar ist zunächst schweigsam: „Keine Stimme, nur das Schreiten, Nur eins und eins"/„Ich her dem wieder-kol bajm gehen"/„Ich hör' den Wiederhall [sic] beim Gehen". (7) Es beginnt dann ruhig zu sprechen, bis es unterbrochen – oder entdeckt – wird von einem Gelehrten, der sich auf den Weg in die Synagoge begibt.[65] Die letzten beiden Strophen lauten (in der deutschen Übersetzung der hebräischen Version, gefolgt von der übersetzten jiddischen Version):

> Und er begräbt dort leise unser Geheimnis
> In der Tiefe des Bodens der Bücher;
> Und solche Bücher für ein Geheimnis wie das unsere,
> Das sind doch die ausgelesenen Gräber.
>
> Von den Büchern wird dann unser Geheimnis hinausfliegen,
> Und zur Höhe des Himmels wird es hinaufsteigen
> Und bis zu Gottes Thron – und wird Fürsprecher sein
> Für uns im Gewölbe des Himmels. (25–32)
>
> Und unser Geheimnis wickelt er dort [*dort*]
> Ganz tief in seine Bücher [*sforim*] –
> Die sind für solche Geheimnisse ja [*aselchen sod*]
> Nur heilig-stille Grabtücher [*kworim*].

---

63 Der hebräische Originaltext findet sich zusammen mit der hier verwendeten deutschen Übersetzung in: Binder: Kafka-Kommentar zu den Romanen, Rezensionen, Aphorismen und zum Brief an den Vater, S. 402–403. Die hebräische Version und die jiddische Übersetzung von Frischmann selbst (zusammen mit Transliterationen) finden sich in: Kazuo Ueda: Franz Kafka und die jiddische Literatur (II). Über M. Pinès *L'histoire de la littérature judéo-allemande*. Kouchi University Gakujutsu Kenkyu Houkoku Jinbun Kagaku 32 (1984), S. 1–33.
64 Es ist etwa auffällig, dass der alte Mann die Thora in der Nacht studieren will und nicht tagsüber, wie er sollte. Ich danke herzlich Marc Caplan für diesen und viele weitere Hinweise für diesen Abschnitt.
65 Die Synagoge ist zudem sowohl ein Haus der Lehre als auch ein Gebäude zur Versammlung (vgl. das griechische *synagōgē* als „Versammlung").

Und aus den stillen Gräbern wird [*wet*]
Das Geheimnis zum Himmel fliegen [*fliehen*],
Und vor den Füßen vom lieben Gott [*got*]
Wird es sich um uns bemühen [*far uns mihen*]. (25–32)

In allen Versionen zeigt diese Schlusspassage, wie das Geheimnis zunächst in ein Buch – ein Grab – und dann in die geistliche Sphäre übertragen wird. Dieser Teil erinnert an Kafkas Rhetorik im *Hyperion*-Nekrolog, in dem er voraussagt, dass die Steinplatten ähnelnde entschlafene Zeitschrift einen bibliographischen Schatz für das Nachleben birgt. In Frischmanns Gedicht wird das unausgesprochene Geheimnis frei und unmittelbar „hinausfliegen" und „hinaufsteigen", um ein Fürsprecher für die Liebenden im Himmel zu sein. In diesem Sinne handelt das von Löwy vorgetragene Gedicht Frischmanns auch von einer zeitlich versetzten, nachrufenden Fürsprache.

Die kurze interlinguistische Analyse der letzten Strophen von Frischmanns Gedicht hebt die Spannungen, die Kafka in seinen beiden Rezensionen zeigt, noch einmal aus anderer Perspektive hervor. Die deutschen Übersetzungen können dabei nur verbale Platzhalter des Originals sein. Sie fangen nicht den Rhythmus oder das Reimschema der hebräischen oder jiddischen Versionen ein. Zudem fehlt dem gedruckten Wort der unmittelbare Effekt der mündlichen Rezitation und dem Gedicht der Kontext eines längeren Abendprogramms. Wie die projizierte Fürspracheszene in der letzten Strophe sind Kafkas veröffentlichter Abschied über den bibliophilen *Hyperion* und seine öffentliche Rede über die jiddische Sprache je zeitlich versetzte Fürsprachen: ein *Nach*ruf und eine *Vor*rede. Es sind Vermittlungsakte, die das Wesen der Unmittelbarkeit und der gleichzeitigen Repräsentation sowohl verdeutlichen als auch unterminieren: ein *Nicht mehr* und ein *Noch nicht* von Lebendigkeit. Darüber hinaus verhandelt Kafka die Unterscheidung von bibliophilem Ästhetizismus und jiddischer Folklore, indem er sie beide – und sich selbst – „an den Grenzen der Literatur" (D, S. 417) ansiedelt.

3.4 Zusammenfassung: Fürsprache und Repräsentationsfragen

Der offizielle und öffentliche Kafka lotet seine Überlegungen zu Repräsentationsfragen in den betrachteten Texten qua Fürsprachen aus. Er nutzt sein rhetorisches Geschick und seine scharfsichtige Beobachtungsgabe, um öffentlich als Fürsprecher aufzutreten, nicht als rechtlicher Advokat, sondern als Schriftsteller in der AUVA und mit dem Einsatz seines eigenen Namens und seiner eigenen Stimme. Indem dieses Kapitel von einer Dichotomie zwischen den im engen Sinne nichtliterarischen (amtlichen) Schriften und journalistisch-literarischen Zeugnissen ausgeht, sollte die Menge an Möglichkeiten und die grundlegende Tatsache aufgedeckt werden, nach der das Schreiben und das Sprechen immer das Schreiben und das Sprechen im Namen von jemandem oder etwas sind. Dabei zeigen die gewählten Texte gerade, dass dieses „etwas" nicht nur die *spezifische Sache* ist, für die Kafka oberflächlich – und überzeugt – eintritt, sondern auch *fundamentalere Anliegen* im Zusammenhang mit Repräsentationsfragen betrifft.

Konkreter ausgedrückt: Kafka spricht in seiner amtlichen Rolle als Quasi-Koncipist im Jahresbericht 1907 nicht nur für einen wichtigen Zusatz zum Baugesetz sowie für die Unternehmer und Arbeiter, sondern er bringt auch eine Reihe von ungehörten Stimmen aufgrund eines Übermaßes an Repräsentationen in den Diskurs. Als Vize-Sekretär setzt er sich nicht nur für die schnelle Fertigstellung eines psychiatrischen Krankenhauses für Kriegsveteranen ein, sondern auch für den Antrieb von weiteren Fürsprachen und für die Arbeiter zu Friedenszeiten. In den ausgewählten Schriften für die AUVA, die einmal vom Anfang und einmal vom Ende der aktiven Zeit Kafkas stammen, stellen sich so Fragen der Repräsentation zwischen juristisch-politischer *Vertretung* und nach Verfasserschaft und Anonymität. Eine ähnliche Dynamik findet sich in der *Nachruf*-Rezension für den *Hyperion* und in der *Vorrede* für Jiddisch, wo im eigenen Namen und mit der eigenen Stimme weniger Fragen der Repräsentation im juristisch-politischen Sinne als im ästhetisch-literarischen Sinne von *Darstellung* im Vordergrund stehen. Kursorisch mag sich der Nekrolog zum *Hyperion* als gebührender Abschied für eine Avantgarde-Zeitschrift lesen, aber bei näherer Betrachtung ist er auch der Text, anhand dessen Kafka periphere Literaturen und ihre Resistenz gegen exklusive, öffentliche und konstellative Ausstellungen erschließt. Die Einleitungsrede zur jiddischen Sprache ist, oberflächlich gesehen, eine Fürsprache für Löwys Auftritt und den oft abgewerteten Jargon. Genauer und analytisch betrachtet, versucht Kafka aber auch, die Möglichkeiten einer Sprache freizulegen, *für sich selbst zu sprechen* – auf musikalische, körperliche und gemeinschaftliche Weise.

Dieses Ideal eines unvermittelten *Für-sich-selbst-Sprechens* steht als Paradox zu Kafkas zeitlich versetzten Sprechakten als Vermittler, Advokat, Kommentator oder Impresario. Die Bedingungen von Möglichkeiten der Repräsentation und Fürsprache – mittels Repräsentation und Fürsprache – zu eruieren, erweist sich auch als wichtiges poetologisches Verfahren in Kafkas veröffentlichter und unveröffentlichter literarischer Prosa. Nicht nur vor seinem literarischen Durchbruch im Jahre 1912, sondern auch in den Romanfragmenten und den Tiergeschichten der mittleren und späten Schaffensperiode nähert sich Kafkas Themenwahl und Schreibweise grundlegend diesen Fragen.

4 Recht, Disziplin, Kontrolle: Institutionelle Fürsprachen in den Romanfragmenten

Mit der Untersuchung des Konzepts und der Kontexte von Fürsprache im zweiten Kapitel und der Betrachtung des Bedeutungsspektrums von Repräsentation über Fürsprache in den amtlichen und im weiten Sinne literaturkritischen Texten Kafkas im dritten Kapitel ist Fürsprache als Schlüsselkategorie der verbalen Produktion und Repräsentation herausgestellt worden. Wie sie weiter auf thematischer und narrativer Ebene als produktive Analysekategorie in den fiktionalen Texten, den Romanfragmenten und einigen Tiergeschichten, etabliert werden kann, wird im vierten und fünften Kapitel des Buches im Vordergrund stehen.

Drei etablierte Analyseschwerpunkte der Kafka-Forschung können in Fokussierung auf die Fürsprache in den Romanfragmenten neue Verbindungen schaffen: die an Michel Foucault und Gilles Deleuze angelehnte Diskussion über die Genealogie von Disziplinar- zu Kontrollgesellschaften, die Gattung des Institutionenromans und das Verhör als fundamentales Organisationsprinzip in *Der Verschollene, Der Proceß* und *Das Schloß*.

Erstens hat die neuere Forschung zur Analyse der letzten beiden Kafka'schen Romanprojekte die Schriften von Foucault und Deleuze zur Machtanalyse mit den Begriffen Disziplin und Kontrolle herangezogen. Im Anschluss an Foucaults Genealogie von Souveränitäts- zu Disziplinargesellschaften,[1] die vom 18. bis zum frühen 20. Jahrhundert reicht, beschreibt Deleuze die Kontrollgesellschaften. Während in der Disziplinargesellschaft der Einschluss in bestimmte Institutionen für jeden Lebensbereich eines Individuums entscheidend ist (Familie, Schule, Kaserne, Fabrik, Klinik, Gefängnis), steht der nun zugrunde liegende gesellschaftliche Machttypus der Kontrollgesellschaft „in einer allgemeinen Krise aller Einschließungsmilieus"[2] und unter permanentem Reformdruck. Das Individuum durchläuft nicht mehr immer neue Institutionen, in denen immer wieder neu angefangen wird, sondern es wird „nie mit irgendetwas fertig [...]: Unternehmen, Weiterbildung, Dienstleistung sind metastabile und koexistierende Zustände ein und derselben Modulation, die einem universellen Verzerrer gleicht".[3] Für Deleuze steht Kafka „schon an der Nahtstelle der beiden Gesellschaftstypen"[4] und hat in seinem *Proceß* an einer Stelle

---

[1] Michel Foucault: Überwachen und Strafen. Die Geburt des Gefängnisses, übers. v. Walter Seitter. Frankfurt a. M. 1976.
[2] Gilles Deleuze: Postskriptum über die Kontrollgesellschaften [1990]. In: Unterhandlungen 1972–1990, übers. v. Gustav Rößler. Frankfurt a. M. 1993, S. 254–262, hier S. 255.
[3] Deleuze: Postskriptum über die Kontrollgesellschaften, S. 257.
[4] Deleuze: Postskriptum über die Kontrollgesellschaften, S. 257.

deren Unterscheidung gemischt und verdichtet hervorgebracht: als der Maler Titorelli Josef K. die verschiedenen Arten der Befreiung auflistet.⁵ Nach Deleuze hat Kafka damit

> die fürchterlichsten juristischen Formen beschrieben: Der *scheinbare Freispruch* der Disziplinargesellschaften (zwischen zwei Einsperrungen) und der *unbegrenzte Aufschub* der Kontrollgesellschaften (in kontinuierlicher Variation) sind zwei sehr unterschiedliche juristische Lebensformen.⁶

Während in den älteren Disziplinargesellschaften das Individuum und seine Position zu verwalten waren, sind in den neueren Kontrollgesellschaften die Individuen „‚*dividuell*' geworden";⁷ anstelle des Einzelnen ist die Masse zu regeln; statt der Serie von sich ablösenden, analogen Einschließungsmilieus stehen permanente Modulationen und kontinuierliche, unbegrenzte Kontrolle. Joseph Vogl erkennt, dass *Der Proceß* und *Das Schloß* Kafkas in ihrer Topographie und in ihren Bürokratien „auf seltsame Art unscharf und indirekt"⁸ sind. Darin spiegelt sich auch Kafkas Arbeitsplatz der AUVA, die ebenfalls eine „lebendige Institution mit versicherungstechnischem Auftrage eben kein *stahlhartes Gehäuse* und kein Schematismus, sondern eine Behörde mit unscharfen Rändern"⁹ war. Gericht bzw. Behörde als Institution und poetische Form korrelieren, was sich an Kafkas mittlerer und vor allem später Prosa nachzeichnen lässt.¹⁰

Zweitens, und gekoppelt an die Korrespondenz von Leben und Verwaltung, sind mit Fokus auf die Gattungsform die beiden letzten Romane als Institutionenromane beschrieben worden. Rüdiger Campe prägt mit seinen Arbeiten zu diesen Romanen und Robert Walsers *Jakob von Gunten* den Begriff, um den Ersatz der (auto-)biographischen

---

5 „Es gibt drei Möglichkeiten, nämlich die wirkliche Freisprechung, die scheinbare Freisprechung und die Verschleppung." (P, S. 205) Und: „Es liegt an Ihnen, was Sie davon wählen. Beides ist durch meine Hilfe erreichbar, natürlich nicht ohne Mühe, der Unterschied in dieser Hinsicht ist der, daß die scheinbare Freisprechung eine gesammelte zeitweilige, die Verschleppung eine viel geringere aber dauernde Anstrengung verlangt." (P, S. 211).
6 Deleuze: Postskriptum über die Kontrollgesellschaften, S. 257.
7 Deleuze: Postskriptum über die Kontrollgesellschaften, S. 258.
8 Joseph Vogl: Lebende Anstalt. In: Friedrich Balke/ders./Benno Wagner (Hg.): Für Alle und Keinen. Lektüre, Schrift und Leben bei Nietzsche und Kafka. Zürich 2008, S. 21–33, hier S. 27. Benno Wagner verortet Kafkas Tätigkeitsprofil in der AUVA „am Ursprung der Bio-Macht", nämlich „dem Punkt, an dem sich die auf die Kontrolle des Körpers abzielende ‚Norm der Disziplin', wie sie die Unfallverhütung mit ihren ergonomischen Normierungen am Mensch-Maschine-Schnittpunkt implementiert, mit der auf die Kontrolle ganzer Bevölkerungen gerichteten ‚Norm der Regulierung' verknüpft, wie sie die statistische Gefahrenklassifikation der Branchen und Betriebe in diesem Zusammenhang auszuüben hatte". Benno Wagner: Amtliche Schriften. In: Manfred Engel/Bernd Auerochs (Hg.): Kafka-Handbuch. Leben – Werk – Wirkung. Stuttgart 2010, S. 402–409, hier S. 408.
9 Vogl: Lebende Anstalt, S. 31.
10 Speziell zur späten Prosa siehe Malte Kleinwort: Incidental and Preliminary – Features of the Late Kafka. In: Monatshefte 103.3 (2011), S. 416–424 und die Monographie zu Kafkas Spätstil: Malte Kleinwort: Der späte Kafka. Spätstil als Stilsuspension. München 2013.

Perspektive durch Institutionen zu eruieren.[11] Statt Lebensabschnitte zu beschreiben, wie es der Bildungsroman getan hat, formen Institutionen selbst das Leben in diesen modernen Romanen, nicht als Supplement, sondern in ihrer Totalität.[12] Leben und Roman beginnen und enden mit Eintritt in die und Austritt aus der Institution. Im „Fürsprecher"-Text, mit seinem Wechselspiel zwischen Recht und sozialem Überall, kann die Suche nach Fürsprache als „die Unterstellung instituierten Lebens als Modellentwurf des Erzählens"[13] genommen werden. Der Text stellt suggestive Verbindungen zwischen dem *Proceß* und dem *Schloß* her, wobei „in den Romanen die doppelte Anlage von Gesetz und Überall unter der jeweils vorherrschenden Sicht einer Seite erscheint".[14]

Drittens wird in der Kafka-Forschung immer wieder auf das Verhör als zugrunde liegendes Organisationsprinzip in den Romanprojekten verwiesen und damit auf die Interrelation von Kommunikation und Macht sowie Individuum und Institution. So beschreibt Martin Walser bereits 1961 die „Verhandlungen und Verhöre" als die „Weisen der Begegnung"[15] von Kafkas Protagonisten und ihrer Gegenwelt. Ausgehend von dieser Beobachtung und systematisch erweiternd erfasst Ulf Abraham das beständige Aufeinandertreffen Georg Bendemanns und der Romanprotagonisten mit den ihnen übergeordneten Instanzen einer familialen, rechtlichen oder sozialen Autorität.[16] Gerhard Neumann bezeichnet den Eintritt der Kafka'schen Helden in die Welt als „ein Hineingeborenwerden in die Verhörsituation"[17] und die dann wiederholten Eintritte in das Verhör als „Grundsituation[en] der sozialen Selbstvergewisserung".[18] Michael Niehaus konstatiert, dass sich „Das Urteil" und die Romanprojekte wie „eine permanente Verhandlung um die Schuldfrage des Protagonisten" lesen lassen, „als sei der Text eine Versuchsanordnung, um den Helden zu verhören".[19]

Die vorliegende Lektüre lenkt das Augenmerk von der Struktur und Thematik des Verhörs und des verhörten Protagonisten auf die Suche nach Fürsprache und die

---

11 Rüdiger Campe: Kafkas Institutionenroman. In: ders./Michael Niehaus (Hg.): Gesetz. Ironie. Festschrift für Manfred Schneider. Heidelberg 2004, S. 197–208.
12 Während bereits Goethes *Wilhelm Meister* mit der Turmgesellschaft einen „Roman der Institution" enthält, so Campe, steht dieser nur „am Rande des Romans der Individualität": „Der Institutionenroman des Turms ist selbst nicht Teil der Form des Romans, sondern er ist der in ihr von Anfang an vorausgesetzte Anhang." Campe: Kafkas Institutionenroman, S. 207–208.
13 Campe: Kafkas Fürsprache, S. 190.
14 Campe: Kafkas Fürsprache, S. 199.
15 Martin Walser: Beschreibung einer Form. Versuch über Franz Kafka, 2. Aufl. München 1963, S. 75.
16 Siehe Abraham: Der verhörte Held.
17 Gerhard Neumann: Franz Kafka. „Das Urteil". Text, Materialien, Kommentar. München/Wien 1981, S. 139–140.
18 Neumann: Der verschleppte Proceß, S. 93. Neumann schreibt weiter: „So gut wie jeder Dialog zwischen Kafkas Helden nimmt die Form des Verhörs an, jenes sozialen Rituals, das zur Identifikation des Betroffenen, der Zuordnung von Körper und Name im Sinne der Gesetzesnormen führt." (S. 93).
19 Michael Niehaus: Das Verhör. Geschichte – Theorie – Fiktion. München 2003, S. 452.

thematisch-motivischen Fürsprache-Episoden. Anhand dieser Episoden, so die These, spiegeln sich die jeweiligen institutionellen Grundsituationen und Gesellschaftsverhältnisse der langen Prosa konzentriert wider. In dem noch mit Resten eines beginnenden Bildungsromans ausgestatteten „Heizer"-Fragment wird zwischen der „Gerechtigkeit" und der Disziplin (nach Foucault) über den Ablauf von zwei Fürsprachen quasi lehrhaft und genealogisch unterschieden (4.1.). Der so geebnete Weg führt dann nicht nur nach Amerika, sondern auch zu den Ausgangssituationen der beiden späteren Institutionenromane, in denen die Bereiche von Recht, Disziplin und Kontrolle verschmelzen. Fürsprachen, mit ihrer Neigung zum Juridischen, sind in verdrehter und absurder Weise im *Proceß* zu finden (4.2.), während die subtilen, kollektiven Normierungen in der Welt um das *Schloß* unter proliferierenden, aber unzugänglichen Kontrollbehörden kaum funktionierende Fürsprachen von oder für K. stattfinden lassen (4.3.). Die Episoden, in denen die K.s der Romanprojekte – Karl Roßmann, Josef K. und K. – als echte oder vermeintliche Fürsprecher sowie als Fürsprechersuchende auftreten, werfen Licht auf die juristischen und disziplinarischen, kontrollbesetzten Räume, die sie narrativ durchschreiten. Konkreter formuliert: Die Szenen, die mit der Kategorie und unter der Thematik der Fürsprache beschrieben werden können, haben strukturierende Bedeutung und prägenden Charakter innerhalb von „Der Heizer" und bieten sich als Ausgangspunkte an, die gesellschaftlichen Grundordnungen in den Romanprojekten zu untersuchen. Wie eine eigene Beobachtungsinstanz funktioniert die Kategorie Fürsprache in Bezug auf die Verhältnisse im *Proceß*, und sie erscheint in einer Struktur der Verlassenheit, der Suspendierung und des Banns im *Schloß*.

4.1 Karl Roßmann: Fürsprache für den Heizer und Intervention des Onkels

In „Der Heizer", dem einzigen Teil der Romanprojekte, den Kafka selbst für den Druck autorisiert und als Eröffnungskapitel für seinen ersten Roman vorgesehen hat, werden im Kern zwei klassische Fürsprachen inszeniert.[20] Die zweite löst die erste ab und komprimiert, im Übergang und in der eigenen Struktur, das weitere Geschehen. Es handelt sich um den vom Onkel *in nuce* initiierten Übertritt des Neffen Karl Roßmann von einem quasi-juridischen Raum (hier: dem Schiffbüro) hin zu einem Raum der Disziplin (hier: dem amerikanischen Boden) – Räume, die im weiteren Verlauf des *Verschollenen* sowie im *Proceß* zunehmend verflochten sind und den Raum der Kontrolle hinzufügen. Wörtlich heißt es:

> „Mißverstehe die Sachlage nicht", sagte der Senator zu Karl, „es handelt sich vielleicht um eine Sache der Gerechtigkeit, aber gleichzeitig um eine Sache der Disciplin. Gerechtigkeit und

---

20 Erstdruck: Franz Kafka: *Der Heizer. Ein Fragment*. Leipzig 1913.

4.1 Karl Roßmann: Fürsprache für den Heizer und Intervention des Onkels — 97

~~Disciplin mischen sich aber nicht~~ Beides und ganz besonders das letztere unterliegt hier der Beurteilung des Herrn Kapitäns." (V, S. 48/V', S. 141)

Am Anfang steht der Ausschluss aus den primären Familienstrukturen und damit der dem Bildungsroman geschuldete Topos der Selbstwerdung des Protagonisten.[21] Im weiteren Handlungsverlauf führen die bizarren Erziehungsmethoden des Onkels und Karls Arbeitsverhältnisse zu einem neuen Erfahrungsspektrum an Gesetzen, Disziplinierung, Kontrolle und Überwachung.

Sowohl *Der Verschollene* als auch die Erzählung „Der Heizer", die Kafka noch im Druck als „Fragment" untertitelt wissen wollte, beginnen mit einer Ankunft:

Als der siebzehnjährige Karl Roßmann, der von seinen armen Eltern nach Amerika geschickt worden war, weil ihn ein Dienstmädchen verführt und ein Kind von ihm bekommen hatte, in dem schon langsam gewordenen Schiff in den Hafen von Newyork einfuhr, erblickte er die schon längst beobachtete Statue der Freiheitsgöttin wie in einem plötzlich stärker gewordenen Sonnenlicht. Ihr Arm mit dem Schwert ragte wie neuerdings empor und um ihre Gestalt wehten die freien Lüfte. ~~Er sah zu ihr auf und verwarf das über sie Gelernte~~ (V, S. 7/ V', S. 123)

Ein Schiff der Hamburg-Amerika-Linie ist im Hafen von „Newyork" eingelaufen und mit ihm der Protagonist. Im ersten Satz wird er mit seinen Personalien vorgestellt – Alter: siebzehn Jahre,[22] Name: Karl Roßmann – und der Grund der Reise wird ohne Umschweife genannt: Die Familie hat ihn weggeschickt, nachdem er ein Dienstmädchen geschwängert hat. Neben dem verkürzten Lebenslauf bringt der Auftakt bereits die Aussicht auf ein Leben zwischen Exil und Freiheit in das Erzählgeschehen: Karl erblickt die „schon längst beobachtete Statue der Freiheitsgöttin" genauer. Dass ihr emporgestreckter Arm „mit dem Schwert" statt der Fackel ausgestattet ist, deutet auf

---

[21] Kafka plante, die Erzählung „Der Heizer" zusammen mit den in zeitlicher Nähe entstandenen Erzählungen „Die Verwandlung" und „Das Urteil" unter dem Titel „Die Söhne" neu zu veröffentlichen, siehe den Brief an Kurt Wolff vom 11. April 1913 (B 1913–1914, S. 166). In diesem Zusammenhang ist auch zu erwähnen, dass das Entstehungsjahr des „Heizers" – 1912 – das Jahr ist, welches mit der „Geburt des Dichters" in Zusammenhang gebracht wird. Neumann hat ausführlich das Identitätsproblem bzw. „bestimmte Konstellationen psychischer und sozialer ‚Identifikationsspiele'" in Kafkas erstem Romanversuch mit Goethes *Wilhelm Meister* in Verbindung gebracht, als Beginn und Ende der Bildungsromantradition, als Ideal und parodistische Umkehrung. Gerhard Neumann: Der Wanderer und der Verschollene. Zum Problem der Identität in Goethes *Wilhelm Meister* und in Kafkas *Amerika*-Roman. In: Joseph Peter Stern/John J. White (Hg.): Paths and Labyrinths. Nine papers read at the Franz Kafka Symposium held at the Institute of Germanic Studies on 20 and 21 October 1983. London 1985, S. 43–65, hier S. 60.

[22] Im veröffentlichen „Heizer" ist Karl Roßmann, nach einer Änderung Kafkas, erst sechzehn Jahre alt (D, S. 65). So oder so, Hans H. Hiebel entschlüsselt, dass Karl „noch nicht volljährig, folglich nur begrenzt schuldfähig ist", wobei er auch auf die Arbeiten von Kafkas Cousin Bruno Kafka aufmerksam macht, der das *Österreichische Familienrecht* mit editierte. Hans H. Hiebel: Parabelform und Rechtsthematik in Franz Kafkas Romanfragment *Der Verschollene*. In: Theo Elm/ders. (Hg.): Die Parabel. Parabolische Formen in der deutschen Dichtung des 20. Jahrhunderts. Frankfurt a. M. 1986, S. 219–254, hier S. 228.

die Umkehrung der Erwartungen des Protagonisten, was der gestrichene Zusatz „Er sah zu ihr auf und verwarf das über sie Gelernte" nicht deutlicher ausdrücken könnte. Das Schwert als – zumindest mögliches – Instrument des disziplinarischen Richtens und Strafens in der Hand der „Freiheitsgöttin" indiziert, dass es sich um eine verkürzte und drohende Gestaltung von Justitia, der personifizierten Gerechtigkeit handeln könnte. Wohl ohne die Waage als Symbol des genauen Abwägens in der Hand und ohne die Binde als Symbol für Unparteilichkeit um die Augen steht sie wie ein erster Türhüter vor Amerika. Diese erste Beobachtungsszene evoziert damit das, was Foucault über 60 Jahre nach Erscheinen des „Heizers" als Schlagworte und Titel für seine Untersuchung der modernen Disziplinargesellschaften wählt: „Überwachen und Strafen".[23] Durch Karls sich stetig nähernden Blick erscheint die Statue „wie in einem plötzlich stärker gewordnen Licht" als von oben sehende, panoptisch überwachende Instanz mit einem latent Strafe androhenden Schwert. Unklar ist, ob die „Freiheitsgöttin" noch wie die Freiheitsstatue, von der Karl laut gestrichenem Zusatz gelernt hat, die *Tabula ansata* als Darstellung des Gesetzes nach der Unabhängigkeitserklärung bei sich trägt. Fest steht, dass den Europäer in Amerika eine Umerziehung erwartet, die Karls Onkel im zweiten Kapitel als „einer Geburt vergleichbar" (V, S. 56) beschreibt.

Zwischen der ersten Beobachtungsszene und diesen Worten des Onkels stehen die beiden Fürsprachen, räumlich fern von der biologischen Geburt von Karls eigenem Kind und zeitlich kurz vor der sozialen, disziplinarischen Initiation Karls auf amerikanischem Festland. Der schwankende Boden des Schiffes im Hafen markiert den Übergang zwischen den Regelsystemen, die an den Anlegestellen aufhören und beginnen, denn wie der Heizer weiß, „wechseln mit den Hafenplätzen auch die Sitten". (V, S. 10) Was sich eigentlich auf Karls naives, übereiltes Vertrauen bezieht, einem Fremden seinen Koffer anzuvertrauen, lässt sich auch auf die sich ändernden Gesetze übertragen.[24] Darüber hinaus war das Schiff vor dem Andocken eine autonome Einheit in der Isolation auf See, ein eigener juristisch-administrativer Raum mit begrenzten Hierarchieverhältnissen und Rollenzuweisungen. Nach dem Andocken wird das unter deutscher Flagge fahrende Schiff eine Enklave in Amerika, welche die eigenen Regeln mit den Vorgaben amerikanischer Rechtsvorstellungen überblendet.[25] Das Emigrantenschiff im Hafen bietet

---

[23] Foucault: Überwachen und Strafen. Foucault'sche Lektüren hat es zum „Heizer" und zum *Verschollenen* mehrfach gegeben. Neben Hiebels Untersuchung siehe auch Eberhard Ostermann: Das Subjekt und die Macht. Kafkas Erzählung „Der Heizer" mit Foucault gelesen. In: Germanisch-Romanische Monatsschrift 53.4 (2003), S. 447–461.
[24] Siehe Eduard Goldstückers These vom Schiff als Gesellschaftssymbol. Eduard Goldstücker: Kafkas „Der Heizer". Versuch einer Interpretation. In: Acta Universitatis Carolinae-Philologica. I. Germanistica Pragensia 3 (1964), S. 49–64.
[25] Siehe dazu Kerstin Stüssels Ausführungen zur kulturellen Heterogenität auf dem „Aus-/Einwandererschiff", u. a. aus seerechtlicher Perspektive in: Stüssel: In Vertretung, S. 118–119.

sich entsprechend als idealer Raum für die weitgehend realistische Darstellung des – auch verbalen – Übergangsritus zwischen zwei sozialen Zuständen. Eine Serie von vermeintlichen Zufällen auf der Handlungsebene setzt sie in Gang: Als Karl merkt, dass er seinen Regenschirm vergessen hat, bringt ihn sein Weg zurück vom Deck (und seinem Koffer) in das verzweigte Schiffsinnere, an der Kabine des Heizers vorbei, mit dem Heizer zusammen in das Schiffsbüro und damit zu seiner Fürsprache und zu seinem Onkel.

Die wandelnde Gesetzgebung ist auf der einen Seite durch den Kapitän und Teile seiner Crew und auf der anderen Seite durch die beiden New Yorker Beamten der Hafenbehörde vertreten; sie interagieren vor allem auf bürokratischem Wege miteinander. Der sich später als Karls Onkel identifizierende Herr in Civil positioniert sich dazwischen als personifizierte Mischung von europäischer Vergangenheit und amerikanischem Staatsbürgertum, wie sich an seinem Namen selbst zeigt. Jakob Bendelmann hat den Vornamen zum Familiennamen gemacht und mit Edward einen amerikanischen Rufnamen angenommen. Er steht wohl nicht zufällig „dem Fenster zugewendet" (V, S. 20) und damit der Außenwelt, die immer wieder kurz in den Erzählvorgang geholt wird, bevor sich die Szenerie auf den abgeschlossenen Raum mit den sieben Herren und den hinzutretenden Rednern verengt.

So ist das Büro beim Eintreten des Heizers und Karls zunächst über den durch die Fenster erfassbaren Außenraum beschrieben: „die Wellen des Meeres", „[g]roße Schiffe", „Masten", „Flaggen" (V, S. 19) und „Newyork", das Karl beinahe umgekehrt-panoptisch, „mit den hunderttausend Fenstern seiner Wolkenkratzer" (V, S. 20), ansieht. Erst dann lenkt sich mit Karl als Perspektivfigur der gleichsam filmische Blick in den Innenraum, der als artifizieller Ort mit Funktionsträgern, überwiegend in Dienstkleidung, geschildert wird: „ein Schiffsofficier in blauer Schiffsuniform", zwei „Herren der Hafenbehörde, in schwarzen amerikanischen Uniformen", ein „kleinerer Herr, der mit großen Folianten hantierte", zwei „Herren", von denen einer ebenfalls eine Uniform trägt, und einer in Zivil mit seinen Bewegungen „einen Teil der Ordensreihe auf der Brust des anderen" (V, S. 20–21) verdeckt sowie ein Diener. Der Schiffsoffizier und die beiden Hafenbeamten in diesem Ensemble sind in organisierte, arbeitsteilige Verwaltungsprozesse vertieft, mit denen Kafka selbst in seiner institutionellen Rolle in der Prager AUVA vertraut war.[26] Der Offizier überfliegt Dokumente, die Beamten lesen und exzerpieren; zeitweise diktiert einer dem anderen etwas ins Protokoll. Dieses Tableau und der Exzess an Verwaltungsmaterialien – „hochaufgeschichtet verschiedene Dokumente", „große[] Folianten [...] auf einem starken Bücherbrett" (V, S. 20) – kündigen die serielle Vertretungsstruktur an, die Sprechen und Schreiben im eigenen Namen verkomplizieren und in administrativen Vorgängen erschwert.

---

26 Siehe Kapitel 3.1.

4.1.1 Für den Heizer: Zwischen Fürsprache und Rhetoriklehre

Mit ihrem Eintritt in das Büro stören der Heizer und Karl das automatisch ablaufende Prozedere. Die ausgeschlagene Bitte des Heizers, mit dem Oberkassierer zu sprechen, mündet in Karls überhastete Fürsprache *für* den Heizer und dessen Anliegen, Beschwerde gegen den Vorgesetzten Schubal einzulegen, *vor* den anwesenden sieben Herren:

> „Ich erlaube mir zu sagen", begann er dann, „daß meiner Meinung nach dem Herrn Heizer Unrecht geschehen ist. Es ist hier ein gewisser Schubal, der ihm aufsitzt. Er selbst hat schon auf vielen Schiffen, die er Ihnen alle nennen kann, zur vollständigen Zufriedenheit gedient, ist fleißig, meint es mit seiner Arbeit gut und es ist wirklich nicht einzusehn, warum er gerade auf diesem Schiff, wo doch der Dienst nicht so übermäßig schwer ist, wie z. B. auf Handelsseglern, schlecht entsprechen sollte. Es kann daher nur Verläumdung sein, die ihn in seinem Vorwärtskommen hindert und ihn um die Anerkennung bringt, die ihm sonst ganz bestimmt nicht fehlen würde. Ich habe nur das Allgemeine über diese Sache gesagt, seine besondern Beschwerden wird er Ihnen selbst hervorbringen." (V, S. 22–23)

Diese an eine klassische Fürsprache erinnernde Rede, die das Allgemeine vor dem Besonderen einleitend verkündet, richtet Karl bewusst nicht nur an den Oberkassierer, sondern an alle im Raum befindlichen Herren in der Hoffnung auf einen „Gerechte[n]" unter ihnen und unter Verschweigung der Tatsache, dass „er den Heizer erst so kurze Zeit kannte". (V, S. 23) Sein Einsatz für den Fall des Heizers erscheint als eigentümliches Gemisch aus Anteilnahme, da er den Heizer nur flüchtig kennt, und aus abstraktem Austesten von Redegewalt, die der hoch funktionalisierte Raum vorzugeben scheint.[27] Der Heizer beglaubigt die Vorsprache ohne Umschweife – „Es ist alles Wort für Wort richtig[.]" (V, S. 23) – und legt dem prinzipiell wohlwollenden Kapitän schriftliches Beweismaterial vor: „ein Bündelchen Papiere sowie ein Notizbuch". (V, S. 24) Wenn im Folgenden der Oberkassierer das Wort ergreift und es an den Heizer richtet, dessen mangelnde Unterordnung er kritisiert und dessen überhebliche Entscheidung er beanstandet, nun auch den Kapitän zu belästigen sowie einen „eingelernten Stimmführer" für die „abgeschmackten Beschuldigungen" (V, S. 24–25) zu rufen, dann wird die Abstraktheit, Künstlichkeit und Vergeblichkeit dieser Fürsprachesituation noch deutlicher. Dennoch: Indem der Kapitän dem Heizer selbst Redezeit zugesteht, deutet er an, dass Karls Fürsprache als Vorrede durchaus Bestand hat.

Anhand der nun autorisierten Reden oder Erklärungen des Heizers, ihrer narrativen Darstellung im Text und der Reaktionen auf sein Sprechen werden die Praxis

---

[27] Die schwarzweiße Filmadaption der Regisseure Danièle Huillet und Jean-Marie Straub, *Klassenverhältnisse* (1984), arbeitet besonders die Mechanisierung des Sprechens in dieser Szene heraus. Mit einer an den Brecht'schen Verfremdungseffekt erinnernden Verzerrung der Diktion (vor allem anhand von unnatürlichen Zäsuren im Satz) sprechen die Figuren – Kafkas Wortlaut weitgehend getreu – in einer artifiziell und einstudiert klingenden Weise.

und Theorie der menschlichen Beredsamkeit, der Rhetorik, einerseits subtil mimetisch dargestellt und andererseits offensiv in das Handlungsgewebe geflochten. Die Frage nach der Erfindung der Gedanken wird dabei ebenso herausgearbeitet wie die Frage, wie es überhaupt möglich ist, für jemanden verbal einzustehen. Dieses Ausloten des Potentials von Reden und Fürsprachen überdeckt zunehmend den eigentlichen Fall des Heizers.

Auf der Ebene der Mittelbarkeit des Erzählens, im Erzählvorgang selbst, spiegelt sich das auf folgende Weise wider: Anders als Karls Intervention, die Erwiderung des Oberkassierers, die Rede des Kapitäns oder die noch zu kommentierende Verteidigung Schubals sind die anklagenden Ausführungen des Heizers selbst nicht als textuell markierte direkte Rede geschrieben, also ohne Anführungszeichen. Die „Rede" des Heizers erscheint als geraffte Darstellung der Sachlage, die sich mehr und mehr vom Heizer als Subjekt der Äußerungen entfernt:

> Herr Schubal ist ungerecht. Herr Schubal bevorzugt die Ausländer. Herr Schubal verwies den Heizer aus dem Maschinenraum und ließ ihn Klosete reinigen, was doch gewiß nicht des Heizers Sache war. Einmal wurde sogar die Tüchtigkeit des Herrn Schubal angezweifelt, die eher scheinbar, als wirklich vorhanden sein sollte. (V, S. 25)

Michael Scheffel analysiert in dieser Passage den „gleitenden Übergang von direkter in transponierte und schließlich erzählte Figurenrede" treffend als „Übergang von der Unmittelbarkeit in die Mittelbarkeit der Narration".[28] Der kurze Bericht ist in die Wahrnehmung Karls eingelassen, welcher nicht nur übermütig den Platz am Oberkassiererschreibtisch eingenommen hat, sondern sich zunächst auch darüber freut, dass der Heizer den Vorgesetzen Schubal „Herr" nennt und nach den dünnen Darlegungen den Kapitän zur Beeinflussung anstarrt, „als sei er sein Kollege". (V, S. 25) Über Karls Perspektive etabliert sich hier die Einverleibung der Redegewalt des Heizers, aus dessen „vielen Reden nichts eigentliches" (V, S. 25) zu erfahren ist. So wirkt es wie ein Metakommentar, wenn hinzugefügt wird: „die Stimme des Heizers regierte bald nicht mehr unumschränkt in dem Raum". (V 26) Sie herrscht so wenig im Raum des Büros wie im Erzählraum. Man erfährt auch erst nach einer abschweifenden Beschreibung des Hafenlebens,[29] dass der Heizer nervös weiterspricht; „in Schweiß" bringt er nur „ein trauriges Durcheinanderstrudeln" (V, S. 27) vieler Klagen über den Vorgesetzten heraus, die zwar, „aus seinem grenzenlos empörten Inneren" (V, S. 28) stammend das volle Potential für eine effektvolle Rede hätten, aber ohne strategische Gestaltung jegliche Wirkung bei den Adressaten verfehlt.

---

28 Michael Scheffel: Paradoxa und kein Ende. Franz Kafkas Romanprojekt *Der Verschollene* aus narratologischer Sicht. In: Carolina Romahn/Gerold Schipper-Hönicke (Hg.): Das Paradox. Literatur zwischen Logik und Rhetorik. Würzburg 1999, S. 251–263, hier S. 253.
29 Diese Passage schließt in folgendem bedeutungsträchtigen Satz: „Eine Bewegung ohne Ende, eine Unruhe, übertragen von dem unruhigen Element auf die hilflosen Menschen und ihre Werke." (V, S. 27).

Auf der Ebene des Handlungsgeschehens ändert sich entsprechend Karls Strategie in Reaktion auf die misslungene Rede. Statt der Rolle des engagierten Fürsprechers testet er nun die Rolle eines wohlwollenden Rhetoriklehrers aus, der die abstrakten Mechanismen der wirkungsvollen Rede nicht nur vollzieht, sondern erklärt. Er leitet den Heizer an, für sich selbst zu sprechen, indem er knapp auf zentrale Produktionsstadien der Rede verweist, wie sie in der rhetorischen Tradition seit Cicero und Marcus Fabius Quintilianus allgemein bekannt sind. „Sie müssen das einfacher erzählen, klarer" (V, S. 28), bezieht sich indirekt auf die Notwendigkeit der Erfindung und Gliederung von Gedanken (*inventio*) und direkt auf die Ordnung des Stoffes (*dispositio*) für einen effektiven rednerischen Ausdruck (*elocutio*). In diesem Sinne präzisiert Karl seine Handlungsanweisung für die Eigenverteidigung des Heizers: „Ordnen Sie doch Ihre Beschwerden, sagen Sie die Wichtigste zuerst und absteigend die andern, vielleicht wird es dann überhaupt nicht mehr nötig sein, die meisten auch nur zu erwähnen." (V, S. 28) Zum Einprägen der Rede (*memoria*) des Heizers war es aufgrund der gedrängten und übereilten Anklage gar nicht gekommen. Der Vortrag selbst mit seinen Komponenten der Stimme, Mimik und Gestik (*pronuntiatio*), scheitert so kläglich, dass er im Erzählraum zunehmend von der Erzählrede aufgesogen wird. Karls didaktische Anweisungen und seine Lüge zugunsten des Heizers („Mir haben Sie es doch immer so klar dargestellt." (V, S. 28)) helfen nicht, denn statt zu einer revidierenden Anklagerede kommt es zum Streit mit Karl – eine Auseinandersetzung, die lediglich als „nutzlose[r] Lärm" (V, S. 29) von den Entscheidungsträgern wahrgenommen wird.

Die Rollen von Fürsprecher und Rhetoriklehrer eigentümlich vermengend scheitert Karls Parteinahme endgültig. Schubals mustergültiger Auftritt „im Festanzug, unter dem Arm ein Geschäftsbuch" (V, S. 31), bei der er zunächst adressatenwirksam intensiven Blickkontakt sucht und dann eine weitgehend organisierte Eigenverteidigungsrede hält, die selbst Zeugen vor der Tür verspricht, steht diametral entgegen der aus dem Ruder laufenden Anklagerede des Heizers, der längst zum Angeklagten geworden ist. Dennoch wird in der auf Karl fokussierten Erzählrede jeder Satz von Schubals Ausführungen kritisch hinterfragt und Karls eigener Lernprozess qua Observation der Redefähigkeiten Schubals angekurbelt. An einer Stelle wird direkt auf die Ausführungen des Heizers zurückverwiesen, die ein besseres Eingangsargument gebraucht hätten: „Warum war das erste sachliche Wort das ihm [sc. Schubal] einfiel ‚Unredlichkeiten'? Hätte vielleicht die Beschuldigung hier einsetzen müssen, statt bei seinen nationalen Voreingenommenheiten?" (V, S. 34)

Karls anfänglich demonstrierte physische Stärke, als er „aus Übermut und weil er ein starker Junge war, den Koffer auf die Achsel" (V, S. 7) hob, ist der physischen Stärke des Heizers ähnlich, der als körperlich arbeitender Mann und „mit der Kraft seiner Verzweiflung alle anwesenden sieben Männer bezwingen könne". (V, S. 30) Dennoch zeigt sich, lehrhaft für Karl selbst und tragisch für den Heizer, dass verbale Überlegenheit die physische übersteigt. Das unförmige Geschrei des Heizers wirkt wie ein Hintergrundgeräusch im Erzählvorgang und im erzählten Vorgang, das durch eine einfache Frage an Karl übertönt wird, die der physisch schwächere

Herr mit dem Bambusstöckchen stellt: „Wie heißen Sie denn eigentlich?" (V, S. 31) Eine Antwort verzögert sich zunächst auf die Frage, die wie ein Indiz dafür steht, dass Karl in seiner eigenen Geschichte nicht mehr die verbale Macht trägt.

4.1.2 Für Karl: Fürsprache und Disziplin

Das unablässige Ausführen und Kommentieren von Vorträgen im Büro, die mit der Sache des Heizers zusammenhängen – Karl plant noch eine Rede zur „Aufrüttelung" der Herren und Schubal scheint „seine nächste große Rede einzuüben" (V, S. 35) –, wird durch die zweite Frage des Herrn mit dem Bambusstöckchen nach Karls Namen unterbrochen. Während Karl seinen Namen vor der Fürsprache für den Heizer noch als eine Art Autorisierungsgeste mit dem Reisepass vorlegte, verbleibt es hier bei der mündlichen Nennung des vollen Namens, Karl Roßmann, den er später, im „Naturteater von Oklahoma" verwerfen wird. Überspitzt gesagt geht mit dem zunehmenden Verlust des Namens im *Verschollenen* – genealogisch ähnlich den späteren Protagonisten Josef K. und K. – auch die Möglichkeit nach eigener Fürsprache verloren. Dass Fürsprache an Namen und Autoritäten gebunden ist, wird der Onkel mit seiner längeren Namens- und Statuserklärung noch unterstreichen. Sein Ausruf: „[D]ann bin ich ja dein Onkel Jakob und Du bist mein lieber Neffe." (V, S. 36) und die Bestätigung Karls: „Du bist mein Onkel [...]." (V, S. 43) erinnern darüber hinaus an die aristotelische Wiedererkennungsszene im antiken Drama.[30] Deutet sich mit Anagnorisis traditionell der Wechsel von Unwissen zu Wissen an, ist es hier hingegen der eingangs erwähnte Umschlag von der bürokratisch-juridischen Szene in eine Disziplinarszene, denn zwischen den formal ausgerufenen Erkennungen liegt die Fürsprache des Onkels, in väterlicher Manier und als Patron.[31] Die Sache des Heizers hingegen wird im Handlungsverlauf zunächst, so wie in der Erzählstruktur selbst, zur Seite gelegt. Wenn sie punktuell wieder in den Diskurs gewoben wird, dann in Projektion auf Karl.

Entscheidend ist, dass jetzt der Onkel die Sache Karls verbal übernimmt, indem er die Geschichte seines Neffen so artikuliert, wie Karl die Geschichte des Heizers

---

30 Nach Aristoteles gilt: „Wiedererkennung aber ist, wie schon der bloße Wortlaut sagt, ein Übergang aus dem Zustand der Unwissenheit in den des Wissens, der zu Freundschaft oder Feindschaft führt, bei Handelnden, die zu Glück oder Unglück bestimmt sind. Die beste Form der Wiedererkennung ist die, die zugleich mit der Wende eintritt [...]." Aristoteles: Poetik, übers. und erläutert v. Abrogast Schmitt. In: Aristoteles. Werke in deutscher Übersetzung, begründet v. Ernst Grumach/ hg. v. Hellmut Flashar, Bd. 5. Berlin 2008, Kapitel 11, S. 15–16, hier S. 16.
31 Siehe Abraham: Der verhörte Held, S. 24–25. Abraham argumentiert, dass „Karls Suche nach Gerechtigkeit also umgebogen in eine Verhörsituation [wird], die dem ganzen Roman als Strukturmodell dienen wird". (S. 25).

artikulierte.[32] Wo Karl aber streckenweise noch wie ein Freund, Mit-Sprecher oder *synegoros* auftrat, handelt der Onkel zunächst als Schutzherr, Für-Sprecher oder *patronus*.[33] Mit seinem Rang als Staatsrat bzw. Senator agiert er als Autoritätsperson, die nicht nur dem Kapitän nahesteht, sondern auch zu erreichen vermag, dass „alle Anwesenden stumm vor Achtung und Staunen auf ihren frühern Plätzen" (V, S. 45) Karl anschauen. Der Onkel trägt zudem mit dem „wie ein Degen" (V, S. 21) abstehenden Bambusstöckchen eine Requisite der Macht und Disziplinierung bei sich. Hatte Karl noch selbst den Heizer, der trotz seiner physischen Kraft an Redeohnmacht leidet, vertreten, ist Karl nun selbst bevormundet und ihm widerstrebt, dass der Onkel die Umstände seiner Reise „allen erzählt" und „so publik" macht, was „ein besonderes Geheimnis" (V, S. 39–40) bleiben sollte.

In den Mikroraum der offiziellen administrativen Einheit des Schiffes, die gerade noch Schauplatz der gerichtsähnlichen Veranstaltung war, bringt der Onkel eine genaue Erklärung der „kleinen Familienscene" (V, S. 37) vor die Funktionsträger, die gerade noch als quasi-richterliche Urteilsinstanzen fungierten. Damit verbindet er subtil die Bereiche von Familie/Privatem und Öffentlichem – eine Koppelung, die in den späteren Romanfragmenten konstitutiv wird. Seine Informationen hat der Onkel nur aus zweiter Hand, aus dem Brief jenes Dienstmädchens, das ihm von Karls vermeintlicher Verführung und dessen Reise auf dem Schiff schreibt – Karl selbst interpretiert diesen Gestus für sich auch als eine Art Fürsprache, wenn es heißt: „Das war schön von ihr gehandelt [...]." (V, S. 43) Die vermittelten Informationen sind aber auch der Grund für eine Richtigstellung seitens Karls, der die fehlerhaften Ausführungen des Onkels allerdings eher den Umständen zuschreibt, als dass er ein inhaltliches Korrektiv formuliert. So sagt er, dass in der „Rede einige Fehler enthalten gewesen" sind, die der Onkel aufgrund seiner Distanz „nicht so gut beurteilen" (V, S. 43) kann. Dass es sich eher um eine Vergewaltigung Karls als eine Verführung gehandelt hat, bleibt außerhalb der direkten Rede und somit außerhalb des Hörbaren im Büro, während in der Erzählrede, in interner Fokalisierung auf Karl, die alternative Geschichte als eine Art Gegendiskurs erzählt wird. In diesem Sinne steht

---

32 Neumann geht in seiner Untersuchung über die Möglichkeit, Leben im „Heizer" zu erzählen, weiter: „For the ‚authorial' narrator, who occasionally flits through the text, remains a very weak presence. He has surrendered virtually all his authority to the characters who tell and retell the story." (S. 87) Neumann bringt dieses Erzählverhalten mit dem verlassenen Schreibtisch in Zusammenhang, den Karl auf dem Weg ins Schiffsinnere sieht, und der auf den Erzähler verweist, der seinen Arbeitsplatz verlassen hat. „Kafka's narrative strategy thus creates something like a free-floating tissue of narration, for which no one voice accepts lasting responsibility and which ultimately splits into several separate strands." Gerhard Neumann: The Abandoned Writing Desk. On Kafka's Metanarratives, as Exemplifed by „Der Heizer". In: Franz Kafka. Narration, Rhetoric, and Reading. Columbus 2011, S. 81–93, hier S. 89. Dieser suggestiven Lesart ist hinzuzufügen, dass es zumeist das *vertretende* Sprechen und die Reflexion darüber ist, die diese Stränge gleichzeitig auseinanderbringt und zusammenfügt.

33 Siehe Kapitel 2.2.1.2 zu *Synegoria* und Advokatur in der griechischen und römischen Rhetorik.

die kleine, innere Rede für sich selbst, ohne Anspruch auf Rechtfertigung gegenüber einer externen Urteilsmacht und damit entgegen der Rede, die als „große Geschichte" (V, S. 43) vom Onkel als Patron institutionell inszeniert wird.

In Bezug auf Karls Position als Fürsprecher für den Heizer erweist sich die Rede des Onkels auch als befreiende Gönnerschaft, denn Karl glaubt sich „in seiner neuen Stellung" erhoben und damit „aussprechen zu können" (V, S. 46), was er denkt. Diese Erkenntnis ist raffiniert in den Text eingebaut, denn es wird hier impliziert, dass Karls Fürsprache für den Heizer, wie gezeigt, vorwiegend generelle, abstrakte Redemittel zur Rechtslage des Anderen herausarbeitet, zur Selbstpositionierung dient sowie einem *intuitiven* Gerechtigkeitsgefühl folgt. Das verbale Einsetzen für den Heizer beruht weniger darauf, was Karl denkt und zieht nicht auf Wahrsprechen ab.[34] Wörtlich und räumlich steht Karl genau „zwischen dem Onkel und dem Kapitän" (V, S. 46) und damit zwischen seinem ihn stärkenden Fürsprecher und dem Macht- und Entscheidungsträger. Aus dieser mittleren und gleichzeitig erhobenen Position richtet sich seine Frage auf das Schicksal des Heizers, das er als „Sache der Gerechtigkeit" betrachtet – im Gegensatz zum Onkel, der ordnend verkündet: „Dem Heizer wird geschehn, was er verdient [...] und was der Herr Kapitän erachtet." (V, S. 46) Mit der Aussage verweist der Onkel auf das Disziplinarprinzip, welches aus seiner Perspektive für das Schiff als Gesellschaftsmodell sowie für den Arbeitsplatz des Heizers gilt. Ganz in diesem Sinne hat der Heizer seine Situation gegenüber Karl geschildert, bevor dieser Fürsprache einlegte: „[U]nd hier auf diesem Kasten, wo alles nach der Schnur eingerichtet ist, wo kein Witz erfordert wird – hier taug ich nichts [...]." (V, S. 14) Karls letzter Einsatz wird also von dem ungeduldigen Machtwort des Onkels abgeschnitten, der vom Heizer „genug und übergenug" hat und jede weitere Intervention als „höchstunnötige Einmischung" versteht, die „diese geringfügige Zänkerei zweier Maschinisten zu einem Ereignis" (V, S. 48) erheben würde. Einem dieser beiden Maschinisten, dem Titel gebenden „Heizer", wird an keiner Stelle ein Eigenname zugestanden. Ihn definiert letztlich keinerlei Familienherkunft, sondern seine funktionale Eingebundenheit im Inneren des Schiffs, als Subjekt durch das und über das Macht ausgeübt wird.[35] Nach einer emotional

---

34 Nach Foucault ist mit dem Wahrsprechen oder der *Parrhesia* „Freimut, Offenheit des Herzens, Offenheit der Rede, Redefreiheit, freier Gebrauch des Wortes" gemeint, siehe Michel Foucault: Hermeneutik des Subjekts. Vorlesung am Collège de France [1981/82], Nachschrift und übers. v. Helmut Becker in Zusammenarbeit mit Lothar Wolfstetter. Frankfurt a. M. 2004, S. 447. Auf die Thematik des Wahrsprechens im Zusammenhang mit dem Verhör, die hier nicht weiter verfolgt wird, sei verwiesen auf: Niehaus: Das Verhör, S. 11.
35 Ostermanns Foucault'sche Lektüre des „Heizers" – „als ein narratives Modell für die Genese des Subjekts innerhalb der Macht und durch die Macht" (S. 451) – bringt diesen Punkt deutlicher hervor: „Aus Foucaults Grundannahme einer Ubiquität der Macht folgt zwingend, daß die Subjekte ihr umstandslos ausgesetzt sind. Dies darf aber nicht so verstanden werden, daß die Macht bloß von außen auf ein Subjekt einwirkt, so daß man auf der einen Seite ein Subjekt, auf der anderen die Macht anzunehmen hätte. Vielmehr ist dieser Prozeß, weit radikaler, in der Weise zu denken, daß

inszenierten Verabschiedung von Karl wird *er*, der Heizer, im veröffentlichten Fragment und im ersten Romankapitel zu dem *Verschollenen*, zu dem Karl Roßmann auf amerikanischem Boden werden wird.[36]

Aus der Position desjenigen, *für den* gesprochen wird, befindet sich Karl an der Schwelle, die Hans Helmut Hiebel als „Übergang von der familialen Gerichtsbarkeit zur sozialen" bezeichnet, was dem „Übergang von der Welt des *Urteils* zur der des *Prozesses*"[37] nahekommt. Im „Heizer"-Fragment manifestiert sich eine Etappe dieses Übertritts besonders in der von Karl selbst überschätzten Fürsprache, von der es retrospektiv heißt: „Wenn ihn doch seine Eltern sehen könnten, wie er im fremden Land vor angesehenen Persönlichkeiten das Gute verfocht [...]. Würden sie ihre Meinung über ihn revidieren? Ihn zwischen sich niedersetzen und loben? Ihm einmal in die ihnen so ergebenen Augen sehn?" (V, S. 33)[38] Hiebels Analyse ließe sich hinzufügen, dass mit der Intervention des Onkels die Grundsituation der beiden späteren Romanprojekte vorfiguriert wird. Kafkas *Der Verschollene* versteht Hiebel zu Recht als „verallgemeinerungsfähiges Modell mit symbolischen, d. h. gleichnishaft-parabolischen Zügen, deren Verweisfunktion sich noch im quasi realistischen Gepräge verbirgt",[39] was sich in den späteren Schriften Kafkas verstärkt parabolisch ausprägt: als „unauflösliche[] *Vermischung* von *Recht* und *Macht*".[40] Darüber hinaus figuriert sich in *Der Verschollene* auf genaue Weise „Kafkas Rechtsdenken, in welchem das *Juridische* im engeren Sinne nur *einen* von vielen Normbereichen darstellt".[41] Diesen Zusammenhang, verdichtet in den beiden Fürsprachen auf dem Schiff im Hafen vor Amerika, fasst der Onkel in der für Kafkas Stil so vorherrschenden Paradoxie für den Neffen zusammen:

---

die Macht buchstäblich durch die Subjekte hindurchgeht." In: Ostermann: Das Subjekt und die Macht, S. 449.

36 Ein sprachliches Detail unterstreicht diesen Vorgang noch: das Anredepronomen. Nach der Fürsprache des Heizers duzt Karl den Heizer, obwohl er ihn vorher nur gesiezt hat: „‚Warum sagst Du denn nichts?' fragte er. ‚Warum läßt Du Dir alles gefallen?'" (V, S. 49).

37 Hiebel: Parabelform und Rechtsthematik, S. 228. Hiebel erwähnt auch die zeitgenössischen Rechtsverhältnisse (Unterhaltspflicht, Familienrecht), die außerhalb der Metaphorizität des Juridischen Karl zu Hause nicht als eindeutig schuldig oder schuldlos erkennen müssten. Er verweist auf das *Österreichische Familienrecht* des Privatrechtlers Horaz Krasnopolskis, einem Professor Kafkas, dessen Buch Kafkas Cousin Bruno ediert hatte, kurz bevor Kafkas Arbeit am Romanfragment begann. (Siehe S. 227–229).

38 Diese Passage, in der Karl nach Anerkennung strebt, lässt sich in ähnlicher Weise auf die Werkqualität von „Der Heizer" übertragen. Der publizierte Autor Kafka personifiziert sein kleines Buch in einem Brief an Felice Bauer vom 10. Juni 1913; er distanziert sich in diesem Gestus vom Schaffensprozess und gesteht dem Werk ein Eigenleben zu: „Heute schicke ich dir den ‚Heizer'. Nimm den kleinen Jungen freundlich auf, setze ihn neben Dich nieder und lob' ihn, wie er es sich wünscht." (B 1913–1914, S. 205).

39 Hiebel: Parabelform und Rechtsthematik, S. 219.
40 Hiebel: Parabelform und Rechtsthematik, S. 220.
41 Hiebel: Parabelform und Rechtsthematik, S. 221.

„Mißverstehe die Sachlage nicht", sagte der Senator zu Karl, „es handelt sich vielleicht um eine Sache der Gerechtigkeit, aber gleichzeitig um eine Sache der Disciplin. ~~Gerechtigkeit und Disciplin mischen sich aber nicht~~ Beides und ganz besonders das letztere unterliegt hier der Beurteilung des Herrn Kapitäns." (V, S. 48/V', S. 141)

Gerechtigkeit sei nicht notwendig das Fundament von Disziplin, sondern beides existiere nebeneinander – die Inszenierung der beiden Fürsprachen entspricht auch dieser Logik. Während für den Onkel „Gerechtigkeit" optional („vielleicht") ist, erscheint „Disciplin" unabdingbar. Satzlogisch können sich beide Bereiche durchaus vermischen, Gerechtigkeit und Disziplin also „gleichzeitig" eine Sache bestimmen – Kafkas gestrichenem Zwischensatz zum Trotz. Dass beides allerdings *einer* Instanz, dem Kapitän, unterliegt, verweist darauf, dass Gerechtigkeit nicht als Ausgleich von Interessen zwischen mehreren beteiligten Personen verstanden wird. In einem leisen, ironisch-resignierenden Nachsatz und Kommentar dazu heißt es: „,So ist es', murmelte der Heizer. Wer es merkte und verstand, lächelte befremdet." (V, S. 48)

4.1.3 Fürsprache in Amerika

Nach Karls Initiation auf dem Schiff, die Kafka mit dem „Heizer" vom Schreibstrom in ein Werk transferiert und veröffentlicht hat, folgt in dem zu Lebzeiten unveröffentlichten Romankomplex eine seltene, deskriptive Kindheitserinnerung Karls in Amerika. Ausgelöst wird sie, als Karl den Schreibtisch neuester Art in seinem Zimmer im Haus des Onkels und Vormunds betrachtet. Der Regulator zum Verstellen des Fächeraufbaus erinnert ihn an die Vorrichtung des Krippenspiels auf dem heimatlichen Christmarkt, das durch „Kurbeldrehung, die ein alter Mann ausführte" (V, S. 58), betrieben wurde. Zunächst hatte der junge Karl mit voller Stimmkraft, „mit lauten Ausrufen", der Mutter „verborgenere Erscheinungen gezeigt". (V, S. 58) Indem die Mutter „ihm den Mund zuhielt" (V, S. 58), performierte sie ganz bildlich, was Hiebel als „Urszene disziplinärer Bevormundung"[42] bezeichnet. Wenn im Text hinzugefügt wird, dass „wohl ein ähnlich undeutlicher Zusammenhang" (V, S. 58) zu Karls Erinnerung besteht, eröffnet sich noch ein weiterer Zusammenhang: der zu den mechanisierten und disziplinierenden Vorgängen auf dem Schiff. Die Kindheitsreminiszenz und die „Heizer"-Episode figurieren nämlich einen ähnlichen Übergang von freiem Sprechen und Kommentieren hin zu einer unmöglichen oder disziplinarisch-kontrollierten Form der Artikulation, von der Unmittelbarkeit zur Mittelbarkeit oder gar zum Verstummen.[43] Hier wie dort finden mechanisch ablaufende Prozesse statt, gesteuert

---

42 Hiebel: Parabelform und Rechtsthematik, S. 235. Hiebel macht hier zudem auf die Verkehrung der Heilsgeschichte aufmerksam.
43 Obwohl das Wort „Vormund" nie im *Verschollenen* fällt, sondern nur zweifach im *Proceß* mit Bezug auf den Onkel gewählt wurde, bietet sich hier die falsche Etymologie (aber populäre

einmal von der Hand eines alten Mannes und einmal von den Befehlen des Kapitäns, der Maschinenraumtechnik und der Verwaltungsmaschinerie. Hier wie dort kommentiert Karl passioniert und wortgewaltig einmal kindlich-begeistert die vorbeiziehende Häschenfigur im Krippenspiel, einmal arglos-fürsprechend die Arbeitsverhältnisse des Heizers. Hier wie dort wird Karl das Wort abgeschnitten, einmal im Rahmen der erzieherischen, familiären Urteilsmacht für das Kind, einmal im Rahmen der disziplinären Umerziehung des Jugendlichen, an deren Beginn die wohlwollende Empfehlung des Onkels auf dem Schiff steht.

Diese früh erzwungene Rücknahme der eigenen Wortgewalt durch die Mutter wiederholt sich somit durch den Onkel mütterlicherseits, der Karls Spiel mit der Kurbel nicht gern sieht.[44] Letztere Episode modelliert auch Karls Rolle im Personengefüge der Folgeepisoden, die den Raum von der verhältnismäßig überschaubaren Rechtssphäre des Büros hin zu einem Raum unüberschaubarer Machtstrukturen eröffnen, in denen immer neue Ersatzpatriarchen als Sprech- und Urteilsinstanzen auftreten: Herr Green, Herr Pollunder, der Oberkellner und der Oberportier sowie der Polizeimann. Abraham ist zuzustimmen, wenn er diese Episoden als rekurrierende Verhörsituationen liest, in denen Karl nun Fürsprache braucht.[45] Hiebel führt überzeugend aus, dass die „modellartigen Szenen des *Verschollenen* [...] den Widerspruch Gerechtigkeit versus Disziplin zum Gegenstand machen".[46] In diesen komplexen Gefügen bieten sich dem vorwiegend schweigenden Karl Fürsprecher an, deren Interventionen dennoch häufig scheitern. Dazu zählt die Fürsprache Pollunders, eines Landhausbesitzers und Geschäftsfreunds des Onkels, der Karl vor dem Onkel zur Hilfe kommt und verspricht, dass Karls unvorbereiteter Aufenthalt auf dem Landgut keine Unannehmlichkeiten bringen wird (siehe V, S. 71–72). Mit seinem Engagement widersetzt sich Pollunder dem Erziehungsprogramm von Pflichtausübungen, Ordnung und Disziplinierungsmaßnahmen, was indirekt zum Verstoß Karls durch den Onkel führt. In

---

Zusammenführung) zwischen dem Mund und dem Bevormunden an. Für Theodor W. Adorno verbindet sich Denken mit Mündigkeit: „Mündig ist der, der für sich selbst spricht, weil er für sich selbst gedacht hat und nicht bloß nachredet [...]. Das erweist sich aber an der Kraft zum Widerstand gegen vorgegebene Meinungen und, in eins damit, auch gegen nun einmal vorhandene Institutionen, gegen alles bloß Gesetzte, das mit seinem Dasein sich rechtfertigt. Solcher Widerstand, als Vermögen der Unterscheidung des Erkannten und des bloß konventionell oder unter Autoritätszwang Hingenommenen, ist eins mit Kritik, deren Begriff ja vom griechischen *krino*, Entscheiden, herrührt." Theodor W. Adorno: Kritik. In: Gesammelte Schriften, Bd. 10.2 (Kulturkritik und Gesellschaft II). Frankfurt a. M. 1977, S. 785–793, hier S. 785.

44 Zur Verwandtschaftsbeziehung Karls und des Onkels siehe Niehaus: Das Verhör, S. 454: „Wo der Vater die strenge Familienautorität vertritt, ist die Beziehung zum Onkel mütterlicherseits vertraulich, er wird als eine ‚männliche Mutter' angesehen". Aus dieser archaisch-genealogischen Perspektive lässt sich der gleitende Übergang Karl Roßmanns vom Sohn, zum Neffen und zum Bürger lesen.

45 Abraham: Der verhörte Held, S. 24–25. Dagegen ist Abrahams Behauptung, dass es sich bereits auf dem Schiff um ein Verhör handelt, einem sehr weit gegriffen Verhörbegriff anzulasten.

46 Hiebel: Parabelform und Rechtsthematik, S. 220.

der Sphäre des Hotels Occidental, wo der Angestellte Karl vom Oberkellner in einer Art Gerichtsverhandlung vernommen wird, da er kurz den Arbeitsplatz vor dem Lift verlassen hat, finden sich weibliche Fürsprecherinnen: die Oberköchin und Therese. Nicht zuletzt erinnert die Natur dieser Vernehmung an den funktionalisierten, zweckrationalen Arbeitsbereich des Heizers, dessen Rolle Karl nun eingenommen hat.

Die erste direkte Begegnung mit einem Vertreter der amerikanischen Behörden, einem Polizisten, macht den Opportunisten Delamarche zum „negativen Fürsprecher"[47] Karls, denn seine Intervention voller Lügen treibt Karl wieder in ein Abhängigkeitsverhältnis gegen seinen Willen. In einem phantastischen Abschluss, dem Aufnahmeprozess des „große[n] Teater[s] von Oklahoma" (V, S. 387), bietet sich mit dem Kanzleischreiber eine Instanz an, die sich trotz fehlender Legitimationspapiere für Karls Aufnahme vor dem Leiter einsetzt. Ob die wohlwollende Geste dieses Vertreters von einer der etwa 200 Kanzleien, nämlich der „Kanzlei für europäische Mittelschüler" (V, S. 401), als positive Erlösung oder Eintritt in eine funktionale Arbeitsmaschinerie gewertet werden kann, ist offen. Fest steht, dass Karl mit der Angabe des falschen Namens „Negro" (V, S. 402) seinen eigenen Namen aufgibt und gleichzeitig für sein neues Selbst spricht, vor dem „größte[n] Teater der Welt". (V, S. 394) Letztlich nimmt er nicht mehr die (auch theatralische) Rolle eines Vorsprechers an, wie im „Heizer"-Fragment, sondern die Rolle eines technischen Arbeiters in einem überdimensionierten Getriebe.

4.2 Josef K.: Auftreten und Eintreten im *Proceß*

Im formal geschlossensten Romanversuch Kafkas ist es – wie in den beiden anderen Romanfragmenten – die viel interpretierte Eingangssequenz, welche die Ausgangssituation für den Protagonisten komprimiert darstellt und ihn in eine scheinbar neue Welt hineinwirft, deren Regeln er (unzuverlässig) beobachtet, auf die er reagieren und mit der er sprachlich agieren muss. Der berühmte erste Satz lautet: „Jemand mußte Josef K. verleumdet haben, denn ohne daß er etwas Böses getan hätte, wurde er eines Morgens verhaftet."[48] (P, S. 7) Während Karl Roßmann im *Verschollenen* in einer phantastischen Theatralität verschwindet, wird Josef K. im Eingangskapitel sogleich in die traumhafte Theatralität seines eigenen Prozesses

---

47 Abraham: Der verhörte Held, S. 31–32.
48 Geschlossenheit stellt sich hier vor allem durch den schon früh niedergeschriebenen Rahmen – das Anfangskapitel „Verhaftung" und das Abschlusskapitel „Ende" – her. Die Szene der Initiation am dreißigsten Geburtstag und die Szene der Hinrichtung am Vorabend des einunddreißigsten Geburtstages sind entweder kurz nacheinander oder parallel verfasst worden und fixieren das Geschehen entsprechend auf genau ein Jahr. Die Chronologie der Binnenkapitel (ihres Verfassens sowie ihrer Anordnung im projizierten Roman) ist nicht eindeutig feststellbar, was ihnen einen episodischen Charakter verleiht.

gebracht.⁴⁹ Der Eintritt des Protagonisten in die Romanwelt geht mit dem Eintritt in den Tag – den dreißigsten Geburtstag – und in die rechtliche Sphäre einher und endet ein Jahr später mit der Exekution durch die Institution. Die einer Geburt ähnliche soziale Initiation, die Karl Roßmanns Onkel erst im zweiten Kapitel des *Verschollenen* seinem Neffen prophezeit, vollzieht sich hier symbolisch also bereits am oder sogar vor dem Anfang. Als soziales Subjekt ist Josef K. sogleich mit der ungreifbaren Institution verknüpft; es gibt kein Außerhalb. Die Erzählerposition ist gleichsam in dieser Zone, die sich weder mit der des Protagonisten vollständig deckt noch strikt von ihr unterschieden ist.⁵⁰ Dass Josef K. gleich als mutmaßlich Verleumdeter und in Konsequenz als Verhafteter gekennzeichnet ist, unterstreicht das Potential der Rede, über die sich Macht manifestiert – und hier ist es nicht die Rede *für* sondern *gegen* jemanden.⁵¹ Der Sprechakt des Verleumdens meint schließlich jemanden „in (bösen) ruf bringen".⁵² Mit dem Einschub im ersten Satz – „denn ohne daß er etwas Böses getan hätte" – wird das inhärente Spannungspotential sofort unterstrichen.

Josef K.s Eintritt in die Romanwelt ist auch ein Auftritt in einer Szene, in der er „mitspielen" würde, wenn es eine „Komödie" (P, S. 12) wäre. So liest sich mit Rückblick auf das erste Kapitel des *Verschollenen* einerseits manches Detail als Verdrehung und Parodie ganz komödiantisch,⁵³ anderseits als Vorwegnahme und

---

49 Die Entstehung des Teils zum „Naturteater von Oklahoma" fällt übrigens in die Entstehungszeit von *Der Proceß* (wie auch von „Der Dorfschullehrer", ein Text, um den es in Kapitel 5.1 geht). Dem wichtigen Element der Theatralität in Kafkas Ästhetik widmen sich zahlreiche Untersuchungen, meist mit Berufung auf Walter Benjamin, der von einer „Auflösung des Geschehens ins Gestische" spricht. Walter Benjamin: Franz Kafka. Zur zehnten Wiederkehr seines Todestages. In: ders.: Benjamin über Kafka. Texte, Briefzeugnisse, Aufzeichnungen, hg. v. Hermann Schweppenhäuser. Frankfurt a. M. 1981, S. 9–38, hier S. 18. Mit Fokus auf den *Proceß* sind folgende neuere Arbeiten zu nennen: Klaus Mladek: Radical Play: Gesture, Performance, and the Theatrical Logic of the Law in Kafka. In: The Germanic Review 78.3 (2003), S. 223–249 und Oliver Simons: Schuld und Scham. Kafkas Episches Theater. In: Arne Höcker/ders. (Hg.): Kafkas Institutionen. Bielefeld 2007, S. 269–294.
50 Trüstedt schreibt: „This complex constellation of a speaking-for, that is neither identical with K.'s perspective, nor given a perspective of its own and that is speaking-for as much as it is speaking-against characterizes the novel's and its protagonist's struggle for representation." Trüstedt: Execution without Verdict, S. 140.
51 Ebenso ist es nur ein Sprechakt, der Josef K. im Eingangskapitel verhaftet, siehe Christine Lubkoll: „Man muß nicht alles für wahr halten, man muß es nur es nur für notwendig halten." Die Theorie der Macht in Franz Kafkas Roman *Der Proceß*. In: Wolf Kittler/Gerhard Neumann (Hg.): Franz Kafka: Schriftverkehr. Freiburg 1990, S. 279–294, hier S. 284.
52 Grimm: Deutsches Wörterbuch, Bd. 25, Sp. 783.
53 Beide Episoden ereignen sich auf engem Raum; das Büro auf dem Schiff ist aber durch die geschlossene Tür abgedichteter als die zusammenhängenden Zimmer in Josef K.s Pension. War Karl noch mit dem Heizer störend in die Kabine getreten, wird Josef K. nun von den Vertretern eines behördlichen Apparates überfallen. Hatte Karl im Schiffsbüro das vage Gefühl, dass durch die geschlossenen Kabinenfenster „Newyork" ihn „mit den hunderttausend Fenstern seiner Wolkenkratzer" anschaute (V, S. 20), kann Josef K. durch ein geöffnetes Fenster genau eine neugierige Frau erblicken, die vom gegenüberliegenden Fenster alles beobachtet, was sich bühnenmäßig in seiner

Vorspiel, was sich szenisch und nachspielend in den Folgekapiteln bis zur Tragödie wiederholt: Josef K.s Eintritte und seine weiteren Verwicklungen in die Gerichtsinstitution.[54] Dabei ist es die Macht der Rede, der eine maßgebliche Rolle zukommt.[55] Wie der Romanverlauf zeigt – und wie die folgende Analyse mit ihrem Blickpunkt auf die *delegierten* Reden nachzuzeichnen versucht – bringt sie Josef K. nicht nur in den erzählten Prozess (und in den geschriebenen *Proceß*) hinein, sondern verwickelt ihn darin immer tiefer. Von seiner theatralischen, politischen Fürsprache *für viele* in der „Ersten Untersuchung" über den Kontakt mit einer Reihe von Fürsprechern und Helfern bis zum Plan der eigenen Verteidigungsschrift führt das Spektrum des vertretenden Kommunizierens während der erzählten Zeit. Mit anderen Worten führt der Weg von der ungeklärten Verleumdung über die eigene Stimme im engsten Kontakt mit dem Gericht, zu dem es je kommt, weiter über die fremden Stimmen von Onkel, Advokat und Helfern ohne Publikum bis zur Erwägung der eigenen Verteidigungsschrift, die nicht vollendet wird und somit ohne Leser bleibt.

Der im ersten Satz nicht explizit gemachte Grund der Verhaftung, das Vergehen, wird auch im weiteren Verlauf nicht zur Sprache kommen. Die Unerkennbarkeit der Schuld Josef K.s führt, wie Kerstin Stüssel auf den Punkt bringt, zu „einem Effekt von Kämpfen, Verhandlungen und Interventionen".[56] Das nicht präzise zu lokalisierende Gericht, der abwesende Richter[57] sowie das sich nie schriftlich

---

Privatsphäre, die nun öffentlich ist, abspielt (siehe P, S. 7–9). Karls mustergültiges Vorlegen des Reisepasses erscheint zunächst parodiert, als es nur die „Radfahrlegitimation" ist, die Josef K. findet, bis er seinen Geburtsschein in der Hand hat (P, S. 12) – Dokumente, die K. im *Schloß* übrigens fehlen. Und fand mit Karl und dessen Onkel eine signifikante Wiedererkennungsszene statt, sind es im *Proceß* lediglich die drei „so uncharakteristischen blutarmen jungen Leute" im Tableau der Szene, die sich erst später als untergeordnete Beamte in Josef K.s Bank entpuppen. (P, S. 27) Eine negative Form der Erkenntnis deutet sich in der Verhaftungsszene an, als Josef K. in Anspielung auf die paradiesische Erkenntnis einen Apfel frühstückt und es kurz danach heißt: „Es wunderte K., wenigstens aus dem Gedankengang der Wächter wunderte es ihn, daß sie ihn in das Zimmer getrieben und ihn hier allein gelassen hatten, wo er doch zehnfache Möglichkeit hatte, sich umzubringen." (P, S. 17).
54 Siehe Rüdiger Campe: Schreiben im *Process*. Kafkas ausgesetzte Schreibszene. In: Davide Giuriato/Martin Stingelin/Sandro Zanetti (Hg.): „Schreibkugel ist ein Ding gleich mir: von Eisen". Schreibszenen im Zeitalter der Typoskripte. München 2005, S. 115–132, hier S. 129–130.
55 Zur Theorie der Macht als Macht der Rede im *Proceß* siehe Lubkoll: „Man muß nicht alles für wahr halten, man muß es nur es nur für notwendig halten", S. 284–285.
56 Stüssel: In Vertretung, S. 140.
57 „Wo war der Richter den er nie gesehen hatte? Wo war das hohe Gericht bis zu dem er nie gekommen war?" (P, S. 312), heißt es kurz vor K.s Hinrichtung. Zudem erklärt der Maler Titorelli dem Angeklagten Josef K.: „Die untersten Richter nämlich, zu denen meine Bekannten gehören, haben nicht das Recht endgiltig freizusprechen, dieses Recht hat nur das oberste, für Sie, für mich und für uns alle unerreichbare Gericht." (P, S. 213).

zeigende Gesetz[58] manifestieren sich stets über ein Geflecht von personalen Vertretern: Gesandte des Gerichts und Menschen aus dem Alltagsleben. „So viele Leute sind mit dem Gericht in Verbindung!" (P 180), stellt Josef K. resignierend im Gespräch mit einem Fabrikanten im Bankbüro fest. Um mit den Vertretern des Gerichts zu interagieren, muss auch Josef K. ein Beziehungsnetz weben, das ihn immer tiefer in die Strukturen des Prozesses und den Ablauf des Verfahrens verstrickt.

Ein Hinweis des namenlos bleibenden Fabrikanten bringt auf eine Formel, was sich latent durch das gesamte Romanfragment zieht: das System von Rollen und Stellvertretungen, in deren Zentrum der Protagonist in mehrfacher Hinsicht steht. Der Fabrikant trifft Josef K. genau am Knotenpunkt der beiden Bürokratien an, in denen er involviert ist: in der Bank als Prokurist und beim Nachdenken über seinen Prozess als Angeklagter. Er ist einer der Helfer, der Hilfe weiterleitet, da er ein Treffen mit dem Maler Titorelli vorschlägt, welcher Josef K. zumindest weitere Ratschläge in seinem Prozess geben kann. So sagt er:

> Und wenn auch diese Ratschläge an und für sich nicht entscheidend sein sollten, so werden sie doch meiner Meinung nach in Ihrem Besitz von großer Bedeutung sein. Sie sind ja fast ein Advokat. Ich pflege immer zu sagen: Prokurist K. ist fast ein Advokat. (P, S. 182)

Diese dreifache Bezeichnung von Josef K. – als „Prokurist", „K." und „fast ein Advokat" – erfasst den Rollen- und Stellvertreterstatus des Protagonisten präzise in drei Facetten und drei unterschiedlichen institutionellen Sphären: der Geschäftswelt, der ihm Namen gebenden familiären Welt und der Gerichtswelt.

Erstens bedeutet die Berufsbezeichnung als Bankprokurist, dass Josef K. Prokura, also geschäftliche Vertretungsmacht, besitzt und im Namen des Vorgesetzten und im Namen der Bank unterschreiben darf.[59] Adolf Weißlers Studie zur *Geschichte der Rechtsanwaltschaft* von 1905 ist übrigens detailliert zu entnehmen, dass die Profession im Mittelalter in Advokatur und (dem Prokuristen etymologisch verwandte) Prokuratur geteilt war.[60] Vereinfacht ausgedrückt war der Advokat derjenige, der die schriftlichen Arbeiten tätigte, während der Prokurator wörtlich für einen Klienten sprach – eine Konstellation, die sich im *Proceß* mit dem Advokaten Huld und dem Prokuristen Josef K. in Verbindung bringen ließe.[61]

---

58 Zu den Heften des Untersuchungsrichters kommentiert Josef K.: „[D]ie Bücher sind wohl Gesetzbücher und es gehört zu der Art dieses Gerichtswesens, daß man nicht nur unschuldig, sondern auch unwissend verurteilt wird." (P, S. 74) Sie erweisen sich als Pornographien.
59 Zur Figur des Prokuristen siehe John T. Hamilton: Procuratores. On the Limits of Caring for Another. Telos 170 (2015), S. 7–22. Zur strukturellen Ähnlichkeit der Vertretung zwischen dem Prokuristen Josef K. und Kafkas Rolle als Konzipist in der AUVA, die in Kapitel 3.1 eruiert wurde, siehe Densky: Proxies in Kafka.
60 Siehe Weißler: Geschichte der Rechtsanwaltschaft, S. 110–121.
61 So heißt es nach Annahme des Advokaten Hulds: „Auch der Angeklagte hat nämlich keinen Einblick in die Gerichtsschriften und aus den Verhören auf die ihnen zugrunde liegen Schriften zu

Zweitens deutet sich mit dem Kürzel „K." eine halb-anonyme Fallstudie eines potentiellen Jedermann an. Das „K." spart den vollständigen Familiennamen so aus, wie auch die Familie des Protagonisten im Roman weitgehend unerwähnt bleibt – das Auftreten des Onkels sowie die nur brieflich in Erscheinung tretende und von Josef K. sehr vernachlässigte Cousine Erna bilden hier die Ausnahme; der früh verstorbene Vater und die zuletzt „vor etwa zwei Jahren besucht[e]" (P, S. 335) Mutter werden lediglich in einem der stark fragmentierten Kapitel erwähnt. Dennoch impliziert der Name die Zugehörigkeit zur Familie, wie der Onkel mahnt: „Josef, lieber Josef, denke an Dich, an Deine Verwandten, an unsern guten Namen." (P, S. 122) Abkürzungen von Namen und Berufsbezeichnungen finden sich übrigens inkonsistent, aber gehäuft auf den Manuskriptseiten des Romans. So heißt es vielleicht zufällig, aber durchaus aufschlussreich in der Handschrift: „Prok. K. ist fast ein Adv."[62] Diese Abkürzungen evozieren die entpersönliche Tendenz des Konzipistenanwärters Franz Kafka, der seine amtliche Unterschreibungspflicht lieber ganz umgeht oder auf das Abzeichnen mit seinen Initialen „FK"[63] minimiert.

In diesem Sinne ist die dritte Bezeichnung des Fabrikanten in doppelter Weise nur „fast" die, dass K. ein Advokat sei. Es ist nur *fast* der vollständige Titel und nur *fast* der Beruf des Advokaten. Dass sich der Prokurist Josef K. in seiner Freizeit mit juristischen Fragen beschäftigt, geht aus dem Fragment „Staatsanwalt" hervor. Die Stammtischgesellschaft um den Staatsanwalt Hasterer besteht am oberen Ende ihrer Mitgliederhierarchie aus „Richtern, Staatsanwälten und Advokaten", wobei „ganz unten am Tisch" zudem „einige ganz junge Beamte und Advokaturs-gehilfen" (P, S. 327) Platz haben. Eingeführt wurde Josef K. von einem Rechtsvertreter in der Bank und er ist der einzige Teilnehmer in diesem Ensemble ohne einen Beruf in der Gerichtswelt, was ihn seine Rolle als „geschäftlicher Fachmann" (P, S. 328) spielen lässt.

Der eindringlichste Anlass für das öffentliche Auftreten als „fast ein Advokat" bietet sich für Josef K. aber bereits vor dem Hinweis des Fabrikanten bei der „Ersten Untersuchung".

4.2.1 Mündliche Vertretung in der „Ersten Untersuchung"

Vor dem Untersuchungsrichter und einer versammelten Menschenmenge hält Josef K. eine Rede im vermeintlichen Namen vieler. Der ersten Untersuchung weist er

---

schließen ist sehr schwierig, insbesondere aber für den Angeklagten der noch befangen ist und alle möglichen Sorgen hat, die ihn zerstreuen. Hier greift nun die Verteidigung ein. Bei den Verhören dürfen im allgemeinen Verteidiger nicht anwesend sein [...]." (P, S. 154).
62 FKA/P: „Advokat Fabrikant Maler", S. 60–61.
63 Siehe den Brief an Felice Bauer vom 20.–21. Dezember 1912. (B 1900–1912, S. 347–350) und Kapitel 3.1.2.

zunächst die Macht zu, den eigentlichen Prozess zu verhindern; sie „sollte auch die letzte sein" (P, S. 50), was Josef K.s Motivation ist, sich überhaupt in die entlegene Vorstadtstraße zu begeben, in der sie stattfinden soll. Implizit performiert er die abstrakten Mechanismen einer publikumswirksamen Ansprache, die strukturell an Aspekte von Karl Roßmanns Fürsprache für den Heizer erinnert. Und hier wie dort endet der erhabene Versuch einzugreifen in einer Erkennungsszene, mit der sich der Umschlag von Unwissen in vermeintliches Wissen (in einer Art Peripetie) im Geschehensablauf ankündigt: übereilt und trotz mangelnder Kenntnis der Sachlage im „Heizer" und trotz mangelnden Verstehens des Prozederes im *Proceß*.

Ähnlich wie der Weg des *Ich* im „Fürsprecher"-Text über die Gänge und Treppen führt, verläuft Josef K.s Weg in dieser Szene und seiner Rede über mehrere Treppen und Stockwerke hinauf, entlang an einem Ausschnitt des sozial niedrig stehenden „Überalls" – spielenden Kindern, Frauen mit Säuglingen, halbwüchsigen Mädchen, Kranken, Schlafenden, Arbeitern – bevor er am flüchtigen Ort des „Gerichts" im fünften Stock des Mietshauses ankommt.[64] Der dortige Sitzungssaal erinnert ihn allerdings weniger an ein Gericht als an eine überfüllte „politische Bezirksversammlung" (P, S. 58), wobei Kafka zunächst sogar „socialistische Versammlung" (P', S. 188) niederschrieb, dann aber zugunsten des allgemeinen Politischen strich. Es scheint, als sei „ein schmaler Weg frei [...], der möglicherweise zwei Parteien schied" (P, S. 58), die gleichzeitig ein Publikum bilden. Auf einem niedrigen, überfüllten Podium, das gleichzeitig an eine Bühne erinnert, drängen sich Leute neben dem Tisch des Untersuchungsrichters. Erst nachdem eine Person hinunterspringt, wird Platz für Josef K., dessen Plan, „mehr zu beobachten als zu reden" (P, S. 60), von der Vorstellung verdrängt wird, als verbaler Stellvertreter zu handeln. Bereits am Anfang ist er zuversichtlich, dass einerseits „[l]eicht zu gewinnende Leute" im Publikum seien, und er setzt sich als Ziel, die anderen „zeitweilig auch [...] zu gewinnen". (P, S. 60) So entgegnet er dem Irrtum des Untersuchungsrichters, dass er Zimmermaler sei, ganz unvermittelt: „Nein [...], sondern erster Prokurist einer großen Bank." (P, S. 61) Was explizit Lachen in einer Gruppe des Publikums erzeugt, impliziert gleichzeitig die eigentümliche Stellvertreterrolle Josef K.s in der Sphäre seines Berufs und in der Sphäre des Gerichtssaals, die er mit

---

64 Siehe Campe: Kafkas Fürsprache, S. 192. Der Weg Karl Roßmanns zur Kabine des Heizers führt zunächst gegenläufig nach unten: „Unten fand er zu seinem Bedauern einen Gang, der seinen Weg sehr verkürzt hätte, zum erstenmal versperrt, was wahrscheinlich mit der Ausschiffung sämtlicher Passagiere zusammenhieng, und mußte sich seinen Weg durch eine Unzahl kleiner Räume, fortwährend abbiegende Korridore, kurze Treppen, die einander aber immer wieder folgten, ein leeres Zimmer mit einem verlassenen Schreibtisch mühselig suchen, bis er sich tatsächlich, da er diesen Weg nur ein oder zweimal und immer in größerer Gesellschaft gegangen war, ganz und gar verirrt hatte." (V, S. 8) Nach dieser Logik müsste der Weg zu den beiden Fürsprachen in das Büro ebenfalls nach oben führen.

einigem Stolz unterstreicht. Als er zu der für die Anwesenden überraschenden Rede über die Fragwürdigkeit des Verfahrens ansetzt, ist er überzeugt, im Sinne der ruhigeren Gruppe zu sprechen.

Mit gehobener Stimme spricht er dann also wie ein politischer Fürsprecher, der *für* Andere *vor* Anderen sowie *vor* der entscheidungsmächtigen Stellvertreter-Instanz des Untersuchungsrichters steht:

> „Was mir geschehen ist", fuhr K. fort etwas leiser als früher und suchte immer wieder die Gesichter der ersten Reihe ab, was seiner Rede einen etwas fahrigen Ausdruck gab, „was mir geschehen ist, ist ja nur ein einzelner Fall und als solcher nicht sehr wichtig, da ich es nicht sehr schwer nehme, aber es ist das Zeichen eines Verfahrens wie es gegen viele geübt wird. Für diese stehe ich hier ein, nicht für mich." (P, S. 64)

In dieser Rede vollzieht sich eine komplexe Instanzenverschiebung innerhalb der Fürsprache-Konstellation. Über den Umweg des Einsetzens für andere als politischer Fürsprecher wird Josef K. letztlich sein eigener rechtlicher Fürsprecher. Obwohl er sein Anliegen nur als „das Zeichen eines Verfahrens" deklariert, klammert er sich in logischer Konsequenz nicht aus. Anders formuliert: Indem er sich publikumswirksam auf der Bühne als *ad hoc*-Stellvertreter für „viele" inszeniert, spricht er auch für seinen „einzelne[n] Fall" – und damit für sich selbst.

Wenn er dann behauptet, „Ich will nicht Rednererfolg", sondern „nur die öffentliche Besprechung eines öffentlichen Mißstandes" (P, S. 65), wird klar, dass seine Intentionen gespielt sind, gespielt werden müssen. Nur so lässt sich die Rolle aufführen, die Josef K. bei seiner morgendlichen Verhaftung überraschend annehmen musste – eine Rolle, die er am Abend der Verhaftung auch am Ort des Geschehens, vor Fräulein Bürstner, selbst reinszenierte, indem er die Rolle des Aufsehers eingenommen, die anderen Personen imaginär platziert und zunächst nicht an sich selbst gedacht hatte: „Ja, ich vergesse mich, die wichtigste Person [...]." (P, S. 44) Etwa zehn Tage später verlagert er die privat nachgestellte Verhaftung in eine öffentlich nacherzählte Verhaftung. Das Erzählte wird selbst zum Platzhalter des Geschehenen, die Unmittelbarkeit des Gestischen verschiebt sich auf die Mittelbarkeit des Sprachlichen. Josef K.s längere direkte Rede stellt seinen Fall aus seiner Perspektive mit einiger Verzerrung dar; sie diffamiert die Wächter als „demoralisiertes Gesindel" (P, S. 65) und den Aufseher als „eine Darstellung des stumpfsinnigsten Hochmuts". (P, S. 66) Vor direkt involviertem Publikum vermischt er die Rollen von Angeklagtem, Ankläger und Fürsprecher für „viele" in seiner Person. Dabei vergisst er sich selbst dieses Mal als „die wichtigste Person" nicht, sondern begibt sich auf die Bühne und bringt sich in den Bericht, bevor er das Publikum selbst als Statisten entlarvt.

Die „Zeichen", die der Untersuchungsrichter den Leuten im Publikum gibt, erkennt Josef K. als Steuerungs- und Regulationsmechanismus, „von hier oben dirigiert" zu werden, und er wagt es eigenmächtig, dies zu unterbinden: „[I]ch ermächtige den Herrn Untersuchungsrichter öffentlich, seine bezahlten Angestellten dort unten statt mit geheimen Zeichen, laut mit Worten zu befehligen, indem er etwa einmal sagt: ‚Jetzt zischt' und das nächste Mal: ‚Jetzt klatscht'." (P, S. 67) Mit dieser dreisten Autorisierungsgeste fordert er, dass die nonverbalen, verdeckten Aktionen „oben", die zu uniformen Reaktionen „unten" führen, verbalisiert und offen zugänglich werden. Damit geht er einen ganz entscheidenden Schritt weiter als Karl Roßmann, der nur die Rede des Heizers korrigierend kommentierte. Josef K. greift offensiv das Gericht und die Entscheidungsinstanzen an, bzw. deren zahlreichen Vertreter, als

> eine große Organisation [...], die nicht nur bestechliche Wächter, läppische Aufseher und Untersuchungsrichter [...] beschäftigt, sondern die weiterhin jedenfalls eine Richterschaft hohen und höchsten Grades unterhält mit dem zahllosen unumgänglichen Gefolge von Dienern, Schreibern, Gendarmen und andern Hilfskräften, vielleicht sogar Henkern, ich scheue vor dem Wort nicht zurück. (P, S. 69)

Der souveräne, öffentliche Angriff, der seine Unschuld demonstrieren soll, geht ins Leere. Spricht der vortäuschende Vertreter vor vertretenden Vortäuschern, bleibt die Rede ohne erhoffte Resonanz. Ganz im Gegenteil: Nachdem ein Kreischen Josef K.s Rede unterbricht, hat er das Gefühl „als mache man mit der Verhaftung ernst" und springt vom Podium, um „Aug' in Aug' dem Gedränge" (P, S. 71) zu begegnen. In dieser neuen Position, von seiner leichten Erhöhung mit vermeintlicher Vogelperspektive heruntergebracht, kommen ihm Zweifel: „Hatte er die Leute nicht richtig beurteilt? Hatte er seiner Rede zuviel Wirkung zugetraut? Hatte man sich verstellt, solange er gesprochen hatte und hatte man jetzt, da er zu den Schlußfolgerungen kam, die Verstellung satt?" (P, S. 71)

Als Josef K. an den Rockkragen aller Leute im Publikum die gleichen Abzeichen erkennt, die auch der Untersuchungsrichter trägt, kommt es zur „plötzliche[n] Erkenntnis" (P, S. 71) des Sachverhalts – der Anagnorisis im Vokabular Aristotelischer Dramentheorie – sowie dem entscheidenden Wendepunkt im Schicksal des Protagonisten – der Peripetie, wenn auch eines wohl von vornherein unvermeidbaren Schicksals.[65] Auch wenn Josef K. es verächtlich herunterspielt, wird ihm mitgeteilt, dass er sich „des Vorteils beraubt ha[t], den ein Verhör für den Verhafteten in jedem Falle bedeutet". (P, S. 72) Ein Verhör hat hier zwar nicht stattgefunden, aber wie Abraham erkennt, beginnt hier eine Tendenz, „die sich durch den *Prozeß* und weiter in den *Schloß*-Roman hinein verfolgen läßt: die Tendenz in Richtung auf die (vom Helden selbst gewollte) *Vermeidung* des Verhörs".[66]

Was Josef K.s Rede, die kein Verhör ist, als „öffentliche Besprechung" ersuchte, ist keinesfalls öffentlich; mit dem Schließen der Tür nach Josef K.s Eintritt ist der Sitzungssaal im Mietshaus ein geschlossener Ort, der das Funktionieren und das Spiel der rechtlichen Institution und der Macht in einer Art Theaterraum

---

[65] Siehe Simons: Schuld und Scham, S. 281.
[66] Abraham: Der verhörte Held, S. 37.

komprimiert.[67] Beim Eintreten und vor dem Auftreten Josef K.s stehen einige der Beteiligten, so schildert der Erzähler durch den Bewusstseinshorizont des Protagonisten, auf dem Podium mit Polstern, „die sie zwischen den Kopf und die Zimmerdecke gelegt hatten, um sich nicht wundzudrücken". (P, S. 60) Dieses Bild verdichtet gleichzeitig Unterwerfung innerhalb des Machtsystems sowie seine Aufrechterhaltung über seine Vertreter. Zu diesen Vertretern gehören neben den im Saal anwesenden Personen, einschließlich Josef K., alle weiteren im *Proceß* auftretenden und erwähnten Figuren. Nach Christine Lubkoll sind dies alle „Wärter, Advokaten, Richter, Angeklagte und Bedienstete", denn: „indem sie alle der Macht unterworfen sind und zugleich an ihr teilhaben, erhält das System seine Stabilität".[68]

4.2.2 Externe Fürsprecher

Kann in einem solchen System der delegierten Reden und der Fluktuation zwischen eigener Unterwerfung und dem Unterwerfen anderer Fürsprache im strengen Sinne überhaupt stattfinden? In der Definition nach Grimm, als „das sprechen für jemanden in vertretung desselben vor Gericht" oder „das sprechen zu gunsten jemandes oder zu seinem vortheile"[69] lässt sich diese Frage nur mit Einschränkung bejahen. Abraham ist zuzustimmen, wenn er über die Fürsprecher-Figuren schreibt: „Denn so zweifellos in der Regel die Hilfs*bereitschaft* ist, so wenig Hilfe haben sie tatsächlich *anzubieten*."[70] Eine Reihe von Figuren setzt sich *für* den Protagonisten *vor* anderen oder den Instanzen des Gerichts ein – oder verspricht es zumindest –, obwohl Josef K. nicht um Fürsprache flehen muss.

Anders steht es um die beiden Wärter Franz und Willem, deren unpassendes Benehmen während der morgendlichen Verhaftung von Josef K. dem Untersuchungsrichter gemeldet wurde. Sie werden in einer Rumpelkammer der Bank von

---

[67] Kittler entschlüsselt diese eigentümliche Konstellation in ihrem rechtshistorischen Kontext, wobei er im *Proceß*-Roman die These bestätigt sieht, „dass das alte Inquisitionsprinzip im modernden Untersuchungsverfahren in geradezu unheimlicher Weise wiederkehrt". Kittler: Heimlichkeit und Schriftlichkeit, S. 195. Es heißt dort auch: „Doch das Anklageprinzip und damit auch Öffentlichkeit und Mündlichkeit des Kriminalprozess bestimmen im kontinentaleuropäischen Recht nur das Hauptverfahren. Das Untersuchungs- oder Instruktionsverfahren wird weiterhin nach dem Inquisitionsprinzip geführt." (S. 195) Kittler verdeutlicht zudem, dass K. selbst zum Ankläger wird und „in dieser logisch unhaltbaren Position auf das Strafverfahren moderner Rechtsstaaten rekurriert", indem er „das Anklageprinzip hineinträgt und damit in ein und demselben Akt das geheime und schriftliche Vorverfahren beendet und die öffentlich und mündlich zu führende Hauptverhandlung einleitet". (S. 204).
[68] Lubkoll: „Man muß nicht alles für wahr halten, man muß es nur für notwendig halten", S. 283.
[69] Grimm: Deutsches Wörterbuch, Bd. 4, Sp. 832.
[70] Abraham: Der verhörte Held, S. 55.

einem Gesandten des Gerichts, einem Prügler, gefoltert und flehen um Josef K.s Fürsprache. Während dieser zunächst seine Grundsätze verteidigt – „[M]ir ging es um ein Princip." (P, S. 110) –, bietet er dann den Hauch einer Intervention vor dem Prügler an – „Gibt es keine Möglichkeit den zwein die Prügel zu ersparen[?]" (P, S. 111) –, nur um schließlich aus Angst um seinen Ruf in der Bank einen der beiden Wächter selbst zu bestrafen. Nach einem Schrei von Franz, der durch den Korridor schallt, „stieß er in Franz, nicht stark aber doch stark genug, daß der Besinnungslose niederfiel". (P, S. 113) Retrospektiv erwägt Josef K. genauer die Möglichkeiten und Konsequenzen für sein verbales und sogar körperliches Einsetzen, das die Prügel auf ihn gewendet hätte.[71] Die Szene in der Rumpelkammer komprimiert entsprechend den schmalen Grat zwischen Fürsprache und Bestrafung als Spektrum der Einflussnahme für den Protagonisten, der hier nicht als ohnmächtiges Opfer erscheint, sondern autoritär auftritt und – wie sein Nachfolger K. gegenüber dessen Gehilfen vom Schloss – selbst Repressionen ausübt.

Was Josef K.s eigene Interessen betrifft, ist es neben dem Fabrikanten in der Geschäftswelt der Onkel vom Land, der mit den Prozessabläufen vertraut ist, und Josef K. vermittelnde Hilfe anbietet. Der frühere „Vormund" (P, S. 118) stellt sich schnell weiterhin als Vormund vor seinen Neffen und kommentiert wortgewaltig dessen Situation, die ihm brieflich von Josef K.s Cousine Erna mitgeteilt wurde – eine Konstellation, die an das transponierte Kommunizieren im „Heizer" erinnert, wo dem Onkel vom Dienstmädchen per Brief mitgeteilt wurde, in welcher Situation sich Karl Roßmann befindet. Im *Proceß* ist die Serie von Fürsprachen noch länger, da komplexere Vermittlungsstufen eingebaut sind, durch die der Onkel – er heißt vielleicht nicht zufällig Albert *Karl* und erinnert damit an Karl Roßmann – zum wohlwollenden Eingreifen gebeten wird. Von dem Prozess hat Erna nicht von Josef K. selbst, sondern von einem Diener in dessen Bank erfahren, der seinerseits hofft, dass Josef K. Hilfe zukommt: der Herr Prokurist „sei ein sehr guter und gerechter Herr". (P, S. 121) Das schreibt Erna an ihren Vater, hinzufügend, dass er ja seinerseits Fürsprecher habe, um, „wenn es wirklich nötig sein sollte", durch diese „großen einflußreichen Bekanntschaften einzugreifen". (P, S. 121) Der Brief ist in seiner Länge zitiert; Josef K.s Situation aus anderer, wohlwollender Sicht beschrieben. Die Mahnung des Onkels, „Josef, lieber Josef, denke an Dich, an Deine Verwandten, an unsern guten Namen" (P, S. 122), mag an die kleine „Familienscene" zwischen dem Senator Edward Jakob und seinem Neffen Karl erinnern. Beide Onkel drängen mit ihrer Intervention zu einer Änderung der Laufrichtung ihrer Neffen und bereiten so den weiteren Weg

---

[71] „Hätte Franz nicht geschrien", so heißt es wörtlich, „so hätte K., wenigstens sehr wahrscheinlich, noch ein Mittel gefunden, den Prügler zu überreden." (P, S. 114–115) Außerdem: „Diese Aufopferung konnte wirklich niemand von K. verlangen. Wenn er das zu tun beabsichtigt hätte, so wäre es ja fast einfacher gewesen, K. hätte sich selbst ausgezogen und dem Prügler als Ersatz für die Wächter angeboten." (P, S. 115).

tiefer in das System – der Disziplin auf amerikanischem Boden und der weiteren Verstrickung im eigenen Prozess.

Auf Vermittlung des Onkels von Josef K. kommt dessen Schulkollege Huld, ein „Verteidiger und Armenadvokat" (P, S. 128), in das Geschehen sowie dessen Pflegerin Leni. Mit ihrem Auftreten sind neben dem familiären Fürsprecher auch der modellhafte gerichtliche Fürsprecher und eine weibliche Fürsprecherin auf der Geschehensbühne.[72] Dem einzigen offiziellen, legitimierten Fürsprecher unter ihnen – Huld – wird später noch der modellhafte religiöse Fürsprecher – der Gefängniskaplan – folgen.[73] Indem Josef K. mit dem Advokaten Huld einen Rechtsbeistand annimmt, so führt Campe aus, „ist die Beziehung zum Prozeß eröffnet und die Unterscheidung Schuld/Unschuld vollzogen".[74] Huld behält seinen Klienten in einem Hin und Her von Demütigungen und Aufmunterungen sowie langen Reden. „Immerfort wurde an der ersten Eingabe gearbeitet, aber sie wurde nicht fertig, was sich meist beim nächsten Besuch als großer Vorteil herausstellte [...]." (P 164)

Leni, die Pflegerin Hulds, bietet sich offensiv als Helferin an und reiht sich damit in eine Kette von Vermittlerinnen ein, wie Josef K. bemerkt: „Ich werbe Helferinnen, [...] zuerst Fräulein Bürstner, dann die Frau des Gerichtsdieners und endlich diese kleine Pflegerin, die ein unbegreifliches Bedürfnis nach mir zu haben scheint." (P 143) Lenis Attraktion – so wie später Friedas im *Schloß* – besteht darin, dass sie Zugang zu den hohen Repräsentanten des Gesetzes hat. Ihre Einflusssphäre übersteigt die der männlichen Helferfiguren insofern, als sie sowohl im Privaten, Intimen als auch im offiziellen Raum der Institution operiert.

4.2.3 Plan zur eigenen Verteidigungsschrift

In der zunehmenden Ermüdung, die der Prozess mit sich bringt, beginnt K. darüber nachzudenken, den Advokaten selbst zu ersetzen:

> Der Gedanke an den Proceß verließ ihn nicht mehr. Öfters schon hatte er überlegt, ob es nicht gut wäre, eine Verteidigungsschrift auszuarbeiten und bei Gericht einzureichen. Er wollte darin eine kurze Lebensbeschreibung vorlegen und bei jedem irgendwie wichtigern Ereignis erklären, aus welchen Gründen er so gehandelt hatte, ob diese Handlungsweise

---

[72] Leni gehört, wie auch zahlreiche andere Frauen in den Romanfragmenten, zu den „Figuren zwischen der Hauptfigur und den entscheidenden Instanzen", als „Helfer, Vermittler, Fürsprecher und Boten". Gerhard Kurz: Figuren. In: Hartmut Binder (Hg.): Kafka-Handbuch, Bd. 2 (Das Werk und seine Wirkung). Stuttgart 1979, S. 108–130, hier S. 128.
[73] Zu dem Advokaten und dem Priester im *Proceß*, den „beiden paradigmatischen Fürsprecher[n], die für den Einzelnen vor dem Gesetz sprechen", siehe Campe: Kafkas Fürsprache, S. 200–201, hier S. 200. Auf die besondere Rolle des Gefängniskaplans und seiner Türhüterlegende soll hier nicht eingegangen werden.
[74] Campe: Kafkas Institutionenroman, S. 202.

nach seinem gegenwärtigen Urteil zu verwerfen oder zu billigen war und welche Gründe er für dieses oder jenes anführen konnte. Die Vorteile einer solchen Verteidigungsschrift gegenüber der bloßen Verteidigung durch den übrigens auch sonst nicht einwandfreien Advokaten waren zweifellos. (P 149–150)

Der Plan zur „Verteidigungsschrift" ist auch der Plan zu einer Autobiographie. Anders als das Einsetzen für vermeintlich viele, aber eigentlich sich selbst in der theatralen Aufführung während der ersten Untersuchung scheint diese Lebensbeschreibung zunächst das direkte Einsetzen für sich selbst im Medium der Schrift zu sein. Unter den Umständen allerdings, in denen sie verfasst wird – im laufenden und undurchsichtigen Prozess, in dem Josef K. bereits einen Advokaten und zahlreiche Helfer hat –, käme die anvisierte Verteidigungsschrift in das Paradox, einerseits das unvermittelte Schreiben im eigenen Namen zu signalisieren und andererseits, wie Campe analysiert, die externe Fürsprache zu verdoppeln, indem sie „K. zum Vertreter seiner Vertreter, zum Für-Sprecher der Fürsprecher macht".[75]

Zur Verwirklichung der Verteidigungsschrift kommt es nicht; sie bleibt ein Plan. Wäre sie verfasst und eingereicht worden, hätte sie auch nur eine Eingabe des Advokaten ersetzt und wäre eine Antwort auf die Fragen gewesen, welche die Institution und der Prozess – wenn auch verschleiert – vorgeben; sie hätte also Josef K. weiter in das Verfahren geführt, dessen Regeln er von vornherein unterliegt. Zudem bleibt offen, welche Fragen der Prozess überhaupt stellt: „[...] die Schriften des Gerichtes, vor allem die Anklageschrift [sind] dem Angeklagten und seiner Verteidigung unzugänglich, man weiß daher im allgemeinen nicht oder wenigstens nicht genau, wogegen sich die erste Eingabe zu richten hat" (P, S. 152), teilt Advokat Huld in einer der vielen „unerschöpflich[en]" und „wiederholten" (P, S. 164) Reden mit. In jedem Falle wäre die Verteidigungsschrift als „kurze Lebensbeschreibung" (P, S. 149) keine authentische Selbstbetrachtung im subjektiven Ausdruck eines Individuums gewesen, das in der Tradition des Bildungsromans eine Lebensgeschichte verfasst. So wie Josef K.s Leben im *Proceß* und während seines Prozesses dargestellt wird, als ein „institutionelles Faktum" nach Campe, so ist auch seine Autobiographie „vom Diskurs der Institution artikuliert".[76]

Folgt man abschließend mit Josef K. dem Rat des Fabrikanten, zum Gerichtsmaler Titorelli zu gehen, trifft man in dessen Atelier auf eine künstlerische Darstellung, die ähnlich wie die Statue der „Freiheitsgöttin" im „Heizer" die abstrakte Grundsituation für den Protagonisten bildlich verdichtet. Im Vordergrund ist das Porträt eines Richters, im Hintergrund eine „große Figur die in der Mitte über der Rückenlehne des Tronsessels stand":

---

[75] Campe: Schreiben im *Process*, S. 129.
[76] Campe: Kafkas Institutionenroman, S. 198.

> „Es ist die Gerechtigkeit", sagte der Maler schließlich. „Jetzt erkenne ich sie schon", sagte K., „hier ist die Binde um die Augen und hier die Wage. Aber sind nicht an den Fersen Flügel und befindet sie sich nicht im Lauf?" „Ja", sagte der Maler, „ich mußte es über Auftrag so malen, es ist eigentlich die Gerechtigkeit und die Siegesgöttin in einem." „Das ist keine gute Verbindung", sagte K. lächelnd, „die Gerechtigkeit muß ruhen, sonst schwankt die Wage und es ist kein gerechtes Urteil möglich." „Ich füge mich darin meinem Auftraggeber", sagte der Maler.
> (P, S. 195–196)

Die gemalte Figur konzentriert und konturiert die Motive der Gerechtigkeit und des Kampfes in Form eines Mischwesens aus Justitia und der Siegesgöttin Nike oder Victoria, als Personifikation und Stellvertreterin für die so ungreifbare und paradoxe Situation. Dass die Attribute der Augenbinde und Waage eindeutig der Gerechtigkeit zugeordnet sind, spiegelt Josef K.s Verfahren wider, das im juristischen Diskurs verankert ist – viel eindeutiger als Karl Roßmanns Stationen in *Der Verschollene* und in dem stärker im Topos und Diskurs der Disziplin und Kontrolle verankerten Suchen K.s nach Stellung und Anstellung in *Das Schloß*. Während die „Freiheitsgöttin" im „Heizer" ohne Augenbinde latent panoptisch vor dem Festland stand und mit dem nach oben gerichteten Schwert permanent Strafe androhte, ist die „Siegesgöttin" hier schon wörtlich einige Schritte weiter: „[I]m Lauf" und mit ihren Flügeln an den Fersen kann sie gleichzeitig dem Einzelnen, wie Josef K., nachstellen und einen Schwebezustand, wie das Gericht selbst, erreichen. Ganz ähnlich war durch den Advokaten zu erfahren, wie sich Josef K. in seiner Situation am besten verhalten soll:

> Einzusehen versuchen, daß dieser große Gerichtsorganismus gewissermaßen ewig in Schwebe bleibt und daß man zwar, wenn man auf seinem Platz selbständig etwas ändert, den Boden unter den Füßen sich wegnimmt und selbst abstürzen kann, während der große Organismus sich selbst für die kleine Störung leicht an einer andern Stelle – alles ist doch in Verbindung – Ersatz schafft und unverändert bleibt, wenn er nicht etwa, was sogar wahrscheinlich ist, noch geschlossener, noch aufmerksamer, noch strenger, noch böser wird. Man überlasse doch die Arbeit dem Advokaten, statt sie zu stören.
> (P, S. 160)

Der Maler bringt zudem die drei Möglichkeiten der Befreiung aus dem Prozess zur Sprache – „die wirkliche Freisprechung, die scheinbare Freisprechung und die Verschleppung" (P, S. 205) – von denen Deleuze die letzten beiden wahrscheinlicheren mit den Disziplinar- und Kontrollgesellschaften als juristischen Formen verbunden hat. Ein schwankender, vielleicht auch wie der Gerichtsorganismus schwebender Zustand und Krisen ergeben sich aus dieser Übergangssituation, an der sich Kafkas mittlere und vor allem späte Prosa situieren lässt. Dabei ist „Verschleppung" der ewige Aufschub, den der letzte K.-Protagonist in noch größerem Maße als Josef K. erfährt.

4.3 K.: Suspendierte Fürsprache im *Schloß*

> Es war spät abend als ~~ich~~ K. ankam. Das Dorf lag in tiefem Schnee. Vom Schloßberg war nichts zu sehn, ~~ich blieb~~ er war in Nebel und Finsternis umgaben ihn, ~~nicht einmal~~ auch nicht der

> schwächste Lichtschein deutete das große Schloß an. Lange stand ~~ich~~ K. auf der Holzbrücke die von der Landstraße zum Dorf führt und blickte in die scheinbare Leere empor.
> Dann gieng ~~ich~~ er ein Nachtlager suchen [...]. (S, S. 7/S', S. 120–121/MS. Kafka 34 Fol. 2v)

Wie die beiden früheren Romanprojekte beginnt die „Schloßgeschichte", wie Kafka seinen letzten und längsten Romanversuch in einem Brief an Max Brod nennt (BR 1902–1924, S. 413),[77] mit einer Schwellensituation. K. verweilt auf der „Holzbrücke die von der Landstraße zum Dorf führt", und blickt über das verschneite Dorf in Richtung Schloss „in die scheinbare Leere empor". In dieser Anfangspassage deuten sich bereits die zentralen Dynamiken zwischen dem Dorf und dem Schloss an, die K. zunächst – und nur an dieser Stelle – von außen wahrnimmt: als verdeckte, leere Bezugspunkte. Das Dorf ist in tiefen Schnee eingehüllt und der Schlossberg von „Nebel und Finsternis"[78] umgeben. Der hier visuell nur angedeutete Verweis auf das „große Schloß" in seiner erhöhten Lage, das ohne jegliche Lichtquelle nicht eigentlich erkennbar ist, stellt die abwesende Spitze im Mittelpunkt einer Gemeinschaft dar, den schwer zugänglichen, archaisch anmutenden Herrschaftssitz, der sich als genuin moderne, gleichzeitig omnipräsente wie abwesende Institution erweisen wird. Mit K.s unwissend-wissendem Blick auf eine fehlbare Realität („in die scheinbare Leere") und seinem Übertritt in das Dorfareal („Dann gieng er ein Nachtlager suchen [...].") erscheint er als dritte Instanz in diesem Ensemble. Über seine Perspektive erschließt der Erzähler zunächst die Konturen des Schlosses, die – wie auch die narrative Darstellung mit ihrer bemerkenswerten, retrospektiven Änderung vom *Ich* zum Initial „K." indiziert – ebenso steuernd wie verdeckend ist.[79] Mit K.s Brückenüberquerung ist alles Vorherige weitgehend ausgeblendet; welche Umstände ihn genau in Richtung Schloss führen, ob ihn das Schloss gerufen hat oder nicht, bleibt unbestimmt.[80] Protagonist K. ist weder der von der Familie Verstoßene

---

[77] Brief vom 11. September 1922.
[78] Die Syntax und Streichungen legen nahe, dass sich „Nebel und Finsternis" auf den Schlossberg beziehen. Möglich ist allerdings auch, dass der im ersten Satz eingeführte Protagonist K. gemeint ist.
[79] Dieses Merkmal in Kafkas Stil hat bereits dessen Freund Oskar Baum 1927 in Reaktion auf *Das Schloß* folgendermaßen erklärt: „Der Autor macht sich über den Leser lustig, neckt ihn, blamiert ihn, indem er mit advokatorischem Scharfsinn jedes Vorgefallene um- und umwendet. Erst überrascht er ihn durch eine günstige Wendung für den Helden, beweist aber sogleich, daß der Leser sehr oberflächlich und vorschnell geurteilt hat, und es, genau besehen, eigentlich eine ungünstige Wendung ist." Oskar Baum: „Die Wunder einer unscheinbaren Hölle". In: Berliner Börsen-Courier, 15. Februar 1927. Wiederabdruck in: Jürgen Born (Hg.): Franz Kafka. Kritik und Rezeption 1924–1938. Frankfurt a. M. 1983, S. 161–164, hier S. 163.
[80] Gerhard Meisel spricht ganz im Sinne der vorliegenden Argumentation auch von „‚leeren' Nullkoordinaten im Romanfragment", und bezieht sich konkret auf die symbolischen Räume von K.s Vergangenheit, das verhüllte Dorf und das in der Leere liegende Schloss. Siehe Gerhard Meisel: Parasiten. Kommunikation in Kafkas *Schloß*- und *Proceß*-Roman. In: Weimarer Beiträge 42.3 (1996), S. 357–378 hier 357.

(wie Karl Roßmann) noch der von einem nicht lokalisierbaren Gericht Verhaftete (wie Josef K.), sondern der „aus eigenem Willen"[81] in einer fremden Umgebung und in der Institution Eintritt Suchende.

K.s Ankunft im Dorf vor dem Schloss kündigt die Dreiecksstruktur an, die klassisches Fürsprechen ermöglicht und notwendig macht. Gleichzeitig suggeriert der erste Absatz, dass alle drei Koordinaten – Dorf, Schloss und K. selbst – entweder verborgen, leer oder instabil sind. Im Romanverlauf konkretisiert sich anhand der zahlreichen Figuren aus dem Dorf, einigen Repräsentanten aus dem Schloss und ihren andauernden Geschichten und Gesprächen mit K., dass sich Kommunikation überhaupt aufgrund der Undurchsichtigkeit, Unnahbarkeit und Mittelbarkeit nicht ungestört vollziehen kann. In einer Welt, und sei es nur eine Vorstellungswelt, in der sich Dorf und Schloss für K. als unbekannte Größen zeigen und in der K.s Suche nach Stellung und Anstellung als Landvermesser das narrative Geschehen strukturiert,[82] finden oberflächliche Vermessungen statt, keine Grabungen, wie sie etwa das maulwurfähnliche Tier im „Bau"-Text vornimmt.[83] Delegierte Reden sind zwar an der Tagesordnung, so wie es die enge Verzahnung der drei Positionen und K.s mehrfach erklärter Kampf mit dem Schloss auch nahelegen, aber wohlwollende Fürsprachen innerhalb des fragilen Beziehungsnetzes bleiben die Ausnahme.

Wenn Fürsprache hier dennoch eine Analysekategorie für die Grundsituation in Kafkas letztem Romanprojekt sein soll – in Kontinuität und Abgrenzung zu den anderen Romanfragmenten –, dann mit der besonderen Herausforderung, dass es zumeist eine ausbleibende, verhinderte oder im Rauschen sich verlierende Fürsprache ist. Wie angedeutet hat das einen Grund in dem Kommunikationssystem, das nach Heinz Politzer aus Spiegel- und Echoeffekten besteht und trotz der zahlreichen Vermittlungen und Dialoge im Wesentlichen monadisch auf K. und dessen Begehren hin zum Schloss, das dem Begehren der Dorfbewohner gleicht, ausgerichtet ist.[84] Insofern

---

[81] Das beteuert K. Olga gegenüber im 17. Kapitel: „Ich bin aus eigenem Willen hierhergekommen und aus eigenem Willen habe ich mich hier festgehakt [...]." (S, S. 313).
[82] Zu K.s Notwendigkeit, seine eigene Identität herzustellen, siehe Avital Ronell: Doing Kafka in *The Castle*. In: Finitude's Score. Essays for the End of the Millennium. Lincoln 1994, S. 183–206, hier S. 186.
[83] „Dieser Mann vom Lande ist kein Bauer, der pflügt, sät und erntet, sondern ein Vermesser der Oberfläche. Er hat seinen eigenen Boden aufgegeben, um das Land anderer abzustecken, ihm Grenzen zu ziehen und abstraktes Maß an Lebendes und Gedeihendes anzulegen." Heinz Politzer: Franz Kafka, der Künstler. Frankfurt a. M. 1965, S. 322.
[84] K. „erfährt nur wenig über die Sphäre, die ihn vom Zentrum trennt, das Reich der Zwischenfiguren, der Beamten und Boten; und die geringen Informationen, die er einzuziehen imstande ist, sind Mitteilungen zweiter Hand und entstammen Hörensagen". Politzer: Franz Kafka, der Künstler, S. 331. Zudem: „[D]ie Figuren sprechen von sich und einander andauernd mit Bezug auf das Schloß; das Schloß bildet den ständigen Hintergrund ihrer Konversationen und gibt ihren Beziehungen zueinander erst Richtung und Färbung [...]." Politzer: Franz Kafka, der Künstler, S. 340.

verwendet sich K. weder als überschwänglicher Fürsprecher eines anderen, wie Karl Roßmann, noch tritt er als vermeintlicher Fürsprecher für viele vor Publikum auf, wie Josef K. in der ersten Untersuchung. Einzig für sich selbst spricht er, wie es sein Vorgänger Josef K. tatsächlich auch tut. Ein anderer Grund für die Suspendierung von Fürsprache liegt darin, dass Kafka seinen Protagonisten in ein Gesellschaftssystem führt, in dem wuchernde Kontrollbehörden die Gemeinschaft als Ganzes verwalten, aber an ihre Grenzen stoßen, wenn Anfragen Einzelner eintreffen.[85] Insofern treten, umgekehrt, nur in Ansätzen andere für K. und seine Sache ein.

Die Suspendierung der Fürsprache kann im Sinne der Bann-Struktur verstanden werden, wie sie Giorgio Agamben für die Beziehung zwischen Gesetz und Leben beschreibt:

> *Die originäre Beziehung des Gesetzes mit dem Leben ist nicht die Anwendung, sondern die Verlassenheit [l'Abbandono].* Die unüberbietbare Potenz des *nómos*, seine originäre „*Gesetzeskraft*", besteht darin, daß er das Leben in seinem Bann hält, indem er es verläßt.[86]

Agamben selbst hat die Struktur des souveränen Banns paradigmatisch in Kafkas „Vor dem Gesetz" nachgezeichnet, wo sich das Gesetz auf den Mann vom Lande anwendet, „indem es sich abwendet, es hält ihn in seinem Bann, indem es ihn, außerhalb seiner selbst, verläßt [abbandonandolo]".[87] Analog zur „Potenz des Gesetzes" verhält sich die sprachliche Potenz, die den Menschen auch in ihrem Bann hält, „weil er als Sprechender immer schon in sie eingetreten ist, ohne sich dessen bewußt werden zu können".[88] So setzt Agamben die Sprache und den souveränen Bann in Beziehung, was sich suggestiv mit der Fürsprache im *Schloß* verbinden lässt, die mehr als reine Abwesenheit ist und zum Bann wird.

Die folgenden Abschnitte zeigen entsprechend in einem ersten Schritt K.s Vermessungen in den verschiedenen sozialen Feldern anhand der im „Fürsprecher"-Text klassifizierten „Erhebungen". In einem zweiten Schritt stehen die visuellen und akustischen Aspekte der verfehlten Kommunikationsform Fürsprache im Vordergrund. Schließlich werden die von Amalia an einer Stelle „Schloßgeschichten" (S, S. 323) genannten, wuchernden Erzählungen betrachtet. Im Zentrum steht der komplexe Bezug zur Institution Schloss, welche die sozialen Strukturen und Abläufe der unter einer Schneelast liegenden Dorfgemeinschaft – imaginär – steuert, überwacht und kontrolliert.

---

[85] Zu den Regierungstechniken im *Schloß* und ihren Auswirkungen auf verschiedene Lebensstrategien siehe Malte Kleinwort: Askese, Querulantentum und weitere Lebensstrategien in Franz Kafkas Romanfragment *Das Schloss*. In: Roland Innerhofer/Katja Rothe/Karin Harrasser (Hg.): Das Mögliche regieren. Gouvernementalität in der Literatur- und Kulturanalyse. Bielefeld 2011, S. 93–111.
[86] Giorgio Agamben: Homo Sacer. Die souveräne Macht und das nackte Leben [1995], übers. v. Hubert Thüring. Frankfurt a. M. 2002, S. 39.
[87] Agamben: Homo Sacer, S. 60.
[88] Agamben: Homo Sacer, S. 60–61.

4.3.1 Erhebungen überall

Bringt man die Frage nach K.s ambivalenter Landvermesserschaft – und damit auch die Frage nach den Berechnungen, zu denen es im wörtlichen Sinne nie kommt[89] – mit dem „Fürsprecher"-Text zusammen, lassen sich zahlreiche Verbindungen herstellen. *Tertium comparationes* sind jeweils die „Erhebungen", die im „Fürsprecher"-Text für den „Tatbestand eines Urteils" (NII, S. 378) in ihren sozialen Dimensionen und Unterscheidungen aufgezählt werden und die im Romanverlauf auf der Ebene des Erzähl- und Handlungsgeschehens erprobt werden, zur Urteilsfindung K.s nach Identität und Stellung. Es sind Erhebungen „hier und dort, bei Verwandten und Fremden, bei Freunden und Feinden, in der Familie und in der Öffentlichkeit, in Stadt und Dorf, kurz überall". (NII, S. 378) Campe bezeichnet dieses Überall, in Abgrenzung zum Ort des Gerichts, als Ort, „wo Leben institutionell gefasst wird" – in der „Welt der sozialen Beziehung und von Unterscheidungen, die zu sozialer Beziehung führen".[90] Fasst man wie Campe die Fürsprecher insofern als „Hybride aus lebenden Körpern und Rollen" auf, dann ist *Das Schloß* „Kafkas Roman der zahllosen Erhebungen und der um sie herum gruppierten Fürsprecher".[91] Betont man hingegen den Status von Fürsprechern als einflussreiche Personen, die für eine Partei und zu ihren Gunsten das Wort ergreifen, dann zeigen sich verstärkt die Grenzen dieser Kommunikationssituation.

Während im *Proceß* die Suche nach Fürsprache bei Anderen und bei sich selbst vor dem *Gericht* im Vordergrund stand, ist es hier die Suche nach Vermittlern zum und vom bürokratischen Apparat des Schlosses. „Gesetze" (oder das „Gesetz") rücken in den erzählerischen Hintergrund – sie finden eher beiläufig Erwähnung (S, S. 112/184/277/446)[92]–, aber die Begehrens- und Verlaufsbewegung nach oben, als Erhebung im topographischen Sinne, die auch den letzten Teil des „Fürsprecher"-Textes in Form unablässigen Treppensteigens prägt, zeigt strukturelle Ähnlichkeiten mit K.s unablässigem Suchen nach Anerkennung in der Verwaltung auf dem Schlossberg.

---

89 In einer gestrichenen Passage im 9. Kapitel, die u. a. den Wortlaut eines Protokolls von Momus enthält, heißt es über K.: „Nur aus *Berechnung* [meine Hervorhebung, D.D.] schmutzigster Art hat K sich an Frieda herangemacht und wird nicht von ihr lassen, solange er noch irgendwelche Hoffnung hat, dass seine *Rechnung* [meine Hervorhebung, D.D.] stimmt." (S', S. 273).
90 Campe: Kafkas Fürsprache, S. 193 und S. 197. In diesem Sinne kann Kafkas „Fürsprecher"-Text als Gelenkstelle zwischen dem *Proceß* und dem *Schloß* aufgefasst werden (siehe S. 192). Dabei betont der *Proceß* die Seite des Gerichtes/Gesetzes und das *Schloß* die Seite des Überalls/Sozialen, ohne dass die jeweilige doppelte Anlage aufgelöst ist. Siehe Campe: Kafkas Fürsprache, S. 199.
91 Campe: Kafkas Fürsprache, S. 197 und S. 202.
92 Dass es gerichtliche Advokaten und „regelrechte[] Proce[sse]" in der Welt um das Schloss gibt, erwähnt Olga – mit dem Nachsatz, dass Bestrafung aber (in Amalias Fall) viel subtiler erfolgt: „[W]ir haben hier sehr kluge Advokaten, die aus einem Nichts alles was man nur will zu machen verstehn, aber in diesem Fall war nicht einmal das günstige Nichts vorhanden [...]." (S, S. 306).

Im „Fürsprecher"-Text denkt das *Ich* über den „Tatbestand des Urteils" (NII, S. 378) nach, der sich aus den genannten engmaschigen Erhebungen ergebe, bei denen Fürsprecher vonnöten seien. Hier stellt K. aktiv in den Wirtshäusern und anderen sozialen Räumen Erhebungen nach seiner prekären Existenz und dem paradoxen Status als Landvermesser an. Die subtilen thematischen und strukturellen Überschneidungen sind auch aus entstehungsgeschichtlicher Perspektive relevant, denn allem Anschein nach verfasste Kafka das Fragment zur Fürsprechersuche während der Romanniederschrift.[93]

Zunächst sind die Erhebungen „hier und dort" als Lokaldeixis Ausdrucksmittel, mit denen ein Verweisraum aus einer Perspektive bestimmt ist. Es liegt nahe, diese Erhebungen mit der komplexen Erzählperspektive in Zusammenhang zu bringen, die im *Schloß* bekanntlich durch die Selbstkorrektur vom Personalpronomen „ich" zu dem Kürzel „K." geändert wurde, als Kafka das dritte Kapitel begann.[94] Das heißt nicht, dass „ich" gleich „hier" und „er" gleich „dort" entspricht, denn mit der Änderung des Pronomens findet kein Fokalisierungswechsel statt. Dennoch ist in der transponierten Version über die personale Erzählsituation mit K. (als Reflektorfigur nach Stanzel bzw. als heterodiegetisches Erzählen mit interner Fokalisierung nach Genette) K. eine subjektive, narratologische Sonde zum Vermessen des fiktiven Dorf-Schloss-Areals geschaffen. „Hier und dort" finden in der zweiten Hälfte des Romanprojektes Ausdruck in den langen Dialogen und durch Nachfragen unterbrochenen Erzählungen, in denen zumeist zwei Kommunikationspartner, K. und ein Dorfbewohner oder Schlossrepräsentant, interagieren. Über die spärlichen Kommentare des Erzählers und letztlich über alle sprechenden Figuren ergeben sich Möglichkeiten zu Erhebungen über K.s Bewusstseinshorizont hinaus.

Insofern K.s Eintritt in die Welt um das Schloss ihn aus seiner Heimat und dem Kreis der Verwandten und Familie in die Fremde und zu „Fremden" bringt, kann vom Romangeschehen als Erhebungen im und bei Fremden gesprochen werden.[95]

---

[93] Zur komplexen Datierungs- und Entstehungslage des sogenannten „Hungerkünstlerheftes", in dem der „Fürsprecher"-Text niedergeschrieben wurde, siehe NII', S. 108–112. Aufgrund des Schriftbildes ermitteln die Herausgeber der KKA eine „besonders enge, innere und äußere Beziehung" zwischen dem „Fürsprecher"-Text und der Passage im *Schloß*, „wo der Gang K.s mit Barnabas und die Ankunft in dessen Haus geschildert wird, worauf eine lange verworfene Passage folgt". (NII' 110) (S, S. 53, Zeile 7 und Varianten) Diese etwa 1¾ eng beschriebenen Manuskriptseiten umfassende, verworfene *Schloß*-Passage erinnert stellenweise an den „Fürsprecher"-Text. So ähneln sich die Bewegungen des Fürsprecher-Suchenden und K.s: „[I]ch [sc. K.] begann in der Stube auf- und abzugehen [...]." (S', S. 169) Auch die mysteriösen Frauen-Gestalten scheinen ein Komplement zu haben: „In merkwürdiger Mischung erschien mir [sc. K.] das Wesen dieser Leute [...], hinterlistig im Namen unbekannter Herren konnten sie erscheinen [...]." (S', S. 169).
[94] Siehe Cohn: K. enters The Castle sowie Martin Kölbel: Erzählrede in Franz Kafkas *Das Schloss*. Frankfurt a. M./Basel 2006.
[95] Das Dichotomiemodell Verwandte/Fremde ist bei Gerhard Neumann ebenfalls territorial gewendet: „In allen drei Romanen scheint es um die Dialektik von Heimat und Fremde zu gehen, jene

Allem Anschein nach war K. bereits in seiner Heimat, bei „Frau und Kind" (S, S. 13), als Landvermesser tätig, denn er erwartet die Ankunft seiner alten Gehilfen. Das Wortfeld um „fremd" tritt auffällig häufig im *Schloß* auf und strukturiert K.s Erhebungen in der Sphäre, in der er selbst der Fremde ist.[96] Das Fremdsein, so Dietrich Krusche, führe zur Isolation K.s in den zahlreichen Gesprächen um K.s Stellung, wobei ihn niemand „tröstend" unterstützt oder sich „zu seinem Fürsprecher"[97] macht. Die Gehilfen etwa spotten ihrer Bezeichnung und stören K. hauptsächlich. Tatsächlich tritt für den Protagonisten keine paternale, vermittelnde Onkelfigur auf, wie im „Heizer" oder im *Proceß*. Letzte Reste dieses Modells der Fürsprache finden sich lediglich bei den Barnabas'schen, der in öffentlich erzwungener Zurückgezogenheit lebenden Familie. Der Vater versucht, für seine Tochter Amalia und letztlich für die ganze Familie die Ehre zurückzugewinnen, indem er „sinnlose[] Bittwege zum Vorsteher, zu den Sekretären, den Advokaten, den Schreibern" (S, S. 334) geht.[98]

Die eingelassene Geschichte zu den Lebensumständen der Familie wird dem nachfragenden K. von Amalias Schwester erzählt. Facetten der sozialen Unterscheidungen „bei Freunden und Feinden" sowie „in der Familie und Öffentlichkeit" (NII, S. 378) erkundet K. also verbal, um Auskunft über seine Stellung zu finden. Auch wenn Amalia nicht von „Feindschaft" einzelner Dorfbewohner, sondern lediglich vom „Nachbeten der allgemeinen Meinung" (S, S. 267) spricht, wird deutlich, dass sich niemand mehr freundschaftlich der Familie nähert und sich für sie einsetzt. Verstellt man das Unterscheidungspaar Familie und Öffentlichkeit aus dem „Fürsprecher"-Text zu Privatsphäre und Öffentlichkeit, dann sind die beiden sozialen Bereiche aufgerufen, die im Dorf auf eigentümliche Weise verschmelzen – nur eben bei den Barnabas'schen (mit Ausnahme des ihnen den Namen gebenden Sohnes und Boten Barnabas) nicht mehr – und zu absurden Situationen auch für K. führen. So geht sein Weg im Arm vom Boten Barnabas aus dem Wirtshaus nicht,

---

Schlüsselkonstellationen des klassischen Bildungsromans seit Karl Philipp Moritz und Goethe, die sich hier freilich auf je andere Weise artikuliert [...]. [F]ür K., im ‚Schloß', schließlich ist es das vom Helden betriebene Unternehmen, sich die Fremde, in die er hineingeraten ist, durch Vermessung anzueignen und seine Identität in diesen Akten territorialer Aneignung zu finden, aus der Fremde gleichsam die Heimat zu machen und in ihr sich einzurichten." Gerhard Neumann: Franz Kafkas *Schloß*-Roman. Das parasitäre Spiel der Zeichen. In: Wolf Kittler/ders. (Hg.): Franz Kafka. Schriftverkehr. Freiburg 1990, S. 199–221, hier S. 203.
96 Während des Liebesaktes mit Frieda hat K. „immerfort das Gefühl [...], er verirre sich oder er sei soweit in der Fremde, wie vor ihm noch kein Mensch, eine Fremde, in der selbst die Luft keinen Bestandteil der Heimatluft habe, in der man vor Fremdheit ersticken müsse und in deren unsinnigen Verlockungen man doch nichts tun könne als weiter gehn, weiter sich verirren". (S, S. 68–69).
97 Dietrich Krusche: Kafka und Kafka-Deutung. Die problematisierte Interaktion. München 1974, S. 58.
98 Meisel verweist auf die Funktion der Türen im *Schloß*, „Als Trennmedium zwischen Freund und Feind, zwischen Eigenem und Fremden unterstand sie in der römischen Mythologie dem Schutz des mächtigen Gottes Janus." Meisel: Parasiten, S. 359–360.

wie er glaubt, ins Schloss, sondern in dessen Heim. Mit Frieda schläft K. in öffentlichen Räumen wie den Wirtshäusern und der Schule unter Beobachtung der beiden vom Schloss geschickten Gehilfen. Im Gegensatz zu dieser exzessiven Öffentlichkeit von Privatem sind die behördlichen Vorgänge um das Schloss nicht-öffentlich und weitgehend nicht beobachtbar. Entsprechend lautet die diagnostische Erhebung des Erzählers via K. während des Besuchs bei dem Vorsteher: „Nirgends noch hatte K. Amt und Leben so verflochten gesehen wie hier, so verflochten, daß es manchmal scheinen konnte, Amt und Leben hätten ihre Plätze gewechselt." (S, S. 94)

Die im „Fürsprecher"-Text zuletzt genannten Erhebungen „in Stadt und Dorf, kurz überall" finden ihre Entsprechung im Roman, wenn man die „Stadt", genauer das Diminutiv „Städtchen", als das Schloss verstehen mag: In seiner Architektur und Kontur als „ausgedehnte Anlage" mit „vielen aneinanderstehenden niedrigern Bauten", so der Erzähler, „hätte man es für ein Städtchen halten können". (S, S. 17) Aus dem Konjunktiv zur Beschreibung des Schlosses wird der Indikativ, denn beim Näherkommen K.s erweist es sich als „recht elendes Städtchen, aus Dorfhäusern zusammengetragen", das K. sogar an sein „Heimatstädtchen" (S, S. 17) erinnert. Stadtähnliches Schloss und Dorf durchdringen sich territorial, auch wenn es nur Wege aus dem Schloss hinaus, nicht in die „unentwirrbare[] Größe" (S, S. 291) der gräflichen Behörde hinein zu geben scheint. K.s Erhebungen im Sinne der verbalen Vermessungen finden entsprechend in der Zone zwischen beiden statt: zum Großteil in den Wirtshäusern Brückenhof und Herrenhof, die nicht nur die Schaltstellen zwischen Schloss und Dorf darstellen, sondern auch Privates und Öffentliches eng zusammenführen.

Sämtliche Erhebungen, die für den „Tatbestand eines Urteils" (NII, S. 378) laut „Fürsprecher"-Text nötig sind und für die Fürsprecher in Mengen benötigt werden, führen im *Schloß*-Fragment in eine Endlosschleife. Die Orte lokaler und sozialer Unterscheidungen verschwimmen ineinander, so dass das Feld um die sozialen Erhebungen vom vermeintlichen Landvermesser nicht mehr vermessbar ist. Insofern berichten sowohl der „Fürsprecher"-Text als auch *Das Schloß* von der obsessiven Suche, die eigentliches Fürsprechen zunächst ablöst. In beiden zeitgleich entstandenen Nachlassgeschichten übernehmen auch Andere – oder vermeintlich Andere als *Ich* bzw. „K." – das Wort. Dort ist es der eigentümliche Dialog und gleitende Pronomenwechsel von *ich* zu *man* und *du*, und hier sind es die zunehmenden Geschichten einiger Dorfbewohner, deren Signifikanz noch zu zeigen ist.

4.3.2 Panoptische Strukturen, Rauschen und Kontrolle

Im „Fürsprecher"-Text koppelt sich die ideale Suche nach passenden Fürsprechern auch an ein visuelles Moment:

> Ich müßte an einem Ort sein, wo vielerlei Menschen zusammenkommen, aus verschiedenen Gegenden, aus allen Ständen, aus allen Berufen, verschiedenen Alters, ich müßte die Möglichkeit

haben die Tauglichen, die Freundlichen, die, welche einen Blick für mich haben vorsichtig auszuwählen aus einer Menge. (NII, S. 379)

Die geschilderte Beobachtungssituation bezieht sich nicht nur auf die Auswahl des erzählenden Ichs nach „Tauglichen" und „Freundlichen", sondern ebenso auf eine Gegenbeobachtung der potentiellen Fürsprecher. Es sind diejenigen, „welche einen Blick für mich haben". Dieses Kriterium der gegenseitigen visuellen Aufnahme und Anerkennung fehlt in so vielen von Kafkas eigentümlichen Beobachtungsdarstellungen in zahlreichen Prosastücken und allen Romanfragmenten. An Beobachtungen koppelt sich Aussichtslosigkeit. Das hat die verschiedensten Gründe, resultiert aber häufig im Nicht-Treffen von Blicken oder irritierten Reaktionen des Erblickten.[99] Der Blick auf Andere und deren Blick zurück – oder die Frage *Wer sieht wen?* – ist in der Logik des „Fürsprecher"-Textes Vorläufer der Frage *Wer spricht für wen?*

Deleuzes Situierung Kafkas am Übergang von den Disziplinar- zu den Kontrollgesellschaften lässt sich im Zusammenhang mit den visuellen Suchakten nach Fürsprache im *Schloß* auf besonders interessante Weise zusammenführen: Das nur noch mit Resten des herrschaftlichen Sitzes einer Souveränitätsgesellschaft ausgestattete Schloss[100] korrespondiert einerseits mit den panoptischen Formationen einer Disziplinargesellschaft und andererseits mit den Mechanismen einer Kontrollgesellschaft. An diesem Übergang, so gilt es nachzuzeichnen, siedeln sich verfehlte Blicke und Misskommunikationen zwischen K., dem Dorf und dem Schloss an.

Auf der einen Seite erinnern einige Elemente noch an die panoptischen Strukturen, die der Sozialphilosoph Jeremy Bentham für sein Modell-Gefängnis theoretisch-architektonisch formulierte[101] und die Foucault als Symbol für moderne Disziplinargesellschaften aufnimmt. Nach Foucault ist das Panopticon als Strafanstalt „das

---

[99] Um nur die Anfangspassagen der Romanfragmente zu erwähnen, sind es Karl Roßmanns Erblicken der „schon längst beobachtete[n] Freiheitsgöttin" (V, S. 7), der erste Blick Josef K.s am Morgen zu einer „alte[n] Frau die ihm gegenüber wohnte und die ihn mit einer an ihr ganz ungewöhnlichen Neugierde beobachtete," wobei er „gleichzeitig befremdet und hungrig" nach der Köchin von Frau Grubach läutet (P, S. 7), und der Blick K.s von der Holzbrücke hin „in die scheinbare Leere empor", die das Schloss ist. (S, S. 7).

[100] Es handelt sich schließlich um ein Schloss und es gibt einen – wenn auch nur einmal namentlich erwähnten – Grafen Westwest.

[101] Der Plan, ursprünglich von Jeremy Benthams Bruder Samuel erdacht und von Jeremy Bentham utilitaristisch weiterentwickelt und theoretisiert, war von Anfang an für verschiedene Institutionsgebäude gedacht: „in a word, whether it be applied to the purposes of *perpetual prisons* in the room of death, or *prisons for confinement* before trial, or *penitentiary-houses*, or *houses of correction*, or *work-houses*, or *manufactories*, or *mad-houses*, or *hospitals*, or *schools*". Jeremy Bentham/Miran Božovič (Hg.): The Panopticon Writings. London/New York 1995, S. 34.

Diagramm eines auf seine ideale Form reduzierten Machtmechanismus".[102] In einem solchen System, in dem alles (*pan*) zum Schauen (*optikós*) gehört, stellen die Zellen die Peripherie um einen zentralen Turm dar und jeder Gefangene „wird gesehen, ohne selber zu sehen; er ist Objekt einer Information, niemals Subjekt in einer Kommunikation".[103] Der Effekt des Panopticons ist somit „die Schaffung eines bewußten und permanenten Sichtbarkeitszustandes beim Gefangenen, der das automatische Funktionieren der Macht sicherstellt".[104] Entsprechend unabhängig ist ein solcher Automatismus vom Ranghöchsten; ob er selbst oder ein hierarchisch niedrigerer Vertreter im Turm steht, ist unwichtig, da jeder Gefangene zwar den erhöhten, zentralen Turm sieht, aber keinen Beobachter erkennt. Indem der Gefangene – aber auch der Angestellte, der mit Gefangenen interagiert – von der Möglichkeit weiß, überall und jederzeit überwacht und bewertet zu werden, prägt sich das Verhalten ständiger Überwachung so weit ein, dass es zum Selbstkontrollmechanismus führt: „Diese Anlage ist deswegen so bedeutend, weil sie die Macht automatisiert und entindividualisiert",[105] schreibt Foucault.

Bei der erhöht liegenden Schlossanlage ist es ebenso ein Turm, der ins Auge fällt,[106] und tatsächlich gibt es einfache Wege aus dem Schloss heraus, aber keine für K. offensichtlichen Wege und Einblicke in das Schloss hinein.[107] Klamm erscheint als der höchste Vertreter, den die Dorfbewohner und K. je selbst sehen, aber bereits in ihm reflektiert sich wörtlich die Unnahbarkeit der potentiell unbesetzten Überwachungsinstanz. Durch ein Guckloch, das selbst „offenbar zu Beobachtungszwecken gebohrt war", erblickt ihn K., was wiederum als explizit visuelles Ereignis fast bühnenmäßig inszeniert ist: eine grelle, „niederhängende Glühlampe beleuchtet Herr Klamm" (S, S. 60) und es heißt: „Ein schief aufgesetzter, spiegelnder Zwicker verdeckte die Augen." (S, S. 61) Die spiegelnde Oberfläche vor Klamms Augen kommt dem Kern des Bentham'schen Projektes nahe, das Foucault an einer Stelle präzise als

---

[102] Foucault: Überwachen und Strafen, S. 264. Eine ausführliche Analyse bietet Walter Corbella, der Benthams unvollendetes Projekt vom Panopticon mit Kafkas unvollendetem Roman zusammenbringt. Walter Corbella: Panopticism and the Construction of Power in Franz Kafka's The Castle. In: Papers on Language & Literature 43.1 (2007), S. 68–88.
[103] Foucault: Überwachen und Strafen, S. 257.
[104] Foucault: Überwachen und Strafen, S. 258.
[105] Foucault: Überwachen und Strafen, S. 259.
[106] Diesen Turm erblickt K. als „Rundbau, zum Teil gnädig von Epheu verdeckt, mit kleinen Fenstern, die jetzt in der Sonne aufstrahlten" (S, S. 18) – ganz in der Manier eines runden Bentham'schen Wachtturms.
[107] „Die Straße nämlich, diese Hauptstraße des Dorfes führte nicht zum Schloßberg, sie führte nur nahe heran, dann aber wie absichtlich bog sie ab und wenn sie sich auch vom Schloß nicht entfernte, so kam sie ihm doch auch nicht näher." (S, S. 21) „Wenn K. das Schloß ansah, so war ihm manchmal, als beobachte er jemanden, der ruhig dasitze und vor sich hinsehe, [...] frei und unbekümmert; so als sei er allein und niemand beobachtete ihn [...]." (S, S. 156).

"Scheidung des Paares Sehen/Gesehenwerden"[108] beschreibt. Allerdings hat sich mit K.s geheimem Blick diese Relation verkehrt. Es ist nicht Klamm, der den Einzelnen im Auge behält, sondern K., dessen Begehren sich auf Klamm fixiert und der darum „mit allen Kräften um einen Blick Klamms" (S, S. 175–176) kämpft.

Den Blick durch das Guckloch auf Klamm hat die Helferin Frieda ermöglicht, deren Augen K. besonders angesprochen hatten. Frieda ist als unscheinbares Mädchen beschrieben,

> das aber durch ihren Blick überraschte, einen Blick von besonderer Überlegenheit. Als dieser Blick auf K. fiel, schien es ihm, daß dieser Blick schon K. betreffende Dinge erledigt hatte, von deren Vorhandensein er selbst noch gar nicht wußte, von deren Vorhandensein aber der Blick ihn überzeugte. (S, S. 60)

Die sich hier treffenden Blicke und Friedas Überlegenheit und Kenntnis ausstrahlende Augen machen sie für K. zu einer tauglichen Fürsprecherin, deren Ausnahmestellung er sich zunutze machen kann. Das unterscheidet sie etwa von den beiden Gehilfen, die zwar auch „sehr aufmerksame Beobachter" sind und permanent „zu K. herüberstarrten, sei es auch daß sie in scheinbar kindlichem Spiel etwa ihre Hände als Fernrohre verwendeten", deren Blicke und Interaktionen mit Frieda K. aber „in völliger Gleichgültigkeit" (S, S. 73–74) wahrnimmt. Für Frieda wiederum generiert sich Klamms Blick – und damit der vertretende Blick des Schlosses – in den beiden Gehilfen:

> Abgesandte Klamms, ich nenne sie in meinen Gedanken im Spiele so, aber vielleicht sind sie es wirklich. Ihre Augen, diese einfältigen und doch funkelnden Augen, erinnern mich irgendwie an die Augen Klamms, ja, das ist es, es ist Klamms Blick, der mich manchmal aus ihren Augen durchfährt. (S, S. 219)

Als so Erblickte steht Frieda unter dem Bann eines totalisierenden Blicks, der sie wortlos „durchfährt" und Sprache generell sowie Fürsprache besonders obsolet macht. Gleichsam eindringlich ist der knappe Vergleich der Wirtin, die Klamm als Adler und K. als Blindschleiche bezeichnet (siehe S, S. 90). Während Klamm damit der Assoziationskomplex eines edlen, überblickenden Greifvogels mit beträchtlicher Flügelspanne anhaftet, ist K. ein erdgebundener Schleicher, ein potentiell immer erspähter Körper. An späterer Stelle wird K. die visuelle Totalität Klamms auch bewusst:

> [E]r dachte an seine [sc. Klamms] Ferne, an seine uneinnehmbare Wohnung, an seine, nur vielleicht von Schreien, wie sie K. noch nie gehört hatte, ununterbrochene Stummheit, an seinen herabdringenden Blick, der sich niemals nachweisen, niemals widerlegen ließ, an seine von K.'s Tiefe her unzerstörbaren Kreise, die er oben nach unverständlichen Gesetzen zog, nur für Augenblicke sichtbar – das alles war Klamm und dem Adler gemeinsam. (S, S. 183–184)

---

108 Foucault: Überwachen und Strafen, S. 259.

Neben diesen blickintensiven, panoptischen und disziplinierenden Strukturen herrschen auf der anderen Seite auch die Effekte einer unentwegt protokollierenden und störanfälligen Kontrollwelt mit proliferierender Verwaltung. Bezeichnenderweise verwendet Kafka das Wortfeld um „Kontrolle" – „Kontrollamt", „Kontrollbehörden" – nur im *Schloß* und in keinem anderen bekannten Prosatext. Der Fürsprecher der Gemeinde, der Vorsteher,[109] benennt die gräflichen Kontrollmechanismen auf diese Weise und führt aus:

> In einer so großen Behörde wie der gräflichen kann es einmal vorkommen, daß eine Abteilung dieses anordnet, die andere jenes, keine weiß von der andern, die übergeordnete Kontrolle ist zwar äußerst genau, kommt aber ihrer Natur nach zu spät und so kann immerhin eine kleine Verwirrung entstehn. (S, S. 96)

So wie die „Disciplin" von Karl Roßmanns fürsprechendem Onkel verkündet und wegweisend bis zu Josef K.s *Proceß* und in Ansätzen zum *Schloß* wurde, ist hier die „Kontrolle" das Schlagwort des moderneren Typs von Machtausübung, der sich bereits im *Proceß* angedeutet hat und im *Schloß* neben das Disziplinarmodell tritt. K., der Fremde, Erhebende, hakt nach:

> „[E]rwähnten Sie nicht früher einmal eine Kontrollbehörde? Die Wirtschaft ist ja nach Ihrer Darstellung eine derartige, daß einem bei der Vorstellung, die Kontrolle könnte ausbleiben, übel wird."
> „Sie sind sehr streng", sagte der Vorsteher, „aber vertausendfachen Sie Ihre Strenge und sie wird noch immer nichts sein verglichen mit der Strenge, welche die Behörde gegen sich selbst anwendet. Nur ein völlig Fremder kann Ihre Frage stellen. Ob es Kontrollbehörden gibt? Es gibt nur Kontrollbehörden. Freilich, sie sind nicht dazu bestimmt, Fehler im groben Wortsinn herauszufinden, denn Fehler kommen ja nicht vor und selbst wenn einmal ein Fehler vorkommt, wie in Ihrem Fall, wer darf denn endgiltig sagen, daß es ein Fehler ist." (S, S. 104)

Warum kann das Netz, das „nur [aus] Kontrollbehörden" besteht und zwar einer dichten Kette aus ersten, zweiten, dritten usw., mit der Frage nach K.s Berufung nicht umgehen? Der Dialog, der sich um die Kontrollämter entspinnt, legt nahe, dass es Einzelfälle wie der von K. sind, die trotz wohlwollender Bemühungen der Zuständigen im ewigen Aufschub bleiben. Schließlich sind weder Klamms Briefe objektiv bedrohlich (erst die subjektive Rezeption K.s dehnt sie in diese Richtung),[110] noch verweigert der Gemeindevorstand Auskunft (sondern er lässt die

---

109 Der Vorsteher (auch „Dorfvorsteher" und „Gemeindevorsteher" genannt) ist auch Wortführer der Gemeinde. Siehe Campe: Kafkas Fürsprache, S. 203.
110 Der Brief mutet aufgrund der Anführungszeichen wie die zitierte Rede eines nicht Anwesenden an; für K. erscheint er „nicht einheitlich" und so, als enthalte er „zweifellose Widersprüche". (S, S. 41) „Freilich eine Gefahr bestand und sie war in dem Brief genug betont, [...] als sei sie unentrinnbar. Es war das Arbeitersein." (S, S. 42) Eine andere Rezeption enthält dieser Brief vom Vorsteher und seiner Frau Mizzi, die ihn als „Privatbrief Klamms" (S, S. 115) bezeichnen, der nicht den gleichen Status wie ein amtlicher Brief hätte; und eine wieder andere Deutung erfährt der Brief aus der Perspektive der Barnabas'schen. (Siehe S, S. 360–363).

Aktenberge durchsuchen, während er bereitwillig redet). Nach Vogl folgen die Behörden „einem Prinzip der fehlenden Norm" und operieren „auf ungefähre Weise im Ungefähren".[111] Die Mischung aus instabilen Grenzen und Bezugspunkten, die zahlreichen verfehlten Blicke und die prinzipielle Unabschließbarkeit der organisierenden Kontrolle führen zur kontinuierlichen Suspendierung – einschließlich von Fürsprache für den Einzelnen, für K.

Eine gelingende Fürsprachesuche verbindet sich auf konkrete Weise also mit dem visuellen Kriterium des erfassenden und erwidernden Blickes: aus K.s Sicht erfüllt Frieda zunächst diese Bedingung, in der Schlosswelt bleibt sie unerfüllt. Auf weniger konkrete, aber suggestive Weise ist Fürsprache zudem an ein akustisches Kriterium geknüpft, wie der zeitgleich entstandene „Fürsprecher"-Text ebenfalls nahelegt, wo ein „Dröhnen, das unaufhörlich aus der Ferne zu hören war" (NII, S. 377), an den Ort des Gerichts erinnert. Dieses Dröhnen durchdringt einerseits „so sehr alle Räume", dass es scheinbar „von überall" herkommt, und es hat andererseits seinen Ursprung gerade an dem Ort, „wo man zufällig" (NII, S. 378) steht. Narratologisch ist dieses Dröhnen, wie bereits ausführlich gezeigt,[112] mit der Jetzt-Hier-Ich-Systematik und damit der schwierigen Klassifizierbarkeit der Sprecherinstanz vergleichbar. Etymologisch hängt es mit unartikulierten menschlichen Geräuschen zusammen, mit undurchdringlichen, zitternden Lauten und andauernder Irritation.

Eine ähnliche akustische Irritation ergibt sich am Morgen nach K.s Eintritt in das Dorf in der Szene um das im Wirtshaus befindliche Telefon, die Campe als „eine kleine Komödie der Fürsprache"[113] analysiert. Telefone als moderne Medien, über die sich Kommunikationsakte vollziehen, tauchten bereits in den früheren Romanfragmenten kurz vor prominenten Fürsprachesituationen auf: vor der gerichtsähnlichen Verhandlung Karl Roßmanns im Hotel[114] und als Apparat für den Anruf zur ersten Vorladung für Josef K.[115] Im letzten Romanfragment verschmilzt der

---

111 Vogl: Lebende Anstalt, S. 27–28.
112 Siehe Kapitel 2.1.1.
113 Campe: Kafkas Fürsprache, 201. Zum Telefon siehe auch Wolf Kittler: Schreibmaschinen, Sprechmaschinen. Effekte technischer Medien im Werk Franz Kafka. In: ders./Gerhard Neumann (Hg.): Franz Kafka. Schriftverkehr. Freiburg 1990, S. 75–163, besonders S. 160–161.
114 Im *Verschollenen* telefoniert der Oberkellner des Hotels Occidental mit der Oberköchin, um die von ihm veranlasste Kündigung Karl Roßmanns – vor Karl – mitzuteilen. Die aus dem Kontext zu extrahierenden Fürspracheversuche der Oberkellnerin sind für Karl und damit den Leser zunächst nicht direkt zu hören: „Er wird entlassen, nein nein Frau Oberköchin, er wird vollständig entlassen, nein nein er wird zu keiner andern Arbeit versetzt, er ist vollständig unbrauchbar." (V, S. 232) In physischer Präsenz der Oberkellnerin kommt es dann aber, gemeinsam mit Therese, zur ausgeweiteten Fürsprache für Karl.
115 Im *Proceß* wird K. „telephonisch verständigt [...], daß am nächsten Sonntag eine kleine Untersuchung in seiner Angelegenheit stattfinden würde". (P, S. 49) Es ist hier ein gesichtslos bleibendes *Man*, das die Bedingungen für die Treffen setzt (z. B. „Man machte ihn darauf aufmerksam [...]."; „Man setze voraus [...]." (P, S. 49)), Bedingungen, die K. zunächst ohne überhaupt zu antworten, annimmt, um dann seinen großen Auftritt als politischer Fürsprecher aufzuführen.

Kommunikationsakt am Telefon selbst mit einer Fürsprache. Zunächst telefonieren die beiden Gehilfen mit einem Schlossbeamten und bekommen eine Antwort, die auch K. aus einiger Entfernung als eindeutige Abweisung des Gesuchs, das Schloss betreten zu dürfen, vernimmt: „weder morgen noch ein anderesmal". (S, S. 35) K.s Versuch, selbst mit dem Beamten zu telefonieren, resultiert hingegen zunächst nur in einem eigentümlichen Summgeräusch in seinen Ohren:

> Aus der Hörmuschel kam ein Summen, wie K. es sonst beim Telephonieren nie gehört hatte. Es war wie wenn sich aus dem Summen zahlloser kindlicher Stimmen – aber auch dieses Summen war keines, sondern war Gesang fernster, allerfernster Stimmen – wie wenn sich aus diesem Summen in einer geradezu unmöglichen Weise eine einzige hohe aber starke Stimme bilde, die an das Ohr schlug so wie wenn sie fordere tiefer einzudringen als nur in das armselige Gehör. K. horchte ohne zu telephonieren, den linken Arm hatte er auf das Telephonpult gestützt und horchte so. (S, S. 36)

Das unidirektionale, akustische Ereignis in dieser Passage wird durch Ausschließung eines Geräusches im Vergleich mit einem anderen Geräusch beschrieben: kein Summen, sondern Gesang, keine zahllosen singenden, kindlichen Stimmen, sondern *eine* hohe, aber starke Stimme. Diese Unbestimmbarkeit und unmögliche Klassifizierbarkeit mit ihrem notwendigen „wie wenn"-Komparativ ist kongruent zu der „*Gesichtslosigkeit*"[116] der oberen Instanzen im *Schloß*, wie Abrahams systematische Untersuchung zeigt.

Als K. doch Rückantwort erhält, gibt er sich als Gehilfe „Josef" aus. Die eigene Verschiebung zu einem nicht anwesenden Dritten, einem alten Gehilfen, der für K. zu sprechen scheint – mit bewusstem oder unbewusstem intertextuellen Verweis auf den früheren Romanprotagonisten Kafkas –, ermöglicht das Gespräch und damit den ersten Kontakt zum Schloss überhaupt.[117] Die existentielle Frage „Wer bin ich also?" wird eher zufällig und mit „Du bist der alte Gehilfe." (S, S. 37) beantwortet. Und die Frage, wann der vermeintliche Herr ins Schloss kommen könne, wird bestimmt beschieden: „Niemals". (S, S. 38) Wie K. im Gespräch mit dem Vorsteher erfährt, ist dem Telefon mit solchen Antworten aber nicht zu trauen. Die Apparate in den Wirtsstuben seien etwa so dienlich „wie ein Musikautomat". (S, S. 116) Zwar finden Telefone im Schloss ihre eigentliche Verwendung, denn es „wird dort ununterbrochen telephoniert", aber diese Gespräche gelangen in die Telefone im Dorf „als Rauschen und Gesang" (S, S. 116) – K.s akustischen Eindrücken von Summen bis Gesang entsprechend. Der Vorsteher, dem eine erklärende, aber letztlich

---

116 Abraham: Der verhörte Held, S. 53. Während die Entscheidungsträger im *Verschollenen* „noch *als Personen* fassbar" sind, entpersonalisieren sie sich zu einer „quantitativ nicht genau bestimmbaren Gruppe von Funktionsträgern" im *Proceß* und zu einem gänzlich unpersönlichen Machtapparat im *Schloß* (S. 52–53). Parallel zu dieser Auflösungsbewegung geht die Auflösung der Möglichkeiten von Fürsprache einher.
117 Abhängig vom Verständnis der Landvermesserfrage kann die Verschiebung auch als zweifache aufgefasst werden: K. gibt sich zunächst als Landvermesser aus, und dann als dessen Gehilfe Josef.

nicht helfende Funktion zukommt – wie dem Onkel, dem Advokaten und dem Maler im *Proceß* –, führt aus:

> Nun ist aber dieses Rauschen und dieser Gesang das einzige Richtige und Vertrauenswerte, was uns die hiesigen Telephone übermitteln, alles andere ist trügerisch. Es gibt keine bestimmte telephonische Verbindung mit dem Schloß, keine Zentralstelle, welche unsere Anrufe weiterleitet; wenn man von hier aus jemanden im Schloß anruft, läutet es dort bei allen Apparaten der untersten Abteilungen oder vielmehr es würde bei allen läuten, wenn nicht, wie ich bestimmt weiß, bei fast allen dieses Läutwerk abgestellt wäre. Hie und da aber hat ein übermüdeter Beamter das Bedürfnis sich ein wenig zu zerstreuen – besonders am Abend oder bei Nacht – und schaltet das Läutwerk ein, dann bekommen wir Antwort, allerdings eine Antwort, die nichts ist als Scherz. (S, S. 116)

Was K. als nicht einzuordnendes Ensemble von Stimmen in einer einzigen „hohe[n] aber starke[n]" (S, S. 36) Stimme wahrnimmt, manifestiert sich wie der Mechanismus eines panoptischen Überwachungsideals. Die über das Telefon übertragene unmögliche Stimme ist das akustische Komplement des visuellen, eindringenden Blicks von oben, eine Stimme, die an K.s Ohr schlägt, „so wie wenn sie fordere tiefer einzudringen als nur in das armselige Gehör". (S, S. 36) In Benthams ursprünglichem Plan waren übrigens Konversationsröhren (*conversation tubes*) als Abhörsystem vorgesehen, die von jeder Zelle aus zum Beobachtungsturm reichen sollten[118]: „By means of this implement, the slightest whisper by the one [sc. prisoner] might be heard by the other [sc. inspector]",[119] schreibt Bentham. In einem Postskriptum expandiert er dieses Modell und unterstreicht die Möglichkeit einer Anrufung aus der Entfernung: „a call from a speaking-trumpet brings the remotest prisoner to the front of his cell".[120]

In der Welt um den Schlossberg ist der moderne Kommunikationsapparat Telefon gleichzeitig – wie der leere Schlossturm – eine Täuschung; er ist eher ein Unterhaltungsmedium, oder, wenn zufällig jemand antwortet, ist „nichts als Scherz" (S, S. 116) zu erwarten. Blick und Stimme sind entsprechend genauso bannend für K. wie eigentlich defizitär, ebenso auf einen imaginären Punkt fixiert wie letztlich zerstreut. K.s selbst inszenierte Fürsprache unterliegt somit der doppelten Verfehlung des falschen, verlogenen Fürsprechenden und des falschen, scherzenden Adressaten. Das sprachliche Einsetzen *für* jemanden *vor* jemandem erscheint als Verkomplizierung am Übergang von einer Disziplinargesellschaft mit panoptischer Überwachung zu einer Kontrollgesellschaft. Entweder wird jedes schon gesprochene

---

118 „To save the troublesome exertion of voice that might otherwise be necessary, and to prevent one prisoner from knowing that the inspector was occupied by another prisoner at a distance, a small *tin tube* might reach from each cell to the inspector's lodge [...]." Bentham: The Panopticon Writings, S. 36.
119 Bentham: The Panopticon Writings, S. 36.
120 Bentham: The Panopticon Writings, S. 112.

Wort bereits vom Schloss gehört oder der Einzelne ist Teil einer statistischen Datenmenge in kontinuierlicher Variation.[121]

K.s Begehren, als Landvermesser anerkannt und tätig zu werden, ist dennoch auf Klamm, den für ihn zuständigen Vertreter der Schlossadministration und „Vorstand der X. Kanzlei" (S, S. 40), gerichtet.[122] Nach dem unerwiderten Blick durch das Guckloch bietet sich Frieda, die Geliebte Klamms, als körperliche Vermittlerfigur an, was nun mit auffallend akustischem Vokabular dargestellt ist. Die Liebesszene, die als versuchter Fürspracheakt gelten kann, markiert K.s Verlangen, an Klamm zu kommen und auf dem Dorf-Schloss-Territorium tätig zu werden, indem K. und Friedas Körper „dumpf an Klamms Tür" (S, S. 68) schlagen und sich trotz Bierpfützen und Unrat den fremden Boden zu eigen machen. Klamms Ruf „mit tiefer befehlend-gleichgültiger Stimme nach Frieda" aus dem Nebenzimmer macht sich K. ebenfalls vermittelnd zu eigen: „,Frieda', sagte K. in Friedas Ohr und gab so den Ruf weiter." (S, S. 69) Friedas rufende Reaktion „Ich bin beim Landvermesser. Ich bin beim Landvermesser!" (S, S. 69) läutet dann ihren sozialen Abstieg ein – zumindest aus ihrer eigenen und der Sicht der Dorfbewohner. Durch ihren direkten Kontakt mit Klamm konnte sie sich nämlich als Autoritätsfigur erheben, etwa über dessen Dienerschaft, welche kurz zuvor im Wirtshaus ausgelassen um Olga tanzte. Friedas Ruf („Im Namen Klamms [...] in den Stall, alle in den Stall [...]." (S, S. 66)) und ihr Schwingen einer Peitsche als Instrument des Gehorsamkeitszwangs erfolgte aber, ohne dass eine klare Aufforderung von Klamm ausgesprochen wurde.[123]

---

121 Letzteres legt der Gemeindevorsteher nahe, als er K. erklärt: „Wer darf denn Anspruch erheben, wegen seiner privaten kleinen Sorgen mitten in die wichtigsten und immer rasend vor sich gehenden Arbeiten hineinzuläuten. Ich begreife auch nicht, wie selbst ein Fremder glauben kann, daß wenn er z. B. Sordini anruft, es auch wirklich Sordini ist, der ihm antwortet." (S, S. 116–117).

122 Nach Barnabas' Erklärung, dass es sich beim Unterschreibenden des ersten Briefes um Klamm handelt, ist ein Vertreter gefunden, auf den sich K.s Begehren lenkt. Dass einerseits der Eigenname des Funktionsträgers auf dem Papier getilgt ist und dass es sich andererseits bei der X. Kanzlei vielleicht um die Zehnte, möglicherweise aber um die redensartliche unbekannte X-te Größe handelt, deutet auf die Austauschbarkeit der Zuständigkeiten, die sich auch im *Proceß* gezeigt hat.

123 Die Wirtin erklärt K. später, dass Klamm „noch niemals [...] selbst mit jemandem aus dem Dorf gesprochen [hat]. Es war ja die große Auszeichnung Friedas, [...] daß er wenigstens Friedas Namen zu rufen pflegte und daß sie zu ihm sprechen konnte nach Belieben [...]." (S, S. 80–81) Mit gleichem Wortlaut – „Im Namen Klamms" (S, S. 176) – wird K. auch vom Dorfsekretär Momus zum Verhör gezwungen. Momus der, wie die Wirtin erklärt, „die im Dorfe nötig werdenden schriftlichen Arbeiten Klamms" (S, S. 175) empfängt, ist auf die Präzision seiner Stelle besonders bedacht und korrigiert beständig die Wirtin, die er für sich sprechen lässt. Im Unterschied zu K. haben die Dorfbewohner Disziplin verinnerlicht und in ihren Interaktionen verankert.

4.3.3 Schloßgeschichten: Spiegelungen und Hörensagen

Über das moderne Medium des Telefons, das traditionelle Medium des Briefs und der Nachricht per Botendienst, den amtlichen Weg über einen Vorsteher und einen Sekretär und den erotischen Verbindungsweg mit einer Frau gestaltet sich in der ersten Hälfte des Romanfragments K.s vermittelter Kontakt mit Repräsentanten des Schlosses. Ausgedehnte Passagen der zweiten Hälfte bilden Gespräche, die zu längeren Geschichten und Rückblenden aus dem Mund der Nebenfiguren werden; speziell Olga tritt über fünf Kapitel, fast einem Sechstel des Romanfragments, als Haupterzählerin auf.[124] Krusche ermittelt, dass insgesamt fast drei Viertel des *Schloß*-Textes aus Dialogen und Personenrede bestehen und somit ein höherer Grad an direkter Verbalisierung von Geschichten als eigentliches Handlungsgeschehen zu verzeichnen ist.[125] Häufiger als in den früheren Romanprojekten sind hier direkt sprechende Figuren und szenische Darstellungen zur sprachlichen Vermittlung gewählt; statt eingreifendem Erzähler als Zwischeninstanz finden sich in diesen Fällen Anführungszeichen, welche die narrative Redemacht zeitweise an ein – freilich selektives – Ensemble von Figuren übergibt.

Politzer ist zuzustimmen, wenn er schreibt, dass Kafka „die Gespräche, die K. mit seinen Gegenspielern führt, zu einem überaus komplizierten System von Spiegeln ausgebaut hat, die zur gleichen Zeit das Schloß, K. und einander reflektieren", und wenn er argumentiert, dass diesen Spiegeleffekten „eine Reihe verwirrender Lauteffekte beigefügt"[126] sind. Für Letzteres sind neben der beschriebenen Telefonszene die Beamten Sortini und Sordini ein Paradebeispiel, deren Namen sich nur durch ein phonologisches oder orthographisches Minimalpaar unterscheiden. Diese Namensähnlichkeit nutzt Sordini aus, „um besonders die Repräsentationspflichten auf Sortini abzuwälzen". (S, S. 308–309)[127] Solche Ununterscheidbarkeiten und Ebenbilder ziehen sich leitmotivisch durch Kafkas letzten Romanversuch. So sind für K. die beiden Gehilfen sowohl den Gehilfen aus seiner Heimat ähnlich als auch untereinander „ähnlich wie Schlangen" (S, S. 33), gar „ein einziger Mann". (S, S. 34) Der

---

[124] In ähnlicher Weise argumentiert Meisel: „Ein drittes Verbindungsglied, ein Nachrichtenkanal zwischen Dorf und Schloß und K. sind neben den Türen und Frauen schließlich die Boten, die Briefe und das Telefon." Meisel: Parasiten, S. 360. Siehe auch Constanze Busses Analyse zu den Medien Bild, Brief und Telefon im ersten Teil des Romanprojekts sowie „Gespräche und Geschichten" im zweiten Teil. Constanze Busse: Kafkas deutendes Erzählen. Perspektive und Erzählvorgang in Franz Kafkas Roman *Das Schloß*. Münster 2001, S. 147–187.
[125] Mit der bekannten Einschränkung, dass „Kafkas Kunstfertigkeit im Umgang mit den Zwischenformen der Rede" eine Quantifizierung erschwere, extrahiert Krusche dennoch präzise einen stetig zunehmenden Anteil an Personenrede: „[S]o ergibt sich, daß in ‚Amerika' 50–55%, im ‚Prozeß' 60–65% und im ‚Schloß' 70–75% des Textes Personenrede bzw. Dialog ist." Krusche: Kafka und Kafka-Deutung, S. 52.
[126] Politzer: Franz Kafka, der Künstler, S. 341 und S. 350.
[127] Konkreter zum Vertreterpaar Sordini – Sortini siehe Stüssel: In Vertretung, S. 166–169.

hinzukommende Bote Barnabas weist seinerseits große Ähnlichkeit mit den Gehilfen auf. Darüber hinaus verrät K.s Reaktion auf Klamms Brief, dass er sich den Dorfbewohnern annähern möchte und „einmal ununterscheidbar etwa von Gerstäcker oder Lasemann" (S, S. 42) zu werden versucht. Und dass Brunswicks Kinder Frieda und Hans heißen und damit die gleichen Namen wie K.s Geliebte und der Brückenhofwirt tragen, ist sicher nicht auf einen konzeptionellen Zufall zurückzuführen.[128] Neben den eingangs beschriebenen verdeckten Koordinaten eines möglichen Fürsprachedreiecks, der unhinterfragten Disziplin seitens der Dorfbewohner und den trügerischen Wahrnehmungsprozessen des Sehens und Hörens sind es also auch die Überlappungen und Ähnlichkeiten der Personen und die Entsprechungen ihrer Geschichten, die keine Fürsprache aufkommen lassen. Jede Geschichte spricht und steht zwar gleichzeitig für andere Geschichten, aber ohne mögliche Einflussnahme einer der beiden Parteien und ohne eine besetzte dritte Position. Ohne eine stabile Autorität, der die Geschichten erzählt werden, bildet sich keine trianguläre Struktur.

Die beiden Gespräche K.s mit der Brückenhofwirtin Gardena sind, wie alle Geschichten, auf K. und dessen Situation spiegelbildlich bezogen. Gardena enthüllt neben ihrer eigenen Geschichte als Ausschankmädchen und der dieser ähnlichen Geschichte Friedas auch die Bedingungen darüber, wer mit wem und zu wem sprechen darf. Während die Wirtin die Situation Friedas mit Klamm aufklärt, der sie zwar ruft, aber nicht mit ihr spricht, beharrt K. seinerseits darauf, dass die Wirtin nicht mit den Gehilfen spricht, und er verbietet den Gehilfen, bei einem möglichen Verstoß zu antworten. Die Wirtin redet in Friedas Anwesenheit darüber hinaus auf eine Weise, „als spreche sie nicht selbst sondern leihe nur Frieda ihre Stimme". (S, S. 88) Das verbindende Element zwischen den Geschichten der Wirtin und K. sind „gewisse Beziehungen zu Klamm". (S, S. 127)

Olgas über Kapitelgrenzen oder Trennstriche hinwegreichende, fast novellenartige Familienerzählung ist die längste direkt erzählte Geschichte, eine Synthese aus eigenen Beobachtungen und Hörensagen. Der beinahe monologische Erzählstrom wird lediglich durch klärende und weisende Nachfragen K.s und Kommentare unterbrochen. Erzählt wird der Fall der Familie, die gegen ein ungeschriebenes Gesetz verstoßen hat und infolgedessen mit dem Ausschluss aus der Dorfgemeinde bestraft wird.[129] Tochter Amalia hat sich ihren freiheitlichen Entscheidungswillen behalten und, anders als die Wirtin und Frieda, dem Ruf eines Schlossbeamten in den Herrenhof zu folgen, „heldenhaft" (S, S. 305), so ihre

---

128 Siehe Politzer: Franz Kafka, der Künstler, S. 350. Übrigens hat Kafka an einer Stelle selbst K. und Klamm beinahe verwechselt: im Gespräch mit der Wirtin. (Siehe S, S. 82/S', S. 191).
129 „Man zog sich nur von uns zurück. Die Leute hier, wie auch das Schloß. Während man aber den Rückzug der Leute natürlich merkte, war vom Schloß gar nichts zu merken. Wir hatten ja früher auch keine Fürsorge des Schlosses gemerkt, wie hätten wir jetzt einen Umschwung merken können." (S, S. 326).

Schwester Olga, widerstanden. Dieser Ruf ist dem Ruf nach K.s Landvermesserschaft, zumindest strukturell, nicht unähnlich. Amalia hat das Liebesangebot eines Schlossbeamten – brieflich ersucht von Sor*d*ini – ausgeschlagen, indem sie den Brief zerriss und dem Boten ins Gesicht warf. Auch K.s Berufung zum Landmesser – brieflich ersucht von Sor*t*ini – hat ihn in eine Situation gebracht, bei der seine Anerkennung von der Schlossadministration in Frage steht. Es bringen nun die Briefe von Klamm an K. beide Parteien in ein Wechselverhältnis. Amalias Bruder Barnabas übermittelt sie zur Rehabilitierung seiner Familie, die mittlerweile seinen Namen zum Familiennamen gemacht hat, mit großer Ehrfurcht und K. erwartet diese Nachrichten ebenfalls voller Ehrfurcht. Für die Barnabas'schen bedeuten die Briefe Hoffnung auf Wiederaufnahme in die Dorfgemeinde, für K. bedeuten sie Hoffnung auf Aufnahme in die gräflichen Behörden. Insofern gehören beide nicht klar zur Dorf- oder Schlosswelt und sie instrumentalisieren Andere mit Gesten und rhetorischen Mitteln, um zu ihrem Ziel zu kommen. Amalia gibt in diesem Sinne gegen Ende der Geschichte preis:

> Du darfst meine Worte nicht zu streng beurteilen. Wenn z. B. wie es einmal geschehen ist, Barnabas mit der Nachricht kommt, daß Du mit seinem Botendienst unzufrieden bist und er im ersten Schrecken und leider auch nicht ohne Botenempfindlichkeit sich angeboten hat, von diesem Dienst zurückzutreten, dann bin ich allerdings, um den Fehler gutzumachen, imstande, zu täuschen, zu lügen, zu betrügen, alles Böse zu tun, wenn es nur hilft. Aber das tue ich dann, wenigstens nach meinem Glauben, so gut Deinetwegen wie unsertwegen. (S, S. 363–364)

K. zeigt sich Olgas Einstellung gegenüber nicht überrascht und sehr nachsichtig; er lässt sie wissen, „daß er ihr wegen ihrer kleinen Kunstgriffe in der Erzählung gar nicht böse sei, sondern sie sehr wohl verstehe". (S, S. 365) Diese Bemerkung in indirekter Rede K.s liest sich durchaus wie ein Metakommentar über den Erzählverlauf, der ebenfalls von Auslassungen geprägt und mit Kunstgriffen ausstaffiert ist. Da der Wahrnehmungsfokus über K. gesteuert wird und sich alle Gespräche und Geschichten mit Auslegungen beschäftigen, die für K.s Situation relevant sind, stockt die Handlung und überwiegt die fortschreitende Ausdeutung allen Geschehens, die K. und letztlich auch den Leser nur *um* und nicht *in* das Schloss führen.

Eine Ausnahme mag die Bürgel-Episode bieten. K., der eigentlich zu einem der ersten Sekretäre Klamms, Erlanger, gerufen wurde, verirrt sich in einen anderen Schlafraum. Der im Schlaf gestörte Bürgel weist sich als Verbindung zwischen Schloss- und Dorfsekretären aus und erklärt sich bereit, die Sache um K.s Landvermesseranstellung „weiter zu verfolgen", was aber wenig Eindruck bei K. hinterlässt und ihm „durchaus dilettantisch" (S, S. 408–409) erscheint. In einer erzähltechnisch komplexen Bewegung überblendet sich der Redestrom Bürgels über die Nachtverhöre mit K.s Traum eines Kampfes: „Wort für Wort" schlägt Bürgels Stimme an sein Ohr, während gleichzeitig „das lästige Bewußtsein" (S, S. 415) entschwindet.

> Ein Sekretär, nackt, sehr ähnlich der Statue eines griechischen Gottes, wurde von K. im Kampf bedrängt. Es war sehr komisch und K. lächelte darüber sanft im Schlaf, wie der Sekretär aus seiner stolzen Haltung durch K.'s Vorstöße immer aufgeschreckt wurde und etwa den hochgestreckten Arm und die geballte Faust schnell dazu verwenden mußte um seine Blößen zu decken und doch damit noch immer zu langsam war. Der Kampf dauerte nicht lange, Schritt für Schritt und es waren sehr große Schritte rückte K. vor. War es überhaupt ein Kampf? Es gab kein ernstliches Hindernis, nur hie und da ein Piepsen des Sekretärs. Dieser griechische Gott piepste wie ein Mädchen, das gekitzelt wird. Und schließlich war er fort; K. war allein in einem großen Raum, kampfbereit drehte er sich herum und suchte den Gegner, es war aber niemand mehr da [...]. (S, S. 415–416)

Die nächtliche Interaktion zwischen dem Sekretär und K. führt zu einer Art Erkenntnisszene und der Entdeckung des Komischen in der Situation. Der geträumte Kampf läutet das von Immanuel Kant beschriebene Lachen als *„Affekt aus der plötzlichen Verwandlung einer gespannten Erwartung in nichts"*[130] ein. Der Abfall vom wahrgenommenen Erhabenen einer griechischen Statue zum Lächerlichen des piepsenden Sekretärs erzeugt komische Effekte. Während K. im Schlaf die eigene Situation des leeren Disputs mit der Institution bildlich und auditiv erlebt, bleibt ohne „das lästige Bewußtsein" (S, S. 415) der Erkenntnisumschlag allerdings aus. Zwar kommt ihm folgender Gedanke zwischen Traum und Erwachen: „Hier hast Du ja Deinen griechischen Gott! Reiß ihn doch aus den Federn!" (S, S. 416), aber Anagnorisis und Peripetie, wie sie mit der Fürsprache von Karl Roßmanns Onkel im „Heizer" und in Ansätzen nach der Eigenverteidigungsrede Josef K.s im *Proceß* stattfanden, gibt es für den Protagonisten K. im *Schloß* nicht.

4.4 Zusammenfassung: Fürsprache als Analysekategorie

K.s allegorischer Traum eines Kampfes reiht sich ein in die kurzen, bildlichen Darstellungen, mit denen seine Vorgänger ebenfalls ihre komplexe institutionelle Ausgangssituation erblicken, aber nicht vollständig erkennen. Karl Roßmanns Betrachtung der Statue der „Freiheitsgöttin", die ohne Augenbinde und Waage, aber mit drohendem Schwert als defizitäre Justitia vor Amerika steht, symbolisiert gleich am Anfang den Übergang von Gerechtigkeit zu Disziplin. Josef K.s Betrachtung des von Titorelli nach Auftrag gemalten Bildes zeigt hinter der Richterfigur eine Zusammenstellung aus Justitia und Siegesgöttin, die schwankt, schwebt und Josef K. nachstellen kann. K.s Traum während der verbalen Ausführungen des Sekretärs Bürgels deutet auf den leeren Kampf mit der Institution.

Obwohl die um diese Darstellungen gelagerten Fürsprachen – ausgeführt, kommentiert, inszeniert, gesucht, verfehlt oder gebannt – nicht auf *einen* Leitgedanken

---

[130] Immanuel Kant: Kritik der Urteilskraft [1790]. In: Wilhelm Weischedel (Hg.): Immanuel Kant. Werke in 12 Bänden, Bd. X. Darmstadt 1996, S. 273.

schließen lassen, zeigen sie dennoch besonders komprimiert, in welcher Relation die K.-Protagonisten zu ihrer Gegenwelt stehen. Fürsprache als Analysekategorie weist zudem der „Heizer"-Episode aus dem ersten Romanfragment, das „immer ein Stiefkind der Kafka-Forschung gewesen – und dies bis heute geblieben"[131] ist, mit seinen beiden beispiellos arrangierten Fürsprachen einen zentralen Stellenwert zu. Dieser einzige zu Lebzeiten publizierte Teil aller Romanversuche fixiert noch realistisch den Übergang, der sich in den späteren Romanfragmenten radikaler mischt. Parallel zum Schwinden des Namens der Protagonisten, von Karl Roßmann über Josef K. hin zum einfachen K., geht die an Einfluss und Autorität gebundene Potenz von Fürsprache verloren – vom und für den Protagonisten. So wie die beschriebenen bildlichen Darstellungen der Grundsituationen an Fassbarkeit verlieren – von der dreidimensionalen Statue im „Heizer" über das zweidimensionale Gemälde im *Proceß* bis zum Traum im *Schloß* –, nimmt die Fassbarkeit aller drei an der Fürsprache beteiligten Instanzen ab: der Richter und Entscheidenden, der möglichen Fürsprecher und der Protagonisten selbst.

Gleichzeitig lagern sich Momente des Fürsprechens um zentrale Aspekte der Genealogie von Disziplinar- zu Kontrollgesellschaften, der formgebenden Institution und des Verhörs. Die stattfindenden und ausbleibenden Fürsprachen definieren Schlüsselstellen der Romane, die als Höhe- und Wendepunkte das Geschehen strukturieren. In *Der Verschollene*, konkret zwischen den beiden zentralen Fürsprachen im Eingangskapitel „Der Heizer", wird anhand einer Art Anagnorisis der Übergang von Gerechtigkeit (mit Karls Fürsprache für den Heizer) zu Disziplin (mit der Fürsprache des Onkels für Karl) inszeniert. Die Verbindung von Familie bzw. Privatem und Öffentlichem verschmilzt zunehmend in den beiden Institutionenromanen. In *Der Proceß* ist es die Erkenntnis Josef K.s, dass der souveräne Angriff gegen die große Organisation, getarnt als Fürsprache für viele, nicht nur ins Leere geht, sondern genau die Vertreter des juristischen Apparates anspricht, was auch einen Wendepunkt in seinen Verteidigungsmöglichkeiten einleitet, denn er hat sich die Chance auf ein Verhör damit selbst abgeschnitten. In *Das Schloß* schließlich ist es die suspendierte, gebannte oder im Rauschen sich verlierende Fürsprache in einem Gesellschaftssystem, dessen Regierungstechniken von schwellenden Kontrollbehörden das Leben einzelner nicht mehr verwalten können.

---

131 Manfred Engel: *Der Verschollene*. In: ders./Bernd Auerochs (Hg.): Kafka-Handbuch. Leben – Werk – Wirkung. Stuttgart 2010, S. 175–191, hier S. 183.

5 Intervenierende Erzähler und Fürsprecher in den Tiergeschichten

Während Fürsprache in den Romanfragmenten vorwiegend prägenden Charakter an Schlüsselstellen innerhalb der Fiktion hat, ist sie in einigen Kurzprosastücken nicht nur auf dieser thematischen Ebene mit Auswirkungen auf die Erzählstruktur konstitutiv, sondern auch verstärkt in Bezug auf die Erzählerpositionen selbst. Mit anderen Worten korreliert nun noch deutlicher als im vorherigen Kapitel das *Was* des Erzählten mit dem *Wie* des Erzählens – *histoire* mit *discours* der Fürsprache. In mehreren Geschichten oder Erzählfragmenten, die im weiten Sinne zu Kafkas Tiergeschichten gehören, hat sich Kafka mit dem Grundproblem beschäftigt, wie Tiere sprechen und wie für Tiere gesprochen werden kann – und dies in unterschiedlichen Variationen narrativ erprobt.

In den zu untersuchenden Texten treten Erzählerfiguren mit einem spezifischen Laien-Forscherblick auf, um aus dieser begrenzten Position und Sicht heraus das kuriose Verhalten von anderen (Menschen oder Tieren) mit Berichtsanspruch für Wissenschaft, Gesellschaft und Kunst zu erklären. Anders als die heterodiegetischen Erzählerinstanzen der Romanfragmente, die nicht selbst in der erzählten Welt erscheinen und sich auf subtile und ironische Weise in das Erzählgeschehen flechten und es stellenweise unterlaufen, sind hier homodiegetische Erzählinstanzen im Spektrum von der Hauptfigur bis zum beteiligten Betrachter gewählt. Es stehen, so zeigt die genaue Analyse, jeweils konkrete *Präsentationsformen* im Vordergrund – die Schrift des Dorfschullehrers über den Riesenmaulwurf, der Bericht des Affen Rotpeter und der Gesang der Maus Josefine – für welche sich die *Erzählinstanzen* – Kaufmann-Erzähler, Impresario und Rotpeter selbst sowie der Erzähler aus dem Volk der Mäuse – als Fürsprecher aufschwingen. Folgende Fragen strukturieren den Gang der Analyse: Von welcher Art ist die Präsentation, die ein erster Akt der Fürsprache selbst sein könnte, dass sie die Erzählung als ihr Supplement und den Erzähler als weiteren Fürsprecher braucht? Inwiefern beleuchtet das Konzept der Fürsprache die Interaktionen von Erzähler (als beteiligter Figur), Darstellung (Schrift, Bericht, Gesang) und Wirkung (beim Leser oder Publikum)? Welche kontextuellen oder intertextuellen Bezugspunkte stehen in produktionsästhetischem Zusammenhang? Wie hat Kafka das Wissen und den Diskurskontext um Fürsprache in seiner Zeit in fiktionales, literarisches Wissen transferiert? Ganz allgemein gefragt: Warum wird die Fürsprache-Thematik in den Tiergeschichten so zentral?

Die Hauptthese ist, dass Tiere, die natürlich nicht für sich selbst sprechen können, immer einer Art fürsprechender Vermittlungsinstanz bedürfen. Kafka hat dies in „Der Dorfschullehrer" zum Thema um die Erscheinung Riesenmaulwurf selbst gemacht, bei der es nicht um die Sprache des Tieres, sondern um die Fürsprache für dessen Existenz geht, was sich in proliferierenden Schriften aus rein menschlicher Perspektive niederschlägt (5.1.). Im Schreibkomplex um „Ein Bericht für eine

Akademie" sind es zunächst ebenfalls Vermittlungsversuche an der Schnittstelle von Mensch und Tier, die das Phänomen Rotpeter in wechselnden Fürsprache- und Redesituationen zu erfassen versuchen, bevor der Affe selbst mit menschlicher Stimme in textueller Gestalt erscheint: ein Interview mit dessen Impresario und ein Gespräch mit Rotpeter selbst (5.2.). Mit der reinen Tiergeschichte „Josefine, die Sängerin oder Das Volk der Mäuse" verdreht Kafka die Tier-Sprech-Situation weiter, indem er einer Maus eine sonderbare Sing-/Pfeif-Stimme verleiht, die für niemanden Fürsprache einlegt, während der Erzähler repräsentierend aus dem und für das Volk der Mäuse spricht (5.3.). Anhand der gewählten Texte wird zudem je eine Facette der Fürsprache besonders herausgestellt: „Der Dorfschullehrer" eruiert das Moment des Sich-Einbohrens in ein sozialwissenschaftliches Feld als Forschungs- und epistemisches Phänomen qua versuchter Fürsprachen. Der Komplex um „Ein Bericht für eine Akademie" bringt Fürsprache als produktions- und rezeptionsästhetisches Phänomen im Rahmen einer textgenetischen Lektüre hervor. Schließlich zeigt sich anhand der Gesten in „Josefine, die Sängerin oder Das Volk der Mäuse" das performative Problem von Fürsprache. Auf dem Spiel stehen somit grundsätzliche Fragen nach Fürsprache als Darstellung von Forschungsversuchen, als Dimension in textueller Produktion und Wirkung und als Problem von Mittelbarkeit und Unmittelbarkeit.

5.1 Für den Riesenmaulwurf: „Der Dorfschullehrer" und der Erzähler

Als Max Brod, Kafkas posthumer Editor, das Fragment um den Dorfschullehrer und den Kaufmann-Erzähler unter dem Titel „Der Riesenmaulwurf" 1931 veröffentlichte, stellte er eine Randerscheinung des Textes in den Mittelpunkt und übersah Kafkas eigene Referenz des Textes als „Dorfschullehrer".[1] Was aber weder der eine noch der andere Titel verraten, ist der sich entfaltende und textkonstitutive verbale Kampf zwischen zwei vermeintlichen Fürsprechern: dem Dorfschullehrer und dem Erzähler. In sich immer weiter vom Untersuchungsgegenstand Riesenmaulwurf entfernenden triangulären Kommunikationssituationen – Fürsprachen – verkehren sich die Thematik und der Text zunehmend ins Groteske und Skurrile. Das Fragment ist neben dem „Fürsprecher"-Text das einzige bekannte Prosastück Kafkas, in dem das Wort

---

[1] Die Erstveröffentlichung erfolgte 1931 in der Sammlung *Beim Bau der chinesischen Mauer*. Den Text hatte Kafka am 18. Dezember 1914 begonnen; am 26. Dezember notierte er dessen baldigen Abbruch: „Heute abend fast nichts geschrieben und vielleicht nicht mehr imstande den Dorfschullehrer fortzusetzen, an dem ich jetzt eine Woche arbeitete und den ich gewiß in 3 freien Nächten rein und ohne äußerliche Fehler fertiggebracht hätte, jetzt hat er trotzdem er noch fast am Anfang ist, schon zwei unheilbare Fehler in sich und ist außerdem verkümmert." (T, S. 712–713) Am 6. Januar 1915 heißt es dann im Tagebuch: „Dorfschullehrer und Unterstaatsanwalt vorläufig aufgegeben." (T, S. 715).

„Fürsprecher" verwendet wird, wenn der Erzähler über den Dorfschullehrer sagt: „Er glaubte nämlich im Geheimen, daß ich ihn um den Ruhm hatte bringen wollen, der erste öffentliche Fürsprecher des Maulwurfes zu sein." (NI, S. 200) Fürsprache ist hier – wie der gesamte Text – parodistisch, aber sie ist verbunden mit einem Grundproblem, das Kafka im zeitgenössischen Diskurs um die Intelligenz von Tieren (speziell der sprechenden Pferde) beobachtet und ernst genommen hat: Wer für etwas spricht, das nicht für sich selbst sprechen kann, wird zu einem Fürsprecher, der strukturell Gefahr läuft, sich in seinen Untersuchungsgegenstand einzubohren und ihn dabei aus den Augen zu verlieren.

Kafkas Text erfasst zudem den scheiternden Versuch, ein *biologisches* Phänomen in den wissenschaftlichen Diskurs einzubetten, was eine massive Schichtung an weiteren Diskursen mit sich bringt und zur Darstellung eines *sozialen* Phänomens wird. In einer ironischen Wendung werden daher die Beteiligten und der Diskurs selbst zu einer Art Riesenmaulwurf, der sich ganz unkultiviert in ein soziales Feld eingräbt.² Nachfolgend soll zunächst der im Diskurs vergrabene Riesenmaulwurf im Vordergrund stehen, dann die versuchte Fürsprache des Dorfschullehrers für das kuriose Tier als eine erste Präsentationsform und die Fürsprache des Kaufmann-Erzählers für den Dorfschullehrer als zweite Präsentationsform, bis der Status der Erzählung im halbwissenschaftlichen Diskurs der Zeit erörtert wird.

5.1.1 Vergraben im Diskurs: Der Riesenmaulwurf

Dem bei Kafka immer gewichtigen Erzählanfang kommt auch im Fragment um die Erscheinung eines Riesenmaulwurfs und der ihr folgenden fürsprechenden Kettenreaktion eine entscheidende Rolle zu. Mit der hypothetischen und überspitzen Effektwirkung des „vom Widerwillen getötet"-Werdens beschreibt der personale bzw. homodiegetische Erzähler den Anblick des Riesenmaulwurfs, den er selbst nie zu Gesicht bekommen hat.

> Diejenigen, ich gehöre zu ihnen, die schon einen kleinen gewöhnlichen Maulwurf widerlich finden – regelmässig aus nicht fassbaren Gründen, denn das [weiche dunkle Fell, die roten Füsschen, die zugespitzte sorgfältig[e] geformte Schnauze] was man an ihm sieht, ist nicht widerlich – diese Leute wären wahrscheinlich vom Widerwillen getötet worden, wenn sie den Riesenmaulwurf gesehen hätten, der vor einigen Jahren in der Nähe eines kleinen Dorfes beobachtet worden ist, das dadurch eine gewisse vorübergehende Berühmtheit erlangt hat.
> (NI, S. 194/NI', S. 180)

---

2 Versteht man dieses soziale Feld im Sinne der Feldtheorie des Soziologen Pierre Bourdieu, der mit seinem theoretischen Modell darzustellen versucht, wie soziales Handeln stattfindet, dann ist es ein strukturierter Ort von Macht, Kräften und dem „Spiel" der Akteure um Ressourcen und symbolische Macht. Siehe Pierre Bourdieu: Vom Gebrauch der Wissenschaft. Für eine klinische Soziologie des wissenschaftlichen Feldes. Konstanz 1998, S. 18.

5.1 Für den Riesenmaulwurf: „Der Dorfschullehrer" und der Erzähler — 145

Wer diese Kreatur überhaupt gesehen hat und wie oft sie gesichtet wurde, lässt die Passivkonstruktion „beobachtet worden ist" unbestimmt. Kaum mehr als eine „Erscheinung, die vollständig unerklärt geblieben ist" (NI, S. 194), bleibt der Maulwurf im Dorf zunächst ein Gerücht und selbst als „Gerücht, das sich doch sonst kaum aufhalten läßt", ist es „in diesem Falle geradezu schwerfällig"; es muss „förmlich gestoßen" (NI, S. 195) werden, um sich zu verbreiten. *Per definitionem* ist das Gerücht also keines mehr, sondern wird zur „Sache" und zum „Fall", der nun nicht mehr den Maulwurf, sondern das Diskursgebaren um ihn herum betrifft. Was sich anhand der ungreifbaren Sensation entspinnt, ist eine Serie von ihn ersetzenden Dokumenten, die ihn schriftlich zum Leben erwecken wollen. Kafkas Text setzt dabei nicht auf biologische Beschreibungen, wie die Streichung sämtlicher natürlicher Attribute eines Maulwurfs („~~das [weiche dunkle Fell, die roten Füsschen, die zugespitzte sorgfältig[e] geformte Schnauze]~~" (NI', S. 180)) im ersten Satz des Manuskripts bereits erkennen lässt, sondern auf die möglichen und tatsächlichen Reaktionen derer, die sich um die Erscheinung gruppieren.[3]

Die ersten Seiten zeigen weiter, dass es keine auf unmittelbarer Beobachtung beruhende Untersuchung gab, gibt und geben wird. Statt der empirischen Methode der Feldforschung, die hier im wörtlichen Sinne mit der Datenaufnahme im natürlichen, *biologischen* Lebensraum von Garten, Wald und Feld des Tieres in dessen Anwesenheit stattfinden müsste, deutet sich eine anthropologisch-sozialwissenschaftliche Methode an: die des Sich-Einbohrens in das kulturelle *soziale* Milieu um die Entdeckung herum. Wenn der Kaufmann-Erzähler später sagt, „Ich mußte mich tief in diesen Dorfschullehrer eingebohrt haben" (NI, S. 208), dann kann kaum präziser die Art der Fürsprache im Text ausgedrückt werden, die den eigentlichen Untersuchungsgegenstand begräbt und die Sozialdynamik um die Erscheinung in das dilettantische Blickfeld nimmt. Statt also den Riesenmaulwurf als wissenschaftliches, biologisches Objekt mit Hilfe von Beobachtungen oder Messungen zu untersuchen, steht laienhaftes Beschreiben im Vordergrund; statt Zitate aus den Schriften zu wählen, die sich auf den Maulwurf beziehen, reflektieren die wenigen Zitate im Text den Zweck der Textentstehung,[4] die Rezeption in Form der Reaktion einer landwirtschaftlichen Zeitung und den eigens initiierten Rückruf der Schrift des Kaufmann-Erzählers.

---

3 Die längste biologische Begründung für die Existenz des Maulwurfs stammt aus keinem schriftlichen Zitat, sondern aus einem Gespräch des Dorfschullehrers mit dem Gelehrten: „Gewiß es gibt verschiedene Maulwürfe, kleine und große. Die Erde ist doch in ihrer Gegend besonders schwarz und schwer. Nun, sie gibt deshalb auch den Maulwürfen besonders fette Nahrung und sie werden ungewöhnlich groß." (NI, S. 196–197) Die Replik des Lehrers verrät beiläufig etwas über die Beschaffenheit des Tieres: „‚Aber so groß doch nicht', rief der Lehrer und maß, in seiner Wut ein wenig übertreibend, zwei Meter an der Wand ab." (NI, S. 197) Bei diesen knappen Ausführungen bleibt es.
4 Der Kaufmann-Erzähler zitiert seine eigenen Schlussworte aus der Einleitung: „Der Zweck dieser Schrift ist es, [...] der Schrift des Lehrers zur verdienten Verbreitung zu helfen. Gelingt dies, dann

Die Fürsprache-Formation als ein „Einbohren" in das soziale Milieu eines anderen entspricht der sozialwissenschaftlichen Methode Gottlieb Schnapper-Arndts (1846–1904), der als exzentrischer Privatgelehrter und Dozent für Sozialstatistik Pionierarbeit auf dem Gebiet der empirischen Feldforschung und Dokumentation leistete. In seiner 1883 veröffentlichten Untersuchung über die hausindustrielle Bevölkerung *Fünf Dorfgemeinden auf dem Hohen Taunus* bezeichnet Schnapper-Arndt sein Vorgehen als „die genaue Durchforschung engumgrenzter Objekte", die vermutlich „in manchen Fällen die Wirksamkeit sozialer Faktoren mindestens ebenso sicher wie die Massenbeobachtung erkennen lasse".[5] Nach Schnapper-Arndts Tod veröffentlichten einige renommierte Wirtschaftswissenschaftler Nachrufe, welche die detailversessenen, tatsächlich aber kaum Allgemeingültigkeit beanspruchenden Studien würdigten.[6] Schnapper-Arndts Freund und Kollege Karl Bücher etwa beschreibt 1906 in der *Zeitschrift für die gesamte Staatswissenschaft*, wie die Muße und dann die „stets wachsende[] inner[e] Teilnahme" Schnapper-Arndt drängten, seinen Untersuchungen in den kleinen Taunusdörfern durch gründliche Aufzeichnungen, „einen wissenschaftlichen Charakter"[7] zu verleihen. Die fehlende praktische Erfahrung des „wohlhabenden Stadtkinde[s]",[8] das regelmäßig Rat bei Karl Bücher mit dessen „landwirtschaftlichen Jugend-Erfahrungen"[9] einholte, hinderten Schnapper-Arndt nicht daran, penibel-exakte Erhebungen über die Haushaltsbudgets auszuführen. Anekdotenhaft führt Bücher auch aus, wie er selbst „halb im Scherze bemerkte: ‚Wer den Haushalt eines ländlichen Hausindustriellen verstehen will, der sollte sich auf ein paar Monate bei der Familie einmieten und ihre

---

soll mein Name, der vorübergehend und nur äußerlich in diese Angelegenheit verwickelt wird, sofort aus ihr gelöscht werden." (NI, S. 201).
5 Gottlieb Schnapper-Arndt: Fünf Dorfgemeinden auf dem Hohen Taunus. Eine socialstatistische Untersuchung über Kleinbauernthum, Hausindustrie und Volksleben. Leipzig 1883, S. vii. Im Vorwort schreibt Schnapper-Arndt zudem: „[I]ch wollte mich so vieler Daten bemächtigen, dass die einzelnen nicht so sehr unter dem Einflusse der Subjektivität stehend angesehen werden, sondern dass sie sich gegenseitig stützen möchten, dass also die Vollständigkeit der Beobachtung einen Dienst versehe, wie man ihn gemeinhin von der Massenbeobachtung erwartet. Hier trat an das ursprüngliche Interesse ein theoretisches heran: es schien mir, als ob die genaue Durchforschung engumgrenzter Objekte in manchen Fällen die Wirksamkeit sozialer Faktoren mindestens ebenso sicher wie die Massenbeobachtung erkennen lasse." (S. vii).
6 Zur Wissenschaft und Eigenwilligkeit Schnapper-Arndts siehe Hendrik Fischer: Messen ohne Maß. Wege und Irrwege des Gottlieb Schnapper-Arndt (1946–1904). In: Christian Klein (Hg.): Kuriosa der Wirtschafts-, Unternehmens- und Technikgeschichte. Miniaturen einer „fröhlichen Wissenschaft". Essen 2008, S. 106–112.
7 Karl Bücher: Haushaltungsbudgets oder Wirtschaftsrechnungen? In: Zeitschrift für die gesamte Staatswissenschaft 62.4 (1906), S. 686–700, hier S. 687.
8 Karl Bücher: Haushaltungsbudgets oder Wirtschaftsrechnungen?, S. 687.
9 Karl Bücher: Haushaltungsbudgets oder Wirtschaftsrechnungen?, S. 690.

Mahlzeiten teilen'"[10] – und wie Schnapper-Arndt diesen Hinweis so ernst nahm, „dass er einen längern Aufenthalt im Schwarzwalde nahm, um in die Lebensverhältnisse eines Uhrmachers einzudringen".[11]

Ob Kafka dieses Kuriosum der Wissenschaftsgeschichte bekannt war, kann hier nicht nachgewiesen werden. Unterstrichen werden aber kann die Affinität zwischen den nachträglichen, öffentlichen Fürsprachen der Wissenschaftler, der versuchten Fürsprache des Kaufmann-Erzählers für den Dorfschullehrer in Kafkas Text und – wie noch zu besprechen ist – der Fürsprache Maurice Maeterlincks für Karl Krall, der wiederum Fürsprache einlegte für Wilhelm von Osten im Diskurs um vermeintlich sprechende Pferde. In allen Konstellationen findet sich eine eigentümliche Mischung aus Verbohrtheit und Laientum in Bezug auf wissenschaftliche Erscheinungen, die wiederum Schriften anderer inspiriert: eine Kette von Fürsprachen, die über etwas sprechen, das für sich selbst nicht sprechen kann – bis zur unvermeidlichen Absurdität. Metaphorisch verstanden spiegelt Kafkas eigenes textuelles Graben über die beiden verbohrten Fürsprecher Dorfschullehrer und Kaufmann-Erzähler eine Methode wider, die den Prozessen sozialwissenschaftlicher und naturwissenschaftlicher Erkenntnisgewinnung seiner Zeit entspricht, vor allem in populärwissenschaftlichen Diskursen. Dieses Graben und Bohren, das sich motivisch durch Kafkas gesamtes Werk zieht, vereinigt hier ungewöhnliche Personenkonstellationen, berührt Klassenfragen und weist Kafka selbst als Analytiker und Praktiker einer solchen Form der verbohrten Fürsprache aus.

5.1.2 Fürsprachen für Riesenmaulwurf und Dorfschullehrer

Dem großen Maulwurf aus Kafkas Text kommt zunächst nur eine „kleine Schrift" (NI, S. 194) (und später ein „kleiner Nachtrag" (NI, S. 196)) zu, auch wenn sie einen massiven, umständlichen und überaus doppeldeutigen Titel trägt: „Ein Maulwurf, so groß, wie ihn noch niemand gesehen hat". (NI, S. 199) Die Schrift über das Unerhörte und Ungesehene als erste Dokumentation und erste Fürsprache stammt von dem Dorfschullehrer, dem der Erzähler zugesteht, die Entdeckung gemacht zu haben, wenn auch davor noch das mündliche Engagement einiger einfacher Leute steht, welche „uneigennützig sich der Sache angenommen" (NI, S. 195) haben, indem sie das Gerücht um den Maulwurf verbreiteten. Was der Erzähler dem Lehrer aber nicht zugesteht, ist die erforderliche soziale Stellung und rhetorische Fertigkeit zur Beschreibung und Erklärung der Entdeckung, was die „abweisende[] Haltung der maßgebenden Persönlichkeiten" (NI, S. 196) mit sich bringt.

---

10 Karl Bücher: Haushaltungsbudgets oder Wirtschaftsrechnungen?, S. 688.
11 Karl Bücher: Haushaltungsbudgets oder Wirtschaftsrechnungen?, S. 689.

> Statt dessen überließ man die einzige schriftliche Behandlung des Falles dem alten Dorflehrer, der zwar ein ausgezeichneter Mann in seinem Berufe war, aber dessen Fähigkeiten ebenso wenig wie seine Vorbildung es ihm ermöglichten, eine gründliche und weiterhin verwertbare Beschreibung geschweige denn eine Erklärung zu liefern. (NI, S. 195)

Diese Einschätzung des Kaufmann-Erzählers indiziert, wie eng der Status der Person des Fürsprechers an den Akt der Fürsprache gekoppelt ist. Zunächst fällt auf, dass der Erzähler den „alten Dorflehrer" über seinen Beruf einführt, von dem er zu wissen glaubt, dass er ihn ausgezeichnet ausübe. Hingegen bleibt der Name des Lehrers ungenannt, wie übrigens die Namen aller Beteiligten im Text, als handle es sich um eine halb-anonyme Studie, die nicht den unerhörten Einzelfall, sondern die allgemeinen sozialen Bedingungen um ihn herum in den Vordergrund stellt. In seinem schriftlichen Nachtrag spart der Lehrer den Namen des konsultierten Gelehrten aus und auch der Kaufmann-Erzähler fügt vage hinzu: Nur „aus verschiedenen Nebenumständen läßt sich erraten, wer es gewesen ist". (NI, S. 196) Selbst als der Erzähler behauptet, dass seine Schrift „nicht so sehr den Lehrer, als die gute Absicht eines ehrlichen aber einflußlosen Mannes" (NI, S. 197) verteidigen sollte, übergeht die so motivierte Schrift dessen Namen:

> Der Zweck dieser Schrift ist es, [...] der Schrift des Lehrers zur verdienten Verbreitung zu helfen. Gelingt dies, dann soll mein Name, der vorübergehend und nur äußerlich in diese Angelegenheit verwickelt wird, sofort aus ihr gelöscht werden. (NI, S. 201)

Der Lehrer wiederum bezieht sich ebenfalls auf seinen Gegenspieler als einen „städtische[n] Kaufmann, namens so und so" (NI, S. 209) im Gespräch mit seiner Frau. Statt Namen stehen also die sozialen Relationen im Vordergrund, die im „Fürsprecher"-Text mit Bezug auf das „Überall" – als Ort der Notwendigkeit für und Ort der erfolgreichen Suche nach Fürsprechern – klassifiziert sind. Der entscheidende Unterschied ist hier das klare Gefälle zwischen scheinbar geeigneten und ungeeigneten Fürsprechern, die der „Fürsprecher"-Text auslässt. Einige der zentralen Dichotomien im „Dorfschullehrer"-Text[12] – alt versus jung, Dorf versus Stadt, Menge versus Gebildete, Laientum versus Wissenschaft, Subjektivität versus Objektivität – geben der Gestaltung von Fürsprache ihre Form.

Das mehrfach „Sache" genannte Phänomen wird zur Lebensaufgabe des Lehrers, wobei sich die Bedeutung dessen, was die „Sache" ist, permanent vom Maulwurf weiter weg verschiebt. An einer Stelle spricht der Erzähler von der „Hauptabsicht" als „dem Nachweis der Erscheinung des großen Maulwurfes" (NI, S. 198); anderswo behauptet er, dass der Lehrer „im Geheimen" glaubte, dass ihm der „Ruhm" zusteht,

---

12 Siehe Catherine Grimm: Getting Nowhere. Images of Self and the Act of Writing in Kafka's „Der Dorfschullehrer". In: New German Review. A Journal of Germanic Studies 10 (1994), S. 119–132. „The text is loosely structured around certain sets of dichotomies: village/city, orality/literacy, scientific discourse/ non-scientific discours, believer/skeptic, etc.."(S. 120).

„der erste öffentliche Fürsprecher des Maulwurfes zu sein" (NI, S. 200); und später heißt es sogar:

> Was bedeutete denn für den Lehrer die Verteidigung seiner Ehrenhaftigkeit. An der Sache, nur an der Sache lag ihm. [...] Allerdings war es nicht richtig, daß ihm nur an der Sache lag, er war sogar recht ehrgeizig und wollte auch Geldgewinn, was mit Rücksicht auf seine zahlreiche Familie sehr begreiflich war, trotzdem schien ihm mein Interesse an der Sache vergleichsweise so gering, daß er glaubte sich für vollständig uneigennützig hinstellen zu dürfen ohne eine allzugroße Unwahrheit zu sagen. (NI, S. 202–203)

Hier ändert sich die Motivation dessen, was Kafka als Fürsprache verstanden hat, hin zu den Eigeninteressen des Dorfschullehrers.

Das wahrgenommene Sozialgefälle vom alten Dorfschullehrer zum jungen städtischen Kaufmann ist einer der – sonst unmotiviert erscheinenden – Gründe für die Einschaltung des Kaufmanns als weitere Vermittlungsinstanz im Geschehen mit einer zweiten Präsentationsform des Phänomens Riesenmaulwurf und als Erzähler des Textes. Ganz kühn sagt der Kaufmann-Erzähler: „Die meisten alte Leute haben Jüngern gegenüber etwas Täuschendes, etwas Lügnerisches in ihrem Wesen, man lebt ruhig neben ihnen fort" und plötzlich „erheben sich diese alte Leute wie Fremde, haben tiefere, stärkere Meinungen". (NI, S. 208) Und tatsächlich spricht der Lehrer seinen Verteidiger paternalistisch als „Kind" (NI, S. 208) an. Zuvor hat er, im Gespräch mit seiner Frau, den „städtische[n] Kaufmann" als „hohe[n] Gönner" bezeichnet, dessen Einfluss weit gewichtiger sei als der eines „lumpige[n] Bauer[n]" oder gar der Einfluss von „zehntausend Bauern", deren „Wirkung womöglich noch schlechter" (NI, S. 209) sei.

> Ein Kaufmann in der Stadt ist dagegen etwas anderes, ein solcher Mann hat Verbindungen, selbst das was er nur nebenbei sagt, spricht sich in weitern Kreisen herum, neue Gönner nehmen sich der Sache an, einer sagt z. B.: Auch von Dorfschullehrern kann man lernen, und an nächsten Tag flüstert es sich schon eine Menge von Leuten zu, von denen man es nach ihrem Äußern zu schließen niemals annehmen würde. (NI, S. 209)

Diese weltfremde Vorstellung des Lehrers kulminiert in seinem kurios ausgemalten, hypothetischen Empfangsszenario, in dem die gesamte Dorfschullehrerfamilie feierlich in der Stadt begrüßt wird. Wenn der Lehrer dann sagt, dass es in der Stadt unaufhörlich „zwitschert", also in schnell zirkulierendem, unverständlichem Code gesprochen wird, und „sich eben auf einen Anruf gleich sehr viele Leute" (NI, S. 210) versammeln, dann steht das der Verbreitung des Gerüchts um den Riesenmaulwurf im Dorf diametral entgegen. Gerücht und Maulwurf waren so „schwerfällig", dass sie zur Verbreitung „förmlich gestoßen" werden mussten und zunächst nur eine „einzige schriftliche Behandlung" (NI, S. 195) erfuhren. Das Flüstern der Stadtmenge hingegen führt in der Vorstellung des Lehrers auch zur schnellen Weg- und Übernahme von Meinungen (siehe NI, S. 210). Über das Phänomen Riesenmaulwurf bohrt sich der Text also in die unterschiedlichen Diskursdynamiken des Dorf- und Stadtlebens ein.

Das Prozedere der in der Stadt ansässigen Wissenschaften erklärt der Kaufmann-Erzähler dem Dorfschullehrer dann in langer direkter Rede. Obwohl er selbst kein Teil der „gelehrten Gesellschaften" ist, weiß er doch um die dort wuchernden Untersuchungen und Schriften: von einem „Professor" über „irgendeinen jungen Studenten", dessen überprüfende „Untersuchungen" vielleicht zur Herausgabe einer „eigene[n] Schrift" führen, die in diesem Falle „vielleicht lächerlich gemacht worden" (NI, S. 212–213) wäre. Die Nicht-Wissenschaftler haben einen Vorteil gegenüber den Professoren, die sich „nicht jeder neuen Entdeckung gleich an die Brust werfen" (NI, S. 213) können.

Und dennoch: Anstelle des lebendigen Maulwurfes und anstelle des ersten vermittelnden Dokuments samt Nachtrag des zumindest geographisch nahen Zeugen – des Dorfschullehrers – steht mit der Schrift des städtischen Kaufmanns ein zweites vermittelndes Dokument. Es soll „den Lehrer verteidigen oder besser ausgedrückt nicht so sehr den Lehrer, als die gute Absicht eines ehrlichen aber einflußlosen Mannes". (NI, S. 197) Da der Lehrer aber weder seiner Personen- noch seiner Absichtsverteidigung Verständnis entgegenbringt, entsteht der Streit, der durch die auffällige Häufung von Vokabeln aus dem semantischen Feld des Kampfes charakterisiert ist. Die agonal-verbale Grundsituation zwischen beiden Fürsprechern nähert sich dem Diskurs eines Rechtsstreits. Der Lehrer etwa führt in seinem Nachtrag „überzeugend Klage über die Verständnislosigkeit" und trifft bei dem Gelehrten auf ein „Vorurteil inbetreff seiner Sache". (NI, S. 196) Der „Fall" ist dann Gegenstand der Schrift des Kaufmann-Erzählers, um „den Lehrer [zu] verteidigen", wobei diese Verteidigungsschrift wiederum für einen unmittelbaren physischen Angriff gegen den Gelehrten einsteht, da der Erzähler „dem Gelehrten nicht die Faust vor das Gesicht halten konnte". (NI, S. 197) Durch „Mittelspersonen" erfährt der Lehrer von den unabhängigen Untersuchungen, und der Kaufmann-Erzähler hat „Beweise" (NI, S. 198), dass es ihm der Lehrer absichtlich erschwert hat. Selbst der wiederholte, vermeintlich wissenschaftliche Prozess der Datenerhebung wird als Verhör von „Augen- und Ohrenzeugen" (NI, S. 199) bezeichnet. Zudem glaubt sich der Lehrer von seinem „Gegner" um das alleinige Recht gebracht, „der erste öffentliche Fürsprecher des Maulwurfes zu sein". (NI, S. 200) Die Reaktion der landwirtschaftlichen Zeitung will er wörtlich „nicht ohne Abwehr hinnehmen" (NI, S. 206), woraufhin der Erzähler anbietet, sein mündliches, privates „Geständnis" auch schriftlich, „öffentlich, z. B. in dieser Zeitschrift" (NI, S. 207), zu wiederholen.

Die durch Kafkas Werk breit gestreute Semantik des Rechtsstreits ist im „Dorfschullehrer" darüber hinaus besonders suggestiv, wenn man die zeitliche Nähe der Niederschrift zum *Proceß*-Fragment bedenkt. Josef K. glaubt, ganz ähnlich wie der Kaufmann, für sich selbst einen weiteren Fürsprecher zu brauchen, einen Helfershelfer, „dessen Auftreten wohl sehr unwahrscheinlich war". (NI, S. 198) Nicht nur hypothetisch verdreifacht über Helfershelfer, sondern tatsächlich verdreifacht – und damit drei Grade versetzt, durch zwei exzentrische Persönlichkeiten – ist Fürsprache, wenn man den Doppelstatus des Kaufmanns als Hobbywissenschaftler und Erzähler einbezieht. Als Kaufmann interveniert er zunächst in der Rolle des teilnehmenden Verfassers einer zweiten Verteidigungsschrift; als homodiegetischer Erzähler, der weit mehr ist als ein beteiligter Beobachter, steuert er das Erzählgeschehen. In diesem Zusammenhang erweist sich folgende Eigencharakterisierung aus dem Manuskript als aufschlussreich:

> Ich bin kein Zoologe, vielleicht hätte ich mich für diesen Fall wenn ich ihn selbst entdeckt hätte, bis auf den Herzensgrund ereifert, aber ich hatte ihn doch nicht entdeckt. ~~Ich bin ein Beamter, vielleicht hängt es damit zusammen da~~ (NI, S. 203/ NI', S. 185)

Das Motivationsgeflecht für seine Schrift und seine Kompetenzlage erklärt er damit, kein Biologe zu sein, wobei Kafka dem Zoologen-Dasein ursprünglich den Posten des Beamten entgegensetzen wollte. Ohne diese Streichung wäre der Erzähler somit dem Diskursbereich zugeordnet gewesen, mit welchem der Versicherungsjurist Kafka in der Prager halbstaatlichen AUVA vertraut war.[13] Die Entscheidung, den Erzähler als Kaufmann zu klassifizieren, muss an späterer Stelle getroffen worden sein, denn erst eine knappe Druckseite später heißt es: „Vielleicht war sie [die Schrift] nicht gut, nicht überzeugend genug geschrieben, ich bin Kaufmann, die Abfassung einer solchen Schrift geht vielleicht über den mir gesetzten Kreis noch weiter hinaus als dies beim Lehrer der Fall war". (NI, S. 204) Beamter oder Kaufmann, beide städtische Berufe stehen im geographischen Gegensatz zu dem Arbeitsumfeld des Dorfschullehrers. Als wollte Kafka das genau unterstrichen wissen, ist jeder weiteren Erwähnung des Kaufmanns hinzugefügt, dass er „ein städtischer" Kaufmann oder ein Kaufmann „in der Stadt" (NI, S. 209) ist.

Mit der Doppelfunktion des ~~Beamten~~/Kaufmann-Erzählers ist die Schnittstelle von Produktion und Darstellung von Texten erreicht und damit die Durchdringung von Fürsprache auf den Ebenen der (fiktiven) Autorschaft und Erzählinstanz sowie der Ebene der wuchernden, darstellenden Schriften. Wird nun der Fokus auf die Ebene der Rezeption, also der (fiktiven) Publikumswirksamkeit der Schriften, gerichtet, dann lässt sich auch hier die Figuration Fürsprache mit einer negativen Wendung finden. Während die „kleine Schrift" des Dorfschullehrers „an die damaligen Besucher des Dorfes viel verkauft" wird und „auch einige Anerkennung" (NI, S. 195) findet, ist die Resonanz einflussreicher, „maßgebende[r] Persönlichkeiten", konkret des Gelehrten, von einer „abweisenden Haltung" (NI, S. 196) geprägt. Auch als der Kaufmann als Leser des kleinen Nachtrags (nicht der Hauptschrift) interveniert und seine vermeintlich größere Schrift veröffentlicht, bleibt der Erfolg aus. Beider Versuche sind „nutzlose[] Anstrengungen für diese öde Sache" (NI, S. 204),

---

[13] Siehe Kapitel 3.1, das den Komplex um die Autorschaft im Zusammenhang mit den amtlichen Schriften eruiert.

denn auch der Einfluss des Kaufmann-Erzählers ist „beiweitem nicht hinreichend um den Gelehrten oder gar die öffentliche Meinung" (NI, S. 197) umzustimmen.

Die längste gedruckte Antwort ist die direkt zitierte, vernichtende Rezension – wenn auch nur „zum Schluß und klein gedruckt" – einer führenden landwirtschaftlichen Zeitschrift:

> Die Schrift über den Riesenmaulwurf ist uns wieder zugeschickt worden. Wir erinnern uns, schon einmal vor Jahren über sie herzlich gelacht zu haben. Sie ist seitdem nicht klüger geworden und wir nicht dümmer. Bloß lachen können wir nicht zum zweitenmal. Dagegen fragen wir unsere Lehrervereinigungen, ob ein Dorfschullehrer nicht nützlichere Arbeit finden kann, als Riesenmaulwürfen nachzujagen. (NI, S. 205)

Diese „unverzeihliche Verwechslung" ist für den Kaufmann-Erzähler Zeugnis dafür, dass keine der Schriften tatsächlich gelesen wurde, wobei „die zwei armseligen in der Eile aufgeschnappten Worte Riesenmaulwurf und Dorfschullehrer" – ironischerweise die beiden gewählten Titel für die Erzählung selbst – „den Herren" schon genügten, „um sich als Vertreter anerkannter Interessen in Szene zu setzen". (NI, S. 205) Die Diskrepanz zwischen dem vom Lehrer erwarteten Ruhm, als erster Fürsprecher aufgetreten zu sein, und der tatsächlichen Lächerlichkeit der Schrift könnte kaum größer sein. Auch das Rundschreiben, das der Kaufmann zur Rückgabe seiner Schrift verteilt, ist die übertriebene Geste des Verfassers eines ebenfalls wenig beachteten Textes. Das Groteske der Situation zeigt sich besonders an der Antwort eines Lesers, der „die Schrift als Kuriosum" behalten will, sich aber verpflichtet, sie „während der nächsten zwanzig Jahre niemandem zu zeigen". (NI, S. 211)

5.1.3 Von Wunderpferden zu Riesenmaulwurf

Mit dem Erzähler als intervenierendem Fürsprecher steht auch der Status der fragmentarischen Erzählung selbst im Vordergrund. Wagt man sich an die Fragen, wofür der nicht veröffentliche Text Kafkas sprechen oder stehen könnte und wie faktisches Wissen in fiktionales Wissen transferiert wird, dann finden sich, wie bereits erwähnt, reichhaltige Verbindungen zu zeitgenössischen wissenschaftlichen und halb-wissenschaftlichen Diskursen in Bezug auf die Denkfähigkeit von Tieren, speziell Pferden. Kafka selbst hinterlässt ein Fragment mit expliziter Referenz auf die Pferdeversuche zu Beginn des 20. Jahrhunderts, das zeitnah zum „Dorfschullehrer" entstanden ist.[14]

---

[14] Das Fragment beginnt: „Ein junger ehrgeiziger Student, der sich für den Fall der Pferde von Elberfeld sehr interessiert und alles was über diesen Gegenstand im Druck erschienen war genau gelesen und überdacht hatte, entschloß sich auf eigene Faust Versuche in dieser Richtung anzustellen und die Sache von vornherein ganz anders und nach seiner Meinung unvergleichlich richtiger anzufassen als seine Vorgänger." (NI, S. 225).

Der realgeschichtliche Diskurs um die Pferde von Elberfeld, der zum festen Bestand der Kafka-Forschung gehört, macht die angedeutete Verbindung noch zwingender, auch in Bezug auf die Fürsprachekonstellationen und das Moment des Sich-Einbohrens. Am Anfang standen die sensationellen Versuche des Berliner Volksschullehrers von Osten, der um 1900 seinem Hengst „Kluger Hans" die Fähigkeiten zum Sprechen und Rechnen beigebracht zu haben glaubte. Das preußische Kultusministerium schickte 1904 zwei Kommissionen, welche nach eingehenden Untersuchungen nicht bescheinigten, dass das Pferd per Klopfzeichen mit den Vorderhufen reden kann und gelöste Rechenaufgaben vermittelt. Im Zeitraum von 1908 bis 1911 unternahm es der Kaufmann Krall – privat und persönlich – die Versuche mit von Ostens russischem Hengst und den Araberhengsten Muhamed und Zarif in einem Stall in Elberfeld zu wiederholen. Seine klareren und vereinfachten Methoden sollten das Urteil der wissenschaftlichen Kommissionen widerlegen. Kralls aufwendig gestaltetes Buch *Denkende Tiere* erschien 1912 und brachte die Pferde von Elberfeld zu weltweitem Ruhm.[15] Zahlreiche gedruckte Reaktionen folgten, unter anderem eine Rezension vom 7. März 1912 in der Prager deutschsprachigen Zeitung *Bohemia*[16] – der Zeitung, für die Kafka ein Jahr zuvor, am 19. März 1911, seine Nachruf-Rezension für den *Hyperion* veröffentlicht hatte.[17] Auch der Nobelpreisträger für Literatur im Jahr 1911, Maeterlinck, hat in der Aprilausgabe 1912 der *Neuen Rundschau* seine persönlichen Beobachtungen und Eindrücke von dem Elberfelder Pferdegestüt mit starken Worten wiedergegeben.[18]

Der Einfluss einzelner Publikationen aus diesem Diskurskontext auf Kafka ist belegt. Hartmut Binders umfangreichen Recherchen zufolge habe Maeterlincks Text „die Konzeption des ‚Dorfschullehrers' entscheidend beeinflußt",[19] und Paul Heller weist anhand konkreter Textstellenvergleiche nach, dass Kafka auch mit Kralls Buch

---

15 Karl Krall: Denkende Tiere. Beiträge zur Tierseelenkunde auf Grund eigener Versuche. Leipzig 1912.
16 Denkende Tiere. Merkwürdige Experimente mit Pferden. In: Bohemia, 7. März 1912, S. 6–7.
17 Siehe Kapitel 3.2 zu Kafkas Nachruf auf den *Hyperion*: „Eine entschlafene Zeitschrift".
18 Maurice Maeterlinck: Die Pferde von Elberfeld. Ein Beitrag zur Tierpsychologie. In: Die neue Rundschau 4 (1914), S. 782–820.
19 Hartmut Binder: Motiv und Gestaltung bei Franz Kafka. Bonn 1966, S. 136–146, hier S. 136. Binder betrachtet das Fragment über den ehrgeizigen Studenten als „Vorstufe zum ‚Dorfschullehrer'" (S. 138). Zudem gibt er als weitere Einflussquellen Ernst Hardts Erzählung „Morgengrauen" an und verweist (in: Kafka-Kommentar zu sämtlichen Erzählungen, S. 187) auf einen Tagebucheintrag vom 4. November 1914: „Pepa zurück. Schreiend, aufgeregt, außer Rand und Band. Geschichte vom Maulwurf, der im Schützengraben unter ihm bohrte und den er für ein göttliches Zeichen ansah, von dort wegzurücken. Kaum war er fort, traf ein Schuß einen Soldaten, der ihm nachgekrochen war und sich jetzt über dem Maulwurf befand." (T, S. 697).

selbst vertraut gewesen sein muss.[20] Dem bleibt nachzutragen, inwiefern Kafka auf das *Zusammenspiel* der verschiedenen Diskurspositionen Bezug nimmt. Aus der Perspektive des sich vermehrenden Fürsprechens erweist sich die skizzierte Diskurskonstellation um die Erscheinung Wunderpferde von von Osten via Krall bis Maeterlinck als eine Fürsprecherkette, die Kafka einerseits mit seinen literarischen Mitteln und in ironischer Weise fortsetzt und anderseits ähnlich thematisch darstellt. Die streitbare Erscheinung *Wunder*pferde ist durch die unbewiesene Entdeckung *Riesen*maulwurf ersetzt; die Fürsprecherserie verläuft in Kafkas Fragment analog vom Dorfschullehrer (von Osten war Elementarschullehrer) über den Kaufmann-Erzähler (Krall war Kaufmann) bis zum hypothetischen Studenten; die Kritiker von Ostens wie die wissenschaftlichen Kommissionen finden in dem Gelehrten und den Editoren der landwirtschaftlichen Zeitschrift ein Echo. Das Faszinierende an diesen Forschungsvorhaben scheint dabei für Kafka weder Wunderpferd noch Riesenmaulwurf zu sein, sondern die Methode des Einbohrens in den Gegenstand und in das soziale Milieu sowie die damit einhergehende Proliferierung von Schriften.

Krall etwa führt in seinem Buch überschwänglich die Person des großen Meisters von Osten ein, dessen Versuche um die Hypothese von den geistigen Fähigkeiten der Tiere er mit der kopernikanischen Wende in Verbindung bringt[21]; sein Hauptteil schließt mit einem prononcierten Fürspracheakt für die Erinnerung an den Elementarschullehrer: „Meine Unterrichtsversuche mit eigenen Pferden habe ich unternommen, um die Entdeckung *von Ostens* vor dem Untergang zu bewahren."[22] Dabei ist Krall gleich anfangs von „der jahrelangen Ausdauer des betagten Schulmeisters"[23] fasziniert – ähnlich wie der Kaufmann-Erzähler, der von den „vereinzelten von niemand unterstützten Bemühungen" des Dorfschullehrers spricht, der es „zu seiner Lebensaufgabe" (NI, S. 195) macht, sich für die Erscheinung einzusetzen. Hier wie dort ist die Verstocktheit der ersten Forscher (von Osten, der Dorfschullehrer und auch Schnapper-Arndt) bezeichnend sowie die zögernde Kooperation mit denen, die sich wiederum mit ihrem kaufmännisch-gebildeten Hintergrund und eigener Faszination (Krall und der Kaufmann-Erzähler) *für* die

---

[20] Paul Heller: Franz Kafka. Wissenschaft und Wissenschaftskritik. Tübingen 1989, S. 124–133. Zu den Überschneidungen gehören die Profession von Herrn von Osten als „Elementarschullehrer" und die Tatsache, dass „der erste Zeitungsbericht über von Ostens ‚klugen Hans' vom *Berliner Lokal-Anzeiger* zunächst ‚ausgelacht und abgewiesen', einige Monate später aber in der *Illustrierten Landwirtschaftlichen Zeitung*" veröffentlicht wurde – Informationen, die Maeterlinck nicht berücksichtigt. (S. 127).

[21] „Ein merkwürdiges Zusammentreffen fügt es, daß zwei große Entdecker – Kopernikus und *von Osten* – demselben Fleck Deutschlands entstammen. *Kopernikus* entrückt die Erde dem Mittelpunkte des Weltalls und führte damit eine neue Weltanschauung herauf; *von Osten* wies nach, daß auch das Tier denkt. Damit fällt die Anschauung von der geistigen Alleinherrschaft des Menschen." Krall: Denkende Tiere, S. 10.

[22] Krall: Denkende Tiere, S. 243.

[23] Krall: Denkende Tiere, S. 1.

Sonderlinge *vor* den wissenschaftlichen Kommissionen und Rezensenten einsetzen. Dabei sind diese Fürsprecher selbst wissenschaftliche Laien. Sie bohren sich in das eigenwillige Forschungsfeld ihrer Vorgänger ein und vermehren die Textproduktion.

Einer derjenigen, die Krall anspricht, als er am Ende seines Buches schreibt, „manche zu eigenen Versuchen anzuregen" und seine „Erfahrungen zur Verfügung zu stellen",[24] ist der im Buch zitierte Maeterlinck. Dessen 39 Druckseiten umfassender, begeisterter Beitrag in der *Neuen Rundschau* über seine Einladung bei Krall setzt dann auch das Gegensatzpaar von Osten/Krall am Anfang genau so in Szene, wie sich der Kaufmann-Erzähler im „Dorfschullehrer"-Text selbst in Relation zum Lehrer zu choreographieren versucht:

> [D]ie Gegner des Wunders fanden an Stelle eines müden Greises, eines brummigen halb entwaffneten Sonderlings einen jungen, leidenschaftlichen Mann, der von einem bemerkenswerten wissenschaftlichen Instinkt beseelt, geistreich, feingebildet und imstande war, sich zu verteidigen.[25]

Maeterlinck seinerseits bohrt sich also in die Methodik und Versuche Kralls ein und veröffentlicht seine Beobachtungen zu den sprechenden Pferden.

Fünf Jahre nach dem Erscheinen von Kralls Buch publizierte der Verhaltensforscher Wolfgang Köhler seine Studien zu *Intelligenzprüfungen an Menschenaffen* (1917). Krall selbst hatte in seinem letzten Kapitel vor dem Schlusswort „Lautäußerungen. Über Tiere, die sich in *menschlichen* Lauten äußern können, insbesondere Papageien, Hunde und Affen"[26] das Diskursspektrum entsprechend auf andere Tiere erweitert. Bekanntlich sind ein sprechender Hund und ein sprechender Affe auch in Kafkas Werk vertreten, wobei die Quellen gut belegt sind, die Kafka auf verschiedene Art bei der Entstehung von „Ein Bericht für eine Akademie" inspirierten.[27] Entscheidend ist jedoch

---

24 Dem Namen- und Sachverzeichnis von Kralls Buch ist als Epigraph ein Auszug aus Maeterlincks „Das Leben der Bienen" (1906) vorangestellt: „Sobald das Auge tiefer eindringt und sich Rechenschaft ablegen will, erkennt es die erstaunliche Kompliziertheit der einfachen Erscheinungen, das Wunder des Verstandes und des Willens, der Bestimmungen und Ziele, der Ursachen und Wirkungen, die unbegreifliche Organisation der geringsten Lebensakte". Zitiert nach Krall: Denkende Tiere, S. 523.
25 Maurice Maeterlinck: Die Pferde von Elberfeld, S. 783.
26 Krall: Denkende Tiere, S. 197–240 hier S. 197. Siehe dazu auch Heller: Franz Kafka, S. 133–142. Heller bringt „Ein Bericht für eine Akademie" suggestiv mit Charles Darwins Idealvorstellung in Beziehung, dass ein Menschenaffe selbst über seine Abstammung, Entwicklung und Intelligenz Auskunft geben könnte. In *Die Abstammung des Menschen und die geschlechtliche Zuchtwahl*, so zeigt Heller, nutzt Darwin zahlreiche Sprachformen, die den Konjunktiv mit *inquit*-Formeln kombinieren (z. B. „Wenn ein anthropomorpher Affe unbefangen seinen eigenen Zustand beurtheilen könnte, so würde er zugeben"). „Die Affen selbst werden als ideale Forscher in eigener Sache eingeführt", so Heller, „und in dieser Rolle ernstgenommen". Heller: Franz Kafka, S. 135.
27 Zu „Rotpeters Ahnen" siehe Hartmut Binder: Kafka. Der Schaffensprozeß. Frankfurt a. M. 1983, S. 271–305; Walter Bauer-Wabnegg: Zirkus und Artisten in Franz Kafkas Werk. Ein Beitrag über Körper und Literatur im Zeitalter der Technik. Erlangen 1986, S. 127–159 sowie Andreas Kilcher/Detlev Kremer:

der Unterschied zwischen dem selbst nie in Erscheinung tretenden, stummen Riesenmaulwurf und dem sprechenden Affen. Doch nicht nur die Begabung des Affen Rotpeter im 1917 entstandenen Komplex um „Ein Bericht für eine Akademie", für sich selbst und für andere zu sprechen, steht im Folgenden im Vordergrund, sondern die erzählpoetologischen Reflexionen, die Kafka durch alternative Figurenkonstellationen und Erzählstrategien um den „Bericht" erprobt.

5.2 Der Schreibprozess um „Ein Bericht für eine Akademie"

Kafka veröffentlichte den Monolog des Affen Rotpeter noch 1917, im Jahr des Verfassens, als eine von „Zwei Tiergeschichten" in Martin Bubers Zeitschrift *Der Jude*. Zudem wählte er den Text, in dem er einem Tier in ganz wörtlichem Sinn eine Stimme verleiht, als Schlussgeschichte in seinem Sammelband *Ein Landarzt* (1919/1920).[28] Handschriftlich überliefert findet sich der „Bericht", in dem der ehemalige Affe Rotpeter selbst über sein Leben spricht (er wurde während einer Jagdexpedition an der Goldküste angeschossen und in einem Käfig nach Hamburg verschifft, wo er neben der Option im Zoologischen Garten zu leben die Option hat, im Varieté „Mensch" zu werden und aufzutreten, was er annimmt) im vierten Oktavheft (D), wo er Kernstück eines längeren Schreibkomplexes zur gleichen Thematik ist. Insgesamt fünf Erzählfäden über zwei Oktavhefte gespannt (neben dem vierten auch

---

Die Genealogie der Schrift. Eine transtextuelle Lektüre von Kafkas „Bericht für eine Akademie". In: Claudia Liebrand/Franziska Schößler (Hg.): Textverkehr. Kafka und die Tradition. Würzburg 2004, S. 45–72. Motivische wie strukturelle Ähnlichkeiten in Form des dressierten Affen finden sich u. a. in E.T.A. Hoffmanns 1814 erstmals veröffentlichtem Stück „Nachricht von einem gebildeten jungen Mann" und in Franz Grillparzers fragmentarischer *Selbstbiographie* (Franz Grillparzer: Selbstbiographie. In: ders.: Sämtliche Werke, Bd. 4, hg. v. Peter Frank und Karl Pörnbacher. München 1965). Zeitgenössische Vorlagen sind u. a. die Autobiographie des im Bericht genannten Carl Hagenbeck (Carl Hagenbeck: Von Tieren und Menschen. Erlebnisse und Erfahrungen. Berlin 1909) und der kurz vor der Konzeption des „Bericht"-Komplexes im *Prager Tageblatt* erschienene Text „Consul, der viel Bewunderte. Aus dem Tagebuch eines Künstlers" über einen dressierten Schimpansen, der – wie der „Bericht" – aus der Perspektive des dressierten Affen-Ichs erzählt (allerdings „in der Affensprache") und von einem Erzähler eingeführt wird, der zunächst als Zuschauer des Affen und dann durch den persönlichen Kontakt mit ihm in das Tagebuch schaut, das er nun wie ein Impresario einleitet. (Prager Tageblatt, 1. April 1917. Wochenbeilage 12 „Onkel Franz. Illustrierte Jugendzeitung", darin: „Consul, der viel Bewunderte"). Diese literarischen Lektüresplitter mischen sich mit populärwissenschaftlichen Zoologiediskussionen, der darwinistischen Evolutionstheorie und der Frage um die Assimilation der Juden, Andreas Kilchers und Detlef Kremers Analyse folgend; es entsteht „ein mehrschichtiges Palimpsest, in dessen Schriftspur unterschiedliche Texte und Diskurse verwoben sind, verbunden in der Bildsemantik um den Komplex ‚Mimesis'". Kilcher/Kremer: Die Genealogie der Schrift, S. 61. Kafka verleiht diesem Ensemble an Wissen eine höchst komplexe, satirische und theatrale Stimme in Form seines Rotpeters.
28 Siehe die Ausführung zur Kapitelanordnung in „Ein Landarzt" in Kapitel 2.2.1.

dem fünften bzw. D und E) weben ein Netz um Rotpeters menschenähnliches Leben und sein äffisches Vorleben. Der „Bericht" selbst umfasst den dritten und vierten Erzählansatz innerhalb dieses Textgewebes, unterbrochen von einem nicht in diesen thematischen Zusammenhang gehörenden Textstück. Er ist gesäumt von drei Varianten: zwei Dialogen vor und einer schriftlichen Reaktion nach dem „Bericht".

Von diesen konstitutiven Rändern im Oktavheft aus gelesen ist Fürsprache zunächst ein zentrales Thema im Sinne einer Neubesetzung von Sprechsituationen. Noch aufschlussreicher aber gestaltet sich der Zusammenhang dieser narratologisch-thematischen Ebene mit der Ebene des Schreibvorganges, die durch eine textgenetische Lektüre erschlossen werden kann.[29] Den Spuren in den Manuskripten folgend, lesen sich die Erzählansätze vor und nach dem „Bericht"-Teil wie eine Abfolge von poetologischen Erwägungen um den später eigenständig veröffentlichten „Bericht": als produktionsästhetische Grundlagen und rezeptionsästhetische Vorwegnahmen.

Im Rahmen editorischer Grundüberlegungen für die *Kritische Kafka-Ausgabe* (KKA) hat Gerhard Neumann bereits in den frühen 1980er Jahren alle 23 in Kafkas viertem Oktavheft überlieferten Textteile als „fluktuierende Elemente einer fortgesetzten Bedeutungsumschichtung" aufgefasst und sie in ihrer Koexistenz als den Versuch beschrieben, „Identität als unermüdlich wiederholte Ausmessung der Distanz zwischen dem ‚Selbst' und dem ‚Anderen' immer neu zu erzeugen und in Frage zu stellen".[30] Schließlich kulminieren die verschiedenen Ansätze der Identifikationsexperimente in einer „‚ironische[n]' Lösung des Problems": Es ist „die Verschmelzung von menschlichem Selbst und seinem Anderen, dem Tier, die Erteilung der Selbst-Rede an eben dieses Andere, ja die Selbst-Ernennung des Tiers zum Fürsprech des menschen [sic]."[31] Wie das dritte Kapitel unter anderer Schwerpunktsetzung erörtert hat, steckt der Editor im Rahmen der kritischen Ausgabe in einer prekären Lage. „Es liegt in seiner Macht", so Neumann, „den Schreiber der von ihm verwalteten Texte als Vormund oder als Mündel zu konstruieren, als Autor der von ihm hervorgebrachten Rede oder als deren Präzipitat."[32] Damit deutet sich bereits in den frühen editorischen Überlegungen die Fürsprecher-Thematik auf mehreren Ebenen an. Von „außen" nach „innen" betrachtet ist es zunächst der

---

[29] Die Oktavhefte A bis F liest Schütterle höchst aufschlussreich in theoretischer Auseinandersetzung und detaillierter praktischer Anwendung mit der in Frankreich entstandenen *critique génétique*. Schütterle: Franz Kafkas Oktavhefte.
[30] Gerhard Neumann: Werk oder Schrift? Vorüberlegungen zur Edition von Kafkas „Bericht für eine Akademie". In: Acta Germanica. Jahrbuch des Germanistenverbandes im Südlichen Afrika 14 (1981), S. 1–21, hier S. 6. Zudem: „Nimmt man Kafkas literarisches Tun als den widersprüchlichen Versuch einer Verwirklichung im Spannungsfeld von Selbst-Genügsamkeit im intimen Akt des Schreibens einerseits, von Selbst-Verwandlung in das literarische Werk im kulturellen Universum der gedruckten Bücher andererseits, so zielt der *Bericht für eine Akademie* genau ins Zentrum dieses problematischen Zusammenhangs." (S. 5).
[31] Neumann: Werk oder Schrift?, S. 6.
[32] Neumann: Werk oder Schrift?, S. 10.

Herausgeber, der den Autor entweder am Punkt des aktiv Fürsprechenden oder des passiven Empfängers der Fürsprache innerhalb des Fürsprachedreiecks konstruieren muss. Dann ist es der Autor selbst, der Rotpeter in die erzählerische Position eines Monologisierenden, der für sich selbst spricht, führt und diesen Teil selbst doppelt veröffentlicht. Schließlich ist es auf der thematischen Ebene die Entscheidung der Figur Rotpeter, einer Einladung der Akademie zu folgen und als Fürsprecher des Menschen aufzutreten.

Die folgende Untersuchung der beiden letztgenannten Ebenen in ihrer engen Verflechtung – der narratologischen und thematischen – nimmt alle fünf überlieferten Textstücke zur Rotpeter-Thematik in den Blick.[33] Indem Kafka hier mit verschiedenen Erzählansätzen und wechselnden Sprecherpositionen experimentiert, so die Überlegung, erprobt er wissentlich oder unwissentlich die Möglichkeiten der Repräsentation und Präsentation Rotpeters, die er dann mit dem „Bericht" in einer verbindlichen Form veröffentlicht. Die dem „Bericht" inhärente Performanz- und Darstellungsthematik wird noch stärker gerahmt, wenn man das nachgelassene Textensemble in seiner Abfolge als erstens Recherchen eines Erzählers, zweitens eigentliche Präsentation und drittens antizipierte Rezeption untersucht. Der Fokus auf die narrativen Transformationen und Konstellationen sowie auf die weniger bekannten konstitutiven Ränder des „Berichts" erhellen die Beziehung zwischen Unmittelbarkeit und Mittelbarkeit, die ethnologische Problematik des Für-sich-selbst-Sprechens und des Sprechens für das Tier als Anderes sowie die poetologischen Fragen nach Produktion, Repräsentation und Rezeption.

5.2.1 Vor dem Bericht: Impresario, Reporter, Rotpeter (Erzählansätze I und II)

Der erste Erzählansatz beginnt „Wir alle kennen den Rotpeter, so wie ihn die halbe Welt kennt." (NI, S. 384/FKA/O4, S. 78–79) Der hohe Bekanntheitsgrad Rotpeters, den der Ich-Erzähler bei allen Beteiligten und Angesprochenen im ersten Satz des ersten Textstücks voraussetzt, ist genau der Unkenntnis über den Riesenmaulwurf entgegengesetzt, von welcher der Erzähler im „Dorfschullehrer" ausgeht. In einer strukturell ähnlichen Konstellation wie der zwischen Kaufmann-Erzähler und Dorfschullehrer trifft ein Ich-Erzähler auf seiner Suche nach Rotpeter hier zunächst (über den Hoteldiener) den Impresario, Herrn Busenau. In beiden Texten steigert sich dramaturgisch die Spannung über die ungewöhnlichen Erscheinungen des Riesenmaulwurfs bzw. Rotpeters eben über deren Abwesenheit. Dort wie hier bleibt es bei der Interaktion von zwei Beteiligten, die über und für die Tierphänomene sprechen. Der Impresario ist von Berufs wegen ein Agent, der für den Künstler Rotpeter

---

[33] Unter stärkerer Fokussierung auf Tiernarratologie siehe Doreen Densky: Narrative Transformed. The Fragments around Franz Kafka's „A Report to an Academy". In: Humanities 6.2 (2017).

Geschäfte führt und damit der erste Fürsprecher *per definitionem*; der Ich-Erzähler hingegen gibt nichts über seine Profession preis.

Der etwa vier Oktavheftseiten oder knapp zwei Druckseiten umfassende erste Erzählansatz erwähnt auch nicht, dass der abwesende Rotpeter ein tierisches Wesen war bzw. ist. Was laut Erzählbeginn der halben Welt bekannt ist, kann ausgespart werden. Hinweise des Impresarios sind die einzigen Indizien, etwa als er sagt: „Auch kommen Sie zu richtiger Stunde, nicht immer, leider nicht immer kann Rotpeter empfangen, es widersteht ihm oft Menschen zu sehn; dann wird niemand, wer es auch sei, vorgelassen [...]." (NI, S. 385) Das Zusammentreffen beider Personen ist auf ähnlich groteske Weise aus der Perspektive des Ich-Erzählers geschildert, wie das Treffen des Kaufmann-Erzählers mit dem Dorfschullehrer. Hier ist allerdings der „mit stark fremdländischer Betonung" (NI, S. 385) sprechende Impresario der weit Gereiste, während der Erzähler seine Stadt, in der Rotpeter ein Gastspiel hat, den „großen Städten" (NI, S. 384) entgegensetzt. Er fordert zudem im Gegensatz zum Dorfschullehrer keinen Ruhm für seine Tätigkeit, auch nicht trotz seines hohen Ansehens als „der Besitzer höchster Orden, der König der Dresseure, der Ehrendoktor der großen Universitäten" (NI, S. 384); für den Erzähler überraschend trifft er ihn als einen „bescheidenen, ja fast kleinmütigen Mann" (NI, S. 384) an. Sein bizarres Verhalten ist nicht begründet in der Abwehrhaltung gegenüber weiterer Konkurrenz, die seinem Klienten oder Fürsprachesubjekt zu nahekommt, sondern begründet in seinem slapstickhaften Zuvorkommen:

> Kaum erblickte er mich, den fremden bedeutungslosen Gast, [...] sprang er auf, schüttelte mir die Hände, nötigte mich zum Sitzen, wischte seinen Löffel am Tischtuch ab und bot mir ihn freundschaftlichst an, damit ich die Eierspeise zuende esse. (NI, S. 384–385)

Zunächst hat Kafka das Aufspringen in seiner Komik mit dem Vergleich „wie ein Gummimännchen" (NI', S. 317/FKA/O4, S. 82–83) betont, dann aber als Zusatz gestrichen. Der unerwartete persönliche Akt des Essenanbietens wird zum noch persönlicheren Akt des versuchten Fütterns: „Meinen ablehnenden Dank ließ er nicht gelten und wollte nun anfangen selbst mich zu füttern. Ich hatte Mühe ihn zu beruhigen, und ihn mit Teller und Löffel zurückzudrängen." (NI, S. 385) Was im „Dorfschullehrer" ein vermittelter, publizierter und damit öffentlicher Schlagabtausch war, ist nun einer unvermittelten, körperlichen und damit privaten Interaktion gewichen. Der Versuch des Fütterns als deplazierter Fürsorgeakt zwischen zwei erwachsenen Männern, die sich über den Auftrittskünstler Rotpeter unterhalten, ist hier unangebracht und damit komisch. Aber er deutet ein Spannungsfeld an, das im „Bericht" selbst und später u. a. in „Josefine" eminent wird: das zwischen der natürlichen, fürsorglichen Unterhaltung und der kulturellen, fürsprachlichen Unterstützung – ein Spannungsfeld, das sich anhand von Kafkas Tiergeschichten in seiner Breite eruieren ließe. Die Verbindung von dieser Fürsorge und von Fürsprache bringt der Name des Impresarios Busenau auf den Punkt. Als sprechender Name erinnert der „Busen" im Wort an mütterliche Fürsorge und physische Ernährung, während der Titel Impresario auf verbale und geschäftliche Promotion des Künstlers verweist.

Zeitlich und räumlich stehen der Impresario und das Textstück selbst vor der Vorstellung des Affen auf der Bühne. Vielleicht ist es zufällig, dass das Treffen hier an einem *Vor*mittag stattfindet und der Impresario bereits in seinem Abendfrack dasitzt; weniger zufällig scheint der Ort: das „*Vor*zimmer [meine Hervorhebung, D.D.] der Wohnung Rotpeters". (NI, S. 384) Was sich „nach der *Vor*stellung [meine Hervorhebung, D.D.]" (NI, S. 385) abspielt, ist ebenfalls von zeitlicher und räumlicher Distanz zu Rotpeter markiert, wie der Impresario enthüllt:

> [E]r [sc. Rotpeter] fährt allein nachhause, sperrt sich in seine Zimmer ab und bleibt so meist wieder bis zum nächsten Abend. Einen großen Reisekorb voll Früchte hat er immer im Schlafzimmer, davon nährt er sich dann in solchen Fällen. Ich aber der ich ihn natürlich nicht ohne Aufsicht lassen darf, miete immer die gegenüberliegende Wohnung und beobachte ihn hinter Vorhängen. (NI, S. 385)

Nach diesen *Vor*hängen scheinen sich im Oktavheft selbst, auf der Ebene des graphischen Textes, schwere Vorhänge zu schließen und gleichzeitig zu öffnen: Ein mehrfach durchgezogener und die gesamte Zeilenlänge einnehmender Trennstrich nach den Wörtern „hinter Vorhängen" kündigt den Beginn eines neuen Erzählstücks oder Aktes an.[34]

Die Erzählbühne ist mit einem Schlag neu besetzt und gestaltet, denn der vormals berichtende Erzähler – es wird hier angenommen, dass es die gleiche Figur ist – wird zum Dialogpartner Rotpeters, der erstmals selbst erscheint und spricht. Entsprechend ist dieser zweite Erzählansatz nicht mehr in der reinen Menschenwelt, sondern eine zwischenartliche Kommunikation, genauer eine szenische Variation der Rotpeter-Thematik, die *in medias res* beginnt, ohne vermittelnden Kontakt eines Impresarios oder (heterodiegetischen) Erzählers:

> Wenn ich Ihnen, Rotpeter, hier so gegenübersitze, Sie reden höre, Ihnen zutrinke, wahrhaftig – ob Sie es nun als Kompliment auffassen oder nicht, es ist aber nur die Wahrheit – ich vergesse dann ganz, daß Sie ein Schimpanse sind. Erst nach und nach, wenn ich mich aus den Gedanken zur Wirklichkeit zurückzwinge, zeigen mir wieder die Augen wessen Gast ich bin.
>
> ––
>
> Ja.
>
> ––
>
> (NI, S. 385–386/FKA/O4, S. 86–89)

---

34 Dieser Querstrich ist noch prominenter und auffälliger als etwa der Querstrich, der den Anfang des Rotpeter-Textkomplexes von dem vorangehenden Textteil des Gracchus-Komplexes trennt. (Vgl. FKA/O4, S. 78–79).

Dieser erste Redeteil verdeutlicht, dass Rotpeter ein Schimpanse ist, auch wenn seine Eloquenz und menschlichen Gewohnheiten darüber hinwegtäuschen. Erst die visuelle Wahrnehmung und der Rückbezug auf die „Wirklichkeit" – Dinge, die dem Leser dieses Textes verborgen bleiben müssen – erzeugen diesen Eindruck beim Interviewer.

Was in diesem knapp acht Oktavheftseiten umfassenden zweiten Erzählstück buchstäblich in Szene gesetzt wird, ist Unmittelbarkeit. Außer den eigenen Worten des Interviewers und des Affen gibt es keine Worte in Form etwa von Regieanweisungen oder Erzählerkommentaren. Der vormalige Ich-Erzähler und jetzt reine Dialogpartner ist als Gast bereits empfangen und sitzt Rotpeter gegenüber. War die entscheidende Perspektivierung im ersten Teilstück das *Vor* Rotpeter, ist die Sprech- und Inszenierungssituation in diesem zweiten Teilstück also das *Gegenüber* von Rotpeter, das in den beiden als „Bericht" veröffentlichten dritten und vierten Teilstücken in das *An* oder noch präziser *Für* eine Akademie wird und im letzten bekannten Teilstück sich in den Modus des *Schreibens an* den „Sehr geehrte[n] Herr[n] Rotpeter", und damit in einen Modus der Distanz und Rezeption, wandelt. Die Unmittelbarkeit des Gegenübers und der Rede beider Gesprächspartner ist sogar graphisch angedeutet. Statt Anführungszeichen stehen wiederum fast und ganz seitenbreite Querstriche zwischen den Aussagen im Oktavheft, die den Eindruck von schnellen und direkten Sprecherwechseln erzeugen – nicht nur ohne erzählerische, sondern auch ohne orthographisch-konventionelle Interventionen.[35]

Im Laufe des Interviews wird der Rückbezug auf das vorbereitende Gespräch mit dem Impresario deutlich. So fragt der Interviewer: „Fehlt Ihnen etwas? Soll ich den Dresseur rufen? Vielleicht sind Sie gewohnt um diese Stunde eine Mahlzeit einzunehmen?" (NI, S. 386) Essen ist jetzt als menschliche Tätigkeit beschrieben, was im ironischen Kontrast zu den Fütterungsversuchen des Impresarios aus dem ersten Erzählansatz steht, nämlich den menschlichen Gast wie ein Kleinkind oder Tier zu behandeln. Der interviewte Affe lehnt das ab und spricht über seine Aversion gegen Menschen: „Manchmal überkommt mich ein solcher Widerwille vor Menschen, daß ich dem Brechreiz kaum widerstehen kann." (NI, S. 386) Die hier angedeutete Spannung von Natur und Kultur, Affensein und Menschensein, entfaltet sich weiter und wird in Ansätzen aus beiden Positionen gezeigt. Rotpeter führt aus:

> Es geht gegen alle Menschen. Es ist das auch nichts merkwürdiges, sollten Sie z. B. mit Affen ständig zusammenleben, hätten Sie bei aller Selbstbeherrschung gewiß ähnliche Anfälle. Im übrigen ist es auch nicht eigentlich der Geruch der Mitmenschen, der mich so anwidert, sondern der Menschengeruch, den ich angenommen habe und der sich mit dem Geruch aus meiner alten Heimat mischt. (NI, S. 386)

---

[35] Siehe NI', S. 88 und Schütterle: Franz Kafkas Oktavhefte, S. 186. Schütterle schreibt zudem: „Insgesamt läßt sich die Geschichte Rotpeters als *réécriture* derjenigen des Jäger Gracchus lesen, in der auf inhaltlicher Ebene die temporale Verortung ähnliche Strukturelemente aufweist und diese in narratologischer Hinsicht auch mit identischen Verfahren erzählt werden." (S. 188).

Der genauen verbalen Ausführung setzt Rotpeter dann das auf unmittelbare Wahrnehmung gerichtete Prüfen entgegen: „Bitte riechen Sie selbst! Hier auf der Brust! Tiefer die Nase ins Fell! Tiefer, sage ich." (NI, S. 386) Auch als er den Ablauf seiner Gefangennahme schildert und die beiden Schussstellen beschreibt, offeriert Rotpeter den genauen Anblick seiner Narbe unterhalb der Hüfte: „Ich werde die Hose ausziehn, damit Sie auch diese Narbe sehn." (NI 387) Olfaktorische und visuelle Wahrnehmung sollen die verbalen Ausführungen komplementieren, auch wenn der ganz in der Kultur angekommene Interviewer entgegnen muss: „Ich kann leider nichts besonderes riechen. Der gewöhnliche Geruch eines gepflegten Körpers, sonst nichts. Allerdings, die Nasen der Stadtmenschen sind hier nicht maßgebend." (NI, S. 386–387) Rotpeters Ausführungen nach dem Zeigen der Wunde hat Kafka zum Teil gestrichen. Da sie aber Einblicke in die Dynamik von Vermittlung und Unmittelbarkeit erlauben, sind sie hier zitiert:

> Hier also war der Einschuß, das war die entscheidende schwere Wunde, ich fiel vom Baum und als ich aufwachte war ich in einem Käfig im Zwischendeck. ~~Mein Herr, Sie sind niemals Affe gewesen und waren nie in einem Käfig, ich kann Ihnen also davon nichts begreiflich machen.~~
>
> --
>
> ~~Schweres Schicksal. Das kann ich auch als Nichtaffe mitfühlen~~
>
> (NI, S. 387/NI', S. 319/FKA/O4, S. 96–97)

Wenn der Mensch sich als „Nichtaffe" bezeichnet, dann ist ein eigentümlicher Perspektivenwechsel vom Mensch zum Tier vollzogen, wie auch Annette Schütterle argumentiert.[36] Alternativ geht das Interview – ungestrichen – durch folgenden Kommentar des Erzählers weiter: „Im Käfig! Im Zwischendeck! Anders liest man davon und anders fasst man es auf, wenn man Sie selbst es erzählen hört." (NI, S. 387–388) Die Replik des Affen Rotpeter beginnt: „Und noch anders, wenn man es selbst erlebt hat mein Herr." (NI, S. 388) Der Ablauf von der durch fremde Lektüre vermittelten Erfahrung (der Interviewer hat das, „[w]as über [Rotpeter] gedruckt worden ist, [...] alles gelesen" (NI, S. 387)) über direkte Konversation in Erfahrung gebrachte Darstellung bis zu der vom Affen hinzugefügten Selbsterfahrung (die für den Interviewer unmöglich ist), ist ein Ablauf von der doppelten Mittelbarkeit bis zur Unmittelbarkeit.[37] Er erinnert in seiner Abfolge und Logik an die ersten vier Erzählansätze des Rotpeter-Komplexes, wobei der erste die Konversation über den abwesenden Rotpeter darstellt und der zweite das

---

[36] Siehe Schütterle: Franz Kafkas Oktavhefte, S. 188.
[37] Siehe Schütterle: „Lektüre, Narration und eigenes Erleben als verschiedene Formen des Zugangs zur Wirklichkeit werden schreibstrategisch unterschiedlich umgesetzt: im Bericht eines außenstehenden Ich-Erzählers, im Gespräch mit dem Protagonisten selbst und in der Ansprache des Affen, der sein eigenes Erleben schildert." Schütterle: Franz Kafkas Oktavhefte, S. 189.

Gespräch mit ihm. Der dritte und vierte Erzählansatz fügen sich zu dem bekannten „Bericht", in dem Rotpeter exklusiv für sich selbst spricht.

5.2.2 Für die Akademie: Rotpeters Bericht (Erzählansätze III und IV)

Nach dem Abbruch des zweiten Erzählfragments in Interviewform mitten im Satz und nach zwei Texten ohne direkten thematischen Bezug folgt der Beginn von Rotpeters bekannter Ansprache über seine Menschwerdung mit: „Hohe Herren von der Akademie!" (NI, S. 390/D, S. 299) Es handelt sich um den dritten Erzählansatz, der zusammen mit dem vierten Erzählansatz zweifach zu Kafkas Lebzeiten und unter dem von ihm autorisierten Titel „Ein Bericht für eine Akademie" veröffentlicht wurde.[38]

An den beiden Veröffentlichungen des gattungstheoretisch komplexen Berichts ist zunächst ein Detail bemerkenswert. Der im Oktavheft noch nicht verwendete Titel hat die für das Fürsprechen so wichtige Präposition *für*, obwohl *an* manchem passender erscheint, etwa dem Kafka-Leser Walter Benjamin, der die inkorrekte Präposition notiert – freilich in seinen eigenen Aufzeichnungen und in diesem Stadium nicht zur Publikation gedacht: „Bericht an eine Akademie: hier erscheint Menschsein als Ausweg. Gründlicher kann es wohl nicht in Frage gestellt werden."[39] Einmal den Fokus auf die Funktionswörter im Titel gerichtet fällt auch auf, dass es *ein* Bericht und nicht *der* Bericht ist, was ganz im Sinne der Unbestimmtheitstendenzen steht, die den Band *Ein Landarzt* auszeichnen.[40]

Was bedeutet es, *einen* Bericht *für eine* Akademie abzuliefern und das *vor* einer Akademie als bedachter Rhetoriker zu tun? Natürlich handelt es sich um keine Fürsprache für die akademische Institution selbst, sondern um ein Schreiben oder eine Ansprache für die Akademie. Rotpeter schreibt bzw. spricht für die Institution, insofern er ihrer Aufforderung nachkommt, einen Bericht einzureichen – auch wenn er nur im „eingeschränktesten Sinn" (D, S. 300), wie gefordert, über sein „äffisches Vorleben" (D, S. 299) referieren kann, nämlich indem er „die Richtlinie" zeigt, „auf welcher ein

---

[38] Die beiden Texte zwischen dem Erzählansatz II und Erzählansatz III des Rotpeter-Komplexes beginnen: „Sommer war es, wir lagen im Gras" und „Meine zwei Hände begannen einen Kampf." Zitiert wird der „Bericht" im Folgenden in der zum Druck freigegebenen Fassung, da die handschriftliche Fassung nicht vollständig erhalten ist.

[39] Walter Benjamin: Aufzeichnungen (bis 1931). In: ders.: Benjamin über Kafka. Texte, Briefzeugnisse, Aufzeichnungen, hg. v. Hermann Schweppenhäuser. Frankfurt a. M. 1981, S. 116–132, hier S. 119 (MS 210). Auch Schiffermüller macht in ihrer aufschlussreichen Monographie diesen Fehler mehrfach im Fließtext (vgl. Isolde Schiffermüller: Franz Kafkas Gesten. Studien zur Entstellung der menschlichen Sprache. Tübingen 2011, S. 178, S. 179, S. 183, S. 186, S. 188). Für den ersten Hinweis auf die Prominenz der Präposition „für" im Titel bin ich Mark Thompson dankbar.

[40] Zur „Unbestimmtheit und Verallgemeinerung" im Band *Ein Landarzt* siehe Juliane Blank: *Ein Landarzt. Kleine Erzählungen*. In: Manfred Engel/Bernd Auerochs (Hg.): Kafka-Handbuch. Leben – Werk – Wirkung. Stuttgart 2010, S. 218–240, hier S. 224–225.

gewesener Affe in die Menschenwelt eingedrungen ist und sich dort festgesetzt hat". (D, S. 300) Ob geschrieben oder gesprochen,[41] der Bericht setzt ein schweigend zuhörendes oder lesendes Publikum voraus, das dem Monolog folgt und mehrfach angesprochen wird; an einer Stelle auf folgende Weise: „Ihr Affentum, meine Herren, soferne Sie etwas Derartiges hinter sich haben, kann Ihnen nicht ferner sein als mir das meine." (D, S. 300) Diese Worte signalisieren, dass Rotpeter nicht nur von und *für* sich selbst, sondern auch potentiell von denjenigen und *für* diejenigen spricht, die ihn eingeladen haben: Menschen und zugleich Akademiker als Repräsentanten und Träger des menschlichen Wissens. Rotpeter ist so wenig seine eigene äffische Vorzeit zugänglich wie dem Publikum ihre äffische Vorzeit. Er weiß nur über „fremde Berichte", also durch Vermittlung, dass eine Fangexpedition der „Firma Hagenbeck" (D, S. 301) ihn aus der Mitte eines Rudels auf dem Weg zur Tränke zweifach angeschossen und von der heimatlichen Goldküste auf ein Schiff in Richtung Hamburg gebracht hat. Indem Rotpeter für die Akademie spricht bzw. schreibt, hält er Fürsprache für das, was eigentlich erst Fürsprache ermöglicht: die Institution. Die offensichtliche Umkehrung von Affe und Mensch ist gleichzeitig die weniger offensichtliche Umkehrung von Advokat und Klient. Somit wird nicht nur das Verhältnis zwischen Affe und Mensch neu gefasst, sondern auch die Instanz, die über dieses Verhältnis sprechen kann, die Instanz des Wissens, dynamisiert.

Erst mit dem in Kafkas Werk so entscheidenden Moment des Erwachens, hier „in einem Käfig im Zwischendeck des Hagenbeckschen Dampfers", setzt die „eigene Erinnerung" (D, S. 302) ein. Rotpeter erinnert damit nicht zuletzt an einen anderen Kafka'schen Passagier im Zwischendeck, der gezwungenermaßen aus seiner primären Sozialisation und seiner Familie in ein Terrain des Rechts und der Disziplin verschifft wird: Karl Roßmann.[42] Beide steuern einem Lernprozess zu – Karl, indem er sich zunächst in aller Theatralität als Fürsprecher für den Heizer aufschwingt und seine eigene Fürsprache vom Onkel erfährt, und Rotpeter, indem der sogleich auf einer Art Bühne erwacht, von der aus er selbst beobachten kann. Seine enge Transportvorrichtung ist „kein vierwandiger Gitterkäfig", sondern hat nur „drei Wände an einer Kiste festgemacht; die Kiste also bildete die vierte Wand". (D, S. 302) Die Konstruktion erinnert an eine umgedrehte Form der Guckkastenbühne, deren Bauform

---

[41] Das Ensemble der Texte enthält mehr Indizien, den „Bericht" selbst als geschriebenen Text an die Akademie zu denken. Nicht nur heißt es im Bericht selbst, dass dieser „einzureichen" aufgefordert wurde (wobei im Manuskript „zu erstatten" mit „einzureichen" überschrieben wurde), sondern der Brief des ehemaligen Lehrers informiert auch darüber, dass der Lehrer den Bericht „gelesen" hat und er erwähnt ein Detail, das Rotpeter wohl „bei der Niederschrift zufällig eingefallen war". (NI, S. 415–416) Andererseits verwendet Rotpeter auch Vokabeln des Mündlichen, etwa zweifach die Phrase „offen gesprochen". (D, S. 300) Es erscheint am produktivsten, den „Bericht" als gelesenen Vortrag anzusehen.

[42] Siehe Kapitel 4.1.

die klare Trennung zwischen Theaterbühne und Publikumsraum gewährleistet.[43] Dass die „vierte Wand" dieser Gitterkiste keine Öffnung zu den Zuschauern ist, sondern eine „Brett fest an Brett gefügt[e]" Kiste und dass die Vorrichtung insgesamt „zu niedrig zum Aufstehen und zu schmal zum Niedersitzen" ist, markiert sogleich die sich leitmotivisch durch den „Bericht" ziehende Formel: „ohne Ausweg". (D, S. 303) „Aber Affen gehören bei Hagenbeck an die Kistenwand – nun, so hörte ich auf, Affe zu sein" (D, S. 304), erklärt Rotpeter.

Aufhören, Affe zu sein, und den „Menschenausweg" (D, S. 312) wählen, gestaltet sich als performativer Akt und in Form einer Rollenübernahme. Die Entscheidung dazu kann Rotpeter nicht mehr adäquat wiedergeben – das unmittelbar „affenmäßig Gefühlte" muss mit vermittelnden „Menschenworten" (D, S. 303) nachgezeichnet werden oder, von Rotpeter selbst umformuliert: „Ein klarer, schöner Gedankengang, den ich irgendwie mit dem Bauch ausgeheckt haben muß, denn Affen denken mit dem Bauch." (D, S. 304) Das Prozedere der Nachahmung (des Nachäffens) – Spucken, Rauchen, nach einiger Mühe auch Schnapstrinken – während der Überfahrt hingegen gibt er detailliert und analysiert wieder, wobei er es nicht verpasst, das äffische Verhalten seiner Lehrer ebenso darzustellen.[44] Zuerst aber lernt er den Handschlag zu geben, als Geste und Zeichen der Offenheit; dann den ersten Sprechakt: „Hallo!". „Hallo!" ist ein „Menschenlaut" und damit ein Sprung „in die Menschengemeinschaft" (D, S. 311); ein performatives *Doing things with words* nach John Austins Titel gebendem Leitsatz.[45]

Als natürliche Lernmethode fungiert, wie bereits angedeutet, das Beobachten der ihn umgebenden Menschen auf dem Schiff. Rotpeter berichtet: „Ich rechnete nicht, wohl aber beobachtete ich in aller Ruhe." (D, S. 307) Dann fährt er fort: „Jedenfalls aber beobachtete ich sie schon lange vorher, ehe ich an solche Dinge dachte, ja die angehäuften Beobachtungen drängten mich erst in eine bestimmte Richtung." (D, S. 308) Seine ethnologischen Fähigkeiten gleichen hier denen eines Feldforschers, der Menschen beobachtet und analysiert – und unterscheiden sich von den Fähigkeiten der Riesenmaulwurf-Fürsprecher, die ein tierisches Phänomen in den wissenschaftlichen Diskurs einzubetten versuchen. Dass Rotpeters

---

43 Siehe auch Alexander Honold: Berichte von der Menschenschau. Kafka und die Ausstellung des Fremden. In: Hansjörg Bay/Christof Hamann (Hg.): Odradeks Lachen. Fremdheit bei Kafka. Freiburg 2006, S. 305–324. „In seiner räumlichen Situierung erweist es sich als die exakte Umstülpung des klassischen ‚Guckkasten'-Theaters. Auf der Schaubühne ist das Spielfeld nach drei Seiten geschlossen wie ein Zimmer, an der Stelle der vierten Wand aber befinden sich, von den agierenden Schauspielern scheinbar nicht zur Kenntnis genommen, der Theatersaal und die Zuschauer. Innerhalb der theatralischen Fiktion bleibt die Zurichtung des Bühnengeschehens für Augen und Ohren des Publikums den ausgestellten Akteuren selbst offensichtlich entzogen. Genau umgekehrt steht es im Fall des gefangenen Menschenaffen." (S. 307).
44 „[E]r [sc. der Lehrer] sah ein, daß wir auf der gleichen Seite gegen die Affennatur kämpften und daß ich den schwereren Teil hatte." (D, S. 310).
45 John Austin: How to Do Things with Words. Oxford 1962.

Beobachtungen zunächst *in Ruhe* ausgeführt werden, steht im Kontrast zu dem folgenden Durchgaloppieren der Menschwerdung,[46] das teilweise mit fünf Lehrern gleichzeitig, „in fünf aufeinanderfolgenden Zimmern" dazu führt, dass Rotpeter „die Durchschnittsbildung eines Europäers" (D, S. 312) erlangt.

Nach dem eigens initiierten, performativen Akt, mit dem sich Rotpeter über seine Affennatur erhebt, folgt seine kulturelle Inszenierung vor der Akademie. Dort wiederum erhebt er sich einerseits „als sein eigener Ethnologe"[47] und andererseits als Ethnologe des Menschen.[48] Damit führt er, so Isolde Schiffermüller, die „Urszenen einer Nachahmung vor Augen, deren mimetisches Prinzip das anthropomorphe Ideal der Mimesis aushöhlt und sarkastisch ins Lächerliche zieht".[49] Dass sein *Sprechen für* aber auf „keines Menschen Urteil" abzielt, auf keine Entscheidungsfindung einer richtenden Instanz wie in der Szene der klassischen Fürsprache, stellt Rotpeter am Ende seines Berichts resümierend und eher beiläufig klar: „Im übrigen will ich keines Menschen Urteil, ich will nur Kenntnisse verbreiten, ich berichte nur, auch Ihnen, hohe Herren von der Akademie, habe ich nur berichtet." (D, S. 313)

5.2.3 Nach dem Bericht: „Sehr geehrter Herr Rotpeter" (Erzählansatz V)

Der Monolog Rotpeters für die Akademie lässt jegliche Reaktion auf der Seite des Akademie-Publikums und damit jede unmittelbare Wirkung des Berichts aus. Kafka selbst hingegen hat seine Schriften durchaus auch als Leser rezipiert, mit Blick auf Publikationsmöglichkeiten.[50] Darüber hinaus gestaltet er im Manuskript eine explizite Leserrezeption. Der fünfte überlieferte Erzählansatz aus dem Komplex, der sich im fünften bekannten Oktavheft (E) findet, ist der Beginn eines Briefes aus räumlicher und zeitlicher Distanz zu Rotpeter in doppelter Hinsicht: Auf der Ebene der materiellen Schrift und damit des dynamischen Schreibprozesses ist interessant, dass der Brief als einziger der bekannten fünf Erzählansätze nicht im vierten Oktavheft (D) steht. Auf

---

[46] Bereits der Interviewer im vorangegangen Textstück erkannte die „[u]nerhörte Leistung" an: „In fünf Jahren das Affentum abwerfen und die ganze Menschheitsentwicklung durchzugaloppieren." (NI, S. 387).
[47] Gerhard Neumann: Kafka als Ethnologe. In: Hansjörg Bay/Christof Hamann (Hg.): Odradeks Lachen. Fremdheit bei Kafka. Freiburg 2006, S. 325–345, hier S. 336.
[48] Giorgio Agamben schreibt: „Der Tiermensch und das Menschentier sind die beiden Gesichter derselben Bruchstelle, die weder von der einen noch von der anderen Seite her geschlossen werden kann." Giorgio Agamben: Das Offene. Der Mensch und das Tier, übers. v. Davide Giuriato. Frankfurt a. M. 2003, S. 46.
[49] Schiffermüller: Franz Kafkas Gesten, S. 183.
[50] Siehe Schütterle: Franz Kafkas Oktavhefte, S. 257–267. Neben den „materiellen Schrift-Spuren, die dieser Lektürevorgang im Manuskript hinterlassen hat", sind es vor allem die drei Titellisten in den Heften B, C und E, die auf die geplante Segmentierung einzelner Abschnitte zu einem Buch schließen lassen. (S. 257).

thematischer Ebene ist es ein räumlich von Rotpeter nunmehr entfernter Absender, der in seinem Brief die zeitlich verzögerte Reaktion eines involvierten Lesers des nun veröffentlichen Berichts zeigt. Er ist aber kein anonymer Leser oder gar journalistischer Rezensent, sondern der erste Lehrer Rotpeters, dessen regressives „Äffischwerden" Rotpeters progressivem Menschwerden entgegenstellt wird. Explizit wird das im „Bericht" so darstellt: „Die Affennatur raste, sich überkugelnd, aus mir hinaus und weg, so daß mein erster Lehrer selbst davon fast äffisch wurde, bald den Unterricht aufgeben und in eine Heilanstalt gebracht werden mußte. Glücklicherweise kam er wieder bald hervor." (D, S. 311–312) Wieder hervorgekommen, schreibt dieser Lehrer:

> Sehr geehrter Herr Rotpeter,
>   ich habe den Bericht den Sie für unsere Akademie der Wissenschaften geschrieben haben mit großem Interesse, ja mit Herzklopfen gelesen. Kein Wunder, bin ich doch Ihr erster Lehrer gewesen, für den Sie so freundliche Worte der Erinnerung gefunden haben. Vielleicht hätte es sich bei einiger Überlegung vermeiden lassen, meinen Sanatoriumsaufenthalt zu erwähnen, doch erkenne ich an, daß Ihr ganzer Bericht in seinem ihn so auszeichnenden [Ton]*Frei*muth in ~~seiner rücksichtslosen Wahrhaftigkeit~~ auch die kleine Einzelnheit, trotzdem sie mich ein wenig kompromittiert, nicht unterdrücken durfte, wenn sie Ihnen einmal bei der Niederschrift zufällig eingefallen war. Doch davon wollte ich eigentlich hier nicht reden, es geht mir um anderes. (NI, S. 415–416/FKA/O5, S. 58–61)

Im Spannungsfeld zwischen Vorhaltung und Rücknahme und im Ton zwischen Wissbegierde und Bewunderung bespricht der Lehrer den „Bericht" und preist ihn als spontane, unmittelbare Schrift. Er vermerkt, dass Rotpeters spontane Gedanken bei der „Niederschrift", die zwischen „Freimuth" und (hier gestrichener) „Wahrhaftigkeit" liegen, nicht immer umsichtig sein können und ihn hier bloßstellen. Seine Leserreaktion scheint ungeplant niedergeschrieben zu sein, denn von dieser wollte er „eigentlich hier nicht reden". Der Text bricht ab, noch bevor der eigentliche Grund für den Brief angesprochen wird.[51] Hier imitiert er Rotpeter wieder, diesmal nicht in seiner Affennatur, sondern in seinem Diskursverhalten, insofern sowohl Rotpeters Bericht als auch die Lesereaktion des Lehrers ihre persönlichen Gedanken statt einer objektiven Berichterstattung geben bzw. den eigentlichen Grund für das Schreiben nennen. Der ausgelassene Hauptgrund für den Brief signalisiert, dass wieder eine Randerscheinung in den Vordergrund gerückt werden kann – hier die Reaktion auf den Bericht – um das verbale Reflexionspotential zu entfalten. So wie anhand der Randerscheinungen Riesenmaulwurf und der ersten Schrift über diese Erscheinung der Aspekt des Sich-Einbohrens in ein soziales Feld im „Dorfschullehrer"-Text eruiert wird, ist es im „Bericht"-Komplex der Bericht selbst, der sich von den „Rändern" her, den unveröffentlichten Textteilen im Laufe des dynamischen Schreibprozesses, produktiv und rezeptiv lesen lässt. Zudem spricht im Brief wahrscheinlich einer derjenigen, die Rotpeter die für den Bericht nötigen Vorberichte abgeliefert haben.

---

51 Zu diesem Textstück siehe Schütterle: Franz Kafkas Oktavhefte, S. 220–221.

Insgesamt ergibt sich somit die Verknüpfung von einem Ensemble an Erzählinstanzen und -positionen, die den gesamten Prozess von der Entstehung über die reine Darstellung bis zur Rezeption eines Textes zwischen unmittelbarem, fast instinktivem Präsentieren und kultureller Institutionalisierung auf zwei Oktavhefte verstreut gestaltet (oder nachhäfft). So lassen sich die Elemente und Abläufe, die Neumann in seinem „Schema zum Verhältnis von Edition und Hermeneutik bei der Herausgabe ‚älterer' und ‚neuerer' Texte"[52] allgemein erfasst, präzise mit den fünf „Bericht"-Textelementen und der Rhetorik des *Sprechens für* zusammenführen. Auf der Skala von „Intimität" („Das ‚Selbst'" und der „Kern der Produktion") bis „Öffentlichkeit" („Die ‚Anderen'" und das „Feld der Rezeption") finden sich im Schema Abstufungen von Stimme, Handschrift, Abschrift, Druck und Lektüre.[53] Im „Bericht"-Komplex selbst sind diese das einführende, vortastende und doch durch den Versuch des Fütterns sehr intime Zusammentreffen des Ich-Erzählers mit dem Impresario-Fürsprecher Rotpeters (I) und das reine Zwiegespräch des Erzählers mit Rotpeter selbst, in dem die Mittelbarkeits- und Unmittelbarkeitsthematik eine zentrale Rolle spielt (II). Der eigentliche Bericht, der zwischen Mündlichkeit oder Schriftlichkeit, Vorlesung oder Abschrift, Stimme oder Lektüre nicht mehr unterscheiden kann, verhandelt einerseits das Mimesis-Problem und erweist sich andererseits als Fürsprache für den Sprechenden und die Angesprochenen selbst (III und IV). Am Schluss steht die geschriebene Rezeption und der persönlich-interpretierende Brief als Reaktion eines Drucks des „Berichts" (V). Die „Reichweite des Körpers" auf der Seite der Produktion und die „Reichweite der Maschine" auf der Seite der Rezeption, überlagern sich in Neumanns generellem Schema in der Mitte, im „Dokumentationsspielraum der Kritischen Edition"[54] – im „Bericht"-Komplex selbst entspricht das der einschlägigen Natur- und Kultur-Thematik.

Zusammenfassend lässt sich sagen, dass Kafkas Fragmente die Grenzen zwischen Mensch und Tier narratologisch und thematisch porös werden lassen, während sie gleichzeitig poetologische Fragen nach Produktion, Repräsentation und Rezeption ans Licht bringen. Unmittelbare Wahrnehmung (hören, sehen, riechen) sind vermittelter Rede gegenübergestellt, die das Für-sich-selbst-Sprechen und des Sprechens für das Tier als komplexes Problem der Fürsprache zeigt.

5.3 Präsentieren und Repräsentieren: „Josefine" und ihr Erzähler

Kafkas letzte Geschichte nimmt die Fürsprecher-Problematik in ihrer ganzen Komplexität, Zwiespältigkeit und schweren Kategorisierbarkeit noch einmal raffiniert

---

52 Neumann: Werk oder Schrift?, S. 21.
53 Neumann: Werk oder Schrift?, S. 21.
54 Neumann: Werk oder Schrift?, S. 21.

auf. Seine literarische „Untersuchung des tierischen Piepsens"[55] hatte Kafka begonnen, als die Tuberkulose bereits seinen Kehlkopf angegriffen hatte; am Todestag war er noch mit den Fahnenkorrekturen beschäftigt.[56] Der Text, der posthum im *Hungerkünstler*-Band veröffentlicht wurde und häufig als „eine Art ‚poetologisches Testament'"[57] gesehen wird, lässt sich mit den Fragen nach Gestik und Fürsprache sowie Mittelbarkeit und Unmittelbarkeit zusammenbringen, die Kafka bereits 1912 in seinen Überlegungen zu den „kleine[n] Litteraturen" (T, S. 326) und seiner eigenen Fürsprache für die jiddische Sprache aufwirft.

Aus der Perspektive eines homodiegetischen Mäuse-Erzählers radikalisiert Kafka den Forscher- und Berichtblick in seiner verfremdeten Tierwelt. Was bisher noch Kuriosum und entrückter Gegenstand schriftlicher Fürsprache aus menschlicher Perspektive war – der Riesenmaulwurf – und was dann von Mensch und Tier als thematisierte Schnittstelle und beidseitig übertretene Grenze in wechselnden Rede- und Fürsprachesituationen erprobt wurde – der „Bericht"-Komplex –, ist hier eine reine Tiergeschichte. In ihr geht es nicht um die doppelte und einfache Vermittlung von Schriften und nicht um die fremde oder eigene Berichterstattung, sondern um den Körper selbst, seine Gesten und seine stimmliche Artikulation im ganz wörtlichen und unvermittelten Sinn.

Ein Brief Kafkas aus Zürau und eine kleine Notiz über die Titelwahl des Textes bekunden die für den Text wichtige Absenz von hierarchischen Strukturen zwischen einer Mäusestimme und eines sich in ständiger Bewegung befindenden Mäuseverbandes auf verschiedene Weise. In dem an Felix Weltsch gerichteten Brief beschreibt Kafka eine nächtliche Störung durch Mäuse, die vieles vorwegzunehmen scheint, was er in seiner Geschichte Jahre später aufnimmt:

> Was für ein schreckliches stummes lärmendes Volk das ist. Um 2 Uhr wurde ich durch ein Rascheln bei meinem Bett geweckt und von da an hörte es nicht auf bis zum Morgen. Auf die Kohlenkiste hinauf, von der Kohlenkiste hinunter, die Diagonale des Zimmers abgelaufen, Kreise gezogen, am Holz genagt, im Ruhen leise gepfiffen und dabei immer das Gefühl der Stille, der heimlichen Arbeiten eines gedrückten proletarischen Volkes, dem die Nacht gehört. Um mich gedanklich zu retten, lokalisierte ich den Hauptlärm beim Ofen, den die Länge des Zimmers von mir trennt, aber es war überall, am schlimmsten, wenn einmal ein ganzer Haufen irgendwo gemeinsam hinuntersprang. (B 1914–1917, S. 365–366)

---

[55] Robert Klopstocks Erinnerungen zufolge sagte Kafka im Frühjahr 1924: „Ich glaube ich habe zur rechten Zeit mit der Untersuchung des tierischen Piepsens begonnen. Ich habe soeben eine Geschichte darüber fertiggestellt." Zitiert nach D', S. 462.
[56] Die Erstveröffentlichung in der *Prager Presse* im April 1924 steht noch unter dem Titel „Josefine, die Sängerin". Für die Publikation im *Hungerkünstler*-Band wurde der Titel dann im Mai 1924 geändert.
[57] Christine Lubkoll: Dies ist kein Pfeifen. Musik und Negation in Franz Kafkas Erzählung „Josefine, die Sängerin oder Das Volk der Mäuse". In: Claudia Liebrand (Hg.): Franz Kafka. Neue Wege der Forschung. Darmstadt 2006, S. 180–193, hier S. 180.

Als gleichzeitig stumm und lärmend stellen sich Kafka die Mäuse dar, die er mit anthropomorphen Zügen weiter beschreibt als ein „gedrückte[s] proletarische[s] Volk[]", dessen Rascheln, Nagen und Pfeifen „immer das Gefühl der Stille" mit sich bringt. Der Hauptlärm lässt sich nur provisorisch lokalisieren; wie im „Fürsprecher"-Text ist er kaum zu konkretisieren und doch „überall" – auch wenn er hier einem Kollektiv an Mäusen zugeschrieben werden kann.

Über sechs Jahre später notiert Kafka selbst dann auf einem Gesprächsblatt, dass er seine Geschichte „Josefine, die Sängerin" umbenennen will:

> Die Geschichte bekommt einen neuen Titel | Josefine die Sängerin | oder | Das Volk der Mäuse | Solche oder-Titel sind zwar nicht sehr hübsch | aber hier hat es vielleicht besondern | Sinn, es hat etwas von einer Wage[.] (Zitiert in: D', S. 462–463)

Der Oder-Titel setzt Josefine und das Mäusevolk in eine Beziehung, die grammatisch und semantisch vage und ambivalent bleibt.[58] Als Konjunktion ist „oder" entweder ausschließend (nicht gleichzeitig) oder einschließend (gleichzeitig). Erst in der „Oder"-Relation lässt sich die Dynamik zwischen Josefine und dem Volk eruieren. Auf der einen Seite steht Josefines erhabenes, eitles, sich von der Menge abgrenzendes Verhalten, denn „sie singt ja ihrer Meinung nach vor tauben Ohren" und „auf wirkliches Verständnis [...] hat sie längst verzichten gelernt". (D, S. 355) Auf der anderen Seite steht das Volk.[59] Und zwischen ihnen steht der Erzähler. Die folgenden drei Schritte beleuchten diese Dynamiken mit Blick auf die Spannungen zwischen unmittelbarer Präsentation und vermittelter Repräsentation der Fürsprache. Zunächst stehen die stimmlichen Präsentationen und Gesten Josefines im Vordergrund, dann die Fürsorge des Mäusevolks und schließlich der Erzähler als Repräsentant von Menge und Opposition.

5.3.1 „Josefine, die Sängerin ... ": Präsentation und Geste

Wie das Dröhnen im „Fürsprecher"-Text, das für nichts als seine reine Präsenz zu stehen scheint, ist das Pfeifen Josefines eine akustische Irritation in Kafkas Werk. Zusammen mit dem Piepsen Gregor Samsas und dem Summen aus der Hörmuschel

---

[58] Siehe Marianne Schuller: Gesang vom Tierleben. Kafkas Erzählung „Josefine, die Sängerin oder Das Volk der Mäuse". In dies./Elisabeth Strowick (Hg.): Singularitäten. Literatur – Wissenschaft – Verantwortung. Freiburg 2001, S. 219–234.
[59] Mit dem Bild der Waage, das Kafka dieser „Oder"-Relation beifügt, ist das Symbol der Gerechtigkeit und das Vergleichsmoment zweier Massen genauso aufgerufen wie der Schwebezustand, der erreicht wird, wenn Gewicht und Gegengewicht in den Waagschalen gleich sind, also ein Äquilibrium erreicht ist.

des Telefons im *Schloß* ist das Pfeifen Josefines als Geräusch stimmlich gebunden und stellt eine Abweichung und Ablenkung der menschlichen Sprache dar.[60]

Letztlich ist unbestimmt, von welcher Art Josefines Kunst ist und was genau sie so einzigartig macht. Gleich am Anfang vermerkt der Erzähler aus dem Mäusevolk, auf dessen Beobachtungen der Leser allein angewiesen ist, dass Josefines Aura und der unmittelbare Effekt ihrer Kunst außerhalb jeglicher stimmlichen und textuellen Vermittlung bleiben: „Wer sie nicht gehört hat, kennt nicht die Macht des Gesanges." (D, S. 350) Bereits in diesem Satz deutet sich die Tendenz des Textes an, in Negationen zu erzählen.[61] Klar ist, dass Josefine eine Ausnahme in dem Musik nicht liebenden und unmusikalischen Mäusevolk darstellt und weiß, wie Musik „zu vermitteln" (D, S. 350) ist. Die zentrale Frage aber bleibt: „Ist es denn überhaupt Gesang? Ist es nicht vielleicht doch nur ein Pfeifen?" (D, S. 351) Während (menschenähnlicher) Gesang eine kulturelle Leistung ist, gehorcht (tierisches) Pfeifen natürlichen Gesetzen. Alle Mäuse können pfeifen, es ist ein automatisch ablaufendes Charakteristikum: „wir pfeifen, ohne darauf zu achten, ja, ohne es zu merken". (D, S. 352) Während das Volk unbewusst pfeift, pfeift Josefine ganz bewusst, „von den Fesseln des täglichen Lebens befreit". (D, S. 367) Ihr Pfeifen, das „höchstens durch Zartheit oder Schwäche" (D, S. 352) auffällt, ist durch ihre Gestik und ihre öffentlichen Vorführungen gerahmt. Sie äußert, was Gilles Deleuze und Félix Guattari im Sinne ihrer Theorie der „kleinen Literatur" als „Gegenlinie" oder „Fluchtlinie" beschreiben, die sich „quer durch die organisierte Musik" und „quer durch die Sinnsprache" zieht, „um eine lebendige Ausdrucksmaterie freizusetzen, die nur noch für sich selber spricht und nicht mehr der Formung bedarf".[62] Neben der Deterritorialisierung der Sprache und der Bindung des Individuellen an das Politische ist nach Deleuze und Guattari das dritte Merkmal kleiner Literaturen bekanntlich, dass „alles kollektiven Wert" gewinnt: „Gerade wegen ihres Mangels an großen Talenten fehlen ihr Bedingungen für *individuelle Aussagen*, die [...] sich von der *kollektiven Aussage* trennen ließen."[63] Es spricht mehr dagegen als dafür, dass es sich bei Josefines Auftritten um eine Form der Fürsprache für das Volk handelt (hier wäre es eigentlich ein „Fürpfeifen", da Pfeifen die Stimme der Mäuse und die Sprache des Volkes ist). Josefines Artikulationen finden zwar *für* das Volk und *vor* dem Volk statt, aber sie zeichnen sich weder durch eine ästhetische noch eine kommunikative Funktion aus. Sie repräsentiert das Volk nicht und setzt sich nicht für es ein. Die „Macht des Gesanges" (D, S. 350) als Fähigkeit, auf das Verhalten und Denken der sozialen Mäusegruppe einzuwirken, ist nicht juristisch, politisch oder religiös vertretend, auch wenn im Text vermerkt ist, dass ihre Auftritte

---

60 Gibt es eine Art Klassifikation der Abweichungen? Die Geräusche der „unübersehbaren Scharen" von Mäusekindern werden so beschrieben: „fröhlich zischend oder piepsend, solange sie noch nicht pfeifen können". (D, S. 364).
61 Zu den Negationen siehe Schuller: Gesang vom Tierleben, S. 224–225.
62 Deleuze/Guattari: Kafka, S. 30.
63 Deleuze/Guattari: Kafka, S. 25.

„nicht so sehr eine Gesangsvorführung als vielmehr eine Volksversammlung" (D, S. 361) seien. Ihr Pfeifen oder Gesang artikuliert oder besagt nichts und steht gerade *für nichts* als für sich selbst.[64] Keine *Repräsentation* für anderes oder andere, sondern reine *Präsentation* für andere steht pfeifend vor dem schweigenden Publikum. Weder Josefines Wissen noch ihr Status sind der Grund für ihren Erfolg und mit ihrem Ableben wird die Musik selbst verschwinden. Ihr Pfeifen scheint nicht symbolisch, sondern materiell. Kafkas letzte Geschichte spitzt das Fürsprache-Problem zu, indem sie mit Josefine keine dreigliedrige Struktur der Fürsprache als Repräsentation, sondern eine zweigliedrige Präsentation des Pfeifens einbringt, die kommunikativ nicht beim Publikum ankommt, aber dennoch das Volk zu der Stimme treibt und etwas für den Erzähler nicht präzise Beschreibbares erreicht.

Josefines Präsenz ist nicht nur vom auditiven, sondern auch vom visuellen Eindruck geprägt; „es ist zum Verständnis ihrer Kunst notwendig, sie nicht nur zu hören, sondern auch zu sehn" (D, S. 352), erfährt man vom Erzähler, der das feierliche Hinstellen und Sich-Erheben Josefines in all seiner Gestik beschreibt. Konkret heißt es an einer Stelle, dass sie nach einer Störung wieder in Höchstform gerät, „ihr Triumphpfeifen anstimmte und ganz außer sich war mit ihren ausgespreizten Armen und dem gar nicht mehr höher dehnbaren Hals". (D, S. 355) Josefines Leib formt sich wörtlich zu einem Sprachrohr, das sich seitwärts streckt und nach oben auftürmt, um hervorzustechen. Es bedarf kaum mehr als dieser Geste, dieser Andeutung einer Inszenierung, noch bevor ein Geräusch oder Laut ertönt, um das Volk zusammenzubringen.

> Und um diese Menge unseres fast immer in Bewegung befindlichen, wegen oft nicht sehr klarer Zwecke hin- und herschießenden Volkes um sich zu versammeln, muß Josefine meist nichts anderes tun, als mit zurückgelegtem Köpfchen, halboffenem Mund, der Höhe zugewandten Augen jene Stellung einnehmen, die darauf hindeutet, daß sie zu singen beabsichtigt.   (D, S. 356–357)

Der Höhe zugewandt braucht Josefine keine architektonischen Hilfsstrukturen für ihre Auftritte, bei der sich „alle ihre Kraft im Gesang versammelt" und sie selbst „im Gesange wohnt". (D, S. 356)[65] Das unterscheidet sie von ihrem männlichen Namenspaten

---

[64] Siehe Kittler: Der Turmbau zu Babel und das Schweigen der Sirenen: „Dieses Pfeifen ist von dem der anderen nicht dadurch unterschieden, daß es etwas anderes, sondern vielmehr dadurch, daß es nichts repräsentiert." (S. 227).

[65] Sämtliche strukturierenden, *architektonischen* Handlungsträger fehlen in dieser Tiergeschichte: Es gibt keine Hinweise darauf, ob Josefine drinnen oder draußen singt; es gibt keine Treppen, keine Häuser und kein Podium. Einzig ein „Parkett" wird erwähnt, aber im Zusammenhang mit einer akustischen Störung für Josefine („ein Knacken im Parkett". (D, S. 355)) Siehe dazu Kata Gellens Aufsatz, der von einem „spatial vacuum" spricht, wobei Josefines „ability to unify the mouse folk derives from her physical position, her self-transformation into a piece of architecture". Kata Gellen: Hearing Spaces. Architecture and Acoustic Experience in Modernist German Literature. In: Modernism/Modernity 17.4 (2010), S. 799–818, hier S. 813.

Josef K., der in seiner ersten Untersuchung – ähnlich wie der Fürsprecher-Suchende – mehrere Treppen erklimmt und auf ein Podium steigt, um vermeintlich für alle repräsentativ zu sprechen. Josefines präsentierende Stimme dagegen erhebt sich vollständig gestisch, in ihrem und über ihren eigenen Körper. Als reine Verkörperung ihres Pfeifens oder Gesangs – als wörtlicher Klangkörper – steht sie dann im eigentlichen und übertragenen Sinne über Anderen: „Bei jeder schlechten Nachricht [...] erhebt sie sich sofort, während es sie sonst müde zu Boden zieht, erhebt sich und streckt den Hals und sucht den Überblick über ihre Herde wie der Hirt vor dem Gewitter." (D, S. 360) Während das Leben des Volkes so schwer ist, dass es sich nicht zu „so fernen Dingen" wie Musik „erheben" (D, S. 350) kann, vermag es die als höchst divenhaft und hochmütig beschriebene Josefine, „nach ihrem Belieben irgendwo, irgendwann zum Gesange sich [zu] erheb[en]". (D, S. 368) Es bewundern gerade die Heranwachsenden Josefine als „Sängerin als solche[]" und das auffällig Physische ihres Gesanges – die Bewegungen des Artikulationsapparates –, indem sie wie an ihren Lippen kleben:

> Bei ihren Konzerten, besonders in ernster Zeit, haben noch die ganz Jungen Interesse an der Sängerin als solcher, nur sie sehen mit Staunen zu, wie sie ihre Lippen kräuselt, zwischen den niedlichen Vorderzähnen die Luft ausstößt, in Bewunderung der Töne, die sie selbst hervorbringt, erstirbt und dieses Hinsinken benützt, um sich zu neuer, ihr immer unverständlicher werdender Leistung anzufeuern, aber die eigentliche Menge hat sich – das ist deutlich zu erkennen – auf sich selbst zurückgezogen. (D, S. 366)

Josefine ist mit einem Eigennamen und als Verkörperung von Pfeifen oder Gesang bereits im ersten Satz genannt; das Volk hingegen und dessen repräsentativer Erzähler bleiben in der gesamten Erzählung namenlos und werden als unmusikalisch dargestellt. Das Volk der Mäuse ist ein Arbeitsvolk, das ein Leben in ständiger Eile und Bewegung sowie als Serie von Kämpfen führt, die einzig durch Josefines Auftritte unterbrochen werden, in denen es träumt und für die es sorgt.

5.3.2 Fürsorge: „... oder Das Volk der Mäuse"

Die Motivation für die Fürsorge aus dem Volk ist nicht klar zu bestimmen, wie der Erzähler feststellt:

> Was treibt das Volk dazu, sich für Josefine so zu bemühen? Eine Frage, nicht leichter zu beantworten als die nach Josefinens Gesang, mit der sie ja auch zusammenhängt. Man könnte sie streichen und gänzlich mit der zweiten Frage vereinigen, wenn sich etwa behaupten ließe, daß das Volk wegen des Gesanges Josefine bedingungslos ergeben ist. Dies ist aber eben nicht der Fall; bedingungslose Ergebenheit kennt unser Volk kaum [...]. (D, S. 357–358)

So wie die Entscheidbarkeit darüber ausbleibt, was eigentlich Josefines Pfeifen oder Gesang ausmacht, ist der Anteil des Publikums an ihrer Kunst in der Schwebe. Der Erzähler wagt selbst nicht zu entscheiden: „Ist es ihr Gesang, der uns entzückt oder nicht vielmehr die feierliche Stille, von der das schwache Stimmchen umgeben ist?" (D, S. 354) Fest steht, dass das Volk redlich bemüht ist, Josefines Wünsche zu erfüllen und dieses dennoch vor ihr geheim zu halten. Das Verhältnis zwischen der Einzelnen und der Menge ist an einer Stelle auf folgende Weise beschrieben:

> So sorgt also das Volk für Josefine in der Art eines Vaters, der sich eines Kindes annimmt, das sein Händchen – man weiß nicht recht, ob bittend oder fordernd – nach ihm ausstreckt. Man sollte meinen, unser Volk tauge nicht zur Erfüllung solcher väterlicher Pflichten, aber in Wirklichkeit versieht es sie, wenigstens in diesem Falle, musterhaft; kein Einzelner könnte es, was in dieser Hinsicht das Volk als Ganzes zu tun imstande ist. Freilich, der Kraftunterschied zwischen dem Volk und dem Einzelnen ist so ungeheuer, es genügt, daß es den Schützling in die Wärme seiner Nähe zieht, und er ist beschützt genug. Zu Josefine wagt man allerdings von solchen Dingen nicht zu reden. „Ich pfeife auf eueren Schutz", sagt sie dann. „Ja, ja, du pfeifst", denken wir. (D, S. 359)

Das Gemeinschaftsgefühl, väterlich für sie sorgen zu müssen und Josefines kindliches „pfeife[n] auf" diese Fürsorge – übrigens das einzige wörtliche Zitat Josefines – bringt die beiden Seiten in eine Art Vater-Kind-Relation, zumindest nach Meinung des Volkes in seiner Darstellung über den Erzähler. Josefine hingegen meint, „sie sei es, die das Volk beschütze" (D, S. 359) und „über ihre[r] Herde wie der Hirt vor dem Gewitter" (D, S. 360) stehe. Stabilität bzw. Gleichgewicht erhält die Relation zwischen Josefine und dem Volk also gerade aus der ein- und ausschließenden „Oder"-Perspektive, in der beide Seiten das Gefühl der oberen Hand haben. Zugleich können sich beide Seiten in Selbstauflösung verlieren: Josefine, indem sie in ihrem Gesang wohnt, und das Volk, indem es eintaucht „in das Gefühl der Menge, die warm, Leib an Leib, scheu atmend horcht". (D, S. 356) Die Körpergrenzen jeder individuellen Maus zerfließen und bilden einen großen Volkskörper – ein Bild, wie es sich in den Staatstheorien seit Thomas Hobbes findet.[66]

Statt der triadischen Fürsprache steht eine dyadische Form von Fürsorge im Vordergrund, welche die Rollen während Josefines Aufführungen komplex verteilt. Das Volk ist nämlich gleichzeitig bemühender Impresario für Josefine („es werden Boten ausgeschickt, um Hörer herbeizuholen"[67] und „Posten aufgestellt, die den Herankommenden zuwinken" (D, S. 357)) sowie Rezipient ihrer Kunst. So ist kein Dritter notwendig, der sprachlich oder fürsprachlich vermittelt. Für den Leser der

---

[66] Siehe Kittler: Der Turmbau zu Babel und das Schweigen der Sirenen, S. 203–204.
[67] Dabei handelt es sich um eine Inversion zu den Versuchen des Boten aus „Eine kaiserliche Botschaft", den Einzelnen physisch zu erreichen.

Geschichte bedarf es allerdings dieses Dritten, den die Figur des Erzählers als Repräsentant von Menge und Opposition besetzt.

5.3.3 Fürsprache: Der Erzähler als Repräsentant von Menge und Opposition

Es ist hier wieder eine Art Randerscheinung, über die sich eine Geschichte Kafkas als Geschichte der Fürsprache entfaltet. War es im „Dorfschullehrer" der im Diskurs vergrabene Riesenmaulwurf und waren es im „Bericht"-Komplex die konstitutiven Schreibränder im Manuskript vor und nach den Textstücken, die als „Ein Bericht für eine Akademie" veröffentlicht wurden, ist es in „Josefine, die Sängerin oder Das Volk der Mäuse" der Erzähler selbst. Die Diskrepanz zwischen dem allgemeinen Volksgepfeife und dem in klarer, menschlicher, deutscher Sprache verfassten Text ist dabei sofort augenscheinlich. Der (sprechende) homodiegetische Erzähler ist ein Repräsentant des (piepsenden) Mäusevolkes, in dessen Namen er oder sie als „wir" spricht. Im Genre der von Kafka angesprochenen „Untersuchung", die nach Marianne Schuller hier gerade den sonst getrennten Diskurs der Wissenschaft in Form von Fiktion und Diskurs zusammenführt,[68] stellt er die komplexe Relation, die „Oder"-Beziehung zwischen Josefine und dem Volk, im Akt des Erzählens dar. Seine eigene Position innerhalb des Volkes zwischen Opposition und Menge ist allerdings ebenso prekär wie die Position Josefines zwischen Gesang und Pfeifen. Einerseits spricht er als „wir", andererseits bringt er seine persönlichen Beobachtungen als „ich" in den Text. Wenn er sagt, dass er zur Opposition „halb gehöre" (D, S. 354), dann gehört er auch halb zur Menge. Und was genau ihn dazu qualifiziert, für alle zu sprechen, enthüllt er nicht. Wie Josefine inszeniert er sich selbst als eine stimmliche Ausnahme, die öffentlich performiert, was vielleicht auch alle anderen könnten.

So wie erst Josefines Pfeifen oder Gesang das Volk zusammenbringt, erschafft der Erzähler erst mit der Artikulation seiner Untersuchung das Volk. Während Josefine aber durch ihre materielle Stimme und ihren Körper nur präsentiert, repräsentiert der Erzähler durch seine narrative Stimme und den Textkorpus.[69] Der Abwesenheit sämtlicher architektonischer Strukturen für die Performanz von Josefines Stimmkünsten im Erzählten entspricht die Abwesenheit eines stabilen Handlungsgerüsts auf der Ebene des Erzählens. Die Narration kommt ohne feste räumliche und mit nur loser zeitlicher Bindung aus. Gleichzeitig ist sie zirkulär, von Negationen, Konjunktiven und Widersprüchen geprägt.

Dennoch ist erst sein Sprechen für das Volk und für Josefine durch Vermitteltheit zugänglich, es kann archiviert und somit ein Stück „Geschichte" werden. Im

---

68 Siehe Schuller: Gesang vom Tierleben, S. 221.
69 Inwiefern die Erzähltheorie selbst das Vokabular des vermittelnden Sprechens in Anschlag bringt, wurde in Kapitel 2.1 ausgeführt.

Schlusssatz heißt es: „Josefine [...] wird fröhlich sich verlieren in der zahllosen Menge der Helden unseres Volkes, und bald, da wir keine Geschichte treiben, in gesteigerter Erlösung vergessen sein wie alle ihre Brüder." (D, S. 377) Unterdessen bleibt diese Geschichte einer Nachwelt erhalten und demonstriert damit die Macht der Literatur, eine Macht der Repräsentation und Fürsprache.

Kafkas letzte Erzählung ist eine literarische Verarbeitung von materieller Stimmkunst, die ihn auf vielfältige Weise faszinierte.[70] Am prägendsten war wohl die Begegnung mit Jizchak Löwy und dessen jiddischer Theatergruppe.[71] In seiner eigenen Vorrede für Löwys Vortragsabend hatte Kafka sich persönlich, seines somatischen und stimmlichen Instrumentariums voll bewusst, als Fürsprecher für Jiddisch und für Löwys Kunst auf einer Bühne erhoben. Er kündigte die unmittelbare Wirkung von Löwys Kunst an, die das Publikum „fühlend" (NI, S. 193) verstehen soll. Dies ist einerseits – wie im Mäusepublikum – durch Schweigen der Fall: „Bleiben Sie aber still, dann sind Sie plötzlich mitten im Jargon", und andererseits durch das Sich-Einlassen auf Melodie und Wesen des Künstlers: „Wenn Sie aber einmal Jargon ergriffen hat – und Jargon ist alles, Wort, chassidische Melodie und das Wesen dieses ostjüdischen Schauspielers selbst, – dann werden Sie Ihre frühere Ruhe nicht mehr wiedererkennen." (NI, S. 193) Die von ihm manipuliert dargestellte „historische Entwicklung des Jargon", sagt Kafka im Vortrag, „hätte [...] fast eben so gut wie in der Tiefe der Geschichte, in der Fläche der Gegenwart verfolgt werden können". (NI, S. 192–193) Mit dem Erzähler und dessen Geschichte über „Josefine" erschafft er nun, in diesem Sinne, ein Komplement zum „Einleitungsvortrag über Jargon": die Fläche der Gegenwart des Mäusevolkes.[72]

---

[70] In einem längeren Tagebucheintrag über den Stimmkünstler Alexander Moissi (1879–1935) reflektiert Kafka genau dessen Gestik, Stimme und die Effekte im Saal. Da ist zunächst Moissis mächtige Stimmbeherrschung: „[Er] läßt seine Stimme über uns kommen mit dem Athem eines Laufenden." Dazu tritt die unmittelbare Wirkung auf die Zuhörer: „Kein Wort verliert sich oder kommt auch nur im Hauch zurück, sondern alles vergrößert sich allmählich als wirke unmittelbar die längst anders beschäftige Stimme noch nach, es verstärkt sich nach der ihm mitgegebenen Anlage und schließt uns ein." (T, S. 393) Ähnlich den kleinen Manipulationen Josefines, die der Erzähler beschreibt, stellt Kafka selbst „[u]nverschämte Kunstgriffe und Überraschungen" (T, S. 394) bei Moissis Auftritten fest. Neben der phonetischen Ähnlichkeit von „Moissi" und „Mäusen", die mehrfach festgestellt wurde, gibt Kafka in der Tagebucheintragung vom 3. März 1912 eine direkte Referenz zum Pfeifcharakter der Aufführung: „rasches Ausstoßen des Mailiedes, scheinbar wird nur die Zungenspitze zwischen die Worte gesteckt; Teilung des Wortes November-Wind, um den ‚Wind' hinunterstoßen und aufwärts pfeifen lassen zu können". (T, S. 394) Zu dieser Textpassage und zu literarischen Rezitationen, von denen Kafka beeinflusst war, siehe Kata Gellen: Works Recited. Franz Kafka and the Art of Literary Recitation. In: The Germanic Review 86 (2011), S. 93–113.

[71] Siehe dazu Kapitel 3.3 und Kafkas Tagebuchnotizen über Löwy und dessen Theatergruppe vom Jahresende 1911, die im geschriebenen „Schema zur Charakteristik kleiner Literaturen" kulminieren.

[72] Gerhard Neumann hat die Geschichte entsprechend als „Vorstellung vom Künstler" gelesen, „dessen Subjektivität im Volkskörper sich löst, diesen vollendend und mit ihm verschmelzend: Es ist Verzicht auf Autorschaft und Werkidee." Gerhard Neumann: Hungerkünstler und singende

5.4 Zusammenfassung: Fürsprache und (Nicht-)Wissen

Das Grundproblem, wie Tiere, die selbst nicht sprechen können, narrativ doch zur Sprache kommen bzw. wie für sie gesprochen werden kann, hat Kafka in den analysierten Texten mittels homodiegetischer Erzählerfiguren getestet, die als unerfahrene Forscher agieren. Damit stehen nicht nur die Tiere – Riesenmaulwurf, Mensch gewordener Affe Rotpeter und singende Maus Josefine – im Zentrum, sondern die an ihre Grenzen stoßenden Bemühungen der Laien-Forscher, sprachlich zu vermitteln, was an den außergewöhnlichen Tiererscheinungen besonders ist. Kafka hat sich dabei sowohl von zeitgenössischen Tierexperimenten, bei denen Wunderpferde vermeintlich mit Hufen kommunizierten und Intelligenzprüfungen an Menschenaffen vorgenommen wurden, inspirieren lassen als auch von allgemeinen Fragen nach Präsentation und Repräsentation, die bereits anhand des Nachrufs auf den *Hyperion* sowie der Vorrede für Jiddisch erörtert wurden. Hier wie dort sind die oberflächlichen Erscheinungen in komplexere Fürspracheprozesse gekleidet, oft mit dem grundlegenden Paradox, dass ein Ideal des unvermittelten *Für-sich-selbst-Sprechens* immer mit vermittelnden sprechenden bzw. schreibenden Instanzen oder intervenierenden Erzählerfiguren korreliert.

Die Tiergeschichten legen zudem einige weitere Problemkomplexe in Bezug auf Fürsprache frei. Dazu gehören Forschungs- und epistemische Fragen, besonders ausgeprägt in „Der Dorfschullehrer", in dem mit zwei konkurrierenden Fürsprechern und ihren Schriften der biologische Untersuchungsgegenstand Riesenmaulwurf zunehmend zu einem sozialen Disput wird. Nicht das Wissen über das Tier, sondern eine Serie von ihn ersetzenden Dokumenten und die Verbohrtheit der Fürsprecher werden groteske Mittelpunkte der Erzählung. Das Wissen um das tierische Vorleben Rotpeters wird auch aus verschiedenen Perspektiven erprobt, am prominentesten natürlich vom auf Berichte anderer angewiesenen Bericht Rotpeters selbst für die Akademie, vor der er spricht. Der Schreibprozess um den „Bericht" bringt darüber hinaus produktionsästhetische Erwägungen (in den beiden ersten Erzählansätzen mit alternativen Sprechsituationen) und rezeptionsästhetische Vorwegnahmen (im Erzählansatz, der eine Leserreaktion auf den „Bericht" darstellt) ins Spiel, die im Rahmen einer textgenetischen Lektüre erschlossen werden können, als Ringen um Perspektive für Kafka und als Herausforderung für den Editor der kritischen Ausgabe. Daran knüpfen sich die für Fürsprache immer zentralen Momente von Präsentation und Repräsentation, bzw. Unmittelbarkeit und Mittelbarkeit an. Mit „Josefine, die Sängerin oder Das Volk der Mäuse" wird das an der gestischen und stimmlichen Darstellung Josefines deutlich, was Kafka bereits mit

---

Maus. Franz Kafkas Konzept der „kleinen Literaturen". In: Gunter E. Grimm (Hg.): Metamorphosen des Dichters. Das Rollenverständnis deutscher Dichter vom Barock bis zur Gegenwart. Frankfurt a. M. 1992, S. 228–247, hier S. 238.

seinen Fürsprachen für die „kleine[n] Litteraturen" (T, S. 326) und für die jiddische Sprache performiert und reflektiert hat: reine Präsentation, die für nichts sprechen muss, steht immer einer notwendigen Fürsprache entgegen, hier dem in menschlicher Sprache und für das Volk der Mäuse sprechenden homodiegetischen Erzähler und dem von ihm produzierten Textkorpus.

6 „Weitertragen": Aphoristische Fürsprachen und Ansprachen zwischen Friedrich Nietzsche, Franz Kafka und Elias Canetti

„Die *bescheidene* Aufgabe des Dichters ist am Ende vielleicht die wichtigste: das *Weitertragen des Gelesenen.*"[1] Das schreibt Elias Canetti im Jahre 1980. Für Canetti ist die Aufgabe des Schriftstellers ein Prozess der Fortsetzung einer Idee oder Geschichte – ein Prozess, der sich auch als weitere Dimension des Fürsprechens begreifen lässt: das *„Weitertragen des Gelesenen"*. Wenn Hermeneutik nach Hans-Georg Gadamer als Kunst des Lesens und das Lesen als „Kunst, etwas sprechen zu lassen",[2] verstanden wird, kann das Tradieren des Gelesenen als eine Form der Fürsprache und – umgekehrt – die Fürsprache als eine Form des Tradierens gelesen werden.

Die vorangegangenen Kapitel fokussierten je eine Facette von Fürsprache in einem lose definierten Genre aus Kafkas Werk, um zu demonstrieren, wie die Praxis des Fürsprechens in verschiedenen Diskurskontexten verankert ist und wie sie sich in Kafkas fiktionalen Texten auf thematischer und narratologischer Ebene manifestiert. In diesem Kapitel ist die Fürsprache in und um Kafkas Werk in bestimmte Konstellationen gebracht, die konkretisieren, wie sie selbst wiederum zur Institutionalisierung von Literatur beiträgt. Die diesen Zusammenhang konzise darstellende Form, so zeigen die folgenden Überlegungen, ist der Aphorismus. Inwiefern kann ein solche elliptische Form als Fürsprache verstanden werden? Wie verlangt sie selbst ein dynamisches Weitertragen? Welche Konstellationen eröffnen sich mit dem Lesen und Weitertragen? Bevor die internen und externen triangulären Konstellationen über verschiedene – selbst als Konstellationen angeordnete – Lektüren von kurzen Texten Friedrich Nietzsches (1844–1900), Franz Kafkas (1883–1924) und Elias Canettis (1905–1994), deren Schaffensdaten sich kaum überschneiden, erschlossen werden, sind folgende Vorbemerkungen zu den Begriffen der Konstellation und des Aphorismus, speziell in Fragen von positiven und negativen Einflüssen, unerlässlich.

Die *Dynamik* von textuellen Einflüssen bekundet Canetti auf folgende knappe Weise:

---

[1] Elias Canetti: Das Geheimherz der Uhr. In: ders.: Gesammelte Werke in 10 Bänden, Bd. 4: Aufzeichnungen 1942–1985/Die Provinz des Menschen/Das Geheimherz der Uhr. München/Wien 1993, S. 460.
[2] Hans-Georg Gadamer: Über das Lesen von Bauten und Bildern. In: Karlheinz Stierle/Gundolf Winter (Hg.): Modernität und Tradition. Festschrift für Max Imdahl zum 60. Geburtstag. München 1985, S. 99, zitiert nach Dieter Lamping: „Zehn Minuten Lichtenberg". In: Gerhard Neumann (Hg.): Canetti als Leser. Freiburg 1996, S. 113–125, hier S. 123.

> Das Ordnen der Einflüsse, dramatisch dargestellt durch Ordnen der Bücher.
> Kaum sind sie geordnet, schlafen die Einflüsse ein.³ (1971)

Eine abgeschlossene Katalogisierung, die hier im Bild des Sortierens von Büchern aufgezeigt ist, hört in ihrer *Statik* auf, bedeutungsvoll zu sein. An anderer Stelle bringt Canetti zudem das paradoxe, aber produktive Bild der „Gegeneinflüsse" ins Spiel:

> Statt einer Literaturgeschichte der Einflüsse eine solche der Gegeneinflüsse; sie wäre aufschlußreicher. Gegenbilder, nicht immer offensichtlich, sind oft wichtiger als Vorbilder.⁴ (1970)

Für den reflektierenden Leser Canetti, so indizieren zumindest diese einzelnen Aufzeichnungen, ist weder der statische Einfluss noch überhaupt der positive Einfluss hinreichend zur produktiven Rezeption. Erst aus dem Negativen entwickelt sich das Positive im Widerspruch; erst die Erweiterung von Gegenbildern zu Vorbildern bringt das aufschlussreichere Bild einer persönlichen Literaturgeschichte hervor.

In theoretisch fundierter Weise löst Marianne Schuller ihr Lektüreverfahren ebenfalls von der Vorstellung des „Einflusses" ab, um ihre spezifische Anordnung von Texten aus Literatur, Wissenschaft, Philosophie und Psychoanalyse, kurz: aus verschiedenen Diskursen, methodologisch zu erläutern:

> Im Unterschied zur theoretischen Metapher des „Einflusses", die auf empirische Verbindungen und auf die Zeitform der Kontinuität als „Fluß der Zeit" setzt, spannt die theoretische Figur der Konstellation ein Netzwerk auf, das sich unter dem unumgänglich nachträglichen Blick erzeugt.⁵

Obwohl Canetti die Metapher des „Einflusses" aus ganz anderen Gründen als Schuller ablehnt, lässt sich aus ihrem theoretischen Konstrukt der Konstellation viel für Canettis Fragen nach Rezeption und Selbstreflexion gewinnen, die sich ebenfalls – latent – mit der Komplexität von Verhältnissen und dem Zusammentreffen von Umständen und Menschen beschäftigen. Von einem „nachträglichen Blick" aus gelesen nimmt die folgende Aufzeichnung Canettis aus dem Jahre 1946 diese noch unausgereiften Fragen nach Konstellationen präzise auf:

> Sein Kopf aus Sternen, aber noch nicht zu Konstellationen geordnet.⁶ (1946)

---

3 Elias Canetti: Nachträge aus Hampstead. In: ders.: Gesammelte Werke in 10 Bänden, Bd. 5: Aufzeichnungen 1954–1993/Die Fliegenpein/Nachträge aus Hampstead/Posthum veröffentlichte Aufzeichnungen. München/Wien 2004, S. 256.
4 Canetti: Die Provinz des Menschen (Bd. 4), S. 340.
5 Marianne Schuller: Moderne. Verluste. Literarischer Prozeß und Wissen. Basel/Frankfurt a. M. 1997, S. 10.
6 Canetti: Die Provinz des Menschen (Bd. 4), S. 108. Canetti bedient sich bei der Beschreibung Rudolf Hartungs ebenfalls der Metaphorik von Konstellationen: „Es wäre ein vermessenes, aber

Versteht man die in dieser Aufzeichnung nicht näher bestimmte dritte Person als einen Leser, dann hat dieser Leser seine eigene Position inmitten vieler und als Beobachter vieler imaginärer Sterne erkannt, letztere aber weder als Einfluss noch als „Gegeneinfluss" klassifiziert oder überhaupt bestimmt. Stattdessen wird eine dynamische Anordnung in Konstellationen angestrebt; eine Konstellation, die auch innerhalb eines Buches relativ, persönlich und mit dem Wissen selbst verknüpft ist:

> Die Geste des Wissens: man zieht ein Buch heraus, schlägt es rasch hintereinander an verschiedenen Stellen auf und hat zu jeder etwas zu sagen. Der andere, der die Sprünge nicht nachvollziehen kann, staunt und neidet.[7] (1968)

Schuller führt als weitere Begründung für die Verwendung des Terminus und der Bildvorstellung der Konstellation deren eigene Zeitlichkeit aus:

> Denn das Gegenwärtige ist nicht einfach Resultat einer Vergangenheit, sondern es bildet sich in dem Licht, das aus der Zukunft des Vergangenen auf diese fällt. Die Gegenwärtigkeit des Erkenntnis-Objekts wird notwendig die verschränkte Form des zweiten Futur angenommen haben.[8]

Erst in der Nachträglichkeit ist die Gegenwart des Gelesenen oder Geschriebenen erkennbar, die im Prozess des Schreibens oder Lesens selbst immer notwendig fehlt.[9]

Wenn Canetti das „*Weitertragen des Gelesenen*" emphatisch als „*bescheidene*" und „wichtigste"[10] Aufgabe des Dichters deklariert, dann spricht er sowohl den Prozess des Lesens als auch den Prozess des Vermittelns an: Prozesse, die um eine Theorie der Konstellationen von großer und wandelbarer Bedeutung erscheinen. Canetti selbst, so wird noch zu zeigen sein, nähert sich mit der poetologisch-anthropologischen Leitkategorie Verwandlung einem solchem Verfahren so unsystematisch wie beharrlich.[11]

Die hier grob skizzierten Annahmen über die Theorie der Konstellation spiegeln sich im Vorgehen des vorliegenden Kapitels insofern wider, als die Anordnung

---

reizvolles Unterfangen, die Konstellationen zu bestimmten, die seinen Nachthimmel erleuchten, ihre wechselnden Lichtstärken im Verhältnis zueinander, ihre wechselnden Distanzen. Auf seine Hauptgebilde ist Verlaß, es sind die, mit denen er sich immer wieder beschäftigt." Elias Canetti: Rudolf Hartung (1982). In: Bernhard Albers (Hg.): Rudolf Hartung. Elias Canetti. Ein Rezipient und sein Autor. Aachen 1992, S. 5–10, hier S. 7.
7 Canetti: Die Provinz des Menschen (Bd. 4), S. 322.
8 Schuller: Moderne. Verluste, S. 10–11.
9 Zum Begriff der Konstellation unter literarischem Blickwinkel siehe Andrea Krauß' Monographie *Lenz unter anderem*: „Wer von der Erde aus in den Himmel blickt, um die Stellung der Sterne zueinander, *Konstellationen*, zu ,lesen', wird zum *relativen* (bewegten, je anders situierten) Beobachter im Verhältnis zum fortlaufend sich verschiebenden Untersuchungsobjekt [...]." Andrea Krauß: Lenz unter anderem: Aspekte einer Theorie der Konstellation. Zürich 2011, S. 7.
10 Canetti: Das Geheimherz der Uhr (Bd. 4), S. 460.
11 Inwiefern Canetti in seiner Prosa mit Konstellationen im Sinne von Neufigurationen derselben Elemente (über Wortumstellungen und Präpositionen) spielt, zeigt sich bereits in den Teilüberschriften

verschiedener Autoren und ihrer Texte selbst ein Verfahren des In-Konstellation-Stellens ist. Das Geschriebene wird zunächst gelesen und aufgrund von strukturellen und inhaltlichen Erwägungen sowie mit dem Wissen über die Rhetorik und Poetik der Fürsprache aus den vorigen Kapiteln in Beziehungen gesetzt, die den Untersuchungsgegenstand bilden. Konkret sind hier ausgewählte Aphorismen, Aufzeichnungen und literarische Reden Nietzsches, Kafkas und Canettis im Hinblick auf die Fürsprache und das Weitertragen in ein relationales Gefüge gebracht, das weiteren Aufschluss über die Fürsprache als Kategorie für die Literatur gibt.[12] Zunächst steht die Form des Aphorismus als Konstellation und als Fürsprache im Vordergrund, mit Nietzsches Aphorismus „Fürsprache einlegen" als Ausgangspunkt. Nach dieser vorbereitenden Analyse folgen weitere konstellative Lektüren um Nietzsche, Kafka und Canetti, an denen sich die trianguläre Struktur der Fürsprache nachzeichnen lässt. Binäre Strukturen und ein Drittes figurieren sich auf unterschiedliche Weise, wobei sich in den Zusammenstellungen von Groß und Klein (6.1), von Pronomina und von Für und Wider (6.2) sowie von räumlichen und verbalen Erzählfiguren („Zimmer" und „Stimmen") und im Hinblick auf die von Canetti in einigen Reden beschriebene Struktur der Verwandlung (6.3) jeweils Aspekte der Fürsprache verdichten und trianguläre Kommunikationen, so die These, in Szene setzen.

Nicht zufällig steht das Genre des Aphorismus im Zentrum der Fragen des verbalen Weitertragens und des In-Konstellation-Stellens als spezifischen Formen der fürsprechenden Rezeption. Dabei ist die Zuordnung der zu untersuchenden Mikrotexte Kafkas und Canettis als Aphorismen nicht unstrittig. Keiner der beiden hat den Ausdruck Aphorismus verwendet. Canetti bezeichnet seine Prosa als „Aufzeichnungen"[13] und Kafka hat seine Stücke weder selbst veröffentlicht noch kommentiert und nur an einer Stelle „Spruch"[14] genannt. Was genau einen Aphorismus ausmacht, ist generell so offen und komplex wie das Genre selbst, so dass Joseph Peter Stern früh – und heute oft zitiert – vermerkt, „daß der Aphorismus die am meisten über sich selbst

---

seines einzigen Romans, *Die Blendung*. Die drei Teile lauten: *Ein Kopf ohne Welt, Kopflose Welt, Welt im Kopf*. Elias Canetti: Die Blendung. In: ders.: Gesammelte Werke in 10 Bänden, Bd. 1. München/Wien 1992.

12 Nur Elias Canetti kannte sowohl die Schriften Nietzsches als auch Kafkas und hat sie explizit zueinander und zu seinen eigenen Werken in Beziehung gesetzt; Kafka hat zwar einige von Nietzsches Veröffentlichungen gekannt, sich aber nie explizit schriftlich zu ihnen geäußert. Die Lebenswege keiner der drei Personen haben sich je real gekreuzt.

13 Siehe Elias Canetti: Dialog mit dem grausamen Partner. In: ders.: Gesammelte Werke in 10 Bänden, Bd. 6: Die Stimmen von Marrakesch/Das Gewissen der Worte. München/Wien 1995, S. 142–158. Die „Aufzeichnungen" sind für Canetti „spontan und widersprüchlich. Sie enthalten Einfälle, die manchmal unerträglicher Spannung, oft aber auch großer Leichtigkeit entspringen." (S. 143–144).

14 Siehe dazu: „Wäre nur einer imstande, ein Wort vor der Wahrheit zurückzubleiben, jeder (auch ich in diesem Spruch) überrennt sie mit hunderten." (NII, S. 344).

reflektierende literarische Gattung ist".[15] Die strikte, gattungssystematische Definition Harald Frickes etwa trifft kaum vollständig auf einige „Aufzeichnungen" Canettis zu[16] und nur teilweise auf Kafkas fragmentarisches, nachgelassenes Zettelkonvolut sowie seine Tagebuchaufzeichnungen.[17] Dennoch sind die von Fricke bestimmten Aphorismus-Merkmale der seriellen Anordnung, der kotextuellen Isolierung, der relativen Austauschbarkeit und der Verweisfähigkeit bereits Ausgangsbedingungen für Fürsprache und Hinweise darauf, den Aphorismus im Modus des „*Weitertragen[s] des Gelesenen*"[18] zu verstehen. Auch Frickes Verweis auf die fehlende situative Einbindung des Aphorismus, die nach Wolfgang Iser eine poetische Leerstelle im Text darstellt, unterstützt das Potential für das Weitertragen.[19] Denn die vom

---

15 Joseph Peter Stern: Eine literarische Definition des Aphorismus (1959). In: Gerhard Neumann (Hg.): Der Aphorismus. Zur Geschichte, zu den Formen und Möglichkeiten einer literarischen Gattung. Darmstadt 1976, S. 226–279, hier S. 262. Eine selbstreflexive Antwort auf die Frage nach der Gattung, auf die unmittelbare Zweifel und ein selbstbewusster Ausblick folgen, liefert Nietzsche: „Es sind Aphorismen! Sind es Aphorismen? – mögen die welche mir daraus einen Vorwurf machen, ein wenig nachdenken und dann sich vor sich selber entschuldigen – ich brauche kein Wort für mich[.]" Friedrich Nietzsche: Nachlaß 1880–1882. 7 [S. 192]. In: Sämtliche Werke. Kritische Studienausgabe in 15 Bänden, hg. v. Giorgio Colli und Mazzino Montinari. München/New York 1980 (KSA 9), S. 356. Canetti verweist auf die Kürze und pointierte Struktur des Aphorismus, die hier allerdings keine dualistische Struktur aufweist: „Das ist ein Aphorismus, sagt er, und klappt den Mund rasch wieder zu." (1973) Canetti: Das Geheimherz der Uhr (Bd. 4), S. 381.
16 Der Germanist Peter von Matt, der auch Canettis Nachlassverwalter ist, verwendet den Begriff des „*phantastische[n] Aphorismus*" für Canetti, der „dessen unbestreitbarer Meister – nicht Erfinder!" sei. Peter von Matt: Der phantastische Aphorismus bei Elias Canetti. In: Adrian Steven/Fred Wagner (Hg.): Elias Canetti. Londoner Symposion. Stuttgart 1991, S. 9–19, hier S. 10. Der „phantastische Aphorismus" von Georg Christoph Lichtenberg, Friedrich Hebbel und Elias Canetti, so schreibt von Matt, „kann sowenig auf einen einzigen Sinn hin festgemacht werden, wie er durch eine abschliessende Definition bestimmt werden kann". (S. 11).
17 Nach Harald Fricke definiert sich ein Aphorismus mit drei notwendigen Merkmalen (1–3) und vier alternativen Merkmalen (4a–4d), wovon mindestens eines zu erfüllen sei. Es ist ein „(1) [n]ichtfiktionaler Text in (2) Prosa in einer Serie gleichartiger Texte, innerhalb dieser Serie aber jeweils (3) von den Nachbartexten isoliert, also in der Reihenfolge ohne Sinnveränderung vertauschbar; zusätzlich (4a) in einem einzelnen Satz oder auch (4b) anderweitig in konziser Weise formuliert oder auch (4c) sprachlich pointiert oder auch (4d) sachlich pointiert". Harald Fricke: Aphorismus. In: Klaus Weimar (Hg.): Reallexikon der deutschen Literaturwissenschaft, Bd. 1. Berlin/New York 1997, S. 104–106, hier S. 104. An anderer Stelle definiert Fricke das Genre auf diese Weise: „Ein Aphorismus ist ein kotextuell isoliertes Element einer Kette von schriftlichen Sachprosatexten, das in einem verweisungsfähigen Einzelsatz bzw. in konziser Weise formuliert oder auch sprachlich bzw. sachlich pointiert ist." Harald Fricke: Aphorismus. Stuttgart 1984, S. 18.
18 Elias Canetti: Das Geheimherz der Uhr (Bd. 4), S. 460.
19 Wolfgang Iser: Die Appellstruktur der Texte. Unbestimmtheit als Wirkungsbedingung literarischer Prosa. In: Rainer Warning (Hg.): Rezeptionsästhetik. München 1975, S. 228–252. Während Iser sein Vorgehen am *Roman* erprobt, verweist Susanna Engelmann auf zwei Leerstellen im *Aphorismus*: „zum einen die aphoristische Kotext-Lücke, die einen Aphorismus von allem umgebenden Text isoliert und ihn damit überhaupt erst als Aphorismus lesbar macht, zum andern die aphoristische Kontext-Lücke,

Leser individuell zu füllende kontextuelle Leerstelle, so zeigen die folgenden Lektüren, kann auch mit anderen aphoristischen Texten und Kommentaren über ein implizites oder explizites Verweissystem besetzt werden; die Leerstellen laden dann zum rezipierenden Weitertragen ein, ja zwingen dazu. Canetti greift diesen Gedanken unter anderem auf diese Weise auf:

> Die großen Aphoristiker lesen sich so, als ob sie alle einander gut gekannt hätten.[20] (1943)

Frickes deduktivem Verständnis für die Gattungsdefinition lässt sich das induktive Verständnis Friedemann Spickers hinzusetzen, wonach mit Aphorismen Texte gemeint sind, die gerade in Grenzbereichen zu anderen Gattungen anzutreffen sind: „Als übergreifendes Ergebnis zeichnet sich insgesamt das Ineinander und teilweise Übereinander der Gattungsbegriffe ab, bei Fragment und Aphorismus ohnehin, bei Tagebuch und Aphorismus nicht weniger als bei Fragment und Tagebuch oder Journal."[21]

Diese offene Definition ist für die vorliegende Analyse zentral, die keine eigenen grundsätzlichen Betrachtungen zu den Gattungsübergängen anstrebt, sondern auch Passagen aus Nietzsches *Also sprach Zarathustra*[22] und aus einigen öffentlichen Reden Canettis in die Untersuchung zum fürsprechenden Weitertragen einbindet.

6.1 Der Aphorismus als Form von Fürsprache

Trotz ihrer heterogenen Formen weisen viele Aphorismen den Hang zum Dualistischen und Antagonistischen auf: Binäre Strukturen und gegensätzliche Merkmale werden über rhetorische Mittel wie Paradox, Antithese, Oxymoron, Chiasmus oder syntaktischen Parallelismus bzw. syntaktische Inversion ausgedrückt, wobei der Aphorismus selbst das Dritte ist, das diese komplexen Verknüpfungen in Gang setzt. Im Folgenden wird die binäre Struktur des Großen und des Kleinen auf zwei unterschiedliche Weisen erschlossen. Anhand von Nietzsches Aphorismus „Fürsprache einlegen" wird erstens der Zusammenhang zwischen der Form des Aphorismus und der Semantik der Fürsprache (mit Momenten des *Großen* und des *Kleinen*) belegt.

---

die für das unmittelbare Textverständnis Wesentliches unausgesprochen läßt". Susanna Engelmann: Babel, Bibel, Bibliothek. Canettis Aphorismen zur Sprache. Würzburg 1997, S. 68.
20 Canetti: Die Provinz des Menschen (Bd. 4), S. 53.
21 Friedemann Spicker: Der deutsche Aphorismus im 20. Jahrhundert. Spiel, Bild, Erkenntnis. Tübingen 2004, S. 7–8.
22 Nietzsche schreibt an Overbeck: „Dies Buch, von dem ich Dir schrieb, eine Sache von 10 Tagen, kommt mir jetzt wie mein Testament vor. Es enthält in der größten Schärfe ein Bild meines Wesens, wie es ist, *sobald* ich einmal meine ganze Last abgeworfen habe. Es ist eine Dichtung und keine Aphorismen-Sammlung." (Brief an Franz Overbeck vom 10. Februar 1883). In: Friedrich Nietzsche: Sämtliche Briefe. Kritische Studienausgabe in 8 Bänden. Giorgio Colli/Mazzino Montinari (Hg.). München/New York 1986 (KSB 6), S. 326.

Zweitens steht Canettis Lektüre des negativ besetzten „großen" Nietzsche und des „kleinen" Kafka im Vordergrund, die in ihrer Provokation der Ausgangspunkt für eine wechselseitige, dynamische Lektüre des Dreiecks Nietzsche, Kafka und Canetti ist.

6.1.1 Nietzsches „Fürsprache einlegen" als Paradigma

Nietzsches Aphorismus 434 aus der Sammlung *Morgenröte. Gedanken über die moralischen Vorurteile*, 1881 veröffentlicht, dynamisiert das Verhältnis von Groß und Klein und ist in mehrfacher Hinsicht paradigmatisch für die Komplexität der Darstellung von Fürspracheverhältnissen. Ihre Formen und Bedingungen sind hier sowohl exemplarisch gezeigt als auch thematisch verhandelt, wie die Spitzmarke sofort verrät und graphisch hervorhebt: *„Fürsprache einlegen"*. Gleiches werden die kommenden Überlegungen anhand eines auf das Strukturelle fokussierenden *Close Readings* versuchen: das Aphoristische beispielhaft an diesem isolierten Aphorismus zu eruieren[23] und Nietzsches Bestimmungen von Fürsprache zu skizzieren.

> *Fürsprache einlegen.* — Für die grossen Landschaftsmaler sind die anspruchslosen Gegenden da, die merkwürdigen und seltenen Gegenden aber für die kleinen. Nämlich: die grossen Dinge der Natur und Menschheit müssen für alle die Kleinen, Mittelmässigen und Ehrgeizigen unter ihren Verehrern Fürsprache einlegen, — aber *der Große* legt Fürsprache für die *schlichten* Dinge ein.[24]

Auf den Titel „Fürsprache einlegen" folgen zwei Sätze, die über ihre Struktur die komplexen Denkbewegungen verdichten. Dabei ist im ersten Satz eine Art doppelte Gleichung aufgestellt, nach der gilt: *für große Landschaftsmaler = anspruchslose Gegenden* sowie: *merkwürdige und seltene Gegenden = für kleine Landschaftsmaler*. Der Kontrast in beiden Teilsätzen ist durch die kreuzweise entgegengesetzten Satzglieder (Objekt – Prädikat – Subjekt/Subjekt – Objekt) akzentuiert. Es handelt sich um eine besondere Art des Chiasmus, denn an den prominenten Anfangs- und Endpositionen steht je die Präpositionalkonstruktion *für die Großen* und *für die Kleinen*. Die Konjunktion *aber*, welche die Gegensätzlichkeit verstärkt, ist direkt vor der letzten

---

[23] Das Herausnehmen eines einzelnen Aphorismus aus einer Aphorismensammlung ist im Rahmen dieser Arbeit ein notwendig eingeschränktes Verfahren. Damit stößt das Kapitel an eine weitere Grenze, deren Überschreitung hier den Rahmen sprengen würde: die Frage nämlich, inwiefern ein Aphorismus in Ensembles anderer aphoristischer Texte und innerhalb von Sammlungen eine Konstellation ist und sich in wechselseitiger Relation lesen lässt. Im Falle von Nietzsches aphoristischer Denk- und Schreibart hat Walter Kaufmann diese Tendenz auf folgende Weise beschrieben: „The elusive quality of this style, which is so characteristic of Nietzsche's way of thinking and writing, might be called *monadologic* to crystallize the tendency of each aphorism to be self-sufficient while yet throwing light on almost every other aphorism. We are confronted with a ‚pluralistic universe' in which each aphorism is itself a microcosm." Walter Kaufmann: Nietzsche. Philosopher, Psychologist, Antichrist. Princeton 1974, S. 75.
[24] Nietzsche: Morgenröte, Nr. 434 (KSA 3), S. 267.

Konstituente *für die kleinen Landschaftsmaler* platziert, was der Präposition *für* eine prominente Rolle zugesteht. *Für* aktiviert hier entsprechend gleichzeitig eine typisch aphoristische *Gegen*bewegung: *für die Großen* versus *für die Kleinen*.

Der zweite Satz beginnt mit dem auffallenden Adverb *nämlich*, worauf ein Doppelpunkt folgt, was zunächst eine nähere Begründung ankündigt: „Nämlich: die grossen Dinge der Natur und Menschheit müssen für alle die Kleinen, Mittelmässigen und Ehrgeizigen unter ihren Verehrern Fürsprache einlegen, – aber *der Grosse* legt Fürsprache für die *schlichten* Dinge ein." Strukturell ist die Aussage denkbar einfach gebaut, denn es gilt: *große Dinge* legen *Fürsprache für die Kleinen* ein, aber *der Große* legt *Fürsprache für die schlichten Dinge* ein. Die nur scheinbar erklärende Hälfte des Aphorismus entpuppt sich bei näherer Betrachtung als komplexer. Denn obwohl das *nämlich* die Interrelation zwischen beiden Sätzen ankündigt, ist die konkrete Beziehung von Landschaftsmalern und Gegenden aus dem ersten Satz nun eine abstrakte Beziehung von großen und kleinen Dingen, sowohl der Natur als auch der Menschheit. Was zunächst die buchstäblichen Bilder von natürlichen Gegenden mit unterschiedlichen Proportionen und Größenordnung waren, wird hier auf die grundsätzliche Opposition von groß und nicht-groß einerseits verengt und anderseits erweitert. Die ehemals kleinen („anspruchslosen") und großen („merkwürdigen und seltenen") Gegenden stehen nun nicht für große und kleine Maler ein. Stattdessen kommt neben der Verallgemeinerung der Akteure die ausdrücklich sprachliche Komponente ins Spiel: Große Dinge sprechen für die Kleinen, Mittelmäßigen und Ehrgeizigen, aber *der Große* spricht für die kleinen, *schlichten* Dinge. Bemerkenswert ist daran nicht nur, dass plötzlich ein Singular auftaucht und graphisch hervorgehoben ist, sondern dass nun erstmals eine *Person* – und es ist *eine* Person – einsteht oder spricht. Der Gedankenstrich vor „aber *der Grosse* legt Fürsprache für die schlichten Dinge ein" deutet den Wendepunkt im Argumentationsgang an, lenkt den Gedanken um und vereinfacht das intrikate Bild der Interrelationen auf eine paternalistische Formel.

Auf engstem Raum behandelt Nietzsche das Modell der Fürsprache in bemerkenswerter Vielschichtigkeit. Im ersten Schritt geht es in „Fürsprache einlegen" um eine *künstlerische* Repräsentationsform und die ästhetische Frage um Objekt und Subjekt in der Landschaftsmalerei; im zweiten Schritt wird eine *politische* Repräsentationsform und machttheoretische Frage konkret mit dem Terminus der Fürsprache verbunden. Darstellung und Vertretung, die beiden Formen der Repräsentation, verschränken sich auf das Engste mit Fragen des Großen und Kleinen und überkreuzen sich mit der Beziehung zwischen Menschen und Dingen. Indem Nietzsche zunächst die Dinge in der Natur für Menschen eintreten lässt, hebt er die Beziehung zwischen groß und klein umso emphatischer hervor. Es ist der oder das Große, welcher oder welches (in der semantischen Rolle des Agens) für Kleine und Kleines (in der semantischen Rolle des Patiens) Fürsprache einlegt. Diese aristokratische, patronale Politik, in der sich der Große des Kleinen annimmt, schließt nicht aus, dass der Mensch hinter seinen Dingen zurücktritt. Diese Philosophie der Macht und des Kräfteverhältnisses ist nicht notwendig humanistisch.

Rhetorisch raffinierte Zuweisungen von Groß und Klein über semantische Rollenverteilungen adressiert Nietzsche auch konkret im Aphorismus 120 der *Morgenröte* und fügt die Inversion von Aktiv und Passiv hinzu:

Zur Beruhigung des Skeptikers. – „Ich weiss durchaus nicht, was ich *thue*! Ich weiss durchaus nicht, was ich *thun soll*!" – Du hast Recht, aber zweifle nicht daran: *du wirst gethan*! in jedem Augenblicke! Die Menschheit hat zu allen Zeiten das Activum und das Passivum verwechselt, es ist ihr ewiger grammatikalischer Schnitzer.[25]

Was er tut und was zu tun sei, Sein und Sollen, bleiben dem Skeptiker verschlossen. Ihm erklärt eine nicht weiter definierte Stimme, dass dies zwar richtig, aber irrelevant sei und dass menschliche Handlungen nicht frei steuerbar seien, sondern einer externen, unbestimmten Macht unterlägen. Das obskure Spiel der wirkenden Kräfte wird anhand eines ungrammatischen Satzes emphatisch dargestellt („*du wirst gethan*") und anhand von linguistischem Vokabular erläutert. Die nicht aktiv handelnde semantische Rolle des Patiens hat keine Kontrolle über die durch das Verb ausgedrückte Tätigkeit – hier das *Tun* selbst. Was „ewiger grammatikalischer Schnitzer" der Menschheit ist, wird auch im Aphorismus „Fürsprache einlegen" angesprochen: die Vertauschung von Agens und Patiens, Subjekt und Objekt, *Fürsprechendem* und *dem, für den gesprochen wird*. Diese binäre Struktur über die Kräfteverteilung in der triangulären Fürsprache lässt allerdings außen vor, *vor* wem gesprochen wird. Vor einer nicht konkret definierten Instanz? Vor dem Leser?

Neben der sprachlichen Selbstreflexivität und der dynamischen Struktur prägt den Aphorismus schließlich die notwendige Rezeptionsleistung des Lesers, der die Interrelation von verdichteter Form und offenem Inhalt aktiv nachvollziehen muss, ganz so, wie Nietzsche in seiner bekannten Vorrede in dem 1887 erschienenen Werk *Zur Genealogie der Moral* herausstellt: „Ein Aphorismus, rechtschaffen geprägt und ausgegossen, ist damit, dass er abgelesen ist, noch nicht ‚entziffert' [...]."[26] Das Weiterführen des Gelesenen ergibt sich zunächst aus der Notwendigkeit der Auslegung, die den Leser fest einbindet, adressiert und zu demjenigen macht, vor dem gesprochen wird, bevor er selbst darüber sprechen kann.

„Fürsprache einlegen" und „Zur Beruhigung des Skeptikers" sind Beispiele für das ausgeprägte Sprachbewusstsein von Nietzsches Aphorismen speziell und Aphorismen generell. Grundlegende Voraussetzungen, wie die Beziehung zwischen Menschen und Dingen, groß und klein, aktiv und passiv, werden so in der Form des Aphorismus hinterfragt und dynamisiert; sie entfliehen der stagnierenden Systemhaftigkeit, die Nietzsche ausdrücklich verurteilt: „Ich mißtraue allen Systemen und Systematikern

---

[25] Nietzsche: Morgenröte, Nr. 120 (KSA 3), S. 115.
[26] Friedrich Nietzsche: Zur Genealogie der Moral. Eine Streitschrift (KSA 5), S. 255. In der Vorrede unterstreicht Nietzsche die Dringlichkeit der Auslegung, wenn er schreibt, dass die aphoristische Form „heute *nicht schwer genug*" genommen wird. (S. 255).

und gehe ihnen aus dem Weg."[27] Die genuine Form für Vieldeutigkeit ist der auf engstem Sprachraum komprimierte und Exegese herausfordernde Aphorismus. Gegen Argumentationsketten in Form von diskursiven und geschlossenen Abhandlungen bevorzugt er häufig die pointierte Form von Aphorismen und Fragmenten – eine Neigung, die Kafka und Canetti teilen.[28]

Gleichzeitig zeigt sich *in nuce* an „Fürsprache einlegen" und im nachträglichen Vorwort zur Sammlung *Morgenröte* mit der Metapher des schöpferischen Grabens in der Tiefe, dass die produktiven Kräfte des Großen (des großen Landschaftsmalers, des Untergrabenden) nicht im Theoretisch-Begrifflichen, sondern im praktischen Vollzug der Selbstbildung liegen.[29] Damit zeichnen sich in den Aphorismensammlungen der mittleren Periode Nietzsches, speziell in der *Morgenröte*, die Konturen einer „Lehre" vom „Großen" und dem „Willen zur Macht" bereits ab, die Nietzsche mit seinem *Zarathustra* in rhetorisch persuasiven Techniken weiter ausführt. Obwohl Nietzsches hier besprochener Aphorismus für die Fürsprache-Thematik bereits komplexer ist als die Gruppierung, die Canetti mit der Gegenüberstellung von Kafka und Nietzsche vornimmt, und auch komplexer als die Fürsprachen im *Zarathustra*, wird zunächst Canettis Sicht einbezogen und auch die Canetti quasi zuarbeitende Positionierung Nietzsches/Zarathustras, bevor das differenziertere Bild mit Kafka hinzugenommen wird.

6.1.2 Über Groß und Klein, Hoch und Niedrig

Aus Canettis Sicht ist die Konstellation Nietzsche und Kafka zunächst denkbar einfach. In einem imaginierten Agon ist Kafka der *Pro*tagonist und Nietzsche der *Anta*gonist, wobei es nie zu dem verbalen Schlagabtausch beider Akteure in diesem Wettkampf kommt, denn die gegenseitige Ausschließung steht im Vordergrund:

> Alle, die Nietzsche befruchtet hat: sehr Große, wie Musil, und
> alle, die er unberührt ließ: Kafka.
>   Auf diese Trennung kommt es mir an:
>   Hier war Nietzsche.
>   Hier war Nietzsche nicht.[30] (1984)

---

27 Nietzsche, Nachlaß 1887–1889, 18[4] (KSA 13), S. 533. In einem Fragment vom Herbst 1887 heißt es in Bezug auf *Zarathustra*: weiter „[...] vielleicht entdeckt man noch hinter diesem Buch das System, dem ich *ausgewichen* bin ... ". Nietzsche: Nachlaß 1885–1887, 9 [188] (KSA 12), S. 450.
28 Siehe Canetti: Die Provinz des Menschen (Bd. 4), S. 131: „Ich hasse die Leute, die rasch Systeme bauen, und ich werde dazu sehen, daß meines sich nie ganz schließt." (1947) Später konstatiert Canetti in diesem Sinne: „Das Hoffnungsvolle an jedem System: was von ihm ausgeschlossen bleibt." Canetti: Die Provinz des Menschen (Bd. 4), S. 320 (1968).
29 Siehe Volker Gerhardt: Wille zur Macht. In: Henning Ottmann (Hg.): Nietzsche-Handbuch. Leben – Werk – Wirkung. Stuttgart 2000, S. 351–355, hier S. 351.
30 Canetti: Das Geheimherz der Uhr (Bd. 4), S. 510.

In dieser polemisch übersteigerten Gegenüberstellung impliziert Canetti auch die Konstellationen von Groß und Klein sowie Macht und Ohnmacht. Für das Wortfeld des Kleinen und das Thema des Machtentzugs bei Kafka ließen sich zahlreiche Zitate Canettis anführen, die – oft biographisch inspiriert – eine „unaufhörliche Selbsterniedrigung von Kafka"[31] deutlich werden lassen, etwa:

> *Kafka* geht wirklich jede Eitelkeit des Dichters ab, nie prahlt er, er kann nicht prahlen. Er sieht sich klein und geht in kleinen Schritten. [...] Man muß die kleinen Schritte mit ihm gehen und wird bescheiden. Es gibt nichts in der neueren Literatur, das einen so bescheiden macht. [...] Die anderen Dichter imitieren Gott und gebärden sich als Schöpfer. [...].[32] (1947)
>
> Wessen schämst du dich so, wenn du Kafka liest? – Du schämst dich deiner Stärke.[33] (1968)
>
> Es genügt, zwei Sätze von Kafka hintereinander zu lesen, und man kommt sich kleiner vor, als er sich je selber schien. Seine Passion der Selbstverkleinerung geht auf den Leser über.[34] (1966)

Ohne zu „prahlen", ohne überhaupt seine Schöpferkraft zur Schau zu stellen und mit der „Passion der Selbstverkleinerung" zeichnet Canetti das Bild Kafkas, dessen klarer Antipode Nietzsche ist:

> Alles, was du zu sagen hast, hängt mit „klein" zusammen. Das ist dein Inhalt. Deine Feindschaft gegen „groß", gegen „gesund", gegen „Nerven", gegen „hinauf", mit einem Wort, gegen Nietzsche.[35] (1993)

Neben Unterscheidungen von groß und klein sowie Macht und Ohnmacht kommen hier die Elemente von deklarierter Feindschaft und prägender Wahlverwandtschaft bzw. von Widerstand und Fürspruch hinzu. Dass Canettis erregte Angriffe auf Nietzsche aber gerade auf dessen „verborgene Präsenz"[36] schließen lassen, ist Kritikern nicht entgangen. Wenn Canetti in aphoristischer Verdichtung den Philosophen als Einwortformel für das Negative, das *Große* und das *Hinauf* nutzt, dann erinnert das auch an seinen eigenen Hinweis auf die Relevanz von „Gegeneinflüsse[n]" für eine aufschlussreiche „Literaturgeschichte".[37] Zudem verwendet er das Merkmal des

---

[31] Canetti: Nachträge aus Hampstead (Bd. 5), S. 220. Die Aufzeichnung lautet: „Diese unaufhörliche Selbsterniedrigung vor Kafka: weil ich wahllos *esse*? (ich habe mir noch nie Gedanken darüber gemacht, was ich esse) weil er sich um eine Genauigkeit bemüht, deren ich unfähig bin? (ich kenne nur die Genauigkeit meiner Übertreibungen) [...] weil ich mich leicht und rückhaltlos mitteilen kann und fühle, wie abscheulich ihm das gewesen wäre? [...] weil ich von ihm angesteckt bin und für meine eigene Art des Selbsthasses nun seine eingetauscht habe?" (1968).
[32] Canetti: Die Provinz des Menschen (Bd. 4), S. 133.
[33] Canetti: Die Provinz des Menschen (Bd. 4), S. 317.
[34] Canetti: Nachträge aus Hampstead (Bd. 5), S. 192.
[35] Elias Canetti: Aufzeichnungen 1992–1993 (Bd. 5), S. 456.
[36] Heide Helwig: Canetti und Nietzsche. In: Gerald Stieg/Jean M. Valentin (Hg.): „Ein Dichter braucht Ahnen". Elias Canetti und die europäische Tradition. Bern 1997, S. 145–162, hier S. 145.
[37] Canetti: Die Provinz des Menschen (Bd. 4), S. 340.

Großen für Kafka, der „[u]nter allen Dichtern [...] der größte Experte der Macht"[38] sei, und dynamisiert bewusst oder unbewusst seine eigenen provokativen Trennungen.

In welchem Maße Nietzsche bei Kafka „war" oder „nicht war", im Sinne einer eigentlichen Lektüre und produktiven Rezeption, muss Spekulation bleiben. *Expressis verbis* spielt er in Kafkas Schriften keine Rolle. Bekannt ist aber, dass Kafka bereits auf dem Gymnasium zusammen mit seinem Freund Oskar Pollak mit Nietzsches Schriften in Berührung kam, hauptsächlich mit *Also sprach Zarathustra*. Zudem lernte Kafka in seiner Studienzeit Max Brod nach dessen Vortrag „Schopenhauer und Nietzsche" kennen. Brod selbst hat früh sämtliche künstlerisch-ideologischen Affinitäten zwischen Nietzsche und Kafka abgestritten, indem er Nietzsche als „fast mathematisch genaue[n] Gegenpol Kafkas"[39] bestimmte. Dennoch: Fragen von Einfluss, Gegeneinfluss und Konstellation zwischen Nietzsche und Kafka haben sich nach Brod noch oft gestellt. Was verbindet oder trennt Nietzsche, als „das größte Ausstrahlungsphänomen der Geistesgeschichte",[40] und Kafka, das größte „Absorptionsphänomen"[41] der Geistesgeschichte?

Für die folgende konstellative Lektüre muss das Tempus in Canettis überspitzter Aufzeichnung mindestens vom Präteritum ins Präsens geändert werden: Hier *ist* Nietzsche. Hier *ist* Nietzsche nicht. Mit Blick auf die Konstellationen des Großen und Kleinen, des Hohen und Niedrigen in der von Nietzsche und Kafka verwendeten Weise zu Beginn von *Also sprach Zarathustra* und im ersten Züraucher Aphorismus zeigt sich, dass Kafka in diesem Zusammenhang sowohl als Gegenpol zu Nietzsche als auch im intensiven Dialog mit ihm steht. Ein dynamisches Wechselspiel entfaltet sich über die gleiche Metaphorik und die gleiche Wahl des Präfixes bzw. der Präposition *über*.

Bereits in der Titelwahl des in Teilen zwischen 1883 (Kafkas Geburtsjahr) und 1886 erschienen *Also sprach Zarathustra. Ein Buch für Alle und Keinen* artikulieren sich alle wesentlichen Komponenten für den zu untersuchenden Gegenstand: Fürsprache, Ansprache, Rezeption und Widerspruch. Im Haupttitel hebt Nietzsche die Reden Zarathustras als Sprechakt dezidiert hervor, in der Dreiwortformel, die fast jede seiner als Reden formulierten Lehren abschließt; im Untertitel spezifiziert er die Form des Buchs und die Adressatengruppe, die gleichzeitig „für Alle"

---

[38] Canetti: Der andere Prozeß (Bd. 6), S. 223.
[39] Brod: Über Franz Kafka. Frankfurt a. M. 1966, S. 259. Brod geht in seinem vehementen Urteil noch weiter, wenn er schreibt: „Es zeigt die Instinktlosigkeit mancher Kafka-Erklärer, daß sich nicht scheuen, Kafka und Nietzsche [...] auf einer Ebene zusammenzubringen, – als ob es hier irgendwelche noch so vage Bindungen, Vergleichsmöglichkeiten und nicht den puren Gegensatz gäbe [...]. (S. 259).
[40] Gottfried Benn: Nietzsche – Nach fünfzig Jahren. In: Dieter Wellershoff (Hg.): Gottfried Benn. Gesammelte Werke. Essays, Reden, Vorträge. Wiesbaden 1962, S. 484.
[41] Friedrich Balke/Joseph Vogl/Benno Wagner (Hg.): Einleitung. In: dies.: Für Alle und Keinen. Lektüre, Schrift und Leben bei Nietzsche und Kafka. Zürich 2008, S. 7–18, hier S. 15.

6.1 Der Aphorismus als Form von Fürsprache — 191

und für „Keinen"[42] ist. Der „mit der Morgenröthe"[43] aufgestandene Zarathustra – eine mögliche Anspielung auf die vorbereitende Aphorismensammlung – ist nach zehn Jahren Einsamkeit aus den Bergen in die Tiefe gestiegen, um seine Lehren zu verbreiten.

Von Anfang bis Ende ist Zarathustras Sprachgestus der eines Mitteilenden, eines selbsternannten Fürsprechers mit oder ohne Publikum, der seine Redemacht gekonnt einzusetzen weiß und dessen leibliche Stimmkraft mehrfach thematisiert wird. Mit rhetorischen Mitteln und Argumenten in schillernden Bildern versucht er, Einfluss auf die Welt und das Volk auszuüben. Das gilt sowohl für die Reden vor den Menschen als auch für die monologischen Zwiegespräche mit dem Leben und den eigenen, abgründigen Gedanken.[44] Eines Morgens etwa will Zarathustra seinen Gedanken aus der Tiefe zunächst lauthals aufwecken und nutzt die physische Stärke seines Artikulationsapparates („Meine Stimme soll dich schon wach krähen! [...] Hier ist Donners genug, dass auch Gräber horchen lernen! [...] Höre mich auch mit deinen Augen: meine Stimme ist ein Heilmittel noch für Blindgeborne."[45]) bevor er unmissverständlich proklamiert:

> Ich, Zarathustra, der Fürsprecher des Lebens, der Fürsprecher des Leidens, der Fürsprecher des Kreises – dich rufe ich, meinen abgründlichsten Gedanken!
>
> Heil mir! Du kommst – ich höre dich! Mein Abgrund *redet*, meine letzte Tiefe habe ich an's Licht gestülpt![46]

Seines zunächst obskur-schlummernden, abgekoppelten Gedankens bemächtigt sich Zarathustra als autonomes Subjekt. Gleichzeitig gilt sein Fürsprecher-Status auch in anderen Bereichen: Im „Tanzlied" verkündet er: „Gottes Fürsprecher bin ich vor dem Teufel: der aber ist der Geist der Schwere."[47] Sein Lieblingsjünger nennt ihn nach schwerem Traum beruhigend und aufmunternd vor anderen Jüngern den „Fürsprecher des Lebens", der „an unserem Himmel nicht untergehn"[48]

---

42 In dem von Nietzsche als Hauptwerk betrachteten Buch radikalisiert sich die Tendenz im 19. Jahrhundert von „der Predigt zur Kultpredigt", die nach Gert Ueding und Bernd Steinbrink „ihren Höhepunkt zweifellos in Schleiermacher hatte" und auch die Sphäre der Literatur erreichte. Gert Ueding/ Bernd Steinbrink: Grundriß der Rhetorik. Geschichte, Technik, Methode. Stuttgart 1986, S. 149. Nietzsche selbst bezeichnet sein Buch in einem Brief an Heinrich Köselitz vom 1. Februar 1883 als „eine wunderliche Art von ‚Moral-Predigten'". Nietzsche: KSB 6, S. 321. Ähnlich schreibt er an Ernst Schmeitzner am 13. Februar 1883: „Es ist eine ‚Dichtung', oder ein fünftes ‚Evangelium' oder irgend Etwas, für das es noch keinen Namen gibt: bei weitem das Ernsteste und *auch* Heiterste meiner Erzeugnisse, und Jedermann zugänglich." Nietzsche: KSB 6, S. 327.
43 Nietzsche: Also sprach Zarathustra (KSA 4), S. 11.
44 Zur „Doppelstruktur von Monolog und Lehre" siehe Theo Meyer: Nietzsche. Kunstauffassung und Lebensbegriff. Tübingen 1991, S. 139–140.
45 Nietzsche: Also sprach Zarathustra (KSA 4), S. 270.
46 Nietzsche: Also sprach Zarathustra (KSA 4), S. 271.
47 Nietzsche: Also sprach Zarathustra (KSA 4), S. 139.
48 Nietzsche: Also sprach Zarathustra (KSA 4), S. 175.

wird. Schließlich schreibt der schaffende Künstler Nietzsche an seinen Freund Franz Overbeck im gleichen Wortlaut wie sein fiktives Sprachrohr Zarathustra, er sei der „Fürsprecher des Lebens".[49]

In der „Vorrede" verkündet Zarathustra zunächst – zwischen predigendem und dichterisch-prophetischem Ton[50] – vor der versammelten Menge an Schaulustigen, die einen Seiltänzer auf dem Markt erwarten, den Übermenschen zu lehren.

> Der Mensch ist ein Seil, geknüpft zwischen Thier und Übermensch, – ein Seil über einem Abgrunde.
> Ein gefährliches Hinüber, ein gefährliches Auf-dem-Wege, ein gefährliches Zurückblicken, ein gefährliches Schaudern und Stehenbleiben.
> Was gross ist am Menschen, das ist, dass er eine Brücke und kein Zweck ist: was geliebt werden kann am Menschen, das ist, dass er ein *Übergang* und ein *Untergang* ist.[51]

Der Erfolg der Rede bleibt aus; das Publikum lacht und scheint nicht zu verstehen, dass es gerade nicht um *einen* Menschen geht, der physisch oder metaphorisch über allen anderen steht, geht und fallen kann, sondern um das Vermögen, sich selbst als Seil auszulegen. Statt als Verkünder des Übermenschen wird er als Impresario des Seiltänzers verstanden, seine Bildersprache wird zu wörtlich genommen. Konsequent folgt der gescheiterte Rhetoriker und Lehrer „nicht der Mund für diese Ohren"[52] zu sein. Im letzten Teil resümiert er über die Marktplatzrede vor den „Pöbel-Ohren" mit den entscheidenden Worten: „Und als ich zu Allen redete, redete ich zu Keinem."[53]

Geredet hat Zarathustra/Nietzsche auch zu Kafka. Wenn man dessen ersten Zürauer Aphorismus liest, scheint es beinahe überflüssig zu erwähnen, dass sich in seiner Bibliothek eine Ausgabe von *Also sprach Zarathustra* befand[54]:

> Der wahre Weg geht über ein Seil, das nicht in der Höhe gespannt ist, sondern knapp über dem Boden. Es scheint mehr bestimmt stolpern zu machen, als begangen zu werden.   (NII, S. 113)

Die Metaphernwahl des gespannten Seils scheint dem Seiltänzergleichnis aus der Vorrede des *Zarathustra* geschuldet. Zudem ist Kafkas Aphorismus ebenfalls an exponierter, nämlich erster Stelle für eine Sammlung gedacht.[55] Dort allerdings hören

---

[49] „Nein! Dieses Leben! Und ich bin der Fürsprecher des Lebens!!" Brief an Franz Overbeck vom 22. Februar 1883. In: Nietzsche: KSB 6, S. 337.
[50] Siehe Meyer: Nietzsche: „Im Grunde handelt es sich um eine moderne Variante der romantischen Synthese aus Philosophie, Poesie und Prophetie." (S. 144).
[51] Nietzsche: Also sprach Zarathustra (KSA 4), S. 16–17.
[52] Nietzsche: Also sprach Zarathustra (KSA 4), S. 18 und S. 20.
[53] Nietzsche: Also sprach Zarathustra (KSA 4), S. 356.
[54] Jürgen Born: Kafkas Bibliothek. Ein beschreibendes Verzeichnis. Mit einem Index aller in Kafkas Schriften erwähnten Bücher, Zeitschriften und Zeitschriftenbeiträge, zusammengestellt unter Mitarbeit v. Michael Antreter, Waltraud John und Jon Shepherd, Frankfurt a. M. 1990, S. 119.
[55] Entstanden sind dieser und eine Reihe weiterer Aphorismen Kafkas in Zürau zwischen Mitte Oktober 1917 und Ende Februar 1918 in den Oktavheften G und H. Diesen Entwürfen folgt der Beginn einer Reinschrift auf nummerierten Zetteln, ebenfalls in Zürau. Kafka kommt wahrscheinlich erst

die Gemeinsamkeiten zunächst auf. Kafkas Seil ist knapp über dem Boden, Nietzsches Seil zwischen zwei Türmen gespannt. Kafkas ursprüngliches „Dratseil"[56] stellt weder einen lebensgefährlichen Weg für einen Seiltänzer dar noch eine menschliche Brücke zwischen Tier und Übermensch. Statt der Gefahr des Abstürzens besteht hier die Gefahr des Stolperns. Schematisch betrachtet lösen der zweite Teil des ersten Satzes und der gesamte zweite Satz die über das Seil wörtlich und im übertragenen Sinne aufgebaute Spannung auf; der Fokus richtet sich nicht auf einen impliziten *Seiltänzer*, sondern auf einen impliziten *Läufer* am Boden, der den vermeintlich „wahre[n] Weg" seitlich kreuzt und zum Fallen prädestiniert ist. In der vagen, einschränkenden Sprache Kafkas – das Seil *scheint* eher zum Stolpern bestimmt – drückt sich die im Aphorismus inhärente Offenheit noch deutlicher aus und steht der einem Manifest gleichenden Redespannung im *Zarathustra* entgegen. Kafkas Seil-Denkbewegung stellt sich der Argumentation Zarathustras einerseits wörtlich quer und anderseits in entscheidende Reihung. Inwiefern sie in ihrer Konstellation wechselseitig füreinander sprechen, zeigt sich besonders prägnant am Präfix bzw. der Präposition *über*, die Kafka weiter entfaltet.

Zarathustras bekannter Redebeginn vor dem Volk – „*Ich lehre euch den Übermenschen. Der Mensch ist Etwas, das überwunden werden soll.*"[57] – bringt zwei Bedeutungen des Präfixes *über* ins Spiel. Wie Annemarie Pieper zeigt, sind es die vertikale Ausrichtung im *Über*menschen und die horizontale Bedeutung in *über*winden.[58] Da die Tendenzen von *über* als statischem *Oberhalb von* und als dynamischem *Hinüber* sich hier nicht ausschließen, sondern miteinander verwoben sind, gilt für Pieper Folgendes: „Der Übermensch [...] übersteigt den Menschen, sowohl der Ideen nach – in vertikaler Hinsicht – als auch in bezug auf die projektierte zukünftige Praxis – in horizontaler Hinsicht."[59] Stagnation führt zu lebensgefährlichem Gleichgewichtsverlust auf dem Seil, während kontinuierliche Übung den Seilläufer zu einem vollkommenen

---

zwei Jahre später wieder auf das Projekt einer Aphorismensammlung zurück. Im *Konvolut 1920* finden sich acht Texte, die er in die Sammlung aufnehmen wollte. Gleichzeitig streicht er einige der bestehenden Aphorismen aus den Oktavheften und indiziert damit zumindest zeitweilig den Willen, aus dem Schreibstrom ein zur Veröffentlichung bestimmtes Werk zu schaffen. Zu Lebzeiten kam es nicht dazu. Erst Brod publizierte ausgewählte Aphorismen unter dem Titel *Betrachtungen über Sünde, Leid, Hoffnung und den wahren Weg* (1931) und bereitete den Interpretationsweg genauso vor, wie er ihn auf einen spezifisch religiösen Gehalt hin einengte.

56 Zum handschriftlichen Vergleich zwischen der Aufzeichnung dieses Aphorismus mit seinen zahlreichen Streichungen und Ergänzung sowie dem reinschriftlichen Zettel 1 siehe FKA Heft 8, S. 11. Kafka verwendete erst das Wort „Dratseil" für „Seil".
57 Nietzsche: Also sprach Zarathustra (KSA 4), S. 14.
58 Siehe Annemarie Pieper: Zarathustra als Verkünder des Übermenschen und als Fürsprecher des Kreises. In: Volker Gerhardt (Hg.): Friedrich Nietzsche. Also sprach Zarathustra. Berlin 2012, S. 69–91, hier S. 70.
59 Pieper, Zarathustra, S. 70. Und: „Zarathustra faßt die beiden unterschiedlichen Dimensionen des *über* in dem Ausdruck ‚über sich hinaus schaffen' zusammen." (S. 70).

Seil*tänzer* machen kann, in dem vertikales und horizontales *Über*, Höhe und Weite, sowie die „Interaktion von Leib und Seele"[60] zusammentreffen. Wenn Leib und Seele schematisch betrachtet als rechtwinklige Koordinaten in einem Koordinatensystem angeordnet werden, dann ist grundlegend, dass der andauernde „Kampf der Kräfte um die Vorherrschaft [...] unbedingt unentschieden" bleibt, was über eine „Kreisfigur verbildlicht werden"[61] kann, die in das Koordinatensystem modellhaft integriert wird. Die von Pieper zusammengetragene, sich häufende Kreismetapher um den Übermenschen ist auch für die entwickelte Struktur der Fürsprache von Bedeutung: die „halbkreisförmige[n] Gebilde"[62] eines Regenbogens, einer Brücke oder (zumindest grob schematisch als Viertelkreis) einer Treppe. Wenn Zarathustra etwa sagt: „den Regenbogen will ich ihnen zeigen und alle die Treppen des Übermenschen",[63] dann ist an die Treppen im „Fürsprecher"-Text zu erinnern sowie an die Freitreppen in allen Texten, anhand derer zu Beginn dieser Arbeit eine exkursartige Typologie der Kontexte vorgenommen wurde, in der nach Grimms Begriffsbestimmung Fürsprecher vorkommen: in der rechtlichen Sphäre („Der neue Advokat"), im soziopolitischen Kontext („Ein kaiserliche Botschaft") sowie im religiösen Bereich („Auf der Freitreppe des Tempels ... "). Entscheidend jedoch ist Zarathustras eigene Aussage, „Fürsprecher des Kreises" zu sein.

Mit Kafka kommt in diese zunächst geschlossene Konstellation des vertikalen und horizontalen *Über*, als Seele und Leib eines Menschen, eine weitere Bedeutungsdimension hinzu: das *Stolpern über*. Die hochdynamische Kreisform wird noch weiter dynamisiert, indem Seil und Läufer in der Form des offenen Aphorismus voneinander abgekoppelt erscheinen. Statt *hinüber* zu gehen und *über sich hinaus* zu gehen ist aus einer externen Beobachtungshaltung heraus die Wahrscheinlichkeit des *Stolperns über* stets präsent und unterläuft die in Nietzsches Seilgleichnis und im *Zarathustra* allgemein aufgebaute Grundspannung. Kafkas aphoristischer Quergang unterminiert damit subtil das Auf- und Absteigen im Gebirge und die Dichotomien vom höheren und niedrigen Wesen – ohne direkten Angriff auf oder Widerstand gegen Nietzsche.

Zwar sind die von Canetti angedeuteten Momente von Selbstexpansion bei Nietzsche und die zahlreichen Kommentare zur Selbstverkleinerung bei Kafka nachvollziehbar, aber der provokanten These absoluter Anwesenheit oder Abwesenheit Nietzsches fehlt der Boden, wenn man etwa Zarathustras Seilgleichnis und den ersten Züreuer Aphorismus Kafkas in wechselseitige Fürsprache bringt. In direkter oder indirekter Bezugnahme Kafkas aktiviert sich eine bewegliche Konstellation, die einerseits Nietzsches Gleichnis aufnimmt und – fürsprechend bzw. im Widerspruch – weiterträgt. Andererseits scheint überhaupt erst Nietzsches

---

60 Pieper: Zarathustra, S. 76.
61 Pieper: Zarathustra, S. 79.
62 Pieper: Zarathustra, S. 82.
63 Nietzsche: Also sprach Zarathustra (KSA 4), S. 26.

Schreiben bzw. Zarathustras Fürsprache für den Kreis der Grund dafür zu sein, dass Kafkas Aphorismus entsteht und dass er in dieser reziproken Dynamik, wie hier gezeigt, rezipiert werden kann. Wie der Aphorismus in seiner Form selbst die Fürsprache-Bewegungen in Gang setzt, hat die Analyse von Nietzsches Aphorismus „Fürsprache einlegen" in ihrer Komplexität bereits gezeigt bzw. selbst vorweggenommen.

6.2 Fürwörter und Widersprüche

Neben der im Aphorismus immanenten triangulären Struktur und den Konstellationen von Groß und Klein sowie Hoch und Niedrig anhand der Präposition *über* bei Nietzsche und Kafka, die zunächst mit Canettis Texten und dann differenzierter über das Dreieck Canetti-Kafka-Nietzsche gelesen wurde, geht es im Folgenden um zwei weitere experimentelle Konstellationen: den Einsatz von Pronomina in Kafkas und Canettis Miniaturtexten sowie um die Verwendung von Für, Wider und Dialog in Kafkas *Er*-Reihe.

6.2.1 (W)er: Pronomina als Konstellationen

Drei beispielhafte Aufzeichnungen – zwei von Kafka und die dritte von Canetti – erhalten ihren strukturellen Status als Aphorismen nicht nur durch ihre Kürze und ihre pointierte Struktur, sondern auch durch ihre *pronominale* Verallgemeinerung:

> Sich kennt er, den andern glaubt er, dieser Widerspruch zersägt ihm alles.   (T, S. 849)

> Er beweist nur sich selbst, sein einziger Beweis ist er selbst, alle Gegner besiegen ihn sofort, aber nicht dadurch, daß sie ihn widerlegen, er ist unwiderlegbar sondern dadurch daß sie sich beweisen.   (T, S. 856)

> Er löst sich auf, wenn er nicht erzählt. Welche Macht der Rede, der eigenen, auf ihn selber![64] (1984)

Subjekt der Reflexionen ist jeweils der grammatische Platzhalter *Er*, das Personalpronomen bzw. personale Fürwort, das sich im normierten Sprachgebrauch nur auf einen vorher eindeutig bestimmten Referenten bezieht. Aufgrund der kotextuellen Isolierung von Aphorismen sind die einleitenden *Er* in den zitierten Aphorismen opake Agenten, welche Menschen allgemein, ein unbekanntes Subjekt oder das verdeckte (auktoriale) *Ich* bezeichnen können.

Kafkas zitierte Texte entstammen einer Textgruppe aus dem zwölften Tagebuchheft, die zwischen Anfang Januar und Ende Februar 1920 datiert ist. Max Brod

---

[64] Canetti: Das Geheimherz der Uhr (Bd. 4), S. 519.

hat die pronominale Besonderheit dieser Gruppe bereits hervorgehoben, indem er dreißig dieser Tagebuchtexte als „Er. Aufzeichnungen aus dem Jahre 1920" zusammengestellt und im Band *Beim Bau der chinesischen Mauer* (1931) herausgegeben hat; einige „Paralipomena [zu der Reihe ‚Er']" erschienen im Band *Hochzeitsvorbereitungen auf dem Lande* (1953). In ihrer Tendenz wirken die *Er*-Aphorismen zwar auch verallgemeinernd, aber es handelt sich weniger um weltanschauliche Verdichtungen im Vergleich zu den Züraucher Aphorismen[65] und eher um persönliche, selbstreflexive Notationen. So wird in der Forschung zu recht auf die „Distanzierungsgeste einer Transposition von der ersten in die dritte Person" aufmerksam gemacht, die „einfach eine spezifisch dem Spätwerk zugehörige Form des Tagebuchschreibens in aphoristischer Form"[66] darstelle. Gerhard Neumann charakterisiert das „Er" als „Ich-Chiffre" oder „verkapptes ‚Ich'"[67] – eine Deutung, die mit der Lektüre von Hartmut Binder vergleichbar ist, der die Selbstprojektion in den Aphorismen mit Kafkas Briefen an Felice vergleicht, denn in beiden Schreibformen spreche der Dichter in innerer Distanz von sich in der dritten Person.[68]

Dennoch – oder vielleicht gerade deswegen – soll das *Er* auch als das genommen werden, wofür es zunächst nicht stehen mag: als in der Tradition des Aphorismus fest verankerte Form der Generalisierung, der Potentialität *verschiedener* Referenten und damit als Möglichkeit, auch externe Fürsprache einzulegen. Bereits Georg Christoph Lichtenberg, der „Prototyp wider Willen"[69] für die Gattungsentwicklung in Deutschland, verfasste in seinen Sudelbüchern zahlreiche Aphorismen in der maskulinen dritten Person Singular. Nach Richard T. Gray verwischt sich in dieser *Er*-Aphoristik die Grenze zwischen subjektivem Inneren („Selbstbeobachtung") und objektivem Äußeren („Menschenbeobachtung"), wobei im Akt des Lesens zunächst der induktive Prozess nachvollzogen und im Akt der Rezeption gleichsam deduktiv auf eigene Erfahrungen zurückgegriffen wird.[70] Die typische Spannung liegt entsprechend im Nebeneinander von Allgemeinem und Besonderem, die sich kaum knapper und präziser als mit dem Nomen-Stellvertreter *Er* darstellen lässt.

Immer wieder hat der von Kafkas Werk und Lichtenbergs Aphoristik tief geprägte Canetti nicht nur selbst *Er*-Aphorismen verfasst, sondern mit Pronomina

---

65 Siehe Paul North: The Yield. Kafka's Atheological Reformation. Redwood City 2015.
66 Manfred Engel: Züraucher Aphorismen. In: ders./Ritchie Robertson (Hg.): Kafka-Handbuch. Leben – Werk – Wirkung. Stuttgart 2010, S. 281–292, hier S. 283.
67 Gerhard Neumann: Umkehrung und Ablenkung. Franz Kafkas „Gleitendes Paradox". In: DVjs 42 (1968), S. 702–744, hier S. 717 und S. 737.
68 Binder: Kafka-Kommentar zu den Romanen, Rezensionen, Aphorismen und zum Brief an den Vater, S. 418.
69 Fricke: Aphorismus, S. 70.
70 Richard T. Gray: Constructive Destruction. Kafka's Aphorisms, Literary Tradition, and Literary Transformation. Tübingen 1987, S. 35.

direkt gespielt, sie reflektiert und mit Fragen nach Konstellationen in der Kommunikation verbunden.[71]

> „Wir" sagte er, wenn er „ich" meinte. Dafür versprach er sich immer zu „ich" statt „du".[72] (1967)

> Sprich zu dir, sprich, vielleicht antwortet sie, als du selber.[73] (1954–1956)

> Die Schwierigkeiten bei Aufzeichnungen – wenn sie gewissenhaft und genau sein sollen – bestehen darin, daß sie persönlich sind. Gerade vom Persönlichen will man weg; man scheut sich davor, es festzulegen, als könnte es sich dann nicht mehr verwandeln. In Wirklichkeit verwandelt sich alles auf viele Weisen weiter, wenn man es nur, einmal aufgezeichnet, in Frieden läßt. Es ist das Wiederlesen, das die Straßen des Geistes zieht. Man bleibt frei, wenn man die Kraft hat, sich selten wiederzulesen. Die Scheu vor der persönlichen Aufzeichnung aber läßt sich überwinden. Es genügt, von sich in der dritten Person zu reden; „er" ist weniger lästig und gefräßig als „ich"; und sobald man den Mut hat, „ihn" unter andere dritte Personen einzureihen, ist „er" jeder Verwechslung ausgesetzt und nur noch vom Schreiber selber zu erkennen. […].[74] (1943)

Zahlreiche Aufzeichnungen weisen eine komplexe interne Dialogstruktur auf, die nach Stefan H. Kaszyński der traditionellen Monologstruktur im Aphorismus entgegenstehe, welcher oft „eine Art Totalitätsanspruch"[75] anhafte. Nach Kaszyński ist der dialogische Partner Canettis zumeist der Autor selbst, so dass kein Brecht'scher, belehrender Dialog mit dem Leser entstehe, was in dem bereits zitierten Aphorismus deutlich ist: „Er löst sich auf, wenn er nicht erzählt. Welche Macht der Rede, der eigenen, auf ihn selber!"[76] (1984)

In einer anderen Aufzeichnung hingegen polemisiert Canetti gegen den Monolog und fordert einen Gesprächspartner. Dabei soll der direkte Dialog zwischen einem *Ich* und einem *Du* verschwinden:

> Das Selbstgespräch ist so insipid geworden, leer, steril, langweilig, geschwätzig, geschmacklos, farblos, geruchlos, daß es besser wäre, du würdest zu *irgendwem* sprechen. Er könnte auch erfunden sein, nur „ich" und „du" sollen endlich verschwinden, verrotten, verdampfen.
> *Er, er, er*, nur noch *er*, etwas von der Zaghaftigkeit und Keuschheit Kafkas statt Großmäuligkeit und Bekennerpose.[77] (1967)

Über eine typisch aphoristische Umkehr fokussiert Canetti in Abgrenzung auf das *Ich* und das (selbst verwendete) *Du* auf das *Er*, welches Kafkas „Zaghaftigkeit und

---

71 „Zehn Minuten Lichtenberg und alles geht ihm durch den Kopf, was er seit einem Jahr in sich unterdrückt hat." (1985) Canetti: Das Geheimherz der Uhr (Bd. 4), S. 520.
72 Canetti: Nachträge aus Hampstead (Bd. 5), S. 203.
73 Canetti: Nachträge aus Hampstead (Bd. 5), S. 115.
74 Canetti: Die Provinz des Menschen (Bd. 4), S. 61–62.
75 Stefan H. Kaszyński: Dialog und Poetik. Zum dialogischen Charakter der „Aufzeichnungen". In: Werner Hofmann u. a. (Hg.): Hüter der Verwandlung. Beiträge zum Werk von Elias Canetti. München/Wien 1985, S. 205–216, hier S. 206.
76 Canetti: Das Geheimherz der Uhr (Bd. 4), S. 519.
77 Canetti: Nachträge aus Hampstead (Bd. 5), S. 210.

Keuschheit" *in nuce* verkörpert. Ob Anspielung auf die *Er*-Reihe oder nicht, Canetti bestimmt das Personalpronomen *Er* über Attribute, die sich jeglicher Überlegenheit widersetzen und die er Kafka zuschreibt. Die Konstellation der Pronomina, die Émile Benveniste aus strukturell-linguistischer Perspektive eruiert – die erste Person ist *derjenige der spricht* und die zweite Person *derjenige, der adressiert ist*, während die dritte Person *abwesend* ist[78] – findet hier ihr aphoristisches Pendant. *Er* ist in Canettis Aufzeichnung einerseits aphoristische Leerstelle und andererseits Kafka selbst. Wie in den vorangegangenen Kapiteln gezeigt, hat Kafka sowohl in seinen amtlichen Schriften und in der Rede für die jiddische Sprache als auch in seinem fiktionalen Werk den Einsatz von Pronomina genau kalkuliert.

Die pronominalen Erwägungen in Kafkas Prosa haben Canetti so fasziniert, dass er sie im Inhaltsverzeichnis seiner Kafka-Ausgabe *Die Erzählungen*[79] markiert. Recherchen in Canettis nachgelassener Bibliothek zeigen, dass er links neben den entsprechenden Titeln die von Kafka verwendeten Pronomina mit Bleistift notiert. Die meisten pronominalen Verschiebungen berücksichtigt er auch, etwa in „Der neue Advokat", „Ein altes Blatt", „Josefine, die Sängerin oder Das Volk der Mäuse" oder „Beim Bau der chinesischen Mauer"; er vermerkt: „Wir – Ich", wobei das „Wir" in einigen Fällen unterstrichen ist. Allerdings hat Canetti manche pronominalen Nuancen und Übergänge nicht verzeichnet, am prominentesten wohl im „Fürsprecher"-Text, neben dessen Titel er lediglich „Ich" schreibt. Das trifft zwar auf das Ausgangs-*Ich* in seiner prekären Lage zu, unterschlägt aber die (im zweiten Kapitel eruierten) Übergänge zum allgemeinen *Man*, das sich dann, in fortschreitender Auflösungstendenz zum *Du* wandelt. Die Fragen danach, *wer spricht* und *für wen bzw. zu wem gesprochen wird*, die Canetti so offen wie eindringlich in seinen eigenen Aufzeichnungen aufbringt, übersieht er dort, wo Kafka sie sowohl selbst stellt als auch erzählerisch performiert.

6.2.2 Für, Wider und Dialog in Kafkas *Er*-Reihe

Neben pronominalen Verallgemeinerungen finden sich in Kafkas Tagebuchaufzeichnungen auch gehäuft Konfigurationen des Für und Wider, denen trotz ihrer Heterogenität gemein ist, dass sie überhaupt erst durch ein Drittes erzeugt werden: durch einen Dialog, einen Aphorismus, eine Konstellation. Das entspricht in seiner Struktur dem Modell, das Benno Wagner in Erweiterung der von Rüdiger Campes entworfenen Poetologie der Fürsprache bei Kafka herausstellt. Dem Diskursgenre der *Fürsprache* fügt Wagner das eigenständige Genre des *Widerstreits* hinzu und

---

[78] Siehe Émile Benveniste: Die Natur der Pronomen. In: Probleme der allgemeinen Sprachwissenschaft, übers. v. Wilhelm Bolle. München 1974, S. 279–286.
[79] Nachlass Elias Canetti, Zentralbibliothek Zürich (Canetti-Bibliothek), darin: Franz Kafka: Die Erzählungen. Zürich 1953.

argumentiert, dass sich beide im Genre des *Dialogs* entfalten.[80] Indem er auf Jean-François Lyotard's *différend* verweist, bestimmt Wagner den Widerstreit „zugleich als Herausforderung und als Antrieb der Fürsprache".[81] Er erläutert sein Modell anhand von Kafkas Kriegsliteratur, die sich genau in der Differenz zwischen Fürsprache und Widerstreit ansiedelt, etwa in der Betrachtung des „Unfalls" einmal als Bericht des chinesischen Architekten über den Bau der Chinesischen Mauer (Fürsprache) und einmal als Bericht des Schusters als direkt involviertem Opfer (Widerstreit). Mit dem Genre des Dialogs rekurriert Wagner auf die von Julia Kristeva bestimmte Textfunktion, die „durch unterschiedliche literarische Gesten variierende Serien anderer Stimmen mitsprechen lässt"[82] und so verschiedene Geschichten und Diskurse miteinander verschaltet. Es entsteht eine Resonanzkammer, die Sprache und Imaginationsräume auf intrikate Weise miteinander verbindet.

Auf aphoristischer Mikroebene hat Kafka das Für, Wider und den Dialog so dargestellt:

> „Am Sicherheben hindert ihn eine gewisse Schwere, ein Gefühl des Gesichertseins für jeden Fall, die Ahnung eines Lagers, das ihm bereitet ist und nur ihm gehört, am Stilliegen aber hindert ihn eine Unruhe die ihn vom Lager jagt, es hindert ihn das Gewissen, das endlos schlagende Herz, die Angst vor dem Tod und das Verlangen ihn zu widerlegen, alles das läßt ihn nicht liegen und er erhebt sich wieder. Dieses Auf und Ab und einige auf diesen Wegen gemachte zufällige, flüchtige, abseitige Beobachtungen sind sein Leben."
>
> „Deine Darstellung ist trostlos, aber nur für die Analyse, deren Grundfehler sie zeigt. Es ist zwar so, daß der Mensch sich aufhebt, zurückfällt, wieder sich hebt u.s.f. aber es ist auch gleichzeitig und mit noch viel größerer Wahrheit ganz und gar nicht so, er ist doch Eines, im Fliegen also auch das Ruhen, im Ruhen das Fliegen und beides vereinigt wieder in jedem Einzelnen, und die Vereinigung in jedem, und die Vereinigung der Vereinigung in jedem u.s.f. bis, nun, bis zum wirklichen Leben, wobei auch diese Darstellung noch ebenso falsch ist und vielleicht noch täuschender als die Deine. Aus dieser Gegend gibt es eben keinen Weg bis zum Leben, während es allerdings vom Leben einen Weg hierher gegeben haben muß. So verirrt sind wir."
> (T, S. 861–862)

Diese Tagebucheintragung Kafkas hat Max Brod nur in ihrer ersten Hälfte in die Er-Reihe aufgenommen und ihr damit das grundsätzlich Dialogische genommen. Erst in den „Paralipomena [zu der Reihe ‚Er']" kommt die zweite Stimme auch zu Wort, denn hier druckt Brod die gesamte Aufzeichnung. Die dialogische Grundstruktur hat Kafka selbst in seinem Heft mit Anführungszeichen versehen, vielleicht um den beiden gegensätzlichen Stimmen eine materielle Qualität zu geben. Die erste

---

80 Wagner: Fürsprache – Widerstreit – Dialog. S. 266.
81 Wagner: Fürsprache – Widerstreit – Dialog, S. 267. Nach Lyotard ist *différend* auf folgende Weise zu verstehen: „Zwischen zwei Parteien entspinnt sich ein Widerstreit, wenn sich die ‚Beilegung' des Konflikts, der sie miteinander konfrontiert, im Idiom der einen vollzieht, während das Unrecht, das die andere erleidet, in diesem Idiom nicht figuriert." Jean-François Lyotard: Der Widerstreit, übers. v. Joseph Vogl. München 1987, S. 27 und S. 25, zitiert nach Wagner: Fürsprache – Widerstreit – Dialog, S. 266.
82 Wagner: Fürsprache – Widerstreit – Dialog, S. 269.

Stimme spricht für eine dritte Person und beklagt deren missliche Lage zwischen zwei antithetischen Existenzweisen: „Sicherheben" oder „Stilliegen". Beide Arten dieses Seins sind jeweils über ihre Hindernisse beschrieben, die im „Gefühl", der „Ahnung", der „Unruhe" oder in der „Angst" selbst liegen. Für und wider „Sicherheben"/für und wider „Stilliegen" – „dieses Auf und Ab", was auch ein Hin und Her ist – sowie „einige auf diesen Wegen gemachte zufällige, flüchtige, abseitige Beobachtungen" bestimmen das Leben dieses *Er*.

Die zweite Stimme reagiert auf diese Aussagen des Gegenübers zunächst direkt, indem es auf „[d]eine Darstellung" antwortet und sie sofort auf „Grundfehler" zurückweist, die für die Trostlosigkeit verantwortlich sind. Während es sich bei den Aussagen der ersten Stimme um eine relativ einfache agonale Gruppierung von zwei opponierenden Grundhaltungen handelt, sind die Aussagen der zweiten Stimme sowohl eine umkehrende Reaktion auf das Vorhergesagte als auch dessen Ablenkung. Ausgehend von der antithetischen Bewegung des Aufhebens – Zurückfallens – Aufhebens etc. weicht die Stimme aber ab, um „mit noch viel größerer Wahrheit" dieses Modell in „Eines" zu verbinden und doch wieder zu lösen („im Fliegen also auch das Ruhen, im Ruhen das Fliegen"), bis es wieder zur Verbindung gelangt („und beides vereinigt wieder in jedem Einzelnen, und Vereinigung in jedem") – in einem unendlichen Prozess („und die Vereinigung der Vereinigung in jedem u.s.f."). Hier allerdings erkennt die zweite Stimme „diese Darstellung" als „ebenso falsch" an und „vielleicht noch täuschender" als die der ersten Stimme. Sie nimmt die Wegmetapher auf, um von einer Verirrung zu sprechen, die diesen Lebensprozess in seiner Unwägbarkeit charakterisiert.

Den hier anhand eines Dialogs explizit ausgeführten Prozess hat Neumann in seinem bahnbrechenden Aufsatz über das „gleitende Paradox" mit den tragenden Prinzipien der Umkehrung und Ablenkung als prägnante Denkfigur in Kafkas Texten herausgestellt und vorwiegend an den aphoristischen Kurzformen erläutert, die auf spezifische Weise diese Denkbewegung selbst thematisieren.[83] Kafka hat seine Abneigung gegen einfache Konstellationen von Antithesen und damit gegen systematisch-dialektische Denkverfahren, die zu einer Synthese führen würden, bereits 1911 in seinem Tagebuch notiert:

> Sicher ist mein Widerwillen gegen Antithesen. Sie kommen zwar unerwartet, aber überraschen nicht, denn sie sind immer ganz nah vorhanden gewesen [...]. Sie erzeugen zwar Gründlichkeit, Fülle, Lückenlosigkeit, aber nur so wie eine Figur im Lebensrad; unsern kleinen Einfall haben wir im Kreis herumgejagt. (T, S. 259)

Diese Aversion gegen gründliche, lückenlose Denkfiguren kommt in der Tendenz Nietzsches Misstrauen gegenüber der Abgeschlossenheit von Systemen nahe, die später Canetti ebenso verurteilt. Bei Kafka gestaltet sie sich auch in folgender Tagebuchaufzeichnung:

---

83 Siehe Neumann: Umkehrung und Ablenkung.

> Er hat zwei Gegner, der Erste bedrängt ihn von rückwärts vom Ursprung her, der Zweite verwehrt ihm den Weg nach vorne. Er kämpft mit beiden. Eigentlich unterstützt ihn der Erste im Kampf mit dem Zweiten, denn er will ihn nach vorne drängen und ebenso unterstützt ihn der Zweite im Kampf mit dem Ersten, denn er treibt ihn doch zurück. So ist es aber nur teoretisch, denn es sind ja nicht nur die 2 Gegner da, sondern auch noch er selbst und wer kennt eigentlich seine Absichten? (T, S. 851–852)

Kaum bildlicher könnte der Kampf eines Einzelnen mit zwei Gegnern dargestellt werden als hier. *Er* ist gleichzeitig der dritte zwischen einem von hinten, „vom Ursprung her", drängenden und einem „den Weg nach vorne" absperrenden Gegner. Der simultane Kampf, eine Art invertierte Zerreißprobe, ein Verharren zwischen Vergangenheit und Zukunft, wendet sich in das gleitende Paradox mit seiner Umkehrung (aus Gegnern werden partielle Unterstützer) und Ablenkung (aus zwei Gegnern werden drei). Dieser Kampf mit drei Ringern wird nicht weiter aufgegriffen, stattdessen folgt:

> ~~Immerhin ist es sein Traum, dass er einmal in einem unbewachten Augenblick – dazu gehörte allerdings eine Nacht so finster wie noch keine war – aus der Kampflinie ausspringt und [sich als ein Kampferfahrener]~~ (wegen seiner Kampferfahrung) ~~zum Richter über (die › sei) (ne) :| [nun]||: [(unten)] mit einander kämpfenden Gegner [erhebt.]~~ erhoben wird. (T', S. 398)

Die Kampferfahrung nutzen, um Richter seines eigenen Kampfes zu werden, selbst (aktiv) herauszuspringen, um dann (passiv) „zum Richter [...] erhoben" zu werden – diesen Traum hat Kafka der Aufzeichnung zunächst hinzugefügt, dann aber gestrichen. Gleich im Anschluss, in der unmittelbar im Schreibstrom folgenden Aufzeichnung, behält er die Vorstellung vom Richter bei, ändert aber Perspektive und Anzahl. Aus einem durchgestrichenen Selbstrichter werden „viele Richter":

> Er hat viele Richter, sie sind wie ein Heer von Vögeln, das in einem Baum sitzt. Ihre Stimmen gehen durcheinander, die Rangs- und Zuständigkeitsfragen sind nicht zu entwirren, auch werden die Plätze fortwährend gewechselt. Einzelne erkennt man aber doch wieder heraus [.] (T, S. 852)

Der Baum voll zwitschernder Vögel oder sprechender Richter, die permanent ihre Plätze und damit auch ihre Ränge und Zuständigkeiten wechseln, erscheint wie das Bild des störenden Geräusches, das sich so oft im Zusammenhang mit Kafkas fiktionalen Fürsprachen findet.[84] Wenn das *Er* dennoch einzelne Stimmen herauszuhören vermag, dann nur kurzfristig. An dieser Stelle (und mitten im Satz) bricht diese Aufzeichnung ab. Erst ein Blick in das Manuskript bzw. in den Apparatband der KKA zeigt, dass Kafka zunächst diesen Gedanken weiter ausführte, dann aber strich:

---

84 Vgl. den „Fürsprecher"-Text (Kapitel 2.1), *Das Schloß* (Kapitel 4.3) und „Josefine, die Sängerin oder Das Volk der Mäuse" (Kapitel 5.3).

> z. B. einen, welcher der Meinung ist, man müsse nur zum Guten übergehn und sei schon gerettet ohne Rücksicht auf die Vergangenheit[, während] und sogar (au › oh)ne Rücksicht auf die Zukunft. Eine Meinung die offenbar zum Bösen verlocken muss, wenn nicht die Auslegung dieses Übergangs zum Guten (str^A › se)hr streng ist. Und das ist sie allerdings, dieser Richter hat noch nicht [einmal] einen (einzigen) Fall als ihm zugehörig anerkannt. Wohl aber hat er eine Menge Kandi(t^A › d)aten um sich (l › h)erum, (ein) ewig plapperndes Volk, das ihn nachäfft. [Die glauben bei jede(r › m) Sp(a › ä)ss(, › chen,) nun werde der Richter] Die hören ihn immer heraus
>
> (T', S. 399)

Ein Richter, der eine bestimmte Meinung vertritt, die einer Handlungsanweisung gleichen mag, fühlt sich noch lange nicht tatsächlich zuständig; er hat „noch nicht einmal einen einzigen Fall als ihm zugehörig anerkannt". Diese einzelne Stimme, die sich jeglicher Verantwortung so entzieht, findet allerdings verbale Nachahmer; „ein ewig plapperndes Volk", das sich um die einzelnen Richter gruppiert hat. Vielleicht ist nur über das Nachäffenden des plappernden Volkes mitteilbar, was diese einzelne Stimme überhaupt gesagt hat.

Das Bild des Baumes mit seinen vielen Richtern verkompliziert sich im gestrichenen Teil, indem sich um die Richter je „eine Menge Kandidaten" scharen, die wiederholend, ja nachäffend, gehört werden wollen. Somit ist der hoffnungsvolle Ausklang der nicht gestrichenen Passage – „Einzelne erkennt man aber doch wieder heraus" – und der erläuternde Einsatz der gestrichenen Passage – „z. B. einen, welcher der Meinung ist [...]" – eine Täuschung. Das Beispiel eines Richters entwirrt nicht, sondern verwirrt die „Rangs- und Zuständigkeitsfragen" weiter. War im nicht gestrichenen Teil ein *Er* nicht in der Lage, seine vielen Richter zu bestimmen, ist im gestrichenen Teil eine ganze Schar an Kandidaten überhaupt erst auf der Suche nach Anerkennung eines einzelnen Richters. Dabei überkreuzen und überlagern sich die Stimmen aller Beteiligten, und ihre Positionierung ist nicht mehr auszumachen.[85]

Die beiden *Er*-Aufzeichnungen mit ihren je gestrichenen Passagen nehmen die komplexen hohen Richterinstanzen auf, die in Kafkas Werk undefinierbar, unerreichbar oder unfassbar sind. Zunächst wird *Er* selbst plötzlich zum Richter seiner „mit einander kämpfenden Gegner" erhoben; in der kurz darauf folgenden Aufzeichnung ist ihm ein Übermaß an Richtern verfügbar, die sich gegenseitig übertönen und austauschen, aber dennoch keine Fälle anerkennen. Die Position des *Er* steht in dynamischer Konstellation zu Gegnern und Mitstreitern sowie zum selbstgefühlten Mangel eines Richters bzw. zum vermeintlichen Überfluss an Richtern. Dyadische Strukturen von *Er* und Gegner bzw. *Er* und Richter werden – in den gestrichenen Teilen – in triadische Strukturen gewandelt (plus Richter bzw. plus „ewig plapperndes Volk"), die neue Konstellationen, neue Rang- und Zuständigkeitsfragen aufwerfen und die Position des *Er* weiter verwirren. Malte Kleinwort beschreibt diesen Prozess spielerisch-treffend als „Prozess der Literarisierung": „Das

---

[85] Zu den möglichen Szenarien siehe Malte Kleinwort: Kafkas Verfahren. Literatur, Individuum und Gesellschaft im Umkreis von Kafkas Briefen an Milena. Würzburg 2004, S. 41–43.

Verfahren wird gekappt, zurückgenommen, dem Prozess wird der Verlauf verweigert [...]. Verhandelt wird der Prozess im Gestrichenen. Er findet statt im literarischen Hinterzimmer."[86] Verbales und Räumliches in ihren Verschränkungen und in ihrem Spiel zwischen Offenem und Verdecktem: das sind gleichzeitig Grundfiguren Kafka'schen Erzählens und Canetti'scher produktiver Verwandlung.

6.3 Zimmer, Stimmen und Verwandlungen

„Kafka erzählt in Zimmern, ich in Stimmen."[87] Diese poetologische Feststellung findet sich als unveröffentlichte, handschriftliche Notiz Canettis in einer der zahlreichen Nachlass-Schachteln aus Notizblöcken und losen Blättern in der Zentralbibliothek Zürich. Als Destillat seiner Assoziation und in grober Verkürzung suggeriert Canetti hier die Grundzüge des Erzählens beider Autoren. Einerseits gibt es Kafka, der die gelesenen – sogar nachgeahmten[88] – Stimmen anderer Autoren so umwandelt, dass sie lange kaum Gegenstand eigener Analyse waren, und andererseits sieht sich Canetti als eine Art Stimmenerzähler,[89] der die Stimmen anderer inszeniert. So schreibt Kafka in einem Fragment:

> Jeder Mensch trägt ein Zimmer in sich. Diese Tatsache kann man sogar durch das Gehör nachprüfen. Wenn einer schnell geht und man hinhorcht, etwa in der Nacht wenn alles ringsherum still ist, so hört man z. B. das Scheppern eines nicht genug befestigten Wandspiegels oder der Schirm[.] (NI, S. 310)

Indessen thematisiert Canetti in einigen seiner prominentesten Aufzeichnungen das einverleibte, umgewandelte und weitergetragene Lesen, z. B.:

> Menschen durch Worte am Leben erhalten, – ist das nicht beinahe schon so, wie sie durch Worte erschaffen?[90] (1945)

> Der *Lesende*, der nicht aufhören kann, der immer weiter, immer mehr, immer mehr Altes liest, ist eine unverächtliche Figur geworden, eine Art von Vertrauensmann der andern, die sich auf ihn verlassen: er wird, wenn er nur nie aufhört, – so denken sie –, auch das Entscheidende finden.[91] (1971)

---

86 Kleinwort: Kafkas Verfahren, S. 43.
87 Elias Canetti: Aufzeichnung aus dem Nachlass: E. Canetti 25a. Schachtel 1 Kafka Folge 1: 8.12. 1967–13.4.1968 + o. D., Zentralbibliothek Zürich. Siehe auch Canetti: Der andere Prozeß (Bd. 6): „Sein Zimmer ist ein Schutz, es wird zu einem äußeren Leib, man kann es den Vor-Leib nennen." (S. 183).
88 „‚Der Heizer' glatte Dickensnachahmung, noch mehr der geplante Roman." (T, S. 841).
89 Siehe Lamping: „Zehn Minuten Lichtenberg", S. 113–125.
90 Canetti: Die Provinz des Menschen (Bd. 4), S. 97.
91 Canetti: Die Provinz des Menschen (Bd. 4), S. 343.

6.3.1 Zimmer und Stimmen in Konstellationen

Zimmer und Stimmen sind nicht nur in übertragener Bedeutung als poetologische Resonanzkammer und Dialogismus, sondern auch in ganz wörtlicher Weise zu verstehen.

Im komplexen Zusammenspiel finden sie sich in einer *Er*-Tagebuchaufzeichnung von Kafka sowie in einer Rede von Canetti. Beide Texte sind im Folgenden in eine Konstellation zu bringen. Kafka schreibt:

> Er ~~ist~~ lebt in der ~~Diaspora~~ Zerstreuung. Seine Elemente, eine frei lebende Horde, umschweifen die Welt. Und nur weil auch sein Zimmer zur Welt gehört sieht er sie manchmal ~~von~~ in der Ferne. Wie soll er für ~~diese oben~~ sie die Verantwortung tragen? Heißt das noch Verantwortung? (T, S. 850/T', S. 397/MS. Kafka 12/1 Fol. 7v)[92]

Die vier handschriftlichen Zeilen zeigen eine Reihe von Streichungen und zurückgenommenen Streichungen, die Kafkas Ringen um eine präzise Formulierung bezeugen. Die handschriftlichen Veränderungen von „ist" und „lebt" sowie von „Diaspora" und „Zerstreuung" verlagern die Bedeutung einer so konzise gefassten Aufzeichnung aus drei Aussage- und zwei Fragesätzen. Der *Status quo* ist paradox: *Er* ist/lebt in scheinbarer Stagnation in einem Zimmer, von dessen Fenster aus er „[s]eine Elemente" beobachten kann und nur daher überhaupt flüchtigen Kontakt hat. Gleichzeitig ist/lebt er in der „Zerstreuung", wobei sich „[s]eine Elemente" abgelöst haben und als „frei lebende Horde" die Welt herumschweifend umkreisen. Die Wortwahl zwischen Zerstreuung und Diaspora verweist auf mehr als nur die Suche nach einem passenderen Synonym. Während Zerstreuung einen allgemeineren dispersen Status oder auch Gemütszustand konnotiert, ist mit Diaspora meist konkret die Verstreuung von religiösen oder ethnischen Gruppen gemeint, im zeitgenössischen Kontext speziell des jüdischen Volkes. In der typisch aphoristischen Verallgemeinerungstendenz geht Kafka wieder zur „Zerstreuung" zurück, mit Blick sowohl auf die dissoziierte Gemeinschaft als auch auf die fragmentierte Subjektform.

So kommen Fragen auf, wie er für die „frei lebende Horde" und/oder „[s]eine Elemente" noch Verantwortung tragen kann, und ob dies überhaupt noch in das Wortfeld und den semantischen Rahmen von „Verantwortung" fällt. Verantwortung ist die zugeschriebene Pflicht *für* sich selbst oder *für* andere *vor* einer anderen Person oder Personengruppe einzustehen, zu handeln oder zu sprechen. Diese dreipolige rechtliche oder ethische Situation ist in ihrer Etymologie zunächst das *Sich-als-Angeklagter-Verteidigen*, dessen Bedeutungsrahmen sich verbreitet hat zum

---

[92] Nach Einsicht der (digitalisierten) Manuskriptseite in der Bodleian Library in Oxford ist folgender editorischer Fehler in der KKA aufgefallen, der in Malte Kleinworts luzider Analyse *Kafkas Verfahren* eingebaut ist. Die Durchstreichung eines „von" und Korrektur in ein „in" betrifft – wie oben korrekt dargestellt – das zweite „in" (im dritten Satz), nicht – wie irrtümlich im Apparat der T vermerkt – im ersten Satz (vgl. T', S. 397, wo die betreffende Zeile statt der 11 die 14 sein müsste).

allgemeinen *Antworten-auf*.⁹³ Bezeichnenderweise bleibt hier eine Antwort aus; es gibt keinen Dialog. Statt einer weiteren *Stimme* folgt eine – später durchgestrichene – Aufzeichnung im Tagebuch über ein *Zimmer*:

> ~~Er hat eine eigentümliche Wohnungstür, fällt sie ins Schloss, kann man sie nicht mehr öffnen, sondern muss sie ausheben lassen. Infolgedessen schliesst er sie niemals, [sondern] schiebt vielmehr in die immer halboffene Tür einen Holzbock damit sie sich nicht schliesse. Dadurch ist ihm natürlich alle Wohnungsbehaglichkeit genommen. Seine (S → N)achbarn sind zwar vertrauenswürdi(,) [und geben ein wenig auf sein] trotzdem muss er die Wertsachen in einer Handtasche den ganzen Tag mit sich herumtragen und wenn er [zuhause] auf dem Kanapee (in seinem Zimmer) liegt, ist es eigentlich als liege er auf dem Korridor, [besonders] im (Sommer weht ihm die dumpfe) im Winter [weht ihm] die eiskalte Luft von dort herein.~~ (T', S. 397)

Als Canetti seine kleine, aber gewichtige Beobachtung – „Kafka erzählt in Zimmern, ich in Stimmen" – notierte, kannte er diesen Text sehr wahrscheinlich nicht. Aber präzise zeigt sich an der Abfolge der beiden Aufzeichnungen („Er lebt in der Zerstreuung..." und „Er hat eine eigentümliche Wohnungstür..."), wie das Versagen von Antworten und Verantwortung auf eine räumliche Betrachtung umgekehrt und abgelenkt wird. Aus dem zentralen *Er*, der die schwindende Verantwortung für die umherschweifenden Elemente trägt, wird eine Betrachtung des Zimmers und von dessen Umgebung. Kleinwort bestimmt anhand der Abfolge beider Texte das Grundverhältnis von Mittelpunkt und Umkreis, dessen Grenzen durch Fenster und Tür, durch Transparenz und Luftzug nicht hermetisch, sondern *zugleich* Mittelpunkt und Umkreis sind. Die beiden Texte sind der Markierungspunkt, den Kleinwort selbst mit einer räumlichen Metapher als „den innersten Möglichkeitsraum der Literatur"⁹⁴ ermisst.

Canetti hat das Bild der zerstreuten Elemente aus Kafkas nicht gestrichener (und von Brod veröffentlichter) Aufzeichnung auf andere Weise – gewandelt – verwendet. Im Jahr seiner intensiven Kafka-Lektüren und Notizen, 1968, hat er in seiner Rede bei der Verleihung des Großen Österreichischen Staatspreises wörtlich gesagt:

> Der entscheidende, der eigentlich aufschlußreiche Moment im Lebens eines Menschen ist der, in dem die disparaten Elemente, die er in sich trägt, die zerstreut und unverbunden in ihm herumliegen, plötzlich zu einem unsichtbaren Kristall zusammenschießen, der nie mehr aufzulösen ist, von dessen harter, spürbarer, ja vielleicht schmerzlicher Form alles bestimmt sein wird, was er je unternimmt. Von diesem inneren Kristall wird er sich nie mehr befreien können, und ob er durch ihn scheitern wird oder ihm schließlich entspricht, wird sich erst sehr spät, manchmal sogar erst lange nach seinem Tode erweisen, nämlich dann, wenn Sinn oder auch Unsinn seines Werkes anderen aufgeht.⁹⁵

---

93 Siehe „verantworten". In: Friedrich Kluge/Elmar Seebold (Hg.): Etymologisches Wörterbuch der deutschen Sprache, 24. durchges. und erw. Aufl., bearb. v. Elmar Seebold. Berlin/New York 2002, S. 950.
94 Kleinwort: Kafkas Verfahren, S. 48.
95 Elias Canetti: Unsichtbarer Kristall. Aus der Rede bei der Verleihung des Großen Österreichischen Staatspreises am 25. Jänner 1968. In: ders.: Gesammelte Werke in 10 Bänden, Bd. 10: Aufsätze, Reden, Gespräche. München/Wien 2005, S. 67–70, hier S. 67.

In der gleichen Rede spricht Canetti von seinem persönlichen „entscheidenden Moment", der sich über sechs Jahre hinausstreckt und der an ein Wiener Zimmer im zweiten Stock in der Hackinger Hagenberggasse gebunden ist. Über das Fenster hat er die Schreie der Masse während des Fußballspielens gegenüber auf dem Sportplatz, aber „aus der Ferne"[96] vernommen. „Das Besondere dieser Lokalität, die Lage dieses Zimmers, das, wofür es offen war, das, was durch sein Fenster einging, hat die Natur des Kristalls bestimmt, von dem ich früher sprach. Ich wohne eigentlich noch heute in diesem Zimmer."[97]

Was für Canetti im Pathos einer Dankesrede auf ihn selbst als Autor gerichtet ist, erweist sich in auffallender Nähe zum Vokabular und Bildbestand von Kafkas *Er*-Aufzeichnung: „Zerstreuung"/„zerstreut", „Elemente", „Ferne".

6.3.2 Das Gewissen der Worte und die Hüter der Verwandlungen

Inwiefern erzählt Canetti nun „in Stimmen" in seinen Genres und Disziplinen überschreitenden Aufzeichnungen? Wie reflektiert er diese Form des Erzählens als eine (so selbst nicht genannte) Form der Fürsprache in seinen öffentlichen Reden? Welche Impulse ergeben sich insgesamt für Fürsprache als Modus der Resonanz und der Rezeption? Und wie steht dieser Prozess im Verhältnis zur Institutionalisierung von Literatur und zur Literaturwissenschaft? Ohne die – selbst weiterzutragenden – Fragen hier abschließend beantworten zu können, wird der Fokus auf einige einflussreiche Reden Canettis gerichtet, die sich der Thematik nähern.

Bereits in einer 1936 zu Hermann Brochs fünfzigstem Geburtstag gehaltenen Rede skizziert Canetti den Beruf des Dichters, den er vierzig Jahre später noch weiter umreißt. Über Broch, als „einen der ganz wenigen repräsentativen Dichter unserer Zeit",[98] leitet Canetti drei bestimmende Attribute, ja programmatische Forderungen an den repräsentativen Dichter ab. Als Erstes steht ein je anders ausgeprägtes Laster, das „den Dichter so unmittelbar mit seiner Umwelt [verbindet], wie die Schnauze den Hund mit seinem Revier",[99] und mit dem sich die Zeit in ihrer „pralle[n] und entsetzungsvolle[n] Spannung"[100] aus der Perspektive der Unterordnung ermisst. Es folgt zweitens „der ernste Wille zur Zusammenfassung seiner Zeit, ein Drang zur Universalität",[101] der die fragmentierten Teile in eine Art Totale zusammenbringt. Drittens

---

[96] Canetti: Unsichtbarer Kristall (Bd. 10), S. 68.
[97] Canetti: Unsichtbarer Kristall (Bd. 10), S. 69.
[98] Elias Canetti: Hermann Broch. In: ders.: Gesammelte Werk in 10 Bänden, Bd. 6: Die Stimmen von Marrakesch/Das Gewissen der Worte. München/Wien 1995, S. 100.
[99] Canetti: Hermann Broch. In: Das Gewissen der Worte (Bd. 6), S. 102.
[100] Canetti: Hermann Broch. In: Das Gewissen der Worte (Bd. 6), S. 100.
[101] Canetti: Hermann Broch. In: Das Gewissen der Worte (Bd. 6), S. 103.

postuliert Canetti, dass der repräsentative Dichter „gegen seine Zeit steht".[102] Mit diesen drei verwobenen Forderungen erklärt Canetti den wahren Dichter einerseits als Fürsprecher seiner Zeit, der nicht über dieser Zeit stehe, sondern ihr (als Beobachter) wie ein Hund verfallen sei. Andererseits muss der Dichter auch als Widersprecher seiner Zeit auftreten, dessen „Widerspruch [...] laut werden und Gestalt annehmen"[103] soll. Im Modus der „Unmittelbarkeit und Unerschöpflichkeit"[104] sowie im Feld zwischen persönlicher Erfahrung der Ohnmacht und dichterisch-objektivierendem Einsatz der Macht bewegt sich der repräsentative Dichter. Konkret an Broch gerichtet formuliert Canetti das am Anfang seiner Rede mit folgenden Worten:

> Es ist, als würde ihm mit dieser Ansprache gesagt: Ängstige dich nicht, du hast dich genug für uns geängstigt. Wir alle müssen sterben; aber noch ist es nicht sicher, ob auch du sterben mußt. Vielleicht haben gerade deine Worte uns vor den Späteren zu vertreten. Du hast uns treu und ehrlich gedient. Die Zeit entläßt dich nicht.[105]

Von seinen nahezu normativen Kriterien ist Canetti auch später nicht abgerückt. Die im institutionellen Rahmen einer Rede gezeichneten Eigenschaften des wahren Dichters am Beispiel Brochs hat er an den Anfang seiner Sammlung mit dem bezeichnenden Titel *Das Gewissen der Worte* (1975) gestellt. In der Vorbemerkung unterstreicht er, warum er die frühe Rede den gesammelten essayistischen Arbeiten aus „Vor- und Gegenbildern" (von 1962 bis 1974, unter anderem zu „Kafka und Konfuzius, Büchner, Tolstoi, Karl Kraus und Hitler")[106] hinzufügt. Seit der Rede habe er sich beinahe unwissentlich darum bemüht, „diesen Forderungen selber nachzukommen".[107]

Die Münchner Rede „Der Beruf des Dichters" zur Verleihung der Ehrendoktorwürde (1976) illustriert den Forderungskatalog an den Dichter weiter und modifiziert ihn an einer entscheidenden Stelle. Canetti wählt zunächst das Beispiel eines anonymen, unbekannten Autors, dessen Aufzeichnung ihn eine Woche vor dem Ausbruch des Zweiten Weltkriegs zum Nachdenken und zur Konversion der eigenen Voreingenommenheit gebracht hat: „Es ist aber alles vorüber. Wäre ich wirklich ein Dichter, ich müßte den Krieg verhindern können."[108] Der zweite Satz dieser Notiz, so Canetti,

---

102 Canetti: Hermann Broch. In: Das Gewissen der Worte, (Bd. 6), S. 104. Siehe dazu auch die folgende Aufzeichnung: „Die Zeit, in der man sich sehr gegen etwas wehrt, ist für den Dichter die wichtigste. Sobald der sich ergeben hat, ist er wieder kein Dichter mehr." Canetti: Die Provinz des Menschen (Bd. 4), S. 103 (1946).
103 Canetti: Hermann Broch. In: Das Gewissen der Worte (Bd. 6), S. 104.
104 Canetti: Hermann Broch. In: Das Gewissen der Worte (Bd. 6), S. 103.
105 Canetti: Hermann Broch. In: Das Gewissen der Worte (Bd. 6), S. 99.
106 Canetti: Vorbemerkung. In: Das Gewissen der Worte (Bd. 6), S. 95.
107 Canetti: Vorbemerkung. In: Das Gewissen der Worte (Bd. 6), S. 96.
108 Canetti: Der Beruf des Dichters. In: Das Gewissen der Worte (Bd. 6), S. 362.

enthält bei näherem Zusehen das Gegenteil einer Großsprecherei, nämlich das Eingeständnis kompletten Versagens. Noch mehr aber drückt er das Eingeständnis einer *Verantwortung* aus und zwar dort, – das ist das Verwunderliche daran, – wo man von Verantwortung im üblichen Sinne des Wortes am wenigsten sprechen könnte.[109]

Die Verwendung des Gegensatzpaares „Großsprecherei" und „Versagen[]" erinnert an Canettis Polarisierung der rhetorischen Wirkungen Nietzsches und Kafkas. Auch wenn diese Namen in der Rede nicht fallen, sind doch vom Standpunkt Canettis aus die Fragen des „irrationale[n] Anspruch[s] auf eine Verantwortung"[110] des anonymen Dichters und Kafkas Eingeständnis nach dem Verlust von Verantwortung im Aphorismus „Er lebt in der Zerstreuung ... " in engen Zusammenhang zu bringen.[111]

Überhaupt fallen in der Rede keine Namen von Autoren aus den letzten Jahrhunderten. Der verschwiegene Name des zitierten Dichters, den Canetti „schon darum nicht nennen kann, weil niemand ihn kennt",[112] und die gewählte kleine, persönliche Notiz, in welcher der Dichter „offenbar meint, was er sagt, denn er sagt es in der Stille, gegen sich selbst",[113] werden zu rhetorisch überzeugend eingesetzten Mitteln, um die Rücknahme von Verantwortung und öffentlicher Autorschaft zu implizieren. Das erinnert an Kafkas bewusstes Zurückweichen vor Autorschaft und Autorität und an seine Präferenz für die Bezeichnung *Schriftstellersein*.[114] Nach Canettis Bestimmung aber wäre er ein *Dichter*, jemand, „der von Worten besonders viel hält" und sich sowohl den Worten als auch den Menschen „ausliefert":

> Hinter all diesem Treiben steckt etwas, von dem er nicht immer selbst weiß, das meistens schwach ist, aber manchmal auch von einer Gewalt, die ihn zerreißt, nämlich der Wille, für alles in Worten Faßbare einzustehen und dessen Versagen selbst zu büßen.[115]

---

109 Canetti: Der Beruf des Dichters. In: Das Gewissen der Worte (Bd. 6), S. 362.
110 Canetti: Der Beruf des Dichters. In: Das Gewissen der Worte (Bd. 6), S. 363.
111 Als Vorbild für Verantwortlichkeit und Stimmenverwandlung gilt auch Karl Kraus: „Kraus war von Stimmen verfolgt, eine Verfassung, die gar nicht so selten ist, wie man meint – aber mit einem Unterschied: die Stimmen, die ihn verfolgten, *gab* es, in der Wiener Wirklichkeit. Es waren abgerissene Sätze, Worte, Ausrufe, die er überall hören konnte, auf Straßen, Plätzen, in Lokalen." Canetti: Karl Kraus, Schule des Widerstands. In: Das Gewissen der Worte (Bd. 6), S. 133, und: „Seine Größe bestand darin, daß er allein, buchstäblich allein, die Welt, soweit er sie kannte, seine Welt insgesamt, in all ihren Vertretern – und es waren ihrer unzählige – konfrontierte, hörte, aushorchte, attackierte und peitschte." (S. 134).
112 Canetti: Der Beruf des Dichters. In: Das Gewissen der Worte (Bd. 6), S. 361.
113 Canetti: Der Beruf des Dichters. In: Das Gewissen der Worte (Bd. 6), S. 362.
114 Siehe Kapitel 3.1.2.
115 Canetti: Der Beruf des Dichters. In: Das Gewissen der Worte (Bd. 6), S. 363. Auf ähnliche Weise drückt es die folgende Aufzeichnung aus: „Wenn man für alle noblen Sätze, die man je geäußert hat, einstehen müßte! Wenn man für *einen einzigen* von ihnen einstehen müßte!" Canetti: Die Provinz des Menschen (Bd. 4), S. 322 (1968).

In anderen Worten, die ebenfalls im semantischen Feld der Fürsprache angesiedelt sind, ist es die „Übernahme einer fiktiven Verantwortung für die anderen".[116] Das verbale Einstehen des Dichters für alles Auszudrückende und für die anderen Menschen muss in der Voraussicht des Krieges zwangsläufig Schuldgefühle hervorrufen.

Zu den eigentlichen Aufgaben des Dichters gehöre es nun, „Hüter der Verwandlungen" zu sein, und zwar im doppelten Sinne: Einmal soll sich der Dichter „das literarische Erbe der Menschheit zu eigen machen, das an Verwandlungen reich ist".[117] Neben den literarischen Verwandlungsstoffen aus Ovids *Metamorphosen*, Homers *Odyssee* und des mesopotamischen Epos *Gilgamesch* soll der Dichter auch „das enorme Reservoir des durch die Naturvölker mündlich Überlieferten"[118] bewahren und wiederauferstehen lassen. Diesen Prozess der bewussten Aneignung und des gezielten Tradierens formuliert Canetti an anderer Stelle so:

> Die schlechten Dichter verwischen die Spuren der Verwandlung; die guten führen sie vor.[119]
> (1944)

Zudem müsse ein Dichter inmitten einer Welt, welche „die Verwandlung mehr und mehr verbietet, weil sie dem Allzweck der Produktion entgegenwirkt"[120] die Fähigkeit besitzen, „zu *jedem* zu werden, auch zum Kleinsten, zum Naivsten, zum Ohnmächtigsten".[121] Der Zeit zum Trotz könne der wahre Dichter „die Zugänge *zwischen* den Menschen offenhalten".[122] Was oft als „Einfühlung" oder „Empathie" bezeichnet wird, sei mit dem Terminus der „Verwandlung" für den Prozess der Dichtung besser getroffen.[123] Die Verwandlung als anthropologische Konstante ist eine poetologische Form, die sich wiederum ins Anthropologische wandelt, wenn nur ein Teil dieser Erfahrungen in das literarische Werk einfließt. Verwandlung nach Canetti ist zunächst also eine Angelegenheit der inneren Anverwandlung, der Einverleibung von Stimmen, der „Lust auf Erfahrung anderer von innen her", und zwar motiviert „frei [...] von einer Absicht auf Erfolg oder Geltung":[124] „Da ist einmal die Gewalt der Figuren, die ihn besetzt halten, die den Raum, den sie einmal in ihm eingenommen haben, nicht preisgeben. Sie reagieren aus ihm heraus, als ob er aus ihnen bestünde."[125]

---

116 Canetti: Der Beruf des Dichters. In: Das Gewissen der Worte (Bd. 6), S. 363.
117 Canetti: Der Beruf des Dichters. In: Das Gewissen der Worte (Bd. 6), S. 364.
118 Canetti: Der Beruf des Dichters. In: Das Gewissen der Worte (Bd. 6), S. 366.
119 Canetti: Die Provinz des Menschen (Bd. 4), S. 79.
120 Canetti: Der Beruf des Dichters. In: Das Gewissen der Worte (Bd. 6), S. 366.
121 Canetti: Der Beruf des Dichters. In: Das Gewissen der Worte (Bd. 6), S. 367.
122 Canetti: Der Beruf des Dichters. In: Das Gewissen der Worte (Bd. 6), S. 367.
123 Zum theoretischen Begriff der Empathie siehe Claudia Breger/Fritz Breithaupt: Empathie und Erzählung. Freiburg 2010.
124 Canetti: Der Beruf des Dichters. In: Das Gewissen der Worte (Bd. 6), S. 367
125 Canetti: Der Beruf des Dichters. In: Das Gewissen der Worte (Bd. 6), S. 369.

Bei Kafka, dessen Erzählung „Die Verwandlung" Canetti als „eine der wenigen großen und vollkommenen Dichtungen dieses Jahrhunderts"[126] wahrnimmt, geschieht dies bis zur Abmagerung des eigenen Körpers. Entgegen der 1936 formulierten Forderung, nach der ein Dichter als Vertreter der Zeit den „Drang zur Universalität" brauche, erkennt Canetti nun den Wert des „Eingeständnis kompletten Versagens".[127]

Die drei Konzepte der (bei Canetti nicht näher ausgeführten) *Empathie*, der (von ihm beschriebenen) *Verwandlung* und der *Fürsprache* bilden eine Konstellation aus thematischen Beziehungen, die es hier kurz zu skizzieren gilt. Im Gegensatz zur Empathie ist die Verwandlung eine Art Verhaltens- bzw. Handlungskonzept. Anders als die Fürsprache ist die Verwandlung aber kein richtiges Verfahren; sie kommt nicht aus der institutionellen Verklammerung, sondern – als Entwurf des Amtes bzw. des „Berufs" des Dichters – erfindet sie eine Verklammerung, wo es eigentlich keine gibt.[128] Dem alten Begriff des Dichters verleiht Canetti in einer Art Existentialontologie und im Rahmen eines halbakademischen Diskurses damit Verfahrensregeln – vor den versammelten Germanisten in München.

Canettis Aufzeichnungen und Reden über Einflüsse, Konstellationen und Aufgaben des Dichters lassen sich mit seiner kleinen Anekdote abschließend nochmals veranschaulichen, die das *„Weitertragen des Gelesenen"*[129] ganz materiell zeigt. In seiner Rede bei der Verleihung des Johann-Peter-Hebel-Preises (1980) schildert Canetti sein persönliches Leseereignis des *Schatzkästleins* als dreizehnjähriger Schüler. Hebel sei damals „der beste Lehrer" gewesen, unter anderem, weil dieser Dichter „daran Anteil nimmt, was jeder treibt" und weil für ihn „jeder zählt", auch der Kleine, das Tier, selbst „Planeten und Kometen".[130] Als Canetti 1936 in Wien von dem bekannten Rezitator Ludwig Hardt besucht wurde, übergab dieser ihm eine Ausgabe des *Schatzkästleins*, die sich als Kafkas persönliches Exemplar herausstellte. Hardt erklärte, dass Kafka ihm diese Ausgabe nach einer Rezitation von Hebel-Stücken geschenkt hatte, und begann daraufhin, diese Stücke aus dem Gedächtnis nochmals vorzutragen. „Es war zwölf Jahre nach Kafkas Tod und dieselben Worte, die er damals gehört hatte, aus demselben Mund trafen auf mein Ohr", beschreibt Canetti, woraufhin Hardt und Canetti bewusst wurde, dass sie „eine neue Abwandlung derselben Geschichte erlebt hatten".[131] Mit der zweiten Überreichung des Buches, das Hardt immer bei sich hatte und das Canetti auch 44 Jahre

---

126 Canetti: Der andere Prozeß. In: Das Gewissen der Worte (Bd. 6), S. 178.
127 Canetti: Der Beruf des Dichters. In: Das Gewissen der Worte (Bd. 6), S. 362.
128 Canetti spricht (wie oben zitiert) wörtlich von der „fiktiven Verantwortung für die anderen". Canetti: Der Beruf des Dichters. In: Das Gewissen der Worte (Bd. 6), S. 363. Zum Status der Literatur als Quasi-Institution siehe Derrida: Préjugés. Vor dem Gesetz.
129 Canetti: Das Geheimherz der Uhr (Bd. 4), S. 460.
130 Canetti: Hebel und Kafka. In: Aufsätze, Reden, Gespräche (Bd. 10), S. 110.
131 Canetti: Hebel und Kafka. In: Aufsätze, Reden, Gespräche (Bd. 10), S. 111.

lang mit sich trug, könnte die Idee vom „*Weitertragen des Gelesenen*"[132] während einer Rede zur Ehrung im Namen Hebels nicht bildlicher gezeigt werden. Kafkas Widmung im Buch ist dabei selbst eine kleine Fürsprache, die aufgrund ihrer spezifischen Zeitlichkeit und der konstruierten Konstellationen eigentlich eine doppelte Fürsprache ist. Er spricht sowohl für Ludwig Hardt als auch für den längst verstorbenen Johann Peter Hebel und richtet dies gleichzeitig an Hardt und an Hebel – aus einem „unumgänglich[en] nachträglichen"[133] Blick. Kafkas Widmung lautet:

> Für Ludwig Hardt, um Hebel eine Freude zu machen,
> von Franz Kafka.[134]

---

132 Canetti: Das Geheimherz der Uhr (Bd. 4), S. 460.
133 Schuller: Moderne. Verluste, S. 10.
134 Canetti: Hebel und Kafka. In: Aufsätze, Reden, Gespräche (Bd. 10), S. 111.

7 Schlussbemerkung: „Übersetzung in Germanistik"

Vermutlich mit Augenzwinkern hat Elias Canetti einen ungrammatischen bzw. unvollständigen Dreiwortsatz inmitten seiner Aufzeichnungen hinterlassen, aber für den Druck vorgesehen: „Übersetzung in Germanistik."[1] Canetti war weder ästhetisch wertender Literaturkritiker noch philologisch, historisch, poetologisch, vergleichend oder strukturell auswertender Literaturwissenschaftler. Er wollte, so sein persönlich betrauter Nachlassverwalter Peter von Matt, „verehren oder verabscheuen, ganz und gar, als gäb's nur Böcke und Schafe".[2] Canettis Begrifflichkeiten sind theoretisch unscharf und seine Argumentationen unsystematisch. Dennoch: Sein Einsatz als literarischer Fürsprecher und seine Rede über den Beruf des Dichters spielen – verwandelt und ohne direkten Bezug – eine wichtige Rolle in der Germanistik.

Inwiefern das Moment der Fürsprache latent und auf unterschiedliche Weise in die Philologie-Debatten Eingang gefunden hat, soll hier abschließend und ausblickend zusammengetragen werden, um das theoretische Potential dieser Figur weiter zu unterstreichen. Anhand von drei philologischen Teilaspekten – der Editionsphilologie, dem epistemischen Status der Philologie und der kulturwissenschaftlichen Erweiterung der Literaturwissenschaft – kann das jüngst gehäuft und prägnant auftauchende *Für* in den Fachdiskussionen mit der entwickelten Rhetorik und Poetik der Fürsprache verbunden werden.

Im engen Sinne der Editionsphilologie, so ist bereits am Anfang dieser Arbeit und in den Erwägungen zur Wahl der Werkausgabe Kafkas angedeutet worden, lässt sich die Rolle des Editionsphilologen mit der eines Fürsprechers verbinden. Bei Kafka – wie auch bei anderen Autoren mit stark fragmentarischem, wenig selbst publiziertem oder autorisiertem Oeuvre (z. B. Kleist, Keller, Trakl) – ist der Editor der Agent, der das Werk für die breite Masse nach dem Ableben des Autors greifbar macht; andererseits führt er apparative und institutionelle Entscheidungen im Namen des Autors durch. Seit Karl Lachmanns Lessingausgabe wird er als Herausgeber historisch-kritischer Ausgaben oft als Vormund des Autors gesehen.[3] Er nimmt dem Autor „das Wort aus dem verschlossenen Mund", so Neumann; als „Fürsprech [...], der ihn in die Öffentlichkeit begleitet".[4] Wie Kafka den Riss zwischen artistischem Arbeiten und Veröffentlichen vielfach auch thematisiert, zeigen die Impresariofiguren, die für die Artisten den

---

[1] Canetti: Aufzeichnungen 1992–1993 (Bd. 5), S. 388 (1992).
[2] Von Matt: Nachwort. In: Penka Angelova/ders. (Auswahl): Elias Canetti. Über die Dichter. München 2004, S. 125–132, hier S. 125.
[3] Siehe Neumann: Der verschleppte Prozess. Neumann beschreibt, dass der Editor „zum Geburtshelfer bei des Schreibenden Selbstgeburtsphantasien" wird und verweist auf den etymologischen Zusammenhang von „Edieren" und gebären (lat. *edere*) (S. 109).
[4] Neumann: Werk oder Schrift?, S. 15.

Graben zwischen künstlerischer Produktion und kommerzieller Verteilung überbrücken, sowie Kafkas Nachruf auf die kurzlebige Zeitschrift *Hyperion*.[5] Fremdes, editorisches Intervenieren erschien ihm abträglich. Aus dieser Perspektive ist es ein Verdienst der seit 1995 sukzessive erscheinenden *Frankfurter Kafka-Ausgabe* bzw. *Franz Kafka-Ausgabe* (FKA) des Stroemfeld Verlags, den Autor *Franz Kafka* – soweit eben noch möglich – selbst zur Sprache kommen zu lassen. In der *Kritischen Kafka-Ausgabe* (KKA) des Fischer-Verlags hingegen spricht der Editor auch als *Kritiker*, auch wenn er näher am Manuskript orientiert ist als der Impresario und „Geburtshelfer" Max Brod. In der FKA stehen Faksimiles sämtlicher verfügbarer Manuskripte und Typoskripte auf der einen Seite, neben einer zeichen- und zeilengetreuen Transkription als „Lese- und Entzifferungshilfe"[6] auf der anderen Seite. An diesem Editionsprojekt zeigt sich, dass der Text selbst bereits Fürsprache sein kann.

Im weiteren, den epistemischen Rahmen betreffenden Sinne der Philologie führt Werner Hamacher diesen Gedanken der immer schon zugrunde liegenden Fürsprache auf andere Weise aus. Er hat auf die Erkundung, was eine philologische Frage sei, in einem Vortrag, einem Aufsatz und einer erweiterten Buchfassung mit dem programmatischen Titel *Für – die Philologie* geantwortet. Nach Hamacher ist Philologie die „Advokatin"[7] jedes Wortes. Obwohl sie in den (deutschen) Universitäten in Form von Instituten oder Studiengängen engmaschig etabliert ist, sei sie „keine Disziplin" und „erst recht keine Tätigkeit in den verstaubten Archiven von Fliegenbeinzählern und keine in den neonbeleuchteten Laboratorien von Fliegenbeinzupfern",[8] sondern werde – *vor* all dem – schon von jedem Sprechenden und Handelnden ausgeübt: „Wer spricht und wer handelt, betreibt, um sprechen und handeln zu können, auch dann wenn er's so nicht nennt, Philologie."[9] Jeder Sprechende – und damit auch der Fürsprecher-Suchende aus Kafkas „Fürsprecher"-Text – ist nach Hamacher ein Philologe. Als Sprechender spricht er immer schon *über* die Sprache *zu* ihr, und im Dialog auch als Antwort *auf* sie. So findet schließlich das *Ich* im „Fürsprecher"-Text, wie eingangs ausgeführt, einen Aspekt der Fürsprache, indem es selbst zu und für sich

---

5 Ein väterlich-fürsorglicher Impresario findet sich in „Erstes Leid" und der wohl berühmteste Impresario ist der des „Hungerkünstlers". Ein von Kafka für die Publikation der Erzählung „Ein Bericht für eine Akademie" verworfener Teil ist das Interview eines Berichterstatters mit dem Impresario des Affen Rotpeter. Kafka entschied sich gegen diesen Teil für die Veröffentlichung (sowie auch gegen eine Version, in der der Berichterstatter Rotpeter interviewt) zugunsten des Berichts Rotpeters, der für sich selbst spricht (siehe Kapitel 5.2).
6 Reuß: ~~Lesen, was gestrichen wurde~~, S. 17.
7 Werner Hamacher: Für – die Philologie. In: Jürgen Paul Schwindt (Hg.): Was ist eine philologische Frage? Beiträge zur Erkundung einer theoretischen Einstellung. Frankfurt a. M. 2009, S. 21–60, hier S. 27. An anderer Stelle führt Hamacher aus: „Die immanente Suspendierung des Wortes im Wort macht es zu einem Für-Sprecher, einem Advokaten und Anwalt für Anderes, das in keinem Wort unterkommt." (S. 53).
8 Werner Hamacher: Für – die Philologie. Basel 2009, S. 2–3.
9 Hamacher: Für – die Philologie, S. 3–4.

spricht. Intuitiv weiß der Erzähler, dass er nicht am richtigen Ort für seine dringliche Suche ist; statt auf den ruhigen Fluren müsste er, „an einem Ort sein, wo vielerlei Menschen zusammenkommen, aus verschiedenen Gegenden, aus allen Ständen, aus allen Berufen, verschiedenen Alters". (NII, S. 379) Ein solcher Ort wäre zum Beispiel ein von Stimmengewirr durchtränkter Jahrmarkt. Den Erzähler treibt das Gesuch nach Sprache, das auch die Philologie nach Hamacher bestimmt:

> Was die Philologie treibt, das wird von der Frage nach ihr getrieben: Es ist das Verlangen nach Sprache, nach *Sprache über die Sprache* – über die Sprache als Gegenstand und über jede ihrer Vergegenständlichungen *hinaus* [...].[10]

Nach dieser Logik ist die Dichtung „die Erste Philologie", da sie aufgrund ihrer „Welten-Offenheit"[11] für alle möglichen und unmöglichen Welten maßgebend ist. Mittels Reartikulation überführe die Philologie den Text in einen freien, vorurteilsfreien Raum; sie spreche „*für* [die Literatur] und zugunsten dessen [...], was sich in der Literatur freizusetzen sucht".[12]

Benno Wagner nähert sich hingegen dem Konzept der Fürsprache in einem verstärkt kulturwissenschaftlichen Sinne und ermittelt das „Spannungsverhältnis von öffentlicher Fürsprache und einsamem Insichhineinmurmeln"[13] jeweils anhand von Karl Kraus' und Kafkas schriftstellerischen Kriegsinterventionen. Kafka überführe, so argumentiert Wagner, „seine in der industriellen Unfallversicherung erprobten Verfahren der Fürsprache auf das Gebiet der Literatur, indem er die Stimme eines am Bau der Chinesischen Mauer beteiligten Architekten mit der Stimme des Opfers einer Besetzung der chinesischen Hauptstadt durch blutrünstige Nomaden konfrontiert".[14] An anderer Stelle zieht Wagner ebenfalls Kafkas China-Komplex heran und argumentiert dezidiert über eine integrative Lektüre von narrativen Strategien und dem historischen Ereignis des Ersten Weltkriegs gegen den beinahe polemischen Ästhetizismus Karl Heinz Bohrers.[15]

---

10 Hamacher: Für – die Philologie, S. 31.
11 Hamacher: Für – die Philologie, S. 14.
12 Hamacher: Für – die Philologie, S. 55–56. Bezeichnend ist auch, dass Hamacher für seine *95 Thesen zur Philologie* Formen von Zitaten und Aphorismen wählt, die selbst zum Weitertragen einladen, z. B. These 67: „Gewiß, die Philologie fragt ‚Qui parle?' und fragt nicht nur nach einem Sprecher, sondern nach einer vielleicht unabsehbaren Pluralität von Sprechern und Vor- und Mit- und Nachsprechern – und fragt so nach ‚sich selbst'. Aber sie fragt, und da jede Frage in der Abwesenheit einer Antwort gestellt wird, und da diese Abwesenheit unendlich dauern kann, muß sie auch fragen ‚Wer schweigt?' und ‚Was schweigt?' – und muß sich selber erschweigen." Werner Hamacher: 95 Thesen zur Philologie. Holderbank 2010, S. 70.
13 Wagner: Fürsprache – Widerstreit – Dialog, S. 259.
14 Wagner: Fürsprache – Widerstreit – Dialog, S. 263–264.
15 Benno Wagner: „Lightning no longer flashes". Kafka's Chinese Voice and the Thunder of the Great War. In: Jakob Lothe/Beatrice Sandberg/Ronald Speirs: Franz Kafka. Narration, Rhetoric, and Reading. Columbus 2011, S. 58–80. Karl Heinz Bohrer: „Literatur ist nicht Kultur: Zur Verteidigung einer Disziplin". In: Süddeutsche Zeitung 251 (31.10./1.11. 2005), S. 20.

Die Beschäftigung mit dem Thema Literatur und Fürsprache – in theoretischer, thematischer und methodologischer Hinsicht – arbeitet gerade keiner gegenläufigen Bewegung von internen, verengenden philologischen Kernschwerpunkten auf der einen Seite und fachübergreifenden, diskurs- und kulturwissenschaftlichen Randerweiterungen auf der anderen Seite zu. Vielmehr liegt es im Thema selbst, sich in diesem Spannungsgefüge nicht einseitig zu positionieren oder bestimmte universitär-institutionelle Areale zu beanspruchen, da dies wechselseitige, produktive Erkenntnisse hemmen würde.[16] Die beiden, häufig als diametral profilierten Seiten der philologischen Stringenz und der kulturwissenschaftlich-diskursiven Öffnung können über die Fürsprache in ein wechselseitiges Verhältnis gebracht werden und in diesem Sinne füreinander sprechen. Der „Fürsprecher"-Text Kafkas zielt in mehrfacher Hinsicht in diesen vielschichtigen Zusammenhang, denn er spielt subtil mit dem Suchen, Sammeln und Archivieren sowie mit dem Finden, Be-Schreiben[17] und Sprechen von Sprache – ganz so, wie die Germanistik als Philologie und Kulturwissenschaft; und ganz so, wie die Philologie und Kulturwissenschaft *für* die Literatur.

---

16 Siehe den Sammelband und speziell die Vorbemerkung in: Walter Erhart (Hg.): Grenzen der Germanistik. Rephilologisierung oder Erweiterung? Stuttgart 2004, S. ix–xxiv, besonders S. xxiii.
17 Die im „Fürsprecher"-Text auftauchenden mysteriösen Gestalten weisen funktional auf die Verfasstheit des Textes selbst hin, als figurative und narrative Gestalten. Man könnte sie so als stumme Verkörperungen der Fürsprache verstehen; sie stehen hier *für Schrift*. Für eine solche Lesart gäbe es gleich mehrere Indizien: Zunächst einmal tragen sie „den ganzen Körper bedeckende, dunkelblau und weiß gestreifte Schürzen" (NII, S. 377), die Notizbuchseiten ähneln. Indem sie sich den Bauch streichen, scheinen sie Schreibbewegungen nachzuahmen, was an die bläulich-bräunlich-schwärzliche Tintenführung auf weißem Papier erinnert – und damit an den materiellen „Fürsprecher"-Text sowie das Heft, in dem er niedergeschrieben wurde. Erlaubt man diese Deutung, dann sind die Frauen nicht nur Inkarnationen der Schrift, sondern auch der Prozesshaftigkeit des Schreibens selbst; also selbstreflektierende Erscheinungen, die ihren *Text*körper selbst beschreiben. Zunächst drehen sie sich „schwerfällig hin und her". (NII, S. 377) Die deiktischen Direktionaladverbien hin und her weisen einerseits auf ein Umblättern hin, andererseits – aus der den gesamten Text durchziehenden doppelten, vexierbildartigen Inklusions- und Exklusionsperspektive – auf den Wechsel vom engen Ort des Gerichts hin zum Überall. So ist es sicher nicht zufällig, dass es gerade die Gänge einer Bibliothek oder eines Museums sind, an die der Erzähler erinnert wird. In ständiger Bewegung, kommend und gehend, immer wieder und fast einschläfernd, deuten die Frauen auch auf die Unabgeschlossenheit, ja Unabschließbarkeit des textuellen Wissens, auf Wiederholungen und auf Schwerfälligkeit.

Siglen

BR 1902–1924	Franz Kafka: Briefe 1902–1924, hg. v. Max Brod. New York 1958.
FKA	Franz Kafka: Historisch-Kritische Ausgabe sämtlicher Handschriften, Drucke und Typoskripte, hg. v. Roland Reuß/Peter Staengle. Basel/Frankfurt a. M. 1995–.
FKA/O2	Oxforder Oktavheft 2. 2006.
FKA/O3	Oxforder Oktavheft 3. 2008.
FKA/O4	Oxforder Oktavheft 4. 2008.
FKA/O5	Oxforder Oktavheft 5. 2009.
FKA/P	Der Process. 1997.
KKA	Franz Kafka: Schriften. Tagebücher. Briefe. Kritische Ausgabe, hg. v. Jürgen Born/Gerhard Neumann/Malcolm Pasley/Jost Schillemeit. Frankfurt a. M. 1982–.
AS	Franz Kafka: Amtliche Schriften, hg. v. Klaus Hermsdorf/Benno Wagner. 2004.
B 1900–1912	Briefe 1900–1912, hg. v. Hans-Gerd Koch. 1999.
B 1913–1914	Briefe 1913–1914, hg. v. Hans-Gerd Koch. 1999.
B 1914–1917	Briefe 1914–1917, hg. v. Hans-Gerd Koch. 2005.
B 1918–1920	Briefe 1918–1920, hg. v. Hans-Gerd Koch. 2013.
D	Drucke zu Lebzeiten, hg. v. Wolf Kittler/Hans-Gerd Koch/Gerhard Neumann. 2002.
D'	Drucke zu Lebzeiten, Apparatband. 2002.
NI	Nachgelassene Schriften und Fragmente I, hg. v. Malcolm Pasley. 1993.
NI'	Nachgelassene Schriften und Fragmente I, Apparatband. 1993.
NII	Nachgelassene Schriften und Fragmente II, hg. v. Jost Schillemeit. 1993.
NII'	Nachgelassene Schriften und Fragmente II, Apparatband. 1993.
P	Der Proceß, hg. v. Malcolm Pasley. 1990.
P'	Der Proceß, Apparatband. 1990.
S	Das Schloß, hg. v. Malcolm Pasley. 1982.
S'	Das Schloß, Apparatband. 1982.
T	Tagebücher, hg. v. Hans-Gerd Koch/Michael Müller/Malcolm Pasley. 2002.
T'	Tagebücher, Apparatband. 2002.
V	Der Verschollene, hg. v. Jost Schillemeit. 1983.
V'	Der Verschollene, Apparatband. 1983.

Literaturverzeichnis

Abraham, Ulf: Der verhörte Held. Recht und Schuld im Werk Franz Kafkas. München 1985.
Adamzik, Sylvelie: Kafka. Topographie der Macht. Basel/Frankfurt a. M. 1992.
Adorno, Theodor W.: Kritik. In: ders.: Gesammelte Schriften, Bd. 10.2 (Kulturkritik und Gesellschaft II). Frankfurt a. M. 1977, S. 785–793.
Agamben, Giorgio: Das Offene. Der Mensch und das Tier, übers. v. Davide Giuriato. Frankfurt a. M. 2003.
Agamben, Giorgio: Homo Sacer. Die souveräne Macht und das nackte Leben [1995], übers. v. Hubert Thüring. Frankfurt a. M. 2002.
Alcoff, Linda: The Problem of Speaking for Others. In: Cultural Critique 20 (1991), S. 5–32.
Alt, Peter-André: Franz Kafka. Der ewige Sohn. Eine Biographie. München 2005.
Aristoteles: Poetik, übers. und erläutert v. Abrogast Schmitt. In: Aristoteles. Werke in deutscher Übersetzung, begründet v. Ernst Grumach/hg. v. Hellmut Flashar, Bd. 5. Berlin 2008.
Aristoteles: Rhetorik, übers. und erläutert v. Christof Rapp. In: Aristoteles. Werke in deutscher Übersetzung, begründet v. Ernst Grumach/hg. v. Hellmut Flashar, Bd. 4. Berlin 2002.
Aurelius, Erik: Der Fürbitter Israels. Eine Studie zum Mosebild im Alten Testament. Stockholm 1988.
Austin, John: How to Do Things with Words. Oxford 1962.
Bachtin, Michael: Das Wort im Roman (1934/35). In: ders.: Die Ästhetik des Wortes, übers. v. Rainer Grübel und Sabine Reese. Frankfurt a. M. 1975, S. 254–300.
Balke, Friedrich/Joseph Vogl/Benno Wagner: Einleitung. In: dies. (Hg.): Für Alle und Keinen. Lektüre, Schrift und Leben bei Nietzsche und Kafka. Zürich 2008, S. 7–18.
Barthes, Roland: La mort de l'auteur [1968]. In: ders.: Le bruissement de la langue. Paris 1984, S. 61–67.
Bauer-Wabnegg, Walter: Zirkus und Artisten in Franz Kafkas Werk. Ein Beitrag über Körper und Literatur im Zeitalter der Technik. Erlangen 1986.
Beck, Evelyn Torton: Kafka and the Yiddish Theater. Its Impact on his Work. Madison 1971.
Beißner, Friedrich: Der Erzähler Franz Kafka und andere Vorträge. Frankfurt a. M. 1983.
Benjamin, Walter: Aufzeichnungen (bis 1931). In: ders.: Benjamin über Kafka. Texte, Briefzeugnisse, Aufzeichnungen, hg. v. Hermann Schweppenhäuser. Frankfurt a. M. 1981, S. 116–132.
Benjamin, Walter: Aufzeichnungen 7. In: ders.: Benjamin über Kafka. Texte, Briefzeugnisse, Aufzeichnungen, hg. v. Hermann Schweppenhäuser. Frankfurt a. M. 1981, S. 127–129.
Benjamin, Walter: Franz Kafka. Zur zehnten Wiederkehr seines Todestages. In: ders.: Benjamin über Kafka. Texte, Briefzeugnisse, Aufzeichnungen, hg. v. Hermann Schweppenhäuser. Frankfurt a. M. 1981, S. 9–38.
Benn, Gottfried: Nietzsche – Nach fünfzig Jahren. In: ders.: Gesammelte Werke. Essays, Reden, Vorträge, hg. v. Dieter Wellershoff. Wiesbaden 1962.
Bentham, Jeremy/Miran Božovič (Hg.): The Panopticon Writings. London/New York 1995.
Benveniste, Émile: Probleme der allgemeinen Sprachwissenschaft, übers. v. Wilhelm Bolle. München 1974.
Betz, Otto: Der Paraklet. Fürsprecher im häretischen Spätjudentum, im Johannes-Evangelium und in neu gefundenen gnostischen Schriften. Leiden 1963.
Bezzel, Chris: Kafka-Chronik. Daten zu Leben und Werk. München/Wien 1975.
Binder, Hartmut: Kafka. Der Schaffensprozeß. Frankfurt a. M. 1983.
Binder, Hartmut: Kafka-Kommentar zu den Romanen, Rezensionen, Aphorismen und zum Brief an den Vater. München 1976.

Binder, Hartmut: Kafka-Kommentar zu sämtlichen Erzählungen. München 1975.
Binder, Hartmut: Motiv und Gestaltung bei Franz Kafka. Bonn 1966.
Blanchot, Maurice: Die Erzählstimme. Das „Er/Es", das Neutrum [1964]. In: ders.: Von Kafka zu Kafka, übers. v. Elsbeth Dangel. Frankfurt a. M. 1993, S. 141–152.
Blank, Juliane: *Ein Landarzt. Kleine Erzählungen*. In: Manfred Engel/Bernd Auerochs (Hg.): Kafka-Handbuch. Leben – Werk – Wirkung. Stuttgart 2010, S. 218–240.
Blei, Franz: Abschied an den Leser. In: Hyperion. Eine Zweimonatsschrift 11/12 (1910), S. 188–189.
Blödorn, Andreas/Daniela Langer/Michael Scheffel (Hg.): Stimme(n) im Text. Narratologische Positionsbestimmungen. Berlin/New York 2006.
Bohrer, Karl Heinz: Literatur ist nicht Kultur. Zur Verteidigung einer Disziplin. In: Süddeutsche Zeitung 251 (31.10./1.11.2005), S. 20.
Born, Jürgen (Hg.): Franz Kafka. Kritik und Rezeption 1924–1938. Frankfurt a. M. 1983.
Born, Jürgen: Kafkas Bibliothek. Ein beschreibendes Verzeichnis. Mit einem Index aller in Kafkas Schriften erwähnten Bücher, Zeitschriften und Zeitschriftenbeiträge, zusammengestellt unter Mitarbeit v. Michael Antreter, Waltraud John und Jon Shepherd. Frankfurt a. M. 1990.
Bourdieu, Pierre: Vom Gebrauch der Wissenschaft. Für eine klinische Soziologie des wissenschaftlichen Feldes. Konstanz 1998.
Breger, Claudia/Fritz Breithaupt: Empathie und Erzählung. Freiburg 2010.
Brod, Max: Über Franz Kafka. Frankfurt a. M. 1966.
Bücher, Karl: Haushaltungsbudgets oder Wirtschaftsrechnungen? In: Zeitschrift für die gesamte Staatswissenschaft 62.4 (1906), S. 686–700.
Bühler, Karl: Sprachtheorie. Die Darstellungsfunktion der Sprache. Stuttgart 1965.
Busse, Constanze: Kafkas deutendes Erzählen. Perspektive und Erzählvorgang in Franz Kafkas Roman *Das Schloß*. Münster 2001.
Campe, Rüdiger: Kafkas Fürsprache. In: Arne Höcker/Oliver Simons (Hg.): Kafkas Institutionen. Bielefeld 2007, S. 189–212.
Campe, Rüdiger: Kafkas Institutionenroman. In: ders./Michael Niehaus (Hg.): Gesetz. Ironie. Festschrift für Manfred Schneider. Heidelberg 2004, S. 197–208.
Campe, Rüdiger: Schreiben im *Process*. Kafkas ausgesetzte Schreibszene. In: Davide Giuriato/Martin Stingelin/Sandro Zanetti (Hg.): „Schreibkugel ist ein Ding gleich mir: von Eisen". Schreibszenen im Zeitalter der Typoskripte. München 2005, S. 115–132.
Campe, Rüdiger: *Synegoria* und Advokatur. Entwurf einer kritischen Geschichte der Fürsprache. In: Claudia Breger/Fritz Breithaupt (Hg.): Empathie und Erzählung. Freiburg 2010, S. 53–84.
Canetti, Elias: Gesammelte Werke in 10 Bänden. München/Wien 1992–2005.
Canetti, Elias: Rudolf Hartung (1982). In: Bernhard Albers (Hg.): Rudolf Hartung. Elias Canetti. Ein Rezipient und sein Autor. Aachen 1992, S. 5–10.
Cohn, Dorrit: K. enters *The Castle*. On the Change of Person in Kafka's Manuscript. In: Euphorion 62 (1968), S. 28–45.
Cohn, Dorrit: Kafka's Eternal Present. Narrative Tense in „Ein Landarzt" and Other First-Person Stories. In: PMLA 81.1 (1968), S. 144–150.
Cohn, Dorrit: The Encirclement of Narrative. On Franz Stanzel's Theorie des Erzählens. In: Poetics Today 2.2 (1981), S. 157–182.
Corbella, Walter: Panopticism and the Construction of Power in Franz Kafka's *The Castle*. In: Papers on Language & Literature 43.1 (2007), S. 68–88.
Corngold, Stanley/Jack Greenberg/ Benno Wagner (Hg.): Franz Kafka. The Office Writings. Princeton 2009.
Crook, John Anthony: Legal Advocacy in the Roman World. Ithaca 1995.
Deleuze, Gilles/Félix Guattari: Kafka. Für eine kleine Literatur, übers. v. Burkhart Kroeber. Frankfurt a. M. 1976.

Deleuze, Gilles: Les intellectuels et le pouvoir. Entretien Michel Foucault – Gilles Deleuze. In: L'Arc. 49 (1972), S. 3–10.
Deleuze, Gilles: Logik des Sinns, übers. v. Bernhard Dieckmann. Frankfurt a. M. 1993.
Deleuze, Gilles: Logique du sens. Paris 1969.
Deleuze, Gilles: Postskriptum über die Kontrollgesellschaften [1990]. In: Unterhandlungen 1972–1990, übers. v. Gustav Rößler. Frankfurt a. M. 1993, S. 254–262.
Densky, Doreen: Narrative Transformed. The Fragments around Franz Kafka's „A Report to an Academy". In: Humanities 6.2 (2017).
Densky, Doreen: Proxies in Kafka. *Koncipist* FK and *Prokurist* Josef K. In: Stanley Corngold/Ruth V. Gross (Hg.): Kafka for the Twenty-First Century. Rochester 2011, S. 120–135.
Densky, Doreen: Speaking for Liveliness. Franz Kafka's Obituary for the *Hyperion* and his Introductory Speech on Yiddish. In: The German Quarterly 88.3 (2015), S. 334–354.
Derrida, Jacques: Préjugés. Vor dem Gesetz, übers. v. Detlef Otto/Axel Witte. Wien 1992.
Dietz, Ludwig: Franz Kafka und die Zweimonatsschrift *Hyperion*. Ein Beitrag zu Biographie, Bibliographie und Datierung seiner frühen Prosa. In: DVjs 37 (1963), S. 463–473.
Edmunds, Lowell: Kafka on Minor Literature. In: German Studies Review 33.2 (2010): S. 351–374.
Engel, Manfred: *Der Verschollene*. In: ders./Bernd Auerochs (Hg.): Kafka-Handbuch. Leben – Werk – Wirkung. Stuttgart 2010, S. 175–191.
Engel, Manfred: Kleine nachgelassene Schriften und Fragmente 3. In: ders./Bernd Auerochs (Hg.): Kafka-Handbuch. Leben – Werk – Wirkung, Stuttgart 2010, S. 343–370.
Engel, Manfred: Zürauer Aphorismen. In: ders./Bernd Auerochs (Hg.): Kafka-Handbuch. Leben – Werk – Wirkung. Stuttgart 2010, S. 281–292.
Engelmann, Susanna: Babel, Bibel, Bibliothek. Canettis Aphorismen zur Sprache. Würzburg 1997.
Erhart, Walter (Hg.): Grenzen der Germanistik. Rephilologisierung oder Erweiterung? Stuttgart 2004.
Ewald, François: L'Etat Providence. Paris 1986.
Fischer, Hendrik: Messen ohne Maß. Wege und Irrwege des Gottlieb Schnapper-Arndt (1984–1904). In: Christian Klein (Hg.): Kuriosa der Wirtschafts-, Unternehmens- und Technikgeschichte. Miniaturen einer „fröhlichen Wissenschaft". Essen 2008, S. 106–112.
Fortmann, Patrick: Kafka's Literary Communities. In: Modern Language Review 104 (2009), S. 1038–1062.
Foucault, Michel: Hermeneutik des Subjekts. Vorlesung am Collège de France [1981/82], Nachschrift und übers. v. Helmut Becker in Zusammenarbeit mit Lothar Wolfstetter. Frankfurt a. M. 2004.
Foucault, Michel: Überwachen und Strafen. Die Geburt des Gefängnisses, übers. v. Walter Seitter. Frankfurt a. M. 1976.
Foucault, Michel: Was ist ein Autor? In: Fotis Jannidis/Gerhard Lauer/Matías Martínez/Simone Winko (Hg.): Texte zur Theorie der Autorschaft. Stuttgart 2000, S. 198–229.
Fricke, Harald: Aphorismus. Stuttgart 1984.
Fricke, Harald: Aphorismus. In: Klaus Weimar u. a. (Hg.): Reallexikon der deutschen Literaturwissenschaft, Bd. 1. Berlin/New York 1997, S. 104–106.
Fromer, Jakob: Der Organismus des Judentums. Charlottenburg 1909.
Fromm, Waldemar: Artistisches Schreiben. Franz Kafkas Poetik zwischen *Proceß* und *Schloß*. München 1998.
Gadamer, Hans-Georg: Über das Lesen von Bauten und Bildern. In: Karlheinz Stierle/Gundolf Winter (Hg.): Modernität und Tradition. Festschrift für Max Imdahl zum 60. Geburtstag. München 1985, S. 97–103.
Gellen, Kata: Hearing Spaces. Architecture and Acoustic Experience in Modernist German Literature. In: Modernism/Modernity 17.4 (2010), S. 799–818.

Gellen, Kata: Works Recited. Franz Kafka and the Art of Literary Recitation. In: The Germanic Review 86 (2011), S. 93–113.
Genette, Gérard: Die Erzählung, übers. v. Andreas Knop, 3. Aufl. Paderborn 2010.
Genette, Gérard: Discours du récit. Essai de méthode. Paris 1972.
Gerhardt, Volker: Wille zur Macht. In: Henning Ottmann (Hg.): Nietzsche-Handbuch. Leben – Werk – Wirkung. Stuttgart 2000, S. 351–355.
Goebel, Rolf J.: Kafka and Postcolonial Critique. In: James Rolleston (Hg.): A Companion to the Works of Franz Kafka. Rochester 2002, S. 187–212.
Göhler, Gerhard (Hg.): Institution, Macht, Repräsentation. Wofür politische Institutionen stehen und wie sie wirken. Baden-Baden 1997.
Goldstücker, Eduard: Kafkas „Der Heizer". Versuch einer Interpretation. In: Acta Universitatis Carolinae-Philologica I, Germanistica Pragensia 3 (1964), S. 49–64.
Gray, Richard T.: Constructive Destruction. Kafka's Aphorisms, Literary Tradition, and Literary Transformation. Tübingen 1987.
Greber, Erika: Wer erzählt die Du-Erzählung? Latenter Erzähler und implizites *gendering* (am Beispiel einer Kurzgeschichte von Tschechow). In: Sigrid Nieberle/Elisabeth Strowick (Hg.): Narration und Geschlecht. Köln/Weimar/Wien 2006, S. 45–72.
Grillparzer, Franz: Selbstbiographie. In: ders.: Sämtliche Werke, Bd. 4, hg. v. Peter Frank und Karl Pörnbacher. München 1965.
Grimm, Catherine: Getting Nowhere. Images of Self and the Act of Writing in Kafka's „Der Dorfschullehrer". In: New German Review. A Journal of Germanic Studies 10 (1994), S. 119–132.
Grimm, Jacob und Wilhelm: Deutsches Wörterbuch. Leipzig 1854–1954.
Hagenbeck, Carl: Von Tieren und Menschen. Erlebnisse und Erfahrungen. Berlin 1909.
Hamacher, Werner: 95 Thesen zur Philologie. Holderbank 2010.
Hamacher, Werner: *Für – die Philologie*. In: Jürgen Paul Schwindt (Hg.): Was ist eine philologische Frage? Beiträge zur Erkundung einer theoretischen Einstellung. Frankfurt a. M. 2009, S. 21–60.
Hamacher, Werner: Für – die Philologie. Basel 2009.
Hamburger, Käte: Die Logik der Dichtung, 3. Aufl. Stuttgart 1980.
Hamilton, John T.: Procuratores. On the Limits of Caring for Another. Telos 170 (2015), S. 7–22.
Heinemann, Richard: The Bureaucrat as Nomad. The Search for Community in Kafka's „Beim Bau der chinesischen Mauer". In: Journal of the Kafka Society of America 18.1 (1994), S. 21–29.
Heinemann, Richard: The Rhetoric of Kafka's *Amtliche Schriften*. In: Journal of the Kafka Society of America 15.1–2 (1991), S. 29–36.
Heinz, Jutta: Literaturkritische und literaturtheoretische Schriften. In: Manfred Engel/Bernd Auerochs (Hg.): Kafka-Handbuch. Leben – Werk – Wirkung. Stuttgart 2010, S. 134–142.
Heller, Paul: Franz Kafka. Wissenschaft und Wissenschaftskritik. Tübingen 1989.
Helwig, Heide: Canetti und Nietzsche. In: Gerald Stieg/Jean M. Valentin (Hg.): „Ein Dichter braucht Ahnen". Elias Canetti und die europäische Tradition. Bern 1997, S. 145–162.
Hiebel, Hans H.: Franz Kafka. Form und Bedeutung. Würzburg 1999.
Hiebel, Hans H.: Parabelform und Rechtsthematik in Franz Kafkas Romanfragment *Der Verschollene*. In: Theo Elm/ders. (Hg.): Die Parabel. Parabolische Formen in der deutschen Dichtung des 20. Jahrhunderts. Frankfurt a. M. 1986, S. 219–254.
Hobbes, Thomas: Leviathan, hg. v. Richard Tuck. Cambridge 1996.
Hobbes, Thomas: The Elements of Law, Natural and Politic, hg. v. Ferdinand Tönnies. London 1969.
Höcker, Arne/Oliver Simons: Kafkas Institutionen. Einleitung. In: dies. (Hg.): Kafkas Institutionen. Bielefeld 2007, S. 7–14.
Hofmann, Hasso: Repräsentation. Studien zur Wort- und Begriffsgeschichte von der Antike bis ins 19. Jahrhundert. Berlin 1974.

Honold, Alexander: Berichte von der Menschenschau. Kafka und die Ausstellung des Fremden. In: Hansjörg Bay/Christof Hamann (Hg.): Odradeks Lachen. Fremdheit bei Kafka. Freiburg 2006, S. 305–324.
Isenberg, Noah: Between Redemption and Doom. The Strains of German-Jewish Modernism. Lincoln 1999.
Iser, Wolfgang: Die Appellstruktur der Texte. Unbestimmtheit als Wirkungsbedingung literarischer Prosa. In: Rainer Warning (Hg.): Rezeptionsästhetik. München 1975, S. 228–252.
Jagow, Bettina von/Oliver Jahraus (Hg.): Kafka-Handbuch. Leben, Werk, Wirkung. Göttingen 2008.
Johnston, William M.: The Austrian Mind. An Intellectual and Social History 1848–1938. Berkeley/Los Angeles/London 1972.
Kant, Immanuel: Kritik der Urteilskraft [1790]. In: ders.: Immanuel Kant. Werke in 12 Bänden, Bd. X, hg. v. Wilhelm Weischedel. Darmstadt 1996.
Kantorowicz, Ernst H.: The King's Two Bodies. A Study in Mediaeval Political Theology. Princeton 1981.
Kaszyński, Stefan H: Dialog und Poetik. Zum dialogischen Charakter der „Aufzeichnungen". In: Werner Hofmann u. a. (Hg.): Hüter der Verwandlung. Beiträge zum Werk von Elias Canetti. München/Wien 1985, S. 205–216.
Kaufmann, Walter: Nietzsche. Philosopher, Psychologist, Antichrist. Princeton 1974.
Kilcher, Andreas/Detlev Kremer: Die Genealogie der Schrift. Eine transtextuelle Lektüre von Kafkas „Bericht für eine Akademie". In: Claudia Liebrand/Franziska Schößler (Hg.): Textverkehr. Kafka und die Tradition. Würzburg 2004, S. 45–72.
Kittler, Wolf: Der Turmbau zu Babel und das Schweigen der Sirenen. Über das Reden, das Schweigen, die Stimme und die Schrift in vier Texten von Franz Kafka. Erlangen 1985.
Kittler, Wolf: Heimlichkeit und Schriftlichkeit. Das österreichische Strafprozessrecht in Franz Kafkas Roman *Der Proceß*. In: The Germanic Review 78.3 (2003), S. 194–222.
Kittler, Wolf/Gerhard Neumann: Kafkas „Drucke zu Lebzeiten". Editorische Technik und hermeneutische Entscheidung. In: dies. (Hg.): Franz Kafka. Schriftverkehr. Freiburg 1990, S. 30–74.
Kittler, Wolf: Schreibmaschinen, Sprechmaschinen. Effekte technischer Medien im Werk Franz Kafkas. In: ders./Gerhard Neumann (Hg.): Franz Kafka. Schriftverkehr. Freiburg 1990, S. 75–163.
Kleinwort, Malte: Askese, Querulantentum und weitere Lebensstrategien in Franz Kafkas Romanfragment *Das Schloss*. In: Roland Innerhofer/Katja Rothe/Karin Harrasser (Hg.): Das Mögliche regieren. Gouvernementalität in der Literatur- und Kulturanalyse. Bielefeld 2011, S. 93–111.
Kleinwort, Malte: Der späte Kafka. Spätstil als Stilsuspension. München 2013.
Kleinwort, Malte: Incidental and Preliminary – Features of the Late Kafka. In: Monatshefte 103.3 (2011), S. 416–424.
Kleinwort, Malte: Kafkas Verfahren. Literatur, Individuum und Gesellschaft im Umkreis von Kafkas Briefen an Milena. Würzburg 2004.
Kluge, Friedrich: Etymologisches Wörterbuch der deutschen Sprache, 24. durchges. und erw. Aufl, bearb. v. Elmar Seebold. Berlin/New York 2002.
Kölbel, Martin: Erzählrede in Franz Kafkas *Das Schloss*. Frankfurt a. M./Basel 2006.
Koschorke, Albrecht: Wahrheit und Erfindung. Grundzüge einer allgemeinen Erzähltheorie. Frankfurt a. M. 2012.
Kraft, Werner: Franz Kafka. Durchdringung und Geheimnis. Frankfurt a. M. 1968.
Krall, Karl: Denkende Tiere. Beiträge zur Tierseelenkunde auf Grund eigener Versuche. Leipzig 1912.
Krauß, Andrea: Lenz unter anderem. Aspekte einer Theorie der Konstellation. Zürich 2011.

Krusche, Dietrich: Kafka und Kafka-Deutung. Die problematisierte Interaktion. München 1974.
Kunkel, Wolfgang: Die römischen Juristen. Herkunft und soziale Stellung. Köln 2001.
Kurz, Gerhard: Der neue Advokat. Kulturkritik und literarischer Anspruch bei Kafka. In: Wendelin Schmidt-Dengler (Hg.): Was bleibt von Franz Kafka? Positionsbestimmung. Kafka-Symposium Wien 1983. Wien 1985, S. 115–127.
Kurz, Gerhard: Figuren. In: Hartmut Binder (Hg.): Kafka-Handbuch, Bd. 2 (Das Werk und seine Wirkung). Stuttgart 1979, S. 108–130.
Kusmin, Michail A: Taten des Großen Alexander, übers. v. Ludwig Rubiner. München 1910.
Lamping, Dieter: „Zehn Minuten Lichtenberg". In: Gerhard Neumann (Hg.): Canetti als Leser. Freiburg 1996, S. 113–125.
Lausberg, Heinrich: Elemente der literarischen Rhetorik. München 1963.
Liebrand, Claudia/Franziska Schößler (Hg.): Textverkehr. Kafka und die Tradition. Würzburg 2004.
Liska, Vivian: When Kafka Says We. Uncommon Communities in German-Jewish Literature. Bloomington/Indianapolis 2009.
Lubkoll, Christine: Dies ist kein Pfeifen. Musik und Negation in Franz Kafkas Erzählung „Josefine, die Sängerin oder Das Volk der Mäuse". In: Claudia Liebrand (Hg.): Franz Kafka. Neue Wege der Forschung. Darmstadt 2006, S. 180–193.
Lubkoll, Christine: „Man muß nicht alles für wahr halten, man muß es nur für notwendig halten". Die Theorie der Macht in Franz Kafkas Roman *Der Proceß*. In: Wolf Kittler/Gerhard Neumann (Hg.): Franz Kafka. Schriftverkehr. Freiburg 1990, S. 279–294.
Lyotard, Jean-François: Der Widerstreit, übers. v. Joseph Vogl. München 1987.
Madeheim, Helmuth: Die Rolle des Fürsprechers bei Kafka. In: Der Deutschunterricht 15.3 (1963), S. 44–47.
Maeterlinck, Maurice: Die Pferde von Elberfeld. Ein Beitrag zur Tierpsychologie. In: Die neue Rundschau 4 (1914), S. 782–820.
Marx, Karl/Friedrich Engels: Der achtzehnte Brumaire des Louis Bonaparte. In: dies.: Werke, Bd. 8. Berlin/DDR 1972, S. 115–123.
Massino, Guido: Franz Kafka, Jizchak Löwy und das Jiddische Theater: „Dieses nicht niederzudrückende Feuer des Löwy", übers. v. Norbert Bickert. Frankfurt a. M./Basel: 2007.
Matt, Peter von: Der phantastische Aphorismus bei Elias Canetti. In: Adrian Steven/Fred Wagner (Hg.): Elias Canetti. Londoner Symposion. Stuttgart 1991, S. 9–19.
Matt, Peter von: Nachwort. In: Penka Angelova/ders. (Auswahl): Elias Canetti. Über die Dichter, München 2004, S. 125–132.
Meisel, Gerhard: Parasiten. Kommunikation in Kafkas *Schloß*- und *Proceß*-Roman. In: Weimarer Beiträge 42.3 (1996), S. 357–378.
Menke, Bettine: Prosopopoiia. Stimme und Text bei Brentano, Hoffmann, Kleist und Kafka. München 2000.
Meyer, Theo: Nietzsche. Kunstauffassung und Lebensbegriff. Tübingen 1991.
Mladek, Klaus: Radical Play. Gesture, Performance, and the Theatrical Logic of the Law in Kafka. In: The Germanic Review 78.3 (2003), S. 223–249.
Nabbe, Hildegard: Zwischen Fin de Siècle und Expressionismus. Die Zeitschrift *Hyperion* (1908–10) als Dokument elitärer Tendenzen". In: Seminar. A Journal of Germanic Studies 22.2 (1986), S. 126–143.
Neuhauser, Walter: Patronus und Orator. Eine Geschichte der Begriffe von ihren Anfängen bis in die augusteische Zeit. Innsbruck 1958.
Neumann, Gerhard: Chinesische Mauer und Schacht von Babel. Franz Kafkas Architekturen. In: DVjs 83 (2009), S. 452–471.

Neumann, Gerhard: Der verschleppte Prozeß. Literarisches Schaffen zwischen Schreibstrom und Werkidol. In: Poetica. Zeitschrift für Sprach- und Literaturwissenschaft 14.1–2 (1982), S. 92–112.
Neumann, Gerhard: Der Wanderer und der Verschollene. Zum Problem der Identität in Goethes *Wilhelm Meister* und in Kafkas *Amerika*-Roman. In: Joseph Peter Stern/John J. White (Hg.): Paths and Labyrinths. Nine papers read at the Franz Kafka Symposium held at the Institute of Germanic Studies on 20 and 21 October 1983. London 1985, S. 43–65.
Neumann, Gerhard: Die Arbeit im Alchimistengäßchen (1916–1917). In: Hartmut Binder (Hg.): Kafka-Handbuch, Bd. 2 (Das Werk und seine Wirkung). Stuttgart 1979, S. 313–350.
Neumann, Gerhard: Franz Kafka. „Das Urteil". Text, Materialien, Kommentar. München/Wien 1981.
Neumann, Gerhard: Franz Kafkas *Schloß*-Roman. Das parasitäre Spiel der Zeichen. In: Wolf Kittler/ ders. (Hg.): Franz Kafka. Schriftverkehr. Freiburg 1990, S. 199–221.
Neumann, Gerhard: Hungerkünstler und singende Maus. Franz Kafkas Konzept der „kleinen Literaturen". In: Gunter E. Grimm (Hg.): Metamorphosen des Dichters. Das Rollenverständnis deutscher Dichter vom Barock bis zur Gegenwart. Frankfurt a. M. 1992, S. 228–247.
Neumann, Gerhard: Kafka als Ethnologe. In: Hansjörg Bay/Christof Hamann (Hg.): Odradeks Lachen. Fremdheit bei Kafka. Freiburg 2006, S. 325–345.
Neumann, Gerhard: Kafka und Goethe. In: Manfred Engel/Dieter Lamping (Hg.): Franz Kafka und die Weltliteratur. Göttingen 2006, S. 48–65.
Neumann, Gerhard: The Abandoned Writing Desk. On Kafka's Metanarratives, as Exemplifed by „Der Heizer". In: Franz Kafka. Narration, Rhetoric, and Reading. Columbus 2011, S. 81–93.
Neumann, Gerhard: Umkehrung und Ablenkung. Franz Kafkas „Gleitendes Paradox". In: DVjs 42 (1968), S. 702–744.
Neumann, Gerhard: Werk oder Schrift? Vorüberlegungen zur Edition von Kafkas „Bericht für eine Akademie". In: Acta Germanica, Jahrbuch des Germanistenverbandes im Südlichen Afrika 14 (1981), S. 1–21.
Niehaus, Michael: Das Verhör. Geschichte – Theorie – Fiktion. München 2003.
Niehaus, Michael: „Ich, die Literatur, ich spreche . . . ". Der Monolog der Literatur im 20. Jahrhundert. Würzburg 1995.
Nietzsche, Friedrich: Sämtliche Briefe. Kritische Studienausgabe in 8 Bänden, hg. v. Giorgio Colli und Mazzino Montinari. München/New York 1986. (KSB)
Nietzsche, Friedrich: Sämtliche Werke. Kritische Studienausgabe in 15 Bänden, hg. v. Giorgio Colli und Mazzino Montinari. München/New York 1980. (KSA)
North, Paul: The Yield. Kafka's Atheological Reformation. Redwood City 2015.
Ostermann, Eberhard: Das Subjekt und die Macht. Kafkas Erzählung „Der Heizer" mit Foucault gelesen. In: Germanisch-Romanische Monatsschrift 53.4 (2003), S. 447–461.
Pascal, Roy: Kafka's Narrators. A Study of his Stories and Sketches. Cambridge 1982.
Pieper, Annemarie: Zarathustra als Verkünder des Übermenschen und als Fürsprecher des Kreises. In: Volker Gerhardt (Hg.): Friedrich Nietzsche. Also sprach Zarathustra. Berlin 2012, S. 69–91.
Pinès, Meyer Isses: Histoire de la littérature judéo-allemande. Thèse de doctorat d'Université. Paris 1910.
Pitkin, Hanna Fenichel: The Concept of Representation. In: dies. (Hg.): Representation. New York 1969, S. 1–23.
Politzer, Heinz: Franz Kafka, der Künstler. Frankfurt a. M. 1965.
Powell, Jonathan/Jeremy Paterson (Hg.): Cicero the Advocate. Oxford/New York 2004.
Quintilianus, Marcus Fabius: Ausbildung des Redners/Institutionis Oratoriae, 1. Teil, Buch I–VI, übers. und hg. v. Helmut Rahn. Darmstadt 1988.
Raabe, Paul: Franz Kafka und Franz Blei. Samt einer wiederentdeckten Buchbesprechung Kafkas. In: Kafka-Symposium. Berlin 1965, S. 7–20.

Reuß, Roland: Franz Kafka: „Der neue Advokat". In: Elmar Locher/Isolde Schiffermüller (Hg.): Franz Kafka. *Ein Landarzt*. Interpretationen. Bozen 2004, S. 9–20.
Reuß, Roland: ~~Lesen, was gestrichen wurde.~~ Für eine historisch-kritische Kafka-Ausgabe. In: Einleitung zur FKA. Basel/Frankfurt a. M. 1995, S. 9–24.
Ronell, Avital: Doing Kafka in *The Castle*. In: Finitude's Score. Essays for the End of the Millennium. Lincoln 1994, S. 183–206.
Ryan, Judith: Kafka before Kafka. The Early Stories. In: James Rolleston (Hg.): A Companion to the Works of Franz Kafka. Rochester 2002, S. 61–83.
Scheffel, Michael: Paradoxa und kein Ende. Franz Kafkas Romanprojekt *Der Verschollene* aus narratologischer Sicht. In: Carolina Romahn/Gerold Schipper-Hönicke (Hg.): Das Paradox. Literatur zwischen Logik und Rhetorik. Würzburg 1999, S. 251–263.
Schestag, Thomas: „[…] und eigentlich noch viel jünger". Kafkas Jargon. In: Cornelia Epping-Jäger/Thorsten Hahn/Erhard Schüttpelz (Hg): Freund, Feind und Verrat. Das politische Feld der Medien. Köln 2004, S. 38–53.
Schiffermüller, Isolde: Franz Kafkas Gesten. Studien zur Entstellung der menschlichen Sprache. Tübingen 2011.
Schnapper-Arndt, Gottlieb: Fünf Dorfgemeinden auf dem Hohen Taunus. Eine socialstatistische Untersuchung über Kleinbauernthum, Hausindustrie und Volksleben. Leipzig 1883.
Schomaker, Günter: Deformation eines klassischen Motivs. Anmerkungen zu einem Text von Franz Kafka „Der neue Advokat". In: Germanistische Mitteilungen 31 (1990), S. 23–29.
Schütterle, Annette: Franz Kafkas Oktavhefte. Ein Schreibprozeß als „System des Teilbaues". Freiburg 2002.
Schuller, Marianne: Gesang vom Tierleben. Kafkas Erzählung „Josefine, die Sängerin oder Das Volk der Mäuse". In dies./Elisabeth Strowick (Hg.): Singularitäten. Literatur – Wissenschaft – Verantwortung. Freiburg 2001, S. 219–234.
Schuller, Marianne: Moderne. Verluste. Literarischer Prozeß und Wissen. Basel/Frankfurt a. M. 1997.
Siegert, Bernhard: Kartographien der Zerstreuung. Jargon und die Schrift der jüdischen Tradierungsbewegung bei Kafka. In: Wolf Kittler/Gerhard Neumann (Hg.): Franz Kafka. Schriftverkehr. Freiburg 1990, S. 222–247.
Simons, Oliver: Schuld und Scham. Kafkas Episches Theater. In: Arne Höcker/ders. (Hg.): Kafkas Institutionen. Bielefeld 2007, S. 269–294.
Sofsky, Wolfgang/Rainer Paris (Hg.): Figurationen sozialer Macht. Autorität, Stellvertretung, Koalition. Opladen 1991.
Spicker, Friedemann: Der deutsche Aphorismus im 20. Jahrhundert. Spiel, Bild, Erkenntnis. Tübingen 2004.
Spivak, Gayatri Chakravorty: Can the Subaltern Speak? In: Cary Nelson/Lawrence Grossberg (Hg.): Marxism and the Interpretation of History. Urbana 1988, S. 271–313.
Spivak, Gayatri Chakravorty: Can the Subaltern Speak? revised edition, from the „History" chapter of Critique of Postcolonial Reason. In: Rosalind C. Morris (Hg.): Can the Subaltern Speak? Reflections on the History of an Idea. New York 2010, S. 21–78.
Stanzel, Franz K.: Theorie des Erzählens, 4. Aufl. Göttingen 1989.
Steinhilber, Markus Georg: Die Fürbitte für die Herrschenden im Alten Testament, Frühjudentum und Urchristentum. Eine traditionsgeschichtliche Studie. Neukirchen-Vluyn 2010.
Steinmetz, Ralf-Henning: Kafkas neuer Advokat. In: Wirkendes Wort 41.1 (1991), S. 72–80.
Stern, Joseph Peter: Eine literarische Definition des Aphorismus (1959). In: Gerhard Neumann (Hg.): Der Aphorismus. Zur Geschichte, zu den Formen und Möglichkeiten einer literarischen Gattung. Darmstadt 1976, S. 226–279.

Strowick, Elisabeth: Sprechende Körper – Poetik der Ansteckung. Performativa in Literatur und Rhetorik. München 2009.
Stüssel, Kerstin: In Vertretung. Literarische Mitschriften von Bürokratie zwischen früher Neuzeit und Gegenwart. Tübingen 2004.
Trachtenberg, Barry: The Revolutionary Roots of Modern Yiddish, 1903–1917. Syracuse 2008.
Trüstedt, Katrin: Execution Without Verdict. Kafka's (Non-)Person. In: Law Critique 26 (2015), S. 135–154.
Ueda, Kazuo: Franz Kafka und die jiddische Literatur (II). Über M. Pinès „L'histoire de la littérature judéo-allemande". Kouchi University Gakujutsu Kenkyu Houkoku Jinbun Kagaku 32 (1984), S. 1–33.
Ueding, Gert/Bernd Steinbrink: Grundriß der Rhetorik. Geschichte, Technik, Methode. Stuttgart 1986.
Vogl, Joseph: Lebende Anstalt. In: Friedrich Balke/ders./Benno Wagner (Hg.): Für Alle und Keinen. Lektüre, Schrift und Leben bei Nietzsche und Kafka. Zürich 2008, S. 21–33.
Vogl, Joseph: Vierte Person. Kafkas Erzählstimme. In: DVjs 68 (1994), S. 745–756.
Vogt, Jochen: Aspekte erzählender Prosa. Eine Einführung in Erzähltechnik und Romantheorie, 7. Aufl. Opladen 1990.
Wagner, Benno: Amtliche Schriften. In: Manfred Engel/Bernd Auerochs (Hg.): Kafka-Handbuch. Leben – Werk – Wirkung. Stuttgart 2010, S. 402–409.
Wagner, Benno: „Beglaubigungssorgen". Zur Problematik von Verfasserschaft, Autorschaft und Werkintegration im Rahmen der Amtlichen Schriften Franz Kafkas. In: Editio. Internationales Jahrbuch für Editionswissenschaft 17 (2003), S. 155–169.
Wagner, Benno: Beim Bau der chinesischen Mauer. In: Manfred Engel/Bernd Auerochs (Hg.): Kafka-Handbuch. Leben – Werk – Wirkung. Stuttgart 2010, S. 250–260.
Wagner, Benno: Fürsprache – Widerstreit – Dialog. Karl Kraus, Franz Kafka und das Schreiben gegen den Krieg. In: Manfred Engel/Ritchie Robertson (Hg.): Kafka, Prague, and the First World War. Würzburg 2012, S. 257–272.
Wagner, Benno: Kafkas phantastisches Büro. In: Klaus R. Scherpe/Elisabeth Wagner (Hg.): Kontinent Kafka. Mosse-Lectures an der Humboldt-Universität zu Berlin. Berlin 2006, S. 104–118.
Wagner, Benno: „Lightning no longer flashes". Kafka's Chinese Voice and the Thunder of the Great War". In: Jakob Lothe/Beatrice Sandberg/Ronald Speirs: Franz Kafka. Narration, Rhetoric, and Reading. Columbus 2011, S. 58–80.
Walser, Martin: Beschreibung einer Form. Versuch über Franz Kafka, 2. Aufl. München 1963.
Weigel, Harald: „Nur was du nie gesehn wird ewig dauern". Carl Lachmann und die Entstehung der wissenschaftlichen Edition. Freiburg 1989.
Weimar, Klaus (Hg.): Reallexikon der deutschen Literaturwissenschaft. Berlin/New York 1997.
Weißler, Adolf: Geschichte der Rechtsanwaltschaft. Leipzig 1905.

Register

Abraham, Ulf 25, 28, 95, 103, 108, 109, 116, 117, 134
Alcoff, Linda 4, 50, 51
Aristoteles 31, 103
Austin, John 165

Barthes, Roland 11, 63
Beißner, Friedrich 19
Benjamin, Walter 8, 110, 163
Bentham, Jeremy 129, 130, 135
Benveniste, Émile 198
Betz, Otto 52
Blanchot, Maurice 20
Broch, Hermann 206, 207
Brod, Max 1, 7, 15, 63, 69, 74, 75, 81, 82, 122, 143, 190, 193, 195, 199, 205, 213
Bücher, Karl 146, 147
Bühler, Karl 16, 31

Campe, Rüdiger 2, 3, 4, 21, 22, 24, 31, 32, 94, 95, 111, 114, 119, 120, 125, 132, 133, 198
Canetti, Elias 3, 6, 52, 179, 180–185, 188–190, 194–198, 200, 201–212
Corngold, Stanley 60, 63, 82
Crook, John Anthony 31, 32

Deleuze, Gilles 20, 48, 49, 78, 93, 94, 121, 129, 171
Derrida, Jacques 11, 82, 210

Edmunds, Lowell 80

Fortmann, Patrick 80, 81
Foucault, Michel 17, 48, 49, 62, 63, 93, 96, 98, 105, 129–131
Fricke, Harald 183, 184, 196
Frischmann, David 89–91

Gadamer, Hans-Georg 179
Genette, Gérard 9–16, 20, 23, 25, 29, 39, 126
Gray, Richard T. 196
Grimm, Jacob und Wilhelm 1, 8, 9, 18, 26, 38, 43, 51, 56, 110, 117, 148, 176
Guattari, Félix 78, 171

Hamacher, Werner 213, 214

Hamburger, Käte 9–18, 23, 25
Hardt, Ludwig 210, 211
Hebel, Johann Peter 210, 211
Heller, Paul 153, 154
Hiebel, Hans Helmut 97, 106–108
Hobbes, Thomas 30, 44–46, 174
Hofmann, Hasso 44

Iser, Wolfgang 183

Kant, Immanuel 140
Kaszyński, Stefan H. 197
Kittler, Wolf 3, 36, 39, 40, 42, 76, 81, 110, 117, 127, 133, 172, 174
Kleinwort, Malte 94, 124, 202, 203, 205
Krall, Karl 147, 153–155
Krusche, Dietrich 127, 137
Kunkel, Wolfgang 32
Kusmin, Michail A. 27

Lichtenberg, Georg Christoph 179, 183, 196, 197, 203
Lyotard, Jean-François 199

Maeterlinck, Maurice 147, 153–155
Marx, Karl 49
Matt, Peter von 183, 212
Menke, Bettine 4, 18, 19

Neuhauser, Walter 33, 52
Neumann, Gerhard 28, 53, 76, 79, 81, 95, 97, 104, 110, 126, 127, 133, 157, 166, 168, 176, 179, 183, 196, 200, 212
Niehaus, Michael 18, 95, 105, 108
Nietzsche, Friedrich 6, 94, 179, 182–195, 200, 208

Osten, Wilhelm von 147, 153–155

Paris, Rainer 46
Pieper, Annemarie 193, 194
Pinès, Meyer Isses 83, 84, 85, 86, 90
Pitkin, Hanna Fenichel 44
Politzer, Heinz 123, 137, 138

Quintilianus, Marcus Fabius 31, 67, 102

Reuß, Roland 29, 30, 36, 77, 213
Ryan, Judith 68

Scheffel, Michael 101
Schiffermüller, Isolde 29, 163, 166
Schnapper-Arndt, Gottlieb 146, 147, 154
Schütterle, Annette 7, 36, 37, 40, 157, 161, 162, 166, 167
Schuller, Marianne 170, 171, 175, 180, 181, 211
Siegert, Bernhard 81, 86, 87
Sofsky, Wolfgang 46
Spicker, Friedemann 184
Spivak, Gayatri Chakravorty 4, 47– 51
Stanzel, Franz K. 9–16, 23, 25, 126

Steinmetz, Ralf-Henning 27, 28
Stern, Joseph Peter 97, 182, 183
Stüssel, Kerstin 3, 98, 111, 137

Vogl, Joseph 3, 19, 20, 66, 94, 133, 190, 199
Vogt, Jochen 10

Wagner, Benno 3, 4, 40, 41, 43, 57, 58, 60, 62, 63, 65, 66, 78, 82, 94, 183, 190, 198, 199, 214
Walser, Martin 95
Weißler, Adolf 34, 35, 112

www.ingramcontent.com/pod-product-compliance
Lightning Source LLC
Chambersburg PA
CBHW080410230426
43662CB00016B/2362